BERNHARD SEEGER

Menschenwege

Zweiter Band

BERNHARD SEEGER

Menschenwege

Roman

Zweiter Band

Mitteldeutscher Verlag
Halle · Leipzig

ISBN 3-354-00162-3

Lizenz-Nr. 444-300/14/87 · 7001
Printed in the German Democratic Republic
Einband und Typografie: Hans-Joachim Petzak
Gesamtherstellung: Karl-Marx-Werk Pößneck V15/30
Best.-Nr. 639 010 4

01400

ERSTER TEIL

Erstes Kapitel

1.

Der Hof der Focks liegt am Rande des Dorfes Rehfeld, keine hundert Meter entfernt von einem der vielen Havelseen dieser Gegend. Im Park wurzeln Eichen, auch Buchen, ein schmiedeeiserner, mannshoher Zaun umfriedet das Anwesen, und das Haus, im Stil des Knobelsdorff errichtet, schimmert hinter den dichten Laubkronen hervor, die der Herbst noch nicht berührt hat, obwohl doch schon September ist.

Jenseits des Zauns, in einem der verlassenen Schützenlöcher, die eifrige Landsturmmänner vor nicht langer Zeit aufgeworfen haben, liegt ein bunter Scherbenhaufen, der in der Sonne glitzert. Die Scherben erinnern noch an ein stattliches Ereignis, das man fortan in die Nachkriegsgeschichte Rehfelds einordnen muß; denn am dreizehnten August neunzehnhundertfünfundvierzig fand Fock die Mittel, alle drei Töchter auf einen Ritt zu verheiraten.

Bei Fock sind keine Anzeichen von Müdigkeit zu bemerken. Der Mann dreht an seinem goldnen Siegelring, und schon hat das Dorf die erste Friedenshochzeit nach dem großen Kriege. Fock bleibt für größere Verhältnisse geboren. Daran hat auch der Krieg nichts ändern können.

Zwei Tage nach der Feier nimmt sich Fock die Schwiegersöhne vor: Edwin, den roten Partisan, Adam, den fülligen Tenor von Hohenburg, und Friedhelm Gärtner, den gutmütigen, bärenstarken Mann, der seinen Vater Oskar noch während der Hochzeitsfete in den Rübenkeller bugsierte, weil Oskar, schnapsbefeuert wie nur irgendwas, Fock mit roten Worten an die Kehle wollte.

Seine Schwiegersöhne betrachtend, muß Fock feststellen, daß der Tenor noch nicht ausgenüchtert und im Gesicht grünlich wie ein Kohlblatt ist. Fock entscheidet ohne Zögern: »Scher er sich ins Bett!«

Der große Künstler versteht den Wink des Herrn und verkriecht sich in den Federn.

Fock verkündet alsdann: »Nun kommen die Tage der Arbeit. Ein Tenor, wie sich zeigt, ist ein verläßlicher Arbeiter nicht, richtet den Blick gen Himmel und singt, ihr dagegen wollt zu schleppen haben. Ihr könnt! Ich laß euch freie Hand. Was ihr auch tragt auf euren Rücken, nie werd ich sagen: es ist zuviel. Ihr seid jung und stark, also, bewegt euch!«

So beherzt spricht Fock nur selten. Er beschwört Edwin noch, Trostheim, seinen Freund, um Mäßigung zu bitten, falls er als Erfasser kommt. In den Dörfern stöhnen schon die Bauern. Sie nennen Trostheim einen Schweinedieb und Hahnabschneider; denn er treibt unbarmherzig Fleisch ein für die Städter, die für Wasser und Strom sorgen und dem Schutt zu Leibe gehen; den Ruinen. Edwin läßt Focks Ermahnungen träge über sich ergehen. Er blickt sogar zur Seite, als Friedhelm, durch Focks Blick gezwungen, das schmiedeeiserne Tor verschließt und bettelnde Kinder vor dem Zaun verscheucht. Edwin ist noch nicht er selber.

Als seine Mutter zu fünfzehn Jahren Zuchthaus verurteilt wurde, hat er sich nicht um sie gekümmert. Warum auch? Sie hatte ihn, ihren Sohn, für tot erklären lassen, als er vor Moskau in Gefangenschaft geriet. Und sie hatte Pfarrer Weihmann den Mördern überliefert, als er ihr die Botschaft brachte, daß ihr Junge lebt.

Schuld ohne Maßen!

Wie soll Edwin das verwinden? Er streift ruhelos umher, selbst in der Arbeit fühlt er sich nicht besser. Oft läßt er alles stehn und liegen, springt in den Ruderkahn und treibt ihn auf den See. Er war nicht zu bewegen, dem Prozeß der Mutter beizuwohnen. Obwohl ihn manche überzeugen wollten. Auch Hannes Trostheim!

Edwin blieb unzugänglich, wurde sogar barsch. Er war zu keiner Aussage bereit. Weder für die Mutter noch gegen sie wollte Edwin zeugen!

Was hätte er auch sagen können?

Ulrike aber, Edwins junge Frau, will seine Unrast nicht bemerken.

2.

Dann geschieht etwas Ungewöhnliches. Edwin wird nach Hohenburg gerufen. Ein gewisser Keuner wolle mit ihm sprechen …

Wer ist dieser Keuner?

Edwin muß mit seinen Gedanken weit zurückwandern. Keuner ist ein Dachdecker gewesen. Ein junger Mann, der aus der Stadt in die Dörfer kam und schadhafte Dächer flickte und morsche abtrug, um sie mit knallroten Ziegeln zu dekken. Es war kurz vorm Krieg, da tauchte er auf und schloß wohl Freundschaft mit Hannes und Wilm Sichler. Jedenfalls hatte Hannes darüber erzählt, als sie in der Gefangenschaft waren, auch während der Einsätze, als sie beide, Hannes und Edwin, schon Fronthelfer waren, fiel der Name ›Jupp‹ zuweilen — Jupp Keuner, der würde jetzt so und so entscheiden …

Später wird Edwin Zahn wissen, daß das Schicksal seiner Mutter im gewissen Sinne auch mit Keuner zu tun hatte; denn als Keuner in Güterlohe auftauchte, dauerte es nicht mehr lange und ein anderer Mann, einer namens Grauling, kreuzte den Weg seiner Mutter, setzte sich in Güterlohe fest und gewann so viel Macht über die Mutter, daß sie schuldig wurde. Ja, sie hat dem Grauling anvertraut, was der Pfarrer Weihmann der Mutter unter vier Augen gesagt hatte: Edwin lebt und erfreut sich guter Gesundheit. Dann nahm das Verhängnis seinen Lauf: Pfarrer Weihmann mußte sterben und Janne, Trostheims Frau …

Warum soll Edwin einem Gespräch mit Jupp Keuner ausweichen? Wenn er ihn ruft, wird es dringend sein. Edwin hatte keinen Grund, sich zu verkriechen. Er hatte an Hannes'

Seite gekämpft, sich nicht geschont und mußte sich nicht schämen …

»Ich fahre«, sagt er zu Ulrike, »am Abend bin ich zurück!«

»Besser, du fährst nicht!« Fock fiept wie immer. Es herrscht mildes Mitsommerwetter, doch Fock ringt nach Luft. Er verträgt seit langem die Nähe des Wassers nicht mehr. »Besser, du tauchst eine Zeitlang unter. Sie kassieren dich ein. Man kennt diese Blase!«

Edwin fährt trotzdem, läßt sich nicht abhalten, bleibt fest in seinem Willen. Er hat ein ruhiges Gewissen. Am liebsten würde er reiten, den grauen Wallach besteigen, den unermüdlichen Paßgänger. Doch das scheint ihm zu riskant. Man weiß, was sich in den Wäldern herumtreibt, was sich über die Straßen wälzt.

Unruhige Zeiten!

Er nimmt ein Rad. Ein Pferd zu verlieren ist mehr als ein Rad. An den Tod denkt er nicht. In der Nähe des Todes hat er gelebt in den Jahren des Krieges. Nun aber ist Frieden. Es soll der letzte Krieg gewesen sein …

Er landet in Hohenburg, kettet das Fahrrad an einen Telefonmast und steht bald diesem Keuner gegenüber. Er wundert sich, daß sich der Mann auf den Beinen halten kann, der sicher mal bei Kräften war, nun aber nur noch aus Haut und Knochen besteht, zitronengelb ist im Gesicht und ohne Umschweife mit leiser Stimme sagt: »Ich denke, wir schicken dich nach Sachsen, weg von Güterlohe und von Rehfeld. Die Partei hat so entschieden!« Die Partei? Sicher hat Genosse Trostheim seine Hand im Spiel! Ich will nicht weg, möchte Edwin sagen, ich habe nämlich gerade geheiratet, befinde mich in den Flitterwochen, Genosse, und Rehfeld gefällt mir, der See, das Haus, ich betreibe Ackerbau und Viehzucht. Es läßt sich nicht schlecht an. Und Ruhe brauch ich auch, Zeit zum Denken und Besinnen, mir ist manches in die Petersilie gehagelt …

Dann sagt er nur zu Keuner: »Daraus wird nichts!«

»Aus was?«

»Ich bleibe, wo ich bin!« Er steht schnell auf und geht.

Keuner könnte ihn zurückhalten, ihm eine Lektion erteilen:

Hier bleibst du! Hast zu tun, was wir von dir erwarten. Parteiauftrag! Ist dir das so fremd? …

Doch Keuner läßt ihn ungeschoren fahren, hält ihn nicht mehr auf. Fehlt's ihm an Kraft und Stärke? Ist er mürbe? Ächzt er schon bei leichtem Wind? Weder das eine, noch das andre. Keuner begreift, daß vorderhand mit Edwin nicht zu rechnen ist. Einsperren ist keine Lösung! Der sagt auch noch nach einer Woche: »Ich bleibe, wo ich bin!« Genau so sieht der aus! Soll er sich zum Teufel scheren …

Als er dann mit Trostheim spricht, sagt er: »Ein feiner Freund, dein Zahn, hast ihn schlecht erzogen!«

»Ich hab ihn mir nicht ausgesucht«, meint Trostheim. »Ich will ihn auch vergessen, wenn ich kann!«

Vergessen? Wie kann er Edwin Zahn vergessen, den Mann, den er gezwungen hat zu leben. Im Schneesturm, kurz vor Moskau. Den hat er geschleppt, ihm die Augen geöffnet, ihn das Einmaleins gelehrt, die Klassenfrage – wer wen. Mit dem ist er bis nach Güterlohe gekommen auf einem Panzer. Und Wilm Sichler schwang die weiße Fahne und schluchzte wie ein Kind: Die Gutsfrau hat Weihmann verraten, dem Jannek die Mutter gestohln … Das soll Hannes Trostheim je vergessen? Vergessen, wie Edwin die Türen im Gutshaus aufriß, eine nach der anderen und seine Mutter packte! …

Welche Heimkehr hast du mir bereitet! … Und sie – kniend vor dem Sohn: Ich hab es nicht gewollt! … Aber du hast es getan! … Das hat Edwin geschrien und die Maschinenpistole in die Ecke gefeuert! War das richtig? denkt Hannes. Durfte er die Waffe loslassen und der Mutter helfen, ihr Bündel zu schnüren; denn sie wußte, daß sie schuldig war und keine Gnade zu erwarten hatte … Die Waffe hätte er behalten müssen. Und daß sich Edwin ins gemachte Focknest legte, bleibt für Hannes unverzeihlich. Doch den weiten Weg zu zweit, den schweren, langen, kann er nicht vergessen. Er wacht zuweilen auf und glaubt: er schleppt den Edwin wieder durch den Schnee …

Edwin Zahn, als er das Fahrrad vom Telefonmast gekettet hat, fährt auf geradem Wege nach Rehfeld zurück, begegnet sowjetischen Truppen, die sich mühsam fortbewegen, viele

Fuhrwerke sind dabei, Panjewagen, zottige Pferdchen davor, deren Mähnen wehen im Wind und tragen den Geruch von Steppen und Wermut ins besiegte Land. Es geschieht, daß Edwin auf seinem Rad etwas Aufmunterndes ruft – russische Worte. Er hat die fremde Sprache nicht verlernt.

In Rehfeld wehrt er sich nicht, als der Familienrat der Focks beschließt, daß Edwin erstmal zu verschwinden hat. Das Versteck ist ausgepolstert mit den Daunen weißer Schwäne. Es wird zum Liebesnest für Edwin und Ulrike, die ihn betreut und für ihn sorgt. Sie haben Zeit für sich. Rike fragt ihn unentwegt ... Wie habt ihr gelebt in Gefangenschaft, wie an der Seite der Russen? ... Wie ist dieser Trostheim? Du sagst, er hätte ein Stückchen Teufelsfell auf seinen Schultern, tiefschwarz. Ist das nicht ein böses Zeichen, Edwin? ...

Und Edwin lächelt nachsichtig über ihren Eifer, wird nicht müde, sie zu streicheln, lieb zu ihr zu sein. Sie könnte ewig neben Edwin liegen. Und sie muß ihm erzählen, was sie weiß von Güterlohe, was geschah, als sie, Hannes und Edwin, unterwegs waren im langen Krieg. Was sie erzählt, ist karg und fügt sich nur zum ungefähren Bild ... Von diesem Grauling weiß sie. Ihr Vater hat ihn nie gemocht. Den guck ich mit dem Hintern nicht mal an. Selten, daß der Vater solche Worte sagte. Zum fünfzigsten Geburtstag deiner Mutter sollte eine große Feier sein. Vater aber hat es strikt verboten: Von den Focks geht keiner zu dem Fest! ...

Und dann erinnert sich Ulrike an eine Suchaktion. Mit Fährtenhunden waren sie zugange. Es war die Brücke vollgeschmiert mit Teer, und wer Augen hatte, um zu sehen, erkannte auch die Worte, Worte gegen Hitlers Krieg ... Und der Grauling muß herausgefunden haben, wer die Worte geschrieben hatte – Jupp Keuner! Anders kann das nicht gewesen sein; denn dann war Keuner weg, spurlos verschwunden. Nun scheint er aber doch zu leben ...

Edwin hört sich alles an. So war's also. Nun will er mich nach Sachsen schicken, weg von Haus und Hof. Ihm paßt nicht, wie ich mich entschieden hab. Trostheim stört das auch ... Ich bin mein eigner Herr! ... Auch diesen Satz kann

Trostheim nicht verknusen. Aber der Satz stimmt. Ich kann mich frei entscheiden ... Stets kommt er zu dem gleichen Schluß: Ich bin mein eigner Herr! ...

Als sich nach zwei Wochen nichts ereignet, Keuner keine anderen Maßnahmen gegen Zahn unternimmt, tauchen die Liebesleute wieder auf, und das gewohnte Leben geht seinen Lauf.

3.

Eines Morgens schiebt Hannes Trostheim sein Fahrrad am Uferweg entlang, atmet tief die würzige Luft, die über den See weht, lauscht dem schmatzenden Nagen der Wellen und denkt an Jupp Keuners mahnende Worte: Mach dich auf zu Zahn, allein. Wolln mal sehn, was schwerer wiegt, ein Hof oder eine Freundschaft! Hannes hatte mitleidig gelächelt, die Schultern gezuckt und gemeint: Hast du Illusionen, Jupp?

Jupp war sofort gereizt gewesen: Du fährst und keine Widerrede. Erforsche, wie er heute denkt. Frag, ob er uns nicht helfen will. Frag ihn das! ... Hannes nimmt sich vor, zahm zu sein, und will vor Edwin nur in ausgesuchten Worten reden.

War er aber der Mann, der sich darauf verstand?

Er hört ein klatschendes Geräusch am Rande des Schilfs und bleibt stehn. Jemand scheint zu angeln. Er läßt das Rad am Ufer liegen. An einer schilffreien Stelle entdeckt er Edwin Zahn, der ihm den hageren Rücken zuwendet. Edwin trägt Gummistiefel, die bis zu den Kniekehlen reichen. Er bedient eine Wurfangel. Die Schnur gleitet zischend durch die Rolle.

Treibt ein Herrenleben! Mitten in der schwersten Arbeit geht er in die Sommerfrische. Ist schlaff vor Müßiggang. Das seh ich – ohne hinzugucken, ohne ihn nur anzuschaun! ...

Altes Mißtrauen nagt in Hannes. Er kann sich nicht beherrschen, vergißt alle guten Vorsätze und ruft gehässig: »Ruhst dich aus. Sicher haste das verdient!« Die vertraute Stimme trifft Edwin wie ein Schlag. Als er sich endlich umwenden kann, sagt er: »Du? ... So früh am Tage? ... Willst du mich abholen?« Er zieht die Schnur ein. Die Wurfrolle tickt wie ein Uhrwerk in der Stille.

Das Morgenlicht liegt funkelnd auf dem Wasser. Träge wälzt der See sich wie ein faules Tier.

Hannes starrt auf Edwins Handrücken. Die rötlich schimmernden Härchen hat die Sonne gebleicht, auch die breiten Augenbrauen sind fast weiß. Straff sieht Edwin aus, gesund, riecht frisch nach See und Fischen. Doch über sein gebräuntes Gesicht zuckt es nervös.

Noch denkt Hannes: Halte dich im Zaume, laß dich nicht gehen. Es wird euch beiden nützen ...

Edwin patscht durchs seichte Wasser, zerrt am Ufer die unförmigen Stiefel von den Füßen, steht barfuß im feuchten Sand, den die Sonne noch nicht berührt hat, und hat sich soweit erholt, daß er mit leiser Stimme sagen kann: »Bitte, ich bin bereit. Sperrt mich ein!«

»Einsperren? Hast du den Verstand verloren!«

Also, deshalb kommt er nicht. Was will er dann? »Wollt ihr etwa Vieh?!«

»Denkste, ich hab nur Viecher im Kopp, denkste wirklich — nur Ochsen und Schweine?«

Trostheim fürchtet nun das Schlimmste für sie beide!

Edwin hatte eigentlich wenig Ursache, hier besonders aufzutrumpfen. Doch ihn reizt der Ton. Was hat er schon ausgefressen? Was hat er falsch gemacht? Nichts! Er hat sich zu der Frau bekannt, die er liebte, nicht an Reichtum gedacht, an Felder und Wiesen. Ulrike war damals, als sie von seinem Tod erfahren hatte, krank geworden, wollte sterben und nicht weiterleben. Nun blüht sie auf, wird nicht müde, sich zu wundern und zu freuen. Sie liebt Edwin. Er hat keinen Grund, daran zu zweifeln. Sie ist unersättlich in ihrer Lebenslust und überzeugt, an seiner Seite alles Glück zu finden.

Edwin ist nicht in der Lage, die Sache gerecht und nach allen Richtungen hin zu überdenken. Er schielt Hannes böse von der Seite an und muß ihn nun verletzen. »Macht euch nicht besser, als ihr seid. Was ihr aus unsern Dörfern schleppt — ich danke!«

»Du bist stinkreich und kennst den Hunger nicht. Du bist

in meinen Augen keine Kugel wert!« In Hannes' Augen glimmt es unheilvoll. Gleich wird er Edwin packen, ihn schütteln, anklagen: Was ist aus dir geworden, Mensch! ...

Doch Edwin tut gleichgültig und sagt gedehnt: »Du mußt dich nicht entschuldigen. Wir sind Kummer gewöhnt. Wir werden abschlachten!« Dann überlegt er kurz. Er läßt die Fische aus dem Netz. Sie schießen davon. »Dich schickt der Keuner, hab ich recht?«

Und Hannes steht düster vor dem Mann, den er einst gezwungen hatte — zu leben. Er geht langsam zum Rad. Wenn er denkt, wie er spricht, müßte ich mich schämen für ihn! Er hebt sein Fahrrad auf. Ihm ist, als wär er zwischen Glut und Frost geraten. Die alte Wunde brennt! Hätt ich ihn doch liegenlassen im Schnee ...

Hannes muß fort. Vorderhand hat alles Reden keinen Sinn; das muß auch Jupp begreifen, in dessen Auftrag er den Freund bekehren soll, den verirrten Menschen — Edwin Zahn!

Aber auch Edwin hat längst eingesehen, daß es keinen Grund gibt, großzutun. Er holt Hannes ein. »Bin doch froh, daß du mal da bist. Laß uns frühstücken, erzählen!« und als Hannes nicht stehenbleiben will, hält ihn Edwin fest, packt ihn beim Arm und zischt: »Was hast du an mir auszusetzen? Bleib! Wir werden mit geräucherten Gänsebrüsten traktiert, mit Moselwein. Schlag es nicht aus!«

Hannes starrt in Edwins helle, nichts verschweigende Augen. Er murmelt verwirrt: »Soll ich dran ersticken?«

Edwin übernimmt das Rad, schiebt es rüstig durch den Sand, redet wortreich und erleichtert: »Was dir nicht schmeckt, das läßt du stehn. Ich mach's nicht anders. Wenn du Schnaps willst, kriegst du Schnaps, auch gutes Bier. Noch ist ein Vorrat von der Hochzeit da. Immer dacht ich, einmal tauchst du auf. Haben gewartet, Rikchen und ich!«

Sie erreichen das schmiedeeiserne Tor.

»Laß das Fahrrad draußen«, sagt Hannes. Er ist sich noch nicht schlüssig.

»Warum?«

»Paßt nicht in die Landschaft, meine Karre!«

Doch Edwin schiebt es unverdrossen zum Portal und lehnt es sacht an die Freitreppe. »Nicht alle Leute haben ein Fahrrad, du hast eins!« Er lächelt. Er will unbedingt zeigen, was ihm der Besuch wert ist. Er will sogar ein Scherzbold sein; denn er sagt: »Glaub mir – du und ich und nicht ein Hund kommen trocken aus dem Wasser!«

Und Hannes denkt: Vielleicht ist er verdreht im Kopf, und ein Sonnenkoller plagt ihn nach dem Sommer …

4.

Ulrike sitzt auf der Terrasse und stickt Monogramme in die Wäsche. Als sie die Männer kommen sieht, springt sie aus dem Korbstuhl und ruft ausgelassen: »Sie sind Hannes Trostheim, der zwischen den Schulterblättern ein Muttermal hat, fast schwarz, ein Stückchen Teufelsfell!«

Hannes weiß nicht, ob er sich nun wundern soll. Und Edwin denkt entsetzt: Sie ist verrückt geworden. Er blickt verstohlen um sich und flüstert: »Mein Rikchen sagt schon was!«

Sie läßt sich nicht beirren. Sie hat Augen im Kopf. Sie ist weder toll noch verrückt, nicht gleich am frühen Morgen, was soll das! Ihr gefällt der Trostheim auf den ersten Blick. Der wird uns niemals Unglück bringen. Davon ist sie überzeugt. Ein junger Mensch, der mit dem Herzen denkt …

Sie gibt ihm ungezwungen die Hand, und an Edwin gewandt meint sie: »Wieso … Sag ich denn was Böses? Und tu nicht so, als wolltest du ins Bodenlose sinken!« Sie kichert. »Ich hole einen Spiegel und zeig dir dein Gesicht. Sieht er nicht verdattert aus, Herr Trostheim! Finden Sie das nicht?«

Während Edwin die Augen niederschlägt, ihm Schauer übern Rücken laufen, sagt Hannes munter: »Ein Teufelsfell – das hat nicht jeder. Edwin hat das nicht!«

Sie schiebt Hannes einen Korbstuhl hin und plaudert unbeschwert: »Nennen Sie mich Ulrike, oder Rikchen, wie Sie möchten!« Sie lächelt Hannes an. »Manchmal werd ich eifersüchtig, weil er mehr an Sie denkt als an mich!« Ein knapper Blick zu Edwin, prompt folgt der nächste Satz: »Ich sage nur, was wahr ist, kein Wort mehr!«

Edwin läßt sich in einen Korbstuhl sinken. Ihm wird dumpf und schwer im Kopfe. Er flüstert: »'ne Elster hab ich eingefangen, sie schwatzt und schwatzt!«

Auch jetzt läßt sie sich nicht ins Bockshorn jagen. Ihre Worte plätschern dahin; ihre Wunderaugen strahlen. Was hätten sie auch sonst zu tun?

»Ich weiß alles von euch, wie ihr gekämpft und wie ihr euch gestritten habt! Selbst mit Hämmern haben Sie geworfen, Herr Trostheim, so rabiat war selten wer.«

Edwin findet die Mittel nicht, Rikchens Redefluß zu dämmen, mutlos fleht er: »Du machst es nur noch schlimmer. Bring uns was zum Futtern her. Mir ist ganz schwarz vor Augen!«

Er hätte sich am liebsten selber aus dem Weg geräumt. Es ließ sich leider nicht einrichten. Sie erwidert nur: »Ich ahne schon, warum dir schwarz vor Augen wird. Für mich bleibt ihr Männer, die durch dick und dünn gegangen sind!«

Warum beißt sich die Schnatterente nicht die Zunge ab?

Durch beide Männer fährt ein harter Ruck. Von allen Seiten Schweigen ... Auch Rikchen spürt – es müßte was geschehn – und sagt nun ernst: »Ihr sollt bei mir nicht darben. Wenn ich gebe, dann mit vollen Händen!« Sie läßt die Männer stehn ...

Hannes blickt ihr noch nach. Wie er so sinnt, muß er denken: Das Mädchen schläft mit Sorgen ein, und wird es wach, dann kann es wieder trällern ... Er kann nicht ahnen, wie oft er sich noch täuschen wird!

Es braucht seine Zeit, bevor das Schweigen bricht. Zuerst platzt Hannes raus: »Hast du ihr auch gesagt, daß ich Senkfüße habe und vor Winden nicht gefeit bin, haste das auch gesagt, du Ochse!?«

Edwins Augen blicken nicht flink und offen, er schlägt sie schuldbewußt nieder und murmelt: »Sie ist neugierig. Ich muß erzählen und erzählen. Alles will sie wissen über uns. Mach was!«

Hannes brummt: »Mach was, du Affe! Hast nur erzählt. Und ich? ... Hab mich rumgeschlagen mit den Bauern.«

Da kommt schon das Essen auf den Tisch, alles ausgesuchte Sachen, alles ist da. Sie essen mit gutem Hunger.

Ulrike, lieb und hübsch anzusehn, schaut den Männern zu. Zuweilen kneift sie auch die Augen zu, als würde jäh ein Licht sie treffen. Unvermittelt sitzt ein anderes Rikchen da. Bilder und Träume stehen in ihr auf.

Sie will sich vorstellen, wie die Männer im Lager gelebt, an der Seite der Russen gekämpft, wie sie sich nach Hause gesehnt und soviel Entsetzliches erfahren haben. Mit einem Mal wird Rikchen traurig. Nie würde sie es fertig bringen, Trostheim an seine bittere Heimkehr zu erinnern, und denkt sie an seinen Sohn Jannek, packt sie der Jammer. Ulrike hatte den Vater mit sanfter Gewalt gezwungen, Edwin aufzunehmen, und die Eltern zu schneller Heirat gedrängt. Ihr war es gleichgültig, was der Vater hinter ihrem Rücken mit Notar Heimchen aushandelte. Sie lebt ganz den Tag, ihrer jungen, unbeschwerten Liebe. Sie fühlt sich geborgen an Edwins Seite und kann nicht ahnen, welchen Belastungen sie entgegengeht.

Ulrike betrachtet die Männer, vergleicht sie auch. Wie gegensätzlich sind die beiden? Hannes, dunkel, stämmig, verletzend offen wohl. Edwin, schlank, mehr zäh als stark, schweigsam meist, ungemein feinfühlig und verwundbar. Sie weiß es ganz genau. Ein unbedachtes Wort kann ihn verstummen lassen ... Sie kuschelt sich dann an ihn, sagt leise: Siehst wieder keinen Ausweg mehr. Ich mache vieles falsch! ... Das kann er nicht auf Rikchen sitzen lassen. Er rafft sich auf und ist versöhnt ... Ganz anders dieser Trostheim! Der stirbt nicht an Herzdrücken, der schafft sich Luft. Jedenfalls denkt Ulrike das, und Edwin hat es ihr bestätigt.

Im Park zirpen Grillen, werden nicht müde, ihre eintönige Klage oder Freude — wer weiß das schon zu benennen — in die Welt zu senden. Übers Haus fliegen mit kräftigem Flügelschlag wilde Schwäne. Man hört, wie sie zu Wasser gehn ...

Aus ihren Gedanken sagt Ulrike: »Edwin meint, Sie haben,

wenn Sie Streit hatten, gleich losgewettert, weil Ihnen nicht die richtigen Worte einfielen!«

Da duckt sich Edwin wieder. Aber Hannes sagt ohne jedes Zögern: »Stimmt! Es gibt noch viel zu lernen!«

Er übersieht die weiße Damastserviette, die Focks Initialen trägt. Er putzt sich die Lippen mit dem Taschentuch ab. »Geschmeckt hat's, Ulrike!« Das sagt er flott und zeigt ihr seinen guten Willen.

Sie lächelt. »Wenn Sie möchten, mein Vater würde Sie empfangen!«

Hannes springt leichtfüßig auf und meint trocken: »Wird sich nicht umgehen lassen!«

5.

Wenn Edwin Zahn zu Fock gerufen wird, ist ihm nie leicht und wohl zumute. Auch jetzt betritt er nur widerstrebend den langgestreckten Raum.

Fock hat sich von seinem Hausarzt eine Asthmaspritze geben lassen, um besser bei Stimme zu sein.

Mit einer Herzlichkeit ohnegleichen steht der kleinwüchsige Mann auf und schüttelt lange Trostheims Hand.

»Willkommen, Herr Trostheim, willkommen auf den Besitzungen des Ulf Fock. Und nehmen Sie Platz, wählen Sie den, der Ihnen behagt. Nur meinen, bitte, lassen Sie in Ruhe. Auf meinem haben alle Focks gehockt!«

So also spricht er gewandt, ein Weltmann, wie er im Buche steht, und würdigt den Schwiegersohn mit keinem Blick.

Ulrike hatte die Männerrunde nicht stören wollen.

Als sich Hannes endlich gesetzt hat, was eine Weile dauerte, weil ihn die großflächigen, goldgerahmten Ahnenbilder an den Wänden nicht ganz gleichgültig lassen, fährt Ulf Fock mit schwacher Stimme, jedoch mit größter Liebenswürdigkeit fort: »Sie kommen ein Vierteljahr zu spät. So lange warten wir auf Sie. Ich habe Moselwein bereitgestellt. Ich will Sie nicht mit Einzelheiten löchern, lieber Freund. – (Auch das kommt Fock leicht von der Zunge!) – Unser Stammbaum reicht sehr weit zurück!« Und liebevoll dreht er am goldnen Ring.

Edwin wagt nun einzuwerfen: »Das alles weiß Herr Trostheim ganz genau!«

Focks spärliche Augenbrauen zucken: »Sooo?«

»Natürlich, Güterlohe ist einen Steinwurf weg von diesem Nest!« Ich werde Rehfeld nur noch als ein Nest benamsen und laß mich hier nicht kleiner machen, als ich bin. Vor Hannes kann ich's Fock beweisen: Ein Partisan ist nicht ein Stückchen Dreck!

Ungestüm empfindet Fock den Wunsch, ein klares Wort zu sprechen. Er räuspert sich, streift seinen Schwiegersohn mit knappem Blick und sagt: »Ich will dir nicht zu nahe treten, und an der Wiege wurde mir noch nicht gesungen, daß du und ich, daß wir ... Lassen wir den Schmus ... Unser Gast verdient, die Wahrheit zu erfahren. Die Zahns, die Focks, die wurden kein Gespann, weil's diesen Grauling gab und – das will ich nicht verschweigen –, den Bruder Siegfried Zahn mit dem Klimperzeug am Hals!«

Mit einem Mal sitzt Edwin wie zerschmettert da. Er senkt den Kopf, besetzt jetzt nur den halben Stuhl, als schiene ihm der ganze zuviel.

Indessen liegt Hannes mit wuchtigem Oberkörper bequem über der Tischplatte, die Ellenbogen fest aufgestützt, die Hände in seinem schwarzen Schopf vergraben. Wie Hund und Katz, so leben sie! Ist es Schadenfreude? Ist's ein kleiner Hoffnungsschimmer? Was es auch ist – Hannes atmet erleichtert auf. Draußen will der Sommer nicht zu Ende gehn und zeigt, was er sich leisten kann: Grillensang und Amselschlag, Kranichruf und Gansgeschnatter. Durchs offne Fenster weht ein sachter Wind und fährt in die Gardinen.

Es entsteht ein langes Schweigen, das alle langsam mürbe macht! Noch ein Weilchen wartet Fock, dann spricht er aus der Stille: »Ich hatte etwas gegen Klimperzeug!« Er findet, es wär Zeit, Edwin wieder aufzurichten. Er lächelt dünn. »Die Orden, die ihr sonntags tragt, nehmen sich bescheiden aus und sind doch hochverdient!« Ist Fock auch ziemlich klein von Wuchs, an großen Worten fehlt's ihm nie. Noch einmal dreht er an dem goldnen Ring. Dann, über den Tisch hinweg, munter nur einmal, streckt er Hannes Trostheim das Weinglas hin: »Auf gute Nachbarschaft!« Aus dem Anstoßen wird nichts, weil Hannes Trostheim aufspringt. Er hat an der getäfelten Wand eingelassene Gewehrschränke entdeckt und fragt nun scharf und geradezu: »Stehn die Waffen unter Nummer Sicher?«

Fock setzt das Weinglas wieder ab, bleibt gleichbleibend zuvorkommend und krächzt: »Aber, aber – wer wird sich in die Nesseln setzen? ... Nicht lange und die Jagd geht wieder auf. Der Krieg hat uns das Schwarzwild zugetrieben. Aufregend diese Sache, junger Freund! Wer freut sich nicht, ein Hauptschwein zu erlegen? Ich lad Sie ein, sobald das Jagdhorn schallt!«

Auch solche Späße kann sich Fock erlauben. ... Die Waffen hatte er dem Kommandanten von Hohenburg gebracht, Suhler Prachtwaffen mit Luxusschäften und erhabenen Gravuren ... Herr Kommandant, sollten Sie Gefallen finden, ich geb sie weg für nichts! Leider machte der Kommandant wenig Aufhebens um das noble Geschenk und ließ durch den Dolmetscher fragen: Sind es alle?

Ich bitte Sie, Herr Kommandant. Alle Waffen, alle Munition!

Der Kommandant knurrte: Dawai – dawai.

Soviel verstand Ulf Fock von dieser fremden Sprache, die ihm barsch vorkam, hart und unnachgiebig. Er wagte keinen Blick mehr auf die Waffen. Mit kleinen Schritten ging er rückwärts aus dem Raum ...

So war das gewesen. Doch zu Trostheim sagt er leichthin: »Durch und durch ein Kenner, dieser Mann. Schlägt die Waffe an die Backe, zielt und weiß – sie liegt ihm gut!«

Indes bewegt sich Hannes an den Ahnenbildern entlang, läuft lautlos über weiche Teppiche und redet aufgebracht: »Unsere Vorstellungen von einer Reform sehn anders aus!«

Fock nickt verstehend.

Edwin findet, daß er sich nun regen müßte. Er verspürt den heftigen Drang, gehörig aufzumucken. Er rutscht hin und her auf seinem halben Stuhl. Doch Fock bannt ihn mit kaltem Blick, zieht langsam den Schreibtischkasten auf und fiept: »Wir wissen das, Herr Trostheim. Ich häng nicht mehr an Hab und Gut, schon lang nicht mehr. Besitz kann sehr beschwerlich werden. Ich tret zurück und laß die Jungen rackern!«

Er breitet die Besitzurkunden auf dem Tischtuch aus und lächelt versonnen: »Das Muster könnte Ihnen sicher helfen, auch Sie sind fest entschlossen, das Nötige zu tun!«

Hannes schielt auf die Urkunden. Sie sind ausgeklügelt wie nur irgendwas: Notar, Gericht, Katasteramt. Selbst der Kommandant aus Hohenburg hatte nachdenklich sein graues Bärtchen bezupft und gemeint: »Schwer, dagegen anzugehn. Sind Nägel mit Köpfen!«

Wird sich ein Streit noch lohnen, auch wenn er gut und gründlich ist? Hannes hegt schon Zweifel!

Aus den Augenwinkeln nimmt Hannes Focks Frohlocken wahr und hört ihn sagen: »Zugegeben — ich muß nicht auf den Hektar schaun. Sie kommen über dreißig Morgen kaum hinaus. Das Prinzip jedoch, das ist das gleiche, wie die Reform, die Sie nun planen!«

Da geschieht es, daß Hannes vor Focks Schreibtisch stehenbleibt, auf die Urkunden klatscht und aufsässig sagt: »Wir können diese Wische auch zerreißen, Herr Fock ... Ruckzuck — und der ganze Zauber fliegt in alle Winde. Das geht — und wie!«

Nun wird Ulf Fock geschäftig. Er verstaut die Dokumente in seinem Schreibtischkasten. Er denkt: Sicher ist sicher. Mit einem Starken legt man sich nicht an. Ein Roter fackelt nicht! Er klopft erleichtert auf das Schlüsselbund in seiner Hosentasche, schiebt den mageren Brustkorb vor, auch jetzt bewahrt er einen klaren Kopf und sagt, für die lädierte Stimme ziemlich forsch: »Ich kann mir nicht vorstellen, daß Sie das neue Leben mit einer Ungesetzlichkeit beginnen! Sie nicht — oder ich begreif die Welt nicht mehr!«

Hannes ist vor Edwin stehngeblieben und sagt beschwörend: »Mensch, was haben wir gelernt. Hast du es vergessen, das ganze Einmaleins, alles weg, vorbei?! Reg dich endlich!«

Was sollte Edwin unternehmen? Er war benommen, ohne jeden hellen Einfall, gefühllos wie ein Ochsenhorn.

Fock erhebt sich, klein, verloren steht er in dem Raum, ein Zwerg in einer Riesenhöhle. Er läßt sich hier nicht mundtot machen. Es ist sein Reich, seine Festung, sein Besitz, den viele Focks zusammengetragen haben. Er will, daß bewahrt bleibt, was den Focks gehört, daß es in keine fremden Hände kommt. So reckt er sich und tut er stark und sagt zu Trostheim: »Was das betrifft, so kann ich ohne Sorgen sein. Meine Wahl hab ich getroffen, ich allein! Die Schwiegersöhne sind aus bestem Holze. Roter Partisan der eine, Landprolet der andere. Zeitgemäß ist die Verwandtschaft, dagegen kann auch die Besatzungsmacht nicht an!« ... Er möchte noch krächzen: Ich hab mich selbst enteignet, Mann, das kommt nicht oft vor! — läßt es aber sein. Er greift noch einmal zum Pokal. »Stoßen wir an — auf die kleinen Schritte, denen viele große folgen solln!«

Hannes fühlt sich ausgedörrt, die Zunge klebt am Gaumen. »Mir ist jetzt mehr nach Bier!« Mehr bringt er nicht heraus.

Erleichtert gibt Fock dem Schwiegersohn ein Zeichen. Edwin will schon losstürzen. Hofft er auf einen Wendepunkt, auf einen Sinneswandel seines Freundes?

Was hofft er nur?

»Danke!« Hannes winkt ab. »Kein Wein, kein Bier — es würde mir nicht schmecken.«

Er nickt zu Fock hin, gibt ihm nicht die Hand und schreitet über Teppiche zur Tür.

Fock blickt Trostheim nach. So sind diese Roten. Er wird sich nicht erwärmen können an der Sorte ...

Mit einer mürrischen, nervösen Bewegung deutet er Edwin an, daß er wünscht, allein zu sein.

Und Edwin geht ihm aus den Augen.

6.

Ohne sich von Ulrike zu verabschieden, läuft Hannes quer durch den Park. Er hegt tiefen Groll gegen Fock, und bitter beklagt er sich, daß ihm die Hände gebunden sind ... Aber besonders durch Edwin fühlt er sich wie vor den Kopf gestoßen. Edwin hätte sagen können und müssen: Es ist ein falsches Spiel, ich spiele es nicht mit ... Kein Wort von seiner Seite, kein Bedauern, nichts! ... Will er Grundbesitzer werden? Dreißig Hektar hat ihm Fock geschenkt. Den Hals hat er ihm zugeschnürt damit. Ersticken wird er dran! …

Als sich Hannes aufs Fahrrad schwingen will, taucht Edwin auf und bittet: »Laß uns reden. Vor Fock friern mir alle Worte ein. Dem bin ich nicht gewachsen!«

»Reden – wozu? Welche Pläne hast du für dein Leben? Kleine – arme Krämerseele, Pläne, die mich ekeln, Edwin Zahn! Dafür haben wir nicht gekämpft, unser Leben gewagt, dafür nicht!« In stummer Wut schiebt er das Rad durch den Sand und überschüttet Edwin mit neuen Vorwürfen: »Eine Kluft wird sich auftun. Das ist unausbleiblich! Wir können nicht zusammenfinden, begreifst du das?« Kurz bleibt er stehn, schöpft Atem, wettert weiter: »Der Besitz bleibt dir im Halse stecken. Sag doch was!« Das schreit er schon. »Rede endlich, Mensch!«

»Was soll ich sagen?«

»Sag wenigstens, daß du dich schämst!«

»Schämen – wozu? Dafür gibt's keinen Grund. Ich wollte Rikchen, und die hab ich nun!«

Hannes wirft das Fahrrad in die Wiese, setzt sich in den saftigen Klee, der die zweite Blüte trägt, und betrachtet verwundert dunkelhaarige Hummeln, die summend die weißen Blütenköpfe anfliegen. Er reißt sich von dem Anblick los und sagt bitter: »Als Lügner steh ich vor den Menschen! Kriecht Zahn in Rehfeld unter, ich hab es laut gesagt und nicht nur einmal, hilft Zahn, dem Fock die Ländereien teilen, wir schmettern ihn zu Boden wie den ersten, besten Feind.«

Es wird still, es wird drückend heiß. Plötzlich ratscht aufgeregt ein Wilderpel im Schilfgürtel. Sicher taucht in der Nähe eine Bisamratte und sucht nach Fraß. Fische schnellen aus dem See. In der Schwüle halten sich die Mückenschwärme nahe überm Wasserspiegel. Unvermittelt packt Hannes Edwins Arm und zischt: »Setz dich schon!«

Als sich Edwin im Schneidersitz niedergetan hat, murmelt er: »Sicher denkst du jetzt, ich bin verrückt!«

»Ausgeschlossen ist das nicht!«

»Denk – was du willst!«

»Der Alte führt dich an der Leine. Und nicht ein bißchen

Mumm zeigst du. Windelweich! In Wahrheit bist du Luft in seinen Augen. Aus Dank mischst du ihm noch die Karten für sein Spiel!«

Edwin fühlt sich nicht großartig. Am liebsten würde er sagen: Laß mich doch in Frieden, auch ich habe ein Recht auf Frieden ... Fast hätte er diesen sinnlosen Stoßseufzer von sich gelassen, weil er keinen Ausweg sieht. Doch unverhofft eifert er: »Kniest mir auf der Brust, willst mir die Luft zum Atmen nehmen. Warum denn? Macht Kolchosen wie in Rußland, dann hat die liebe Seele Ruh!«

Erst stutzt Hannes, dann starrt er ihn prüfend an, dann ruft er schrill: »Du bist verrückt geworden!« Hannes stöhnt auf. »Kolchose!« Er schlägt sich an die Stirn. »Ohne Beistand wirste sitzen! Das ist die Aussicht, die dir bleibt!«

»Mich schreckt das nicht. Und eines Tages kommt das sowieso!« Weil sich Edwin unglücklich fühlt und eigentlich weit weg wünscht, trumpft er auf, tut stark, obwohl er mürbe ist. »Habt die Kraft und geht den ganzen Schritt, nicht nur den halben!« Ist das Weitsicht, ist das Humbug, ist das Tollheit?

Mit einem Mal verspürt Hannes das Verlangen, auf Edwins Angebote einzugehn. Er fragt vorsichtig: »Wie denkt denn Rikchen? Kennt sie deine Pläne?«

Eigentlich hätte Hannes sagen müssen: Deine Pläne sind blauer Dunst und reiner Stuß. Doch er will Edwin prüfen. Edwin wird still, denkt lange nach und hört auch Rikchens Stimme: Ich bin eine Fock! Und die Focks sind auf der Welt, den Besitz zu hüten und zu mehren. So hab ich das gelernt. Wer nach unserm Besitz greift, gegen den muß ich angehn ...

Eine Weile wartet Hannes noch, mustert Edwin aufmerksam, und nicht ohne feinen Spott fragt er nun: »Na, wie denkt das Töchterlein vom Fock?«

Edwin muß — ob er will oder nicht — einen gewagt langen Schritt auf Hannes zugehn. Es ist wenig Schneid in seiner Stimme, als er sagt: »Wie soll sie schon denken? Wie eine Fock. Sie ist verwöhnt und stolz und sehr auf das Ansehen der Focks bedacht. Ich kann dich nicht belügen!«

»Siehste! Aber du läßt dich nicht belehren! Mußtest du denn heiraten?«

»Ich wollte. Und sie hat's verdient, hat gewartet, nie aufgehört zu warten!«

Hannes steht auf, drückt die Schulterblätter nach hinten. Man hört es knacken. »Sieh zu, wie du fertig wirst. Sie wird dich um den Finger wickeln!«

Hannes Trostheim hätte noch sagen können: Das ist wie ein Verrat von deiner Seite her. Aber auch in diesem Augenblick will ihm das Wort nicht von der Zunge kommen. Er denkt in Sorge an Jupp Keuner, den er über seine glücklose Begegnung unterrichten muß.

Die beiden Männer stehn noch ein Weilchen beieinander. Die Erde dreht sich schon dem Mittag zu. Die Sonne brütet überm Land, selbst die schwarzen Hummeln verkriechen sich im Gras.

»Leb wohl«, sagt Edwin leise. »Ich muß herausfinden, welcher Weg der beste ist!«

»Immer der gerade«, knurrt Hannes und denkt: Der richtet sich zugrunde, das dauert nicht mehr lang. Er setzt den linken Fuß auf das Pedal und stößt sich mit dem rechten ab.

Edwin bleibt zurück, blickt Hannes lange nach. Wie er's auch dreht und wendet, einen Ausweg sieht er nicht. Als Hannes längst verschwunden ist, atmet Edwin immer noch schwer und beklommen.

7.

Es ist ein angebrochner Tag für Hannes, und unverhofft erhascht er doch noch einen Hoffnungsschimmer.

Oskar Gärtner, der untersetzte Mann mit den prallen Pfirsichbäckchen, hat Hannes aufgelauert und, redegeil wie immer, legt der Mann gleich los: »Warst bei Fock und warst bei Zahn, nun haste Fransen auf der Zunge. Setz dich. Laß dir mal erzählen, was ich dem Zahn geboten hab!«

Sie kriechen in einen Heuschober. Es ist schon Grummetheu, das betäubend riecht und Hannes schlaff und schläfrig macht. Doch Gärtners muntrer Redefluß nimmt ihn bald gefangen.

»Kommt angeritten wie der Schimmelreiter. Halt, sag ich,

Genosse Partisan. Bitte ruhig bleiben, nicht, daß eine Kugel gleich das letzte Wörtchen spricht. Wir sind im Frieden angelangt, was lange währte und beschwerlich war ... Er blieb auf seinem Schimmel sitzen. Das sah nicht schlecht aus! ... Ein wahres Reiterstandbild, dieser Mann! ... Also, sag ich frei und offen: Bei manchen reicht die Puste bis nach Hause, dann ist schon Endstation, ist Ultimo, wie Gott, der Vater, sagt. Dann träumt ein roter Partisan vielleicht noch mal von Heldentaten, vollbringen aber wird er keine mehr ... Er steckt das weg! ... Ich denke: Verwegen kannste immer sein und lege noch was drauf: Du, sag ich ihm, du stößt das Messer nicht ins Herz von Fock. Du hebst ihn in den Himmel! Von Trostheim haste nichts gelernt! ... Das war zuviel! Er gab dem Gaul die Sporen, und wiehernd stieg das Tierchen hoch. Ich dachte: der prescht kopfüber in den See ... Es hat ihn sehr gewurmt. Er schielt mich scheel an, wenn der Weg sich kreuzt ... Soll ruhig wissen, wie man denkt und fühlt!«

Oskar kriecht aus dem Schober. Ihn packt die Rauchergier.

Auch Hannes kommt hervor und zupft selbstvergessen Heureste aus den schwarzen Locken. »Hast ihm gezeigt, was eine Harke ist, was, Oskar? Warst noch deutlicher als ich. Jedenfalls warste geradezu. Er mußte tüchtig schlucken!«

Aus Oskars Pfeifenkopf stieben wilde Funken.

»Paß auf, prasseldürre ist die Erde. Hol uns keine Feuersbrunst ins Land!«

Ein Brandstifter und Feuerleger ist Oskar Gärtner nicht. Er klopft seine Pfeife aus, zertritt die Glut gewissenhaft. Dann fragt er trocken: »Und sonst?«

»Sonst? ... Sag mir, was du denkst?«

»Sonst denk ich: Bauer werden wär mein größter Wunsch!«

»Willste wirklich?«

»Aus ist die Freundschaft mit dem Fock; denn Friedhelm, dieser liebestolle Hundesohn, ich dresch ihm noch das Krumme aus den Ohren, hat mich auf seiner Hochzeit ausgesperrt, verstehst du das? Packt mich beim Kragen, ich stand auf schwachem Fuße von dem Klaren, stößt mich in den Rübenkeller und läßt mich zappeln in dem Burgverlies. Und warum? Weil ich dem Fock die Meinung geigte. Der Sohn kann mir gestohlen bleiben. Mein Weib, die Irma, barmt mir nun die Ohren voll. Kriech zu Kreuze. Fock lebt nicht ewig, meint das Weib, dann hat man ausgesorgt. Mir stinkt der ganze Braten. Oskar, sag ich, bleibe hart! Jetzt will ich Bauer werden, Herr auf freiem Grund. Der Fock soll seine Kühe selber strippen … Gibst du mir da recht?«

Erstmal ist Hannes ziemlich sprachlos, dann regt sich Frohlocken in der Brust, zuletzt ruft er ausgelassen: »Sollst du haben, Land; kriegste Oskar, kriegste: Land und Wiese, dreißig Morgen!«

Oskar überdenkt seine Möglichkeiten. »Zum Leben zu wenig, zum Sterben zu viel!«

»Das ist die Norm. Feilsche nicht! Das Feilschen bringt dir keinen Morgen mehr!«

»Reiß dem Fock die Erde aus den Pfoten!«

»Schnell gesagt, und schwer getan«, meint Hannes vieldeutig und schabt sich das Kinn.

»Sind wir Trottel oder Kerle?«

Man wird sehn, denkt Hannes und weiß allzugut, daß an Fock nicht ranzukommen ist.

Nach kurzem Überlegen sagt er: »Die Zeit läuft gegen Fock und läuft für uns. Das muß dir jetzt genügen!«

Oskar schließt die schwere Faust. »Ich würde ihm die Kehle putzen. Auch wenn du Mäßigung verlangst, ich kann mich kaum noch bremsen!«

»Bremse dich, Oskar!«

Gärtner steckt die Tabakpfeife weg. Vor der Frau, das nimmt sich Oskar vor, wird er keinen Fußbreit weichen, ihr wird er zeigen, wie klar er in die Zukunft blickt: Weib, wird er sagen, Focks letzte Stunde hat geschlagen, es kann sich nur um Jahre handeln!

Hannes und Oskar beklopfen sich kräftig die Schultern, und das nicht nur einmal. Zwischen ihnen herrscht Einigkeit, völlige Übereinstimmung in allen Grund- und Weltfragen.

Und wer sich erdreistet und behauptet: sie hätten nichts in der Hand, den würden sie vors Schienbein treten. Oskars Meinung! Sie haben ein Stückchen Zukunft beim Wickel. Soll das vielleicht ein Klacks sein, ein Nichts?

»Gute Fahrt und keinen Platten!«

Hannes schwingt sich heiter in den Sattel. Ihn bestärkt die Überzeugung, daß andre Tage kommen werden.

Er pfeift sich schnell ein kleines Lied zurecht. Das nimmt sich bescheiden aus in einer Welt von hellen Vogelstimmen. Aber ein bißchen Gepfiffel ist es schon, was durch seine Lippen zieht.

Als er am frühen Abend vor Jupp Keuner sitzt und ausführlich berichten muß, entscheidet Keuner schließlich: »Bleib dem Edwin auf der Pelle.«

Hannes sagt ausweichend: »Mein Einfluß ist gering!«

»Gering?! ... Ich verbiete dir, das zu denken und zu sagen. Du sollst nicht Wunder tun. Du sollst ihn uns gewinnen, sonst haste nichts gekonnt ... Noch was?«

Hannes schweigt. Keuner schluckt Pillen gegen Schmerzen. Sein Gesicht ist quittegelb. Hannes möchte sagen: »Spann aus. Und laß dich untersuchen!« Als er Keuners Blicke spürt, senkt er stumm den Kopf.

Zweites Kapitel

1.

Auch noch Ende September ist es ungewöhnlich heiß und trocken. Es riecht nach Staub, nach gedörrtem Pferdemist, und von den Sumpflöchern treibt ein lauer Wind den Geruch faulender Wasserrosen heran.

Unverhofft taucht in Güterlohe ein Buckel auf. Er trägt seinen großen, kantigen Kopf geradeaus, schleppt einen prallen Rucksack, und in der rechten Hand schwingt er forsch die Botenglocke, die ihren blechernen Klang bis in die letzten Winkel des Dorfes schickt.

Die Kinder rennen dem Fremden nach, voran Jannek Trostheim, bald folgen Frauen, endlich schließen sich alle an, die einigermaßen flott zu Fuß und nicht nach außerhalb unterwegs sind.

Als höchste Amtsperson des Dorfes hebt Wilm Sichler die Hand und sagt: »Halt!«

Der Buckel reißt behend den Rucksack von den Schultern. Nun sehen alle, daß der Rücken des kleinwüchsigen Mannes ein einziger unförmiger Auswuchs ist, und sein blaugestreiftes Hemd dunkel glänzt von Schweiß.

Da denkt Alma Ariwald mitfühlend: Der wird einen Durst haben, der arme Kerl … Schleppt sich ab mit seinem Sack, welche Reichtümer wird er schon besitzen?

In der erwartungsvollen Stimme läßt der Buckel noch einmal die Glocke tönen, knüpft rasch den Rucksack auf und ruft mit fester Stimme: »Die Zeitung – ein Ei! Lest, was in der

Welt geschieht! Stalin ist in Potsdam, der dicke Brite auch mit seiner Zigarre, lest, was in Japan geschieht, wo der Krieg ein schlimmes Ende nahm ... Die Zeitung – ein Ei!«

Die Kinder haben auf Wunder gehofft, die Erwachsenen waren immerhin auf Gummiband gefaßt, auf Zwirn oder ähnlich rare Artikel. An Zeitungen hat kein Mensch gedacht.

So ist Wilm Sichler der Mann, der für alle spricht: »Ganz neu sind die Dinger aber nicht, Meister. Das sah ich, ohne hinzublicken. Stalin ist längst wieder in Moskau und regiert mit straffer Hand!«

Der Buckel reibt sich mit dem Handrücken die Stirn trokken und meint zuversichtlich: »Faßt an, Leute, es ist Papier, hart und trocken. Was drauf steht, stimmt alles!«

»Wo kommst du her?«

»Aus Berlin! Denkst du, es wär zu weit für mich? Ich kann viel laufen und viel tragen!«

Nun muß Wilm Sichler dem Buckel vor allen Leuten erklären, daß Käte Dreibrot in Panitz neuerdings das ganze Post- und Zeitungswesen innehat. »Komm der Frau nicht in die Quere mit deinen ollen Kamellen. Bei Käte wird mit Geld bezahlt und nicht mit Eiern!«

Großvater Gustav, der sich wichtig die Bartwolle bezupft und neuerdings als Nachtwächter fungiert, hin und her flitzt, ein rechter Dauerläufer zwischen den Kartoffelfeldern, denn Not macht immer Diebe, Gustav also kann sich nicht länger halten und kräht: »Was in Kätes Zeitung steht, ist alles taufrisch!«

Auch jetzt noch blickt der Buckel unerschrocken: »Was eine reine Wahrheit ist, die hält sich, Leute, die setzt nicht Schimmel an – wie Brot zum Beispiel. Man kann auch gleich mit Brot bezahlen. Es müssen nicht nur Eier sein!« Abermals läutet er mit der Botenglocke, blickt Wilm Sichler herausfordernd an und sieht überhaupt keinen Grund, seine tieferen Absichten zu verbergen: »Eine kleine Speckseite – und alle Zeitungen sind dein, verehrter Kriegsversehrter. Zum Lesen brauchste Jahre!«

»Nicht mal Suppe kriegste von der Alma, zieh ab. Mein letztes Wort!«

Wilm findet, es reicht nun mit dem Buckel!

Die Blicke des Kleinwüchsigen huschten über die Menschen hinweg, nicht wenige Gedanken schwirrten durch seinen Kopf, doch er duckt sich nicht! »Einen Rucksack voll Kartoffeln, und ich besitze keine Zeitung mehr!«

Wie Flugblätter läßt er die Zeitungen flattern. Alle bücken sich. Und Großvater Gustav kräht ein letztes Mal an diesem Tag: »Ein Vorrat fürs Örtchen, falls es wieder dünne kommt!«

Zages Gelächter flackert auf. Es hält sich nicht sehr lange. Die Menschen gehen auseinander, und weil sie hier fast alle des Lesens kundig sind, ausgenommen die Umsiedler aus den Schwarzmeergebieten, werfen sie gleich im Laufen einen Blick in die Zeitungen und stellen fest: Geschenkt kann man die Dinger nehmen.

2.

Alma kann nicht herzlos sein. Sie nimmt den Buckel mit, schert sich nicht darum, ob's Wilm gefällt, füllt dem Buckel den Rucksack mit Kartoffeln, bewirtet ihn mit einer eisgekühlten Obstsuppe und fragt vorsichtig: »Wird er nicht zu schwer, der Sack?«

»Zweie trag ich von der Sorte!«.

Zwischen zwei Löffeln fragt er hastig: »Ist der Hinkemann der Bürgermeister?«

Alma nickt nur!

Sein Löffel kratzt den Rest vom Teller. »Die Reform, wird sie nicht ein Unglück sein?«

»Wie das?« murmelt Alma. »Das Land muß uns gehören. Wir bebauen es!«

Der Buckel schiebt den Teller weg, wischt sich mit der flachen Hand die Lippen! »Unrecht Gut gedeihet nicht, hört man reden. Gott wird euch mit Dürre strafen. Den Kühen kann die Milch im Euter sauern, plötzlich wächst dem Hühnervieh das Legloch zu!«

Alma blickt entsetzt in die fanatischen Augen des Buckels. Sie denkt besorgt: Vielleicht hat er die Suppe nicht verdient, nicht den Sack Kartoffeln?

Sie sagt leise: »Sind Sie einer, der uns Unheil wünscht?«

Der Buckel schüttelt den Kopf. »Ich wünsch euch Glück. Doch geschwatzt wird allerhand!«

Dann hievt er sich den Rucksack auf und geht, wie er gekommen ist, den großen, kantigen Kopf geradeaus. Kläglich wimmert nun die Botenglocke. Alle Forschheit hat den Mann verlassen. Er braucht lange, um zu glauben, daß das, was er im Rucksack trägt, besser ist als nichts.

Alma hat den Buckel nicht umsonst bewirtet. Sie erinnert sich an ihre Stimmennarrheit, die sie fast zu einem buckligen Schuster geführt hatte. Dem Mann war es gegeben, in seiner Kellerwerkstatt leis und lang zu singen – Lieder, die Alma weich und traurig machten ... Und da frag ich das Schicksal, warum, ja, warum, doch es gibt keine Antwort, Schicksal bleibt stumm ... Solche Lieder hatte er gesungen!

Das war ewig her. Da war an Güterlohe nicht zu denken, nicht an Wilm, die Hagebuttenhecken, den Käuzchenschrei und alles, was dann kam.

Alma steigt langsam die Freitreppe hinauf. Es steht seit Wochen nicht mehr gut um sie. Sie fühlt sich schwach und weint auch viel, heimlich, um Wilm Sichler nicht zu reizen. Es sind neue Umsiedler eingetroffen, darunter ein Stellmachermeister mit seinem Anhang, Frau, Schwiegermutter und Tochter, gerade zwanzig Jahre alt, Olga mit Namen.

Olga Unterberg scheint aus einem Märchen zu kommen. Als Alma sie zum ersten Male sieht, stockt ihr der Herzschlag. Das kann nicht wahr sein, so viel Ähnlichkeit darf's nicht geben! Doch die Ähnlichkeit war da. Es schien, sie war die Janne Trostheim noch einmal, im Gang, im Wesen wohl, im Blick sogar, nur die Haare sind dunkel und schimmern kastanienbraun.

Die Unterbergs trugen gute Papiere in der Tasche, ausgeschrieben von böhmischen Genossen, die bestätigten, daß alle Unterbergs in der Zeit der Fremdbesetzung ihren Mann gestanden und zudem den einzigen Sohn in einer Partisaneneinheit verloren haben.

Wilm zögert nicht. Er bringt die Familie im verwaisten Kleinert-Haus unter.

Als Jannek Olga das erste Mal begegnet, bemerkt Alma, wie an seinem schlanken Knabenhals ungestüm der Puls vibriert. Da ahnt sie schon, was geschehen wird.

Ihre Ahnung bestätigt sich bald. Jannek zieht es immer häufiger zu Olga hin. Er malt mit ihr, läßt sich Märchen vorerzählen und ist im Gutshaus nur noch Gast.

»Ein Schlafbursche ist er, mehr ist er nicht!« Denkt Alma: Wilm könne das verändern?

Für Wilm bleibt alles, wie es war. Er will keinen Schatten sehen und keinen Mißklang hören. Als ihm Almas Barmen auf die Nerven geht, fährt er sie an: »Siehst Gespenster, mach mich nicht fuchtig, fuchtig bin ich selbst genug!«

Seitdem barmt Alma still in sich hinein. Ihr ist, als hätte sie ihr Kind verloren. Neid befällt sie. Er nistet sich im Herzen ein ... Nirgends kann sie Ruhe finden.

Auch Jupp Keuner taucht mit dem Opel auf und hält mit dieser Teufelskarre direkt vor Kleinerts Haus.

Jupp sieht keinen Grund, den Unterbergs und ihren Unterlagen zu mißtrauen. Alles ist echt, man hatte es geprüft. »Was kann ich für euch tun?« Er betrachtet das Werkstattdach. »Hab ich gedeckt. Kann sich sehen lassen auch nach sieben Jahren noch!« Jeder Mensch hat seinen Stolz.

Unterberg steht klein und wuchtig unterm Walnußbaum. Sonderwünsche hat er nicht. »Die Heimat ist es nicht, das kann man nicht verlangen. Die Werkstatt reicht mir aus. Wir wollen hier unsre Ruhe finden!« Nur für Olga, seine Tochter, hat er Hilfe nötig. »Sie ist beschlagen, schreibt Maschine. Sie wird im Dorf nicht froh!«

Alma steht ganz in der Nähe, schöpft neue Hoffnung. Geht Olga fort, hab ich Jannek wieder!

Dann geschieht, was Alma sehr betroffen macht. Jupp errötet, als Olga aus dem Garten kommt. Sogar die Augen schließt er wie ein Jüngling, so ist er geblendet von der Ähnlichkeit, die Olga mit der toten Janne hat.

Erst als Jannek in den Hof hüpft, rührt sich Keuner vom Fleck und ruft flott: »Salut, Jannek!«

»Wer bist du?« fragt der kleine Mann.

»Dein Freund!«

»Kenn dich nicht, meine Freunde kenn ich alle!«

»Mich lernst du heut erst kennen ... Ich bin Jupp Keuner!«

Da nickt Jannek verstehend, mustert Jupp und meint: »Ich war im Wald, da kamst du uns besuchen ... Salut – gefällt mir!«

»Dann wollen wir uns immer so grüßen: Salut, Jannek!«

Jannek bläht sich vor Wichtigkeit und ruft: »Salut, Onkel Jupp!«

Er schmiegt sich an Olga und flüstert: »Sag ihr auch Salut!«

Alma hat sich schon abgewandt, läuft und läuft und glaubt, ersticken zu müssen.

Ihre Kindsliebe hat einen derben Schlag erlitten!

Dabei mußte sie damit rechnen, daß Jannek eines Tages mit dem Vater gehen wird. Es gab eine Paula in der Stadt, eine junge, flotte Frau, keine Janne, nein, aber schmuck war sie und immer in Hannes' Nähe, zäh und beharrlich. Und eine Hochzeit sollte später sein, nach der Hackfruchternte, eine doppelte: Hannes und Paula, Alma und Wilm. Jupp Keuner schwang sich auf zum lieben Gott: liebet und vermehret euch, bis euch der Tod einst scheidet! ...

Was der sich einbildet, selber will er solo bleiben. Alma schluckt die Tränen runter. Uns will er in die Ehe zwingen. Alma hat in guten und bösen Tagen zu Wilm gehalten und nie ein Standesamt gebraucht. Sie würde es auch künftig nicht vermissen.

Viel wichtiger ist Jannek für sie, um ihn leidet sie, seinetwegen hat sie schlaflose Nächte, und wenn sie morgens aufsteht, fühlt sie sich nicht ausgeruht.

3.

In einer Havelbucht steht eine windzerzauste Hütte, die den Krieg überdauert hat. Sind die Tage warm und trocken, riecht sie nach ausgebleichtem Schilf und immer nach Fischschuppen; denn es hängen in der Hütte ausgediente Kescher und Netze, in den Ecken kann man rostige Angelhaken, Posen aus

Kork und Gänsekielen entdecken. Die anspruchslose Hütte ist Inbegriff von Keuners Jugendzeit.

Er hat Olga am frühen Sonntagmorgen überrumpelt, als er mit dem Tandem angeradelt kommt. »Sollte dich das Ungeheuer schrecken, bitte, sag es gleich!«

Olga lächelt verlegen. Was der sich denkt, und dann in diesem Aufzug! Sie blickt auf seine Knickerbocker, auf die grünen Strümpfe. Der kann radeln wie verrückt – doch ich? Mein Zeug ist reiner Plunder ... Sie sagt: »Wird nicht gehn. Wie seh ich aus!«

Sie entdeckt in seinen Augen so jähe Enttäuschung, daß sie plötzlich sagt: »Ich wag's. Solln Rock und Bluse reißen!«

Sie schwingt sich auf den Hintersitz, hat schnell den Rhythmus in den Beinen, merkt aber bald, daß Keuner kraftlos tritt. Hat Atemnot!

In dichtem Buschwerk verstecken sie das Tandem. Zu Fuß gehn sie die Havel lang. Sie sprechen nicht ein Wort. Zuweilen blickt sie Keuner fragend an. Dann weiß sie: er hat sich übernommen. Dem geht es schlechter, als er tut ...

An einer Schilfhütte ruhen sie aus. Die Wellen schmatzen träg am Uferrand. In der Ferne schwingt sich kühn die Brücke übers Wasser. Das Geländer blitzt im Sonnenlicht.

Ihr gefällt die Gegend auf den ersten Blick.

Jupp müßte ihr erklären, warum er sie in diese Gegend führt. Er gibt sich alle Mühe, als er sagt: »Hier kenn ich jede Wurzel, jeden Stein. Hier hab ich viel gelernt: Schwimmen, Tauchen, Dummheiten auch, und im Winter hab ich die Zander gefangen. Der stärkste wog acht Pfund, ein Mordsvieh. Jedes Jahr stand wieder einer da, fast an gleicher Stelle!«

Olga ist überrascht von seinem Eifer. Sie will zeigen, was sie alles weiß: »Der Zander liebt das tiefe Wasser?«

»Aber ja!« Seine Augen glänzen, wie ihr scheint. »Löcher sind, wo Weiden wurzeln, ausgespült von Sturm und Wellenschlag – da steht der Alte still und lauert. Bei kaltem Wetter steigt er pfeilschnell auf. So kommt's, daß auch der Alte an den Haken geht!«

Wer ist mit sich und seinem Leben jeden Tag zufrieden?

Kein Mensch! Keuner sowieso nicht. Doch diese Augenblicke möchte er bewahren, festhalten …

Läßt sich Licht fangen, Glück?

Zu allem ist er nun imstande und bereit!

Und auch Olga gefällt, wie sich der Mann jungenhaft erregt. Sie will ihn bestärken und sagt: »Ich will den Zander fangen!«

»Im Winter wird's versucht … Geduld! … Geduld ist alles, was man braucht!«

»Hab ich, Genosse Keuner!«

»Dann klappt's! … Und Mutter wird ihn dünsten. Er muß gedünstet werden, nicht gekocht, nicht gebraten – gedünstet in der Röhre, beschöpft mit einem scharfen Sud!«

Olgas Augen sprühn vor Freude: »Gefangen muß er erstmal sein!« Sie fängt einen Blick auf, der keinen Zweifel läßt. Unwillkürlich senkt sie ihren Kopf.

Gleitet nicht der Boden unter ihren Füßen weg?

Später fürchtet sie, daß sich nun eine Wortkargheit einschleichen wird, ein Schweigen wie eine Last …

Doch Keuner schaut wieder zur Brücke, die dunkel aus dem hellen Licht wächst. Er murmelt: »Nehmen wir an, wir haben Glück, du und ich. Wir nehmen's einfach an! Und Meerrettich wird sein, scharf, daß uns die Augen tränen!«

Er erhebt sich. »Laß uns ein bißchen laufen!« Er hilft ihr, aufzustehn, wartet, bis sie den Rock geglättet hat, und sagt nur: »Du kannst anfangen bei uns, sofort, wenn du möchtest!«

»Ich möchte«, sagt sie.

Sie hakt sich nicht unter, obwohl er es sehr wünscht.

Ohne Eile laufen sie. Als sie merkt, daß er nachdenkt, gefällt ihr, daß er schweigt …

Viel Licht war nicht auf Keuners Wegen. Das kann man nicht behaupten. Er fühlte sich verbraucht, war krank und wehrte sich dagegen. Nicht selten glaubte er: weit hinter ihm sei mal Glück gewesen, einen Seufzer lang. Es hatte einen Namen gehabt: Janne! Als sie damals in den Hof trat, dastand im Schimmer ihrer Jugend und ihm zulächelte, geschah es, daß eine Welle von Blut in Jupps Herz schoß. Doch er sah Hannes Trostheim als düsteren Wächter im Hof und begriff sofort: sie darf nichts erfahren von meiner Erregung ... Erst als Janne nicht mehr war und Jupp das Lager überlebte, durfte er aussprechen, was sie ihm bedeutet, wie er sie gemocht hatte ...

Nun geht das Ebenbild dieser Janne neben ihm. Mit einem Mal ist Jupp bereit, zu sagen, was er wünscht!

Doch wie beginnen?

Er beginnt ganz einfach:

»Weit über dreißig bin ich. Ich hab nie Zeit gehabt, ein Mädchen zu finden. Es kam immer was dazwischen, eine Aktion, ein Krieg, ein hoher Stacheldraht. Nie war es so, wie es sein sollte. Das meiste kommt uns ungelegen, Olga ... Einmal – kurz vorm Stacheldraht, tauchten Hannes auf und Janne. Sie luden mich zur Hochzeit ein. Trauzeuge sollte ich sein. Mutter buk Kartoffelpuffer. Es spritzte und qualmte. Doch plötzlich rief sie: ein feines Mädchen ist die Janne. Wie lange muß ich warten, Jupp? ... Noch heute wartet sie. Das Leben geht dahin, man kann's nicht überholen. Ich bin kein Mann, der alles ordnen kann. Der Herbst steht vor der Tür, ein langer Winter wartet!«

Olga leidet unter seiner Erzählung. Sie ist jung und kennt noch keine Schmerzen. Warum sagt er das in seinem Alter, und wo zielen seine Wünsche hin? Wie unter einem Zwang sagt sie:

»Es heißt, ich wär der Janne ähnlich? Wie war sie?«

Auf der Havel blitzt das Sonnenlicht, es flirrt und gleißt. Jupp Keuner schließt die Augen.

Wie war die Janne wirklich? Als er die Augen öffnet, sagt er nur: »Wir sind alle nicht so, wie wir sein sollten. Aber sie war gut!« Er bleibt stehn. Er wagt nicht, Olga anzublicken, als er leise fragt: »Was würdest du sagen, wenn wir – meine Mutter überraschen?«

Sie ist noch ein paar Schrittchen gelaufen, bleibt dann stehn und lauscht seiner Stimme: »Wir klopfen an, wir treten ein. Ich sage: Mutter, Besuch für dich, was sagst du nun?«

Noch immer lauscht Olga, wendet sich dann um und vernimmt seine Stimme wie von weither: »Könnten wir das wagen?«

Sie ahnt, was die Enttäuschung anrichten kann in Keuners

sanften Augen. Deshalb sagt sie schnell: »Versuchen kann man alles, Genosse Keuner!«

Da ist er einfach froh!

Sie vernehmen knatternde Geräusche auf dem Uferweg. Das konnte nur der Opel sein. Keuners Teufelskarre!

»Pitt, mein Fahrer!« seufzt Jupp, »Er glaubt, ich falle um und schaff's nicht bis nach Hause!« Er lächelt nachsichtig.

Sie sehen den Opel aus einer engen Kurve kommen.

Die Keuner-Mutter ist rein aus dem Häuschen, wundert lange an Olga herum, jammert darüber, daß ihr Mehl fehle zum Backen; denn gerade jetzt wärn die Bauernpflaumen süß wie Zucker ... Sie wird dann immer stiller. Hin und wieder wehen Seufzer durch die Küche, weil die Alte nur noch an die Janne denken kann.

So stehen Tote auf!

Um ihre Furcht zu mildern, lügt sie einfach. »Ja, ja – es läßt sich gut an!« Sie schielt zu Jupp. Sie ist sich überhaupt nicht sicher, ob er der Mann sein kann für diese junge Frau. Schon wünscht sie, es möge sich zerschlagen. Schon ist sie überzeugt: Der Junge hat ganz andre Pläne. Ein schwaches Mädchen stört da nur ...

Wie auch immer – sie muß nun etwas sagen und sagt das Dümmste, was es gibt: »Jupp hat nicht mal Zeit, die Nächte durchzuschlafen, springt auf und redet laut im Dunkeln!«

Jupp zuckt zusammen. »Bist du nicht bei Troste, Mutter? Was soll denn Olga denken!«

Sie sitzen schon beim Tee, der honigbraun im Glase glänzt. Tee vom Kommandanten! Und weil der Glasrand heiß ist, spitzt Olga ihren Mund. Sie wird nicht ratlos und verlegen. »Ich trau ihm manches zu!«

»Ja!« ruft die Keuner-Mutter, »der ist imstand und legt sich gar nicht schlafen!«

Es reicht! Jupp weiß: Nun ist ein kühler Kopf vonnöten. Er hat ihn. Sieht er doch, wie der Besuch die Mutter durcheinanderbringt. Er sagt: »Wir kommen später wieder!«

Er hat sie überrumpelt. Sicher war das falsch.

Als die beiden dann gegangen waren, atmet die Keuner-Mutter auf. Sie wird die Vorstellung nicht los, daß diese Begegnung ein böses Omen gewesen ist. Der Junge hat's nur gut gemeint. Er will doch nur mein Bestes. Sie wiederholt das in einem fort. Ich sollte meine Freude haben. Jetzt hab ich Angst! Vor was? Vor wem! … Den gleichen Menschen noch mal gibt es nicht.

Sie will das begreifen. Doch sie kann das nicht.

Eine Tote steht der alten Frau im Wege …

4.

Olga findet sich schnell in der neuen Arbeit zurecht. Sie teilt den schmalen Raum mit Paula, die hilfsbereit ist und freimütig über die Eigenarten des ersten Vorsitzenden berichtet. »Merk dir: nie als ersten Vorsitzenden der Landesleitung anreden. Das kann er nicht leiden! Die langen Titel stehlen uns nur Zeit. Seine Meinung! Wir wissen selber, wer wir sind und was wir tun. Auch seine Meinung! Wir müssen achtgeben, daß uns ein Protokoll, wer's auch immer ausheckt, so viel Luft läßt, daß wir nicht ersticken dran oder – was noch schlimmer ist – lächerlich werden vor der Welt. Ebenfalls seine Meinung …« Sie beugt sich nah an Olgas Ohr und flüstert: »Ich glaube manchmal: er denkt an Stalin, wenn er sowas sagt. Aber ich kann es nicht beweisen. Er ist ein feinfühliger Mensch. Enttäusch ihn nie …«

»Ich werd's beherzigen«, sagt Olga.

»Eigentlich ist er zu sanft für diese Funktion«, bemerkt Paula und fährt glättend über ihr Haar, das im Nacken mit einem roten Gummiring zusammengehalten wird, »mehr ein Künstler als ein Funktionär. Das Gegenteil von Trostheim. Das ist ein Feuerkopf.« Sie lächelt versonnen. »Wirst ihn kennenlernen. Morgen ist er hier!«

Sie klappern nun einträchtig auf ihren alten Olympiamaschinen. In den Fenstern blitzt der Tag. Der Herbst gleicht einem späten Sommer, der sich hinzieht und Scheu zu haben scheint vor Frost und rauhen Winden, so, als wüßte er, daß die Menschen dringend Wärme brauchen, daß alle Not erträglicher wird, wenn wenigstens die Sonne scheint.

Olga ist gespannt auf diesen Trostheim, auf den Vater ihres Freundes Jannek, den sie nicht leichten Herzens verlassen hat und dem sie versprechen sollte, jedes Wochenende heimzukommen ... Jedes – das wird sich nicht einrichten lassen, Jannek!

Dann jedes zweite, Olga-Mutti!

Wir werden sehn, und du wirst fleißig malen und gut zu Tante Alma sein.

Jannek war bereit, alles zu versprechen, Olga-Mutti sollte ihn nur nicht ewig warten lassen ...

Während Olga darüber nachsinnt, liegen ihre Finger auf den Tasten der Maschine, und Paula fragt: »Fehlt dir was?«

»Nein, nichts!« Sie tippt nun eifrig weiter.

Paula hat wohl Olgas Gedanken erraten, denn sie fragt: »Wie sieht Jannek aus? Denkste, der Trostheim hat mir seinen Bengel schon gezeigt?«

»Der sieht gut aus, ein Schwarzer, sehr sanft!«

»Dann kommt er nach dem Vater nicht!« Wieder lächelt Paula versonnen, atmet tief und meint: »Morgen siehst du ihn. Hinter seinem Rücken kannste Suche spielen, solch ein Kreuz!«

Mit einem Mal gesteht sich Olga ein, daß sie den Vater ihres Jannek voller Neugier erwartet.

Am nächsten Morgen steht er dann im Zimmer. Sie schauen sich an. Olga sieht schon, daß er verwirrt ist durch ihren Anblick, aber sieht auch, daß er sich fest in der Hand hat.

»Zuwachs, Hilfe, ich hab' davon gehört!«

Nichts weiter.

Olga bemerkt auch mit Staunen, daß der Mann außerstande ist, der wartenden Paula ein kleines Zeichen von Vertrautheit zu zeigen. Er geht, ohne ein weiteres Wort zu sagen.

Sein Weggehen scheint Olga wie eine kopflose Flucht!

Die enttäuschte Paula lacht gereizt auf und ruft ziemlich schrill: »Herrlich! Hat heute früh das falsche Bein erwischt, nun steht er sich im Wege!« Sie schimpft weiter, und das meiste ist nur dummes Zeug.

Doch Olga, während sie darüber nachgrübelt, stellt mit Bestürzung fest, daß ihr der Mann vertraut scheint, daß sie ihn so gesehen hat in ihren Vorstellungen, so karg, nicht anders.

5.

Josef Dudei, Wilms Gemeindeschreiber, der hagere Mann, der aussieht, als würden Motten in seinem Schimmelhaar zugange sein, sitzt über Zahlenreihen und erwartet seinen Bürgermeister.

Über Nacht ist der Altweibersommer zu Ende gegangen. In Gräsern, Büschen und Bäumen knistert der erste Rauhreif dies Jahr. Besonders die Birken raschelten aufgeregt bei jedem Windstoß, und Wolken leichter gelber Blätter treibt der Wind ums Haus.

Als Wilm die Amtsstube betritt, schaut er dem gewesenen Lehrer gewohnheitsgemäß über die Schulter. »Alles in Ordnung?«

Dudei richtet sich kurz auf. »Hier — ja. Anderswo — herrscht Krieg und Krach!«

Wird schon was dran sein. Was das betrifft, war sich Wilm fast sicher. Wer sucht nicht seinen Frieden, doch jeden Tag ist Krach und Krieg. Einer will den andren fressen.

Wilm bewegt sich zum Schreibtisch hin, das Holzbein knarrt, er setzt sich, blickt gespannt und hört Dudei nuscheln: »Der neue Lehrer ist kein feiner Mann!«

»Ach, der neue Lehrer ...«

»Der Pfarrer weiß ein Lied zu singen!«

Wilm nickt nur.

Dudei wächst ein wenig auf dem Hocker, steift das Kreuz und sagt kräftiger: »Hat den Pfarrer Petermann hinaus geworfen!«

»Aus der Schule?«

Nun sitzt Dudei kerzengerade da, stößt den Zeigefinger in die Luft: »Gebrüllt hat er, der junge Schnösel!«

»Gebrüllt?«

»Sehr laut hat er gesagt: Die Schule gehört uns, die Kirche dem lieben Gott! Kein Gewissen schlägt dem jungen Mann!«

Von Sichlers Seite folgt ein langes Schweigen.

So kann's geschehn, daß Dudei noch mehr Mut zuwächst. »Wer Christenlehre nötig hat, sagt der neue Lehrer, soll sie haben, aber nicht unter den Augen von ...«

Wilm klatscht mit der flachen Hand auf die Schreibtischplatte. Die Deckelvase aus Kopenhagen zittert, die blaßblauen Astern auch.

Dudei duckt sich, ihn hat nun aller Schneid verlassen.

»Verschlucken Sie die Zunge nicht!« Wilm schnauzt leicht, auch wenn er es nicht wollte, schnell ist ein barscher Ton entwischt. »Ich höre!«

Dudeis Stimme ist ein Seufzer aus der Tiefe: »Von Thälmann war die Rede! Von Barrikaden auch! Der macht die Schule glatt zu einem Kriegsschauplatz!«

»Der neue Lehrer?«

»Dem fehlt's an vielem noch, Herr Bürgermeister, ist ungehobelt, mehr ein grober Klotz!«

Wilm war schwerfällig aufgestanden. »Fein können Sie erzählen; aber piepsig sind Sie in der Stimme, piepsig. Früher war das anders, Mann!«

Dudei beugt sich beflissen über Zahlenreihen. Er flüstert demütig: »Man ist inzwischen still geworden!«

Neulehrer Hilscher, ein magerer Bursche mit blitzenden Brillengläsern, scharfer Nase und kräftigem Adamsapfel, hat mit den Kindern die Schule geweißt. An der Stirnwand hängt ein Thälmannbild: Schiffermütze, breites Gesicht, wuchtige Schultern, ein Mann aus einem Guß!

Als Wilm, ohne anzuklopfen, erscheint, betreiben die Kinder einen Wettbewerb im Kopfrechnen. Sie stehen auf und rufen alle wie aus einem Mund: »Morgen, lieber Bürgermeister!«

Das Wörtchen ›lieber‹ kommt aus ihren Herzen. Sichler merkt das gleich! Er schnippt mit den Fingern. »Von Pausen hält der Lehrer wenig!«

Hilscher fischt eine alte Taschenuhr aus der Hosentasche, hält sie nahe vor den Augen und stellt fest: Sie hatten im Wettbewerbseifer die Stunde überschritten. Er schickt die Kinder in den Hof.

Von draußen klingen ihre muntren Stimmen.

Wilm stakt durch den Raum. Es riecht nach Kreidestaub, nach Ölfirnis. Im Eisenofen krachen Eichenkolben. Sie hatten tüchtig eingeheizt. Das Flammenrohr glüht rot. Wilm bleibt vor Hilscher stehn. »Was hast du angestellt?«

Hilscher putzt geschwind die Brillengläser. Ohne dieses Drahtgestell sieht der Lehrer ziemlich hilflos aus. »Ich – nichts! Aber Petermann, Genosse Sichler. Geht in die Klasse, nimmt das Thälmannbild vom Haken, hängt den Gekreuzigten an die Wand und redet mit den Kindern über Jesus!«

Sichler meint prompt: »Das ist seine Aufgabe!«

»Was?«

»Von Jesus zu reden, von seinen Helfern und Jüngern!«

»Thälmann in die Ecke stellen. Das auch?«

Hilschers Adamsapfel ruckt auf und ab.

»Das nicht! Hattest du die Klasse abgesperrt?«

Hilscher findet, der Bürgermeister geht zu zag die Klassenfrage an. Er ruft erbost: »Der Pfarrer hat hier nichts zu suchen!«

»Trotzdem ist es besser, du schließt ab!« Wilm kratzt sich den Nacken. »Ich muß in die Höhle des Löwen, denkste, das macht Spaß!?« Wilm blickt tiefsinnig auf den Lehrer, der gerade ist wie eine junge Pappel.

»Mit dem ist nicht gut Kirschen essen. Der hat studiert, der Mann!«

Hat er weiche Knie, der erste Mann im Dorf? Hilscher starrt den Bürgermeister an ... Ich hab dem schwarzen Mann den linken Marsch geblasen; nun überhol mich nicht von rechts! ... Er muß seinem Bürgermeister Mut zusprechen.

»Du steckst ihn in die Tasche!«

So sicher ist sich Sichler nicht!

6.

Wilms erste Begegnung mit dem neuen Pfarrer ist merkwürdig genug gewesen. Petermann war im hohen Sommer mit einer offnen Kutsche vorgefahren. Überall waren Koffer und Kisten festgeschnürt. Der Pfarrer ließ die Sachen in die Wohnung tragen. Er selber rührte keine Kiste an. Er hatte seine Leute.

Stare flogen unentwegt den Kirschbaum an. Das wurmte diesen Mann. Er fertigte eine Schleuder an, hockte stundenlang in Fliederbüschen und schoß die Stare ab.

Als Wilm den Hof betrat, den Neuen zu begrüßen, sah er einen flügellahmen Star im Grase zappeln. In Sichler tauchten Bilder auf. Er sah den alten Weihmann auf der Birkenbank. Und Weihmanns Worte klangen ihm im Ohr ... Laßt sie fliegen, laßt sie naschen. Das Jahr hat seinen Überfluß ...

Vernehmlich räusperte sich Wilm. Der Pfarrer tauchte aus den Büschen auf. Er steckte seine Schleuder in die Tasche.

»Erlösen sie die Kreatur!« Wilm zeigte auf den Star.

Das Gesicht des Neuen flammte rötlich wie ein Ziegelstein, volle Wangen hatte dieser Mann, einen straffen Bauch. »Wer sind Sie, und was führt Sie her?“

»Bin der Bürgermeister“, platzte Wilm heraus. »Der Vogel quält sich. Sehn Sie doch!«

Der Pfarrer führte anderes im Schilde. Ihm kam der Hinkemann nicht ungelegen.

»Fremde Menschen sind in meinem Hause. Sorgen Sie, daß die verschwinden!«

»Die hab ich grade umgesetzt. Die bleiben, wo sie sind. Wir haben nämlich Wohnungsnot. Wie's im Himmel ist, das weiß ich nicht genau, auf der Erde aber kenne ich mich aus!«

Der Mann taxierte Wilm. Er fand: der Schlauste ist der Bürgermeister nicht. Dem muß man rasch die Flügel stutzen.

»Dann muß ich prozessieren!«

Es reichte Wilm. Er wurde hell, er wurde munter. »Ich würde leiser treten!« Er drohte diesem Mann und fühlte sich im Recht. »Spannen Sie den Bogen nicht zu weit!«

Der Star war tot.

Der Pfarrer schwieg.

Und Sichler ging vom Hof.

Nun muß Wilm ein zweites Mal zum Pfarrer. Er fühlt sich nicht sehr wohl in seiner Haut. Er macht sich stark, klopft forsch, er wartet.

Der Pfarrer läßt ihn nicht ins Haus. Auf den Stufen bleibt der Bürgermeister stehn. Er hält fast eine Rede. »Ich kann durchaus verstehn, daß es nicht leicht ist, das Erbe eines Bertold Weihmann anzutreten!«

Der Pfarrer öffnet nun die Tür. Die dunkle Stimme bebt: »Ich wurde nicht gerufen, ein Erbe anzutreten. Ich bin ein Diener Gottes und der Menschen!«

Danach kommt er in den Hof, läuft auf und ab, gewichtig und gemessen.

Noch bleibt Wilm Sichler auf den ausgetretenen Stufen stehn: »Das sollen Sie – dienen, Herr Pfarrer, daran wird Sie niemand hindern. Doch Ihr Revier ist immer noch die Kirche. Die Schule geht Sie gar nichts an, die Bilder gehn Sie auch nichts an!«

Wilm hatte mit der Macht gedroht!

Zufrieden stakt er runter. An der Hauswand steht die Birkenbank.

War Weihmanns liebster Platz!

Der wilde Wein glüht in der Sonne. Genau den Sonnenplatz geht Sichler furchtlos an.

»Ich habe mich gesetzt. Da sehn Sie!«

Ja, das sieht der Pfarrer Petermann.

»Noch was! Daß Sie die Umsiedler immer noch aus dem Pfarrhaus exmittieren wolln – fein ist das nicht, und christlich schon gar nicht!«

Hat er sich getäuscht in diesem Hinkemann? Ist der schlauer – als es zu vermuten war? Mit Weihwasser ist er nicht gewaschen. Mit allen andern Wassern aber doch! ...

Pfarrer Petermann nähert sich der Bank, überlegt kurz, setzt nun aufs Ganze: »Es gab Zeiten, da kannten sich die Bürgermeister aus in den Gesetzen. Eine Pfarre gehört keiner weltlichen Macht!«

Wilm ist in Fahrt geraten und meint treuherzig: »Wissen Sie, die Gesetze sind alt, für meinen Geschmack – zu alt. Not, Gesetz – die beißen sich nicht selten. In Ihrem Haus ist Platz. Katholische sind auch nur Erdenbürger!«

»Ich halt's mit Lessings Nathan ... Es eifre jeder seiner unbestochenen von Vorurteilen freien Liebe nach ... Haß auf andern Glauben liegt mir fern!«

»Aber Sie schließen das Häuschen mit dem Herzen ab. Solln die Armen nach jeder Wassersuppe in die Wälder flitzen? Sind nicht so wohlgenährt wie Sie, müssen aber flitzen! Das sind Schikanen, und die verbiete ich, und ganz entschieden!«

Ein letztes Mal versucht es Petermann. So ungeschoren darf der Hinkemann nicht gehn. Er schmatzt mit den vollen Lippen, bevor er sagt: »Die Sache ist die: Sie wollen Anarchie. Ich bin für die Gesetze. Im Pfarrhaus bleibt kein fremder Mensch. Die Christenlehre findet in der Schule statt. So war es, und so bleibt es!«

Der Rappel packt den Wilm. Die Tollheit funkt aus seinen Augen! »Wenn es so weitergeht – ich hol das Dorf zusammen, ruckzuck wird abgestimmt!«

»Und über was wird abgestimmt?«

»Das Dorf berät sich und entscheidet, ob wir Sie brauchen oder nicht!«

Es geschicht nicht oft, daß Pfarrer ausgelassen lachen. Mit Gott zu reden fordert Ernst. Doch in diesem Pfarrer steigt ein Lachen hoch, der Hölle näher als dem lieben Gott. Sogar sein Bäuchlein wackelt flott. »Solch ein Recht steht keinem zu!«

»Das werden wir uns nehmen, Herr Pfarrer. Und bald! Was wir brauchen, ist ein Mann, der mit uns lebt und denkt. Wir müssen eine Menge aus uns machen ... In allen Lebensfragen war der Weihmann unser Mann. Der hat uns Halt gegeben in der Not!«

»Mich schreckt der Tote nicht!«

»Nee, Sie nicht! Aber auch die Himmelsangelegenheiten werden hier nach Weihmanns Maß gemessen!«

Wilm tippt flüchtig an die Mütze mit dem Finger.

Er ist gewappnet und entschlossen, und vor dem Tor schon

sagt er noch: »Schließen Sie das Häuschen mit dem Herzen auf. Das ist mehr ein Befehl als eine Bitte!«

So verschwindet Sichler, rundum ein forscher Bürgermeister. Welche Kräfte hausen in dem Mann!

Zu Alma, um die es immer besser steht, seit sie Jannek wieder ständig um sich hat, meint er: »Mußte ziemlich deutlich werden. Unbequemer Partner, dieser Mann!«

Ungewöhnlich sanft gestimmt säuselt da die Alma: »Wie du's treibst, wird es schon richtig sein. Soll sich um die Kirche kümmern; denn den Staat machst du!«

Wilm denkt: Du guckst mich wie die Sonne an!

Er kann nicht mehr umhin, ihr einen derben Klaps zu geben. Sie kreischt! »Lange war ich Luft in deinen Augen. Nun vergreifst du dich an mir!«

»Maizeit ist vorbei, tiefer Winter längst noch nicht!«

An solchen Sprüchen ist er nie verlegen ...

7.

In den Dörfern tobt Versammlungswut.

Hannes Trostheim hat die Reifen des Fahrrads aufgepumpt, will sich auf den Weg nach Güterlohe machen, als Olga Unterberg auf dem Hof der Landesleitung erscheint und leise sagt: »Nimm mich mit, Genosse Trostheim!«

Hannes ist der Hellste nicht. »Ich ... Wie denn!«

Olga sieht da keine unüberwindlichen Hindernisse. »Auf dem Gepäckständer, auf der Querstange, irgendwo wird schon Platz sein. Ich mach mich auch schön dünne. Muß mir ein paar Sachen holn!«

Hannes ist sprachlos. Er steht da wie ein Schlaks, der beide Hände in den Taschen hat.

Olga mustert ihn. Wie bei der ersten Begegnung hat sie den Eindruck, daß er verwirrt ist. »Wär dir wohl nicht angenehm? ... Du guckst so!«

Es dauert, bis er sich gefangen hat. »Auf einem Rad – unmöglich ... Und das Tandem ist geklaut. Ihr habt es in den Büschen liegen lassen. Es geht nicht!«

Dann nicht! Auch Olga hat noch Stolz im Leibe. Der Mann ist härter als ein Pflasterstein ... Soll er's sein und bleiben. Doch ist der Mann auch hart, ein Unmensch ist er nicht. Sie bittet mich, ich laß sie stehn, wo ist mein Anstand hin? ...

»Warte«, sagt er und rennt schon übern Hof.

Er kommt zurück mit einem zweiten Rad.

Sie sagt spitz: »Wenn du so reich bist, bitte!«

Er fährt vorweg, sie folgt ihm.

Als sie über die Havelbrücke radeln, wendet er sich um und ruft: »Hätte deine Sachen mitgebracht!«

Sie ruft nach vorn: »Mutter findet selten was!«

Olga fühlt sich großartig. Es ist ein kühler, klarer Herbsttag, der Himmel hoch und weit.

Sie erreichen die Wiesen, bald den Wald ...

Auf diesen Wegen ist Hannes mit Janne gefahren. Sie saß auf der Querstange, ließ sich nicht abwimmeln. Er war auf dem Weg zu Jupp. Sie planten die Aktion an der Brücke, die mit Keuners Absturz enden sollte, weil Wilm versagt hatte, einfach nicht gekommen war. Wußte Janne von den Plänen? Sie ahnte was! ... »Laß mich absteigen«, sagte sie. »Mir tut alles weh. Wenn's dir danach ist, fahr allein zur Stadt. Brecht euch das Genick!« ... Hannes sah alles vor sich, jäh, grell, überdeutlich tauchten die Erinnerungen auf. Die Räder sirrten leis durchs gelbe Wegegras. Er hörte Janne sagen: »Allerhand Menschen werden mit Vertrauen überschüttet. Sollte ich plötzlich dazu gehören, würde ich tot umfallen vor Schreck!« ... Wo Unsinn blüht, da schweigt ein Mann. Hannes' Zähne warn das Kittchen seiner Zunge ... »Allerhand Menschen schleppen Geheimnisse mit sich, wie andere ansteckende Krankheiten!« ... Hannes war für Ruhe und Besonnenheit. Janne ließ nicht locker, wurde merkwürdig und barmte: »Arme und verlorene Seelen, wo Liebe und Vertrauen fehlen!« ... Hannes konnte nur noch feixen, ziemlich unverschämt sogar.

»War zuviel! Du wirst meschugge!« Janne zwang ihn, sich zu ihr ins Moos zu setzen. »Du gehst nicht«, sagte sie und forschte seine Augen ab. Er blieb großspurig: »Wohin soll ich?«

Ich habe keine Ahnung! »Was ihr vorhabt, daraus wird nichts, du!«

Hannes sprach nur das Notwendigste. »Wir haben nichts vor!«

Er wollte nüchtern bleiben, sachlich in allen Dingen und ihr die Furcht vertreiben. »Ich bin ein Mann der Arbeit und des Friedens!« …

Hannes schreckt aus seinen Träumen auf. Ein Lächeln huscht durch sein Gesicht. Als es verblaßt ist, dreht er sich zu Olga um. Sie tritt unermüdlich die Pedalen.

Sie haben den Feldweg nach Güterlohe erreicht. Karnickelsand, Mulm … Einen Augenblick paßt Olga nicht auf und stürzt mit einem kleinen Schrei. Da erwacht Hannes, springt vom Rad und sagt! »Hab ich kommen sehn!«

»Ich nicht!«

Sie ist schon wieder auf den Beinen, putzt Rock und Jacke ab, betrachtet ihre Knie. »Das Knie heilt, der Strumpf leider nicht!«

Hannes hebt ihr Fahrrad auf. »Wir – auf einem Rad. Das wär schon was geworden!«

Da lacht Olga schallend und in so drolliger Weise, daß Hannes plötzlich seinen eignen Herzschlag hört. »Wieso? Wir hätten uns gegenseitig gestützt … Dir fehlt der Mut, ich werde dich nicht zwingen!«

Hannes drückt ihr das Rad in die Hand: »Fahr vor, ich bleibe hinten!« Von ihrer Seite keine Widerrede.

Er sieht immer das gleichmäßige Auf und Ab der schlanken Frauenbeine …

Die Versammlung zog sich in die Länge, weil sie sich die Mäuler über Edwin Zahn zerrissen. Karl-Heinz Schuster, ein Mann mit wasserhellen Augen, der durch die Reform drei Hektar zu seinem kleinen Anwesen erhalten sollte, wollte keine Ruhe geben. »Warum habt ihr diese Wische nicht zerrissen. Fock hat die Reform umschifft, und ihr habt beide Augen zugedrückt!«

»Haben wir nicht, Schuster!« Hannes hätte am liebsten die Augen geschlossen und sich geschämt. »Wir sind hilflos.

Alles hatte Hand und Fuß, was Notar Heimchen ausgetüftelt hat. Wär ein Haar in der Suppe, du kannst mir glauben ...«

Schuster läßt sich nicht belehren. »Ein Haar in der Suppe findet sich immer. Man muß es nur finden wollen! Ihr wollt nicht! Ein roter Partisan – selbst wenn er zum Verräter wird – ist und bleibt euch heilig ... Hockt auf seinen dreißig Hektar. Ich kriege achte mit der Wiese!«

Dann schimpft Sichler los in blindem Eifer: »Ersticken wird er dran! Zu Kreuze wird er kriechen eines Tages. Befreit mich von den Fesseln, wird er flehn. Auch Edwin Zahn hat keine Mittel ohne Ende!«

Hannes sah Edwin selten. Um so öfter mußte er über ihn nachgrübeln. Sein Denken drehte sich im Kreise: es darf nicht alles vergeblich gewesen sein, die Mühe mit ihm über Jahre hinweg, der Tod der Janne und des Weihmann, das Schleppen durch den Schnee vor Moskau. Ich bleib dem Edwin auf der Pelle, ich laß nicht zu, daß Fock gewinnt! ... Leicht gesagt und schwer getan ... Edwin stürzt sich in die Arbeit, wie es heißt, führt sich auf wie ein besitzverliebter Herr, fehlt nur noch die Peitsche, Reithosen trägt er schon, das Hinterteil aus feinstem Nappaleder. Was geht in seinem Schädel vor? Immer neue Flüchtlingsströme kommen an. Er sucht sich seine Leute aus. Für eine Bleibe tun die Menschen alles, für einen Kanten Brot, ein bißchen Milch, ein wenig Wärme ... Ein Teufelskreis! ... Hannes sieht es, wie es ist, und seine Ohnmacht macht ihm arg zu schaffen ... Dafür haben wir nicht gekämpft, das Leben riskiert ... Das alte Lied. Zahn will es nicht begreifen! ...

Um die Gemüter im Saal zu besänftigen, ruft er in den Trubel: »Das kann's auch geben: Einer will das Mädchen, nicht den Hof!« Hannes glaubt selber nicht, was er sagt.

Er hört sie toben im Saal. Wüstes Lachen bricht aus!

Unzufrieden streben sie nach Hause. Ihre Meinung bleibt: Der Zahn hat's gut. Sie alle haben's schlechter ...

8.

Der Mond ist rund, der Himmel sternenklar – man könnte Zeitung lesen bei dem Licht. Wilm stakt neben Hannes her. Hannes hat es nicht übers Herz gebracht, Jannek aus dem Schlaf zu holen.

Letztes Schrittgetrappel verliert sich in der Ferne.

Hunde werden mondtoll in der Nacht.

»Wie auch immer. Links liegenlassen darf ich Edwin nicht!« Wieder dieses Kreisen der Gedanken. Tausend Sachen wälzen sich durch Hannes' Kopf.

»Wie soll ich glauben, daß er's ehrlich meint?« Wilm bleibt mißtrauisch. Er will den Zahn vergessen, jedenfalls in dieser halben Nacht. »Wie geht's Paula, kann man auf die Hochzeit hoffen?« Zu Wilms Überraschung erzählt Hannes nicht von Paula, sondern von Olga, die ihm angeboten hat, mit ihm auf einem Rad zu fahren, auf der Querstange: ich mache mich schön dünne ...

»Kannst du das verstehen? Auf einem Rad? Ich kann es nie! Es wär wie ein Verrat!«

Wohl nickt Wilm. Einen Rat zu finden, fällt jedoch nicht leicht. Woher nehmen und nicht stehlen?

»Erinnerungen! Sie tauchen auf. Wenn du kannst, bewahr sie dir!« Wilm wird nun sehr verlegen, verstolpert sich beim Gehn. »Was willste hören? An Weisheit mangelt's einem Knecht!« Unversehens zieht sich Wilm die alte Knechtshaut über. Das geschieht nicht oft. Sieht er keinen hellen Punkt, weiß er keinen Rat?

Olga steht schon auf der Straße. »Geht's dem Jannek gut?«

»Schläft. Er war nicht aufzuwecken!«

Überraschend gibt sich Hannes munter.

Wilm hält Olgas Hand, greift derber zu als sonst. Ein Schmerz in voller Absicht? Soll der Schmerz ihr sagen: Sei besonnen und paß auf! ...

»Macht euch auf den Weg«, brummt Wilm. »Ein Glück, daß Vollmond ist. Da habt ihr Licht genug und irrt nicht durch die Wälder!« Wilm steht lange und blickt den beiden nach. Noch als er schon nichts mehr hört von ihnen, bleibt er reglos, ein schwarzer Klumpen in der hellen Nacht.

Wurzelwerk durchzieht den Weg. Ein morscher Fahrradschlauch kann rasch zu einem Schicksal werden. Hannes hört, wie der Gummimantel in der Felge schleift, wie die Luft entweicht … Panne und kein Flickzeug da!

Olga hätte gegen Rastzeit keinen Einwand. Diese Nacht, diese Helligkeit! Ein buttergelber Mond! Sie läuft mit ihm nach Hohenburg und weiter …

Olga ist direkt und geradezu: »Der Platte stört mich wenig!«

»Mich schon!«

»Wie du meinst. Es liegt mir fern, dich noch zu reizen!«

»Wer sagt, daß du mich reizt? Ich säße lieber auf dem Rad und käme weiter!«

»Mir geht's ganz gut, auch wenn du was dagegen hast!«

Menschen können sich im Waldgewirr verlaufen, suchen sich mürbe und sinken müd ins Moos. Frieren dann und müssen sich erwärmen. Fassen sich ein Herz und halten ihre Hände. Lange! Und dann? …

Später sagte Olga: »Ich wollte dich, und meinen Janneck hab ich längst!«

Paula kann den Tiefschlag nicht verwinden. »Man nächtigt neuerdings im Wald!« Sie steht entrüstet da und faucht Jupp Keuner an: »Man geht nicht fremd, das lehrt uns die Partei!«

»Wer ist ›man‹?« Keuner stopft sich Akten in die Tasche.

»Frag sie selber!« Ist Paula dafür da: Geilheit, Schmutz und Unmoral zu hinterbringen?!

Zerreißen kann sich Keuner nicht! Stets wurde er getrieben und gehetzt. Wer ist ›man‹? Er hatte keine Ahnung. Paula ist ihm viel zu hitzig heute, viel zu schrill, zu wirr und alles miteinander. Jupp wird keine Hand ins Feuer legen, keinen halben Finger, nichts …

»Schaff Ordnung«, droht sie, »sonst geh ich andre Wege!«

Da hat er schon die Tür geschlossen.

Später beschlich ihn eine jähe Sorge ... Es wird doch Trostheim nicht mit Olga? ... Er unterdrückt die Ahnung. Er braucht den klaren Kopf, alle Kraft für seine Tage!

9.

Was soll Keuner denken?

Im alten Opel sitzt er. Es ist zum Lesen noch ein bißchen Licht. Der Opel tanzt übers Kopfsteinpflaster. Pitt, der Lokkenjunge mit den sanften Augen, fährt nicht zaghaft über die Chaussee. Jupp würgt eine Übelkeit im Halse. »Halt die Karre an und laß mich raus!«

Kühler Wind geht draußen, schnappt letzte Blätter von den Bäumen, immer kahler wird die Erde. Jupp reißt den Kragen auf vom Hemd, dann den Mantel von den Schultern. Er öffnet die Tür und wirft den Mantel auf den Sitz. Pitt startet sofort. Jupp bleibt verdutzt am Straßengraben stehn.

Er lehnt sich an eine graustämmige Akazie, deren Rinde tiefe Risse hat. »Mal was anderes. Hoffentlich bemerkt er's bald!« Er schlägt den Jackenkragen hoch und geht dem Wind entgegen. Die Schmerzen lassen nach, die Übelkeit verfliegt. Er überdenkt, was er erlebt hat übern Tag.

Mit Lehm müssen wir bauen, Genosse Keuner. Nehm'se Lehm, dann bleim'se kleben. Lehm ist keine Mangelware, Lehm gibt's überall!

Aber keine Sonne. Lehm braucht Sonne, lauen Wind, sonst sacken uns die Wände weg. Wenn wir bauen, dann im Mai!

Und ein anderer erzählt: Die Sterke frißt nicht schlecht, Genosse Keuner, doch muhen tut sie wenig. Soll's ein böses Omen sein?

Jupp schmunzelte verschmitzt. Wenn sie frißt, dann steht es sicher bestens.

Aber, sagt der Mann, ich untersuche meine Sterke gründlich. Ich stelle fest: von Schwanz bis Horn ist alles dran, sogar die Frucht, die fühl ich, wenn ich taste. Ich bin zufrieden, meine Frau ist's leider nicht. Sie klagt mich an: Wo hast du deine Augen? Du wunderst an der Sterke rum, mich übersiehst du ganz. Ich werde jede Woche dicker. Woher wohl? So fett ist unsre Suppe nicht!

So was, denk ich, daher atmet sie so schwer, daher bleibt sie allenthalben stehn.

Schau mir zu, wenn ich mich plage, sag ich, das hilft mir auch ... Nun werden wir ein Kälbchen haben und einen Sohn womöglich auch. Soll das ein böses Omen sein?

Es ist ein Glück. Soviel ist schon gewiß. Die Rechnung, die wir machen, stimmt! Das meinte Jupp und glaubte, nicht zuviel gesagt zu haben.

Freilich, hat der Mann frohlockt und lange, lange Keuners Hand geschüttelt. Nicht ewig dauert's mehr, und wir sind aus der Stampe!

Jupp läuft immer weiter am Rand der Kopfsteinstraße hin. Der Pitt bringt's fertig — fährt bis Hohenburg. Allenthalben diesiges Licht, aus den Wiesen kriecht der Nebel. Pitt hält im Hof und fragt sich betroffen: Wohl geschlafen? Das ist selten! ... Dann wird er käsebleich: Ich glaubte, du sitzt hinten, nun seh ich, daß es nur der Mantel ist ...

Jupp beginnt zu frieren, die Zähne klappern schon. Wär's nicht hundekalt, man könnte sich ins Fäustchen lachen.

Endlich kommt Pitt herangebraust mit seinem alten Schlitten, reißt die Tür auf. »Schmeiß mich raus, Genosse Erster. Hab's verdient!«

Jupp setzt sich in die Ecke, nimmt den Mantel, und als er wieder Wärme in sich spürt, fragt er leise: »Irgendwas zu Hause nicht in Ordnung?«

Pitt starrt geradeaus. »Du denkst, weil mir das Ding passierte!«

»Muß ich doch!«

»Ist manches dran! ... Wir trennen uns in Frieden, dann kriegt die Kaderakte keinen Fleck!«

»Welchen Kummer haste, Junge?«

Pitt wendet sich kurz um. Es ist dunkel im Wagen. Er sieht nur die Umrisse des kauernden Jupp, und seine Aufmerksamkeit gilt nur der Straße, die kurvenreicher wird. Später sagt er: »Mit der Frau, rundheraus gesagt, hab ich meinen Kummer. Ist jung und hitzig. Du und ich, wann sind wir mal zu Hause? Sie geht zum Tanzen, wenn wir draußen kämpfen. Das haut nicht länger hin!«

Sie haben den Stadtrand von Hohenburg erreicht. Sie rollen auf der Brücke. Jupp wirft den Mantel ab. »Müssen sie mitnehmen, Pitt, ganz einfach, abends, wenn sich's machen läßt. Frag sie, ob sie gerne Auto fährt!«

Pitt findet seinen Ersten fabelhaft. »Wie soll ich dir nur danken?«

»Danken? ... Wir gehen auf den Winter zu. Da steht man ungern unterm Wind!«

Ausgelassen wird Pitt und redeselig. »Sonst ist ja alles, wie man sagt, im Lot! Sie kann nur das Alleinsein nicht ertragen!«

»Ein Glück, daß du Kraftfahrer bist und nicht ein Seemann!«

Da stutzt Pitt, dann lacht er, kann sich nicht beruhigen und ruft erschöpft: »Wie recht du hast, Genosse Erster, wie recht!«

Sie rollen auf den Hof der Landesleitung. Es ist duster wie in einem Mäusenest. »Du solltest schlafen gehn, Genosse Erster!« Pitt fährt den Wagen unters Schuppendach. Garagen haben sie noch keine.

Jupp ist unentschlossen und sucht die dunklen Fenster ab. Er fröstelt und meint: »Ein Fußbad wär jetzt nicht verkehrt!«

»Dann los!« Sie überqueren rasch die menschenleere Straße. Nirgends blinzelt ein Licht. Um diese Abendzeit fällt oft die Stromversorgung aus.

Wieder wird Pitt gesprächig. Ist die Stille schuld, die Dunkelheit?

»Den Doktor Kaiser kennste doch?«

Jupp nickt.

»Er sitzt!«

»Kaiser sitzt?!«

Pitt wird immer munterer. »Ist zum Sitzen geboren. Saß in Weimar, saß bei Hitler, nun sitzt er bei der Freundschaft ein ...« Pitt wartet kurz. Als Keuner schweigt, fährt Pitt geschwätzig fort. »Warum sitzt der Kaiser ein? Weil das Herz ihm weit ist bei den Weibern. Er bringt den Frauen Kinder weg. Mit einem Quellstift, steril und doch gefährlich, wie sich zeigt. War eine Tanja, die sich's machen ließ. Sah sicher keinen andern Weg. Mit Wodka zahlte sie und Speck. Der

Mensch, heißt es, hat sieben Liter Blut, vielleicht auch mehr. Jedenfalls – der ganze Lebenssaft floß unter Tanja weg. Kaiser hat das Blut nicht stillen können. Da zeigte sich der Doktor selber an. Der Wodka war noch unberührt, der Speck … Was wird er kriegen, zwanzig Jahre oder mehr? Dann muß er achtzig werden. Ob er's schafft?«

Jupp ist wie taub von dem Gerede. Er schnauzt den Fahrer an: »Haste mir nichts Besseres zu sagen?«

Pitt stutzt und sagt verwirrt: »Ich dachte, alles, was geschieht, das willste wissen!«

Später stehn beide schweigend da. Das Schweigen macht sie sehr verlegen. Als sie sich trennen vor dem Keuner-Haus, sagt Jupp: »Leg dich aufs Ohr. Grüß deine Frau, sag ihr: wir lassen sie durchs Land kutschieren. Für Kaiser rühr ich keinen Finger, Pitt!«

Jupp, in allen Stücken ein gerechter Mann, leidet unter den Zuständen der Zeit, die er noch nicht bessern kann.

Die Keuner-Mutter sieht sofort: dem Sohn geht's nicht besonders. Er wird sich noch zu Tode hetzen. Und sprech ich's aus, gleich wird er wieder grätig …

Er muß die Füße in die Schüssel stecken. Sie schüttet Salz ins heiße Wasser, weil das die Lebensgeister wecken soll.

Während sie ab und an einen Schwall Wasser nachgießt, bricht er das Schweigen und erzählt widerstrebend: »Da hat ein Mann studiert, hat Kenntnisse gesammelt, Erfahrungen … und was, zum Teufel, macht er draus? … Bringt Kinder weg, der Mensch! … Ist alles, was der Kerl bekleistern kann: Kind tot, Frau tot …«

Er brütet düster vor sich hin.

Die Mutter weiß sofort, was der Junge meint. So eine Nachricht geht in Windeseile durch die Stadt. Die Petroleumlampe blakt. Der glitzernde Zylinder schwärzt sich schon. Sie dreht den Docht zurück.

»Sind deine Füße warm?«

Ja, sie waren krebsrot angelaufen. Sie kribbelten und juckten wie verrückt!

Sie trocknet dem Sohn die Füße ab. Sie empfindet es wie

ein Glück, für Jupp zu sorgen, für ihn da zu sein. Sie sagt dann: »Der Kaiser hat auch manches Kind geholt. Das darf man nicht vergessen!« Sie streift ihm schafwollne Socken über. »Was dich quält, ist, daß du vieles nicht verändern kannst ... Wir hatten diese Sorge nicht. Du bliebst allein. Doch andere? Sie legten sich ins Bett, und dann war's bald zu spät ... Was soll nun werden, lieber Doktor Kaiser? Es sind schon fünf, das sind schon drei zuviel! Da half er einfach. Was festsitzt, muß man lockern ... Verkippten sie, dann war die Freude groß! ... Welche Worte hat die deutsche Sprache: Verkippen! Schlimmes Wort, wenn's um das Leben geht ... Trotzdem sag ich: der Kaiser hatte gute Seiten, nicht nur schlechte. Er tut mir leid, die junge Tanja auch. Doch helfen kann ihm keiner. So ist die Welt beschaffen, momentan!«

Merkwürdig: er fühlte sich erleichtert durch ihre Worte. Er denkt: Eins zieht das andre nach. Verworren ist das Leben. Ich bin nicht der Mann, der für jede Frage eine Antwort weiß. Wer kann das überhaupt? Oft werden wir noch ratlos sein! ... Als die Mutter dann von Paula spricht, sitzt Keuner wie zerschmettert da. »Dein Freund hat dir den Spaten aus der Hand geschlagen, hat Olga unter sich gekriegt im Wald. Das lügt sich Paula nicht zusammen. Hannes hat der Paula bitter wehgetan. Dir nicht weniger ... Du gibst es nur nicht zu!«

Er bleibt im Dunkeln sitzen, warm in die Schafschurdecke eingehüllt. Sie sieht die Augen nicht, die steile Falte zwischen seinen Brauen. »Ist immer schrill, die Paula, immer wild!« Selbst seine Stimme klingt normal, nicht gereizt, ein wenig heiser nur vom vielen Reden draußen. Hinterm Brustbein spürt er leichtes Brennen. »War gierig auf den Trostheim, er nicht auf sie. Sie soll sich nicht beklagen!« Daß er das so sagen kann, ohne große Mühe. Unbegreiflich! »Zwei Menschen tun und lassen, was sie wolln. Das geht! Wo ein Topf ist, findet sich ein Deckel. So läuft das Leben ab. Haste was dagegen?«

»Das sagst du?« Sie kommt ihm näher, rückt das Petroleumlicht heran, will sehen, was er treibt im Dunkeln. Aber er sitzt einfach dort in seiner Ecke, still und ohne Panik. »Hast du mir die Olga nicht ins Haus gebracht! War das Laune, war das Spiel? War's nicht Absicht? Ich denk, es war dir bitter ernst damit!«

»War soviel wie nichts! Und wär es mehr gewesen, es ändert nichts. Was das betrifft, so hat sie sich entschieden, für Hannes, gegen mich!«

Es würde eine Lüge sein von ihrer Seite, wenn sie jetzt sagte: So leicht gibt man nicht auf ... Schon bei Janne hast du gleich das Feld geräumt! ... Wär eine glatte Lüge! ... So konnte sich die Keuner-Mutter nicht verstelln. Jupps Blicken aber weicht sie aus.

Hat sie plötzlich Furcht, ihn anzuschaun?

Er steht auf. Er tut, als müßte er vor Müdigkeit laut gähnen. Er preßt die Hand fest auf den Mund. Dann sagt er: »Ich habe dich!« Er lächelt verlegen: »Wenn du willst, ich such mir eine Braut mit grünen Haaren, falls es sowas gibt!«

Er geht dann. Sie glaubt, den Sohn zu kennen. Den Gleichmut zeigt er, den Schmerz jedoch verschweigt er – wie so oft!

Die alte Funzel blakt noch, als die Zimmerlampe schon erstrahlt. Die Mutter bleibt bei ihrer Meinung und gesteht sich ein: jede Fremde wär mir näher als die Olga, die der toten Janne gleicht. Das ist mit dem Verstand nicht zu begreifen, ist einfach so. Sie denkt noch: Daß Jupp kein großes Wesen um die Sache macht, beweist nur, wie hart es ihn getroffen hat ...

Aber sie fühlt sich leicht, in einer sonderbaren Art erlöst!

Martin Leichner, der Mann mit den bartlosen Lederwangen, immer noch mager wie ein Storchenschnabel, läuft am nächsten Morgen in Keuners Zimmer auf und ab. »Das kommt mir ungelegen. Die Art von Großmut paßt mir nicht. Der Trostheim kann nicht alles haben. Bei Zahn hat er versagt, den Frauen greift er untern Rock und legt sie hin!«

»Was willst du eigentlich? Geht's um eine Sache?« Keuner blickt mürrisch aus dem Fenster. Ein grauer Morgen, ein Zwitter, weder Nacht noch Tag. »Geht's um Waren, die man handeln kann!«

»Um Trostheim geht's, der glaubt, er könnte alles!« In Leichner kocht die Wut.

»Sonst biste doch nicht blind, hältst beide Augen offen. In

dieser Frage aber bist du wie verbohrt!« Keuner starrt Leichner finster an. »Wenn du kopflos wirst, dann nicht auf meine Kosten. Sie müssen wissen, was sie wolln, sind beide alt genug. Bedauern kann ich mich alleine. Noch Fragen?«

Der Ton ist scharf, da bleibt kein Echo möglich.

»Keine Fragen mehr?« Auf Leichners Lederwangen flammt die Röte auf. Hoffentlich wird's dir vergolten werden, denkt er und denkt: Sicher hat er recht – für Liebesfragen ist im Raum kein Platz. Wir haben andre Sorgen ...

»Setz Paula um, damit sie sich nicht beißen!« Jupp scheint mit den Gedanken schon weit weg.

Ist der Erste wirklich ohne Fehl und Tadel oder macht er nur ein bißchen Wind? Die Frage bohrt hartnäckig hinter Leichners Stirn. Sie läßt sich nicht verdrängen ...

Die Wahrheit ist: Jupp fühlt sich ganz erbärmlich. In den grauen Morgen starrend denkt er: Mich hat eine jähe Wärme durchweht. Sie hat nicht lange angedauert. Ich bin es schon gewöhnt!

Er darf das Weiterlaufen nicht vergessen; denn weiter muß er nun!

Drittes Kapitel

1.

Es geschieht, daß Menschen ahnen, was alsbald geschehen soll … Ulrike hat versucht, Edwin über seinen Bruder auszufragen. »Wie war er?«

»Sagen wir lieber, wie er ist. Er lebt, das ist gewiß!«

Sie gingen auf einem Wiesenweg. Alte Kopfweiden traten gespenstisch aus dem Nebel. Sie waren bei klarem Abendlicht hinausgelaufen. Keine Spur von Dunst und ungewissem Wetter. Mit einem Mal braute dichter Nebel auf. Sie waren mittendrin. Sie sahen kaum die Hand vor Augen. Der Mond wechselte, es mußte andres Wetter kommen, auch der Wind drehte auf Nordost.

Ulrike folgt Edwin wie ein Lamm. »Was wird er sagen, wenn er plötzlich vor dir steht?«

»Der?« Edwin hakt sie noch fester unter. Im Gehen lehnt sie den Kopf an seine Schulter. Vielleicht bleibt Edwin stehn und spricht sich endlich aus? Das wär ihr größter Wunsch!

Doch er läuft mit raschen Schritten. Sie hört, wie er leise sagt: »Der fährt mit viel Getöse auf. Die Zähne wird er fletschen, wie gehabt!«

Er schweigt. Sie hat so viele Fragen!

Immer weiter zieht er Rikchen fort. Seine Bronchien pfeifen bei dem Dunst. Als aus dem Nebel erste gelbe Lichter blinken, verharrt Edwin. »Er wird sagen: Hast die Mutter fallenlassen? Hat dich geboren. Als Dank verkrümelst du dich, wenn sie Hilfe braucht!«

Es quält ihn doch. Vor Monaten war Ulrike sehr verwundert gewesen, als sich Edwin hartnäckig gesträubt hatte, beim Prozeß dabei zu sein!

Nun sagt sie bedrückt: »Schimpf nicht, Edwin, sondern sag mir mal ...«

Er fällt ihr gleich ins Wort: »Ich konnte sie nicht retten. Ich hab's auch nicht versucht.«

»Schon gut, ich schweige ...«

Sie weiß: Jetzt steht es wieder schlimm um ihn. Er ist so leicht verstimmt. Ist hier und doch woanders mit dem Kopf ...

Bis zum Portal bleiben sie noch beieinander. Dann sucht jeder seine Stube auf.

Doch nicht lange hält es Rike aus. Sie fühlt, sie muß bei Edwin sein. Sie wird ihn niemals spüren lasen, daß sie unter seinen Launen leidet. Was er braucht, ist Freundlichkeit, dann würde alles gut.

Sie geht zu ihm, gibt sich sanft und liebevoll.

Ihr Vater hatte sie deswegen oft gerügt. Im allgemeinen ist Geduld nicht schlecht. Doch deine grenzt an Dummheit. Ein Hypochonder ist der Zahn, schwermütig, von allen möglichen Gebrechen geplagt. Kein gesunder Menschenschlag. Schlechte Erbanlagen, Rikchen, hör auf mich und mach dir doch nichts vor! Schau auf mich, ich krächze wie ein Rabe. Hörst du mich deswegen barmen? Hörst du nicht! Ich will gesund sein, und ich bin es auch!

Ulrike konnte ihrem Vater nicht zustimmen. Wohl wagte sie nie, offen gegen seine Sticheleien anzugehn. Doch in der Regel tat sie nur, was sie für richtig hielt.

Sie bleibt überzeugt, daß Edwin an ihrer Seite Ruhe finden wird.

Was hatte er durchlitten, wieviel Bitteres erfahren müssen? Die eigene Mutter hatte ihn als tot erklärt, obwohl sie wußte, daß er lebt ...

Ulrike ist gerührt. Sie streichelt ihn zärtlich. Er sitzt im Sessel. Die Fenster sind weit offen ...

Mein Gott, bei diesem Hundewetter!

Er starrt in den Nebel, als könne er dahinter ferne Dinge sehn. Auch das irritiert sie nicht sonderlich!

Er bleibt in ihren Augen ein ernster, beständiger Mann, nicht flüchtigen Sinnes wie andere, nie oberflächlich, eben sehr gewissenhaft. Solche Menschen nehmen alles schwer!

Ulrike ist jung, und den schärfsten Verstand besitzt sie nicht in diesen Dingen. Es fällt ihr schwer, bei Edwin groß zu wägen und zu messen. Fock dagegen sehr! Er bleibt bei seiner Meinung: Die Klugen macht die Liebe dumm!

Ulrike gleitet von Edwins Seite. Er erlaubt, daß sie die Fensterflügel schließt. Da hört sie, wie die Dogge Rosi wütend anschlägt draußen, sich nicht lassen kann und in blinder Wildheit an den Draht des Zwingers prallt.

Besuch zu später Stunde? Sie blickt Edwin fragend an.

Unten, in der Diele, klingen Stimmen auf; die krächzende des Vaters, dann die muntere, forsche eines fremden Mannes. Edwin hat schon den Kopf gewendet, lauscht nun, springt dann auf und sagt schnell: »Laß mich mal allein, Ulrike. Ist besser so!« Seine Augen blicken angestrengt. Rikchen findet, daß sie düster glimmen.

Edwin schiebt sie aus der Tür, beugt sich übers Eichengeländer der geschwungenen Treppe und hört den Hausherrn fiepen: »Ich muß Rücksicht nehmen. Fürchten Sie die Russen nicht?«

»Ich bin Soldat und habe fair gekämpft und habe reine Hände!«

Das ist er, wie er leibt und lebt. Edwin sieht den Bruder in der Diele stehn. Noch versteckt sich Rikchen hinter Edwins Rücken und haucht: »Siegfried! Soll ich daran glauben?«

Er gibt ihr keine Antwort mehr. Langsam, steifbeinig schreitet er die Treppe runter.

Fock fällt nichts anderes ein, als trotzig mit dem Fuß zu stampfen und loszukrähn: »Mir will das nicht behagen. Hier ist kein Platz für Sie, mein Herr!«

Siegfried Zahn, der breitschulterige, untersetzte Mann, ist beinahe geneigt zu rufen: Scheiß dich nicht ein, du alter Rabe. Ich fall dir nicht zur Last! ... Er läßt es aber sein, tritt mit ausgebreiteten Armen auf Edwin zu und sagt liebenswürdig und gewinnend: »Laß dich umarmen, Bruderherz!«

Augenblicklich schließen sich zwei Türen, unten, mit hastigem Ruck, die Tür zum Arbeitszimmer des Fock, oben die Tür zu Rikchens Mädchenzimmer, leis, einen kurzen Windzug lang.

Die Brüder begeben sich nach oben.

Siegfried findet den Ohrensessel vor den Fenstern flott. Er setzt sich rein, streckt seine kurzen, strammen Beine aus und sagt, Edwin scharf betrachtend: »Siehst müde aus, doch satt und wohlgenährt. Das seh ich mit Vergnügen!«

Er zieht eine Stange Chesterfield aus der Tasche und wirft sie auf den Tisch. »Ich komme nicht ganz leer daher. Wenn du nicht rauchst, es findet sich ein Käufer. Die Stange bringt viel Geld ... Daß du die Wassernähe suchst, verwundert mich. Sie schadet deinen Bronchien!«

Wie der sich aufbläht, wie der trieft vor Mitgefühl und Sorge! Mich habt ihr abgeschrieben, skrupellos als tot erklärt! Edwin überdenkt schnell seine Lage. Ist's nicht gescheiter, Siegfried aus dem Haus zu weisen? Er tut es nicht. Er bleibt gebannt vor seinem Bruder stehn. Was schießt ihm alles durch den Kopf? ...

Großmaul, du! An der Oder stockt die Russenoffensive. In Güterlohe geht das Leben seinen Gang. Die Alliierten werden sorgen, daß der Hof erhalten bleibt! ... Großmaul – du! Siegfried mit den tollen Plänen. Prachtkerl! Ritterkreuz mit Schwertern und Brillanten! Jetzt kommst du durch den Nebel angeschlichen und tust noch groß. Soll ich dich noch länger schonen? Strotzt vor Jugend und Gesundheit. Wie machst du das? Edwin besinnt sich: Ulrike wird im Zimmer lauschen, Fock unten auf der Lauer sein! ... Nicht erregen. Laß ihn reden! Daß er gekommen ist, hat sicher einen Grund ...

Er schielt mich schief an. Bald wird er seine Zähne fletschen. Gleich wird er fragen: Wie geht es Mutter, hast du eine Ahnung? ...

Erst kommt es anders. Selbstsicher lächelt Siegfried. »Es läßt sich leben hier. Ich bin perplex!« Ein kurzes Schweigen folgt. Die Brüder messen sich mit knappen Blicken. Dann sagt Siegfried: »Ein Zahn, 'ne Fock – wie geht das Ding zusammen? Und Güterlohe kann dir schnuppe sein. Stimmt das? Ich bin der Erbe – mir steht's zu! Es geht nicht, daß du –

ohne mich zu fragen – erklärst: Mein Anspruch ist gleich Null! Das hast du doch erklärt?«

Edwin taucht wie aus einem wirren Traume auf. »Hab ich – ja! Mein Anspruch ist gleich Null. Deine Wünsche mußt du selber äußern. Kamst du deshalb in der halben Nacht?« Er denkt noch: Das ist die Höhe. Als wäre nichts geschehen. Trumpft auf, anstatt sich zu verkrümeln. »Darum kommst du?«

Siegfried hebt die Brauen. »Deshalb auch!« Er stockt. »Willst du dich nicht endlich setzen?«

Edwin rührt sich nicht. Er steht vor einem runden Messingtischchen, das matt glänzt und allerhand Motive aus der Hochwildjagd zeigt: Bär und Wolf, Hirsch und Sau – Schützen, Treiber, Hunde. Edwin fährt behutsam mit der Fingerkuppe über eine grobe Sau. Der Schütze zielt auf den Teller. Die Sau wird nicht entkommen. Zuviele Schützen, Treiber, Hunde. Ein Kampf, der ungleich enden wird ...

»Hör mal«, sagt Siegfried, preßt beide Hände auf die prallen Schenkel und beugt seinen Oberkörper leicht nach vorn. »Gesprächig bist du nicht. Schrecklich. Du willst mir nicht entgegenkommen. Gut! Du trägst uns manches nach. Auch gut! Du denkst, wir haben dich vergessen. Alles Quatsch! Es geht um unsre Mutter. Wird sie frei sein, ist sie sechsundsechzig Jahre alt. Mich erschüttert das!«

»Mich nicht!« Jäh wie ein Blitz ist diese Antwort draußen.

Siegfried schnellt aus dem Sessel, schon ist er vor dem Messingtischchen, und wo die grobe Sau in eine Hecke bricht, fährt krachend seine Faust hernieder. Nur eine kleine Delle bleibt zurück. »Du schäbiger Kunde! Auf deinem Grabe solln die Füchse nässen ... Das bietest du der Mutter an?« Siegfried möchte schreien. Der Schrei bleibt ihm im Halse stekken. Er röchelt nur vor Wut: »Schon immer war dein Kopf zu klein zum Denken!« Er könnte Edwin beim Schlafittchen nehmen, besinnt sich kurz: Treib's nicht zu bunt. Blindes Wüten bringt nichts ein. Er geht zum Fenster. Er spricht lange und in Hast: »Die Zeiten bleiben nicht so, wie sie sind. In Deutschland werden keine Russen herrschen. Das schlag dir aus dem Kopf. Die Alliierten schlucken deine Zone. Auf deutschem

Boden siegt die rote Sache nicht! Und wenn die Russen dieses Land verlassen, dann gilt das Urteil gegen Mutter einen Dreck! Dann kommt sie raus und kann sich frei bewegen. Und du kriegst einen Arschtritt, daß es brummt!« Er wollte sich beherrschen. Doch dafür war er nicht der Mann.

Edwin fehlt der Schneid, sich seiner Haut zu wehren. Wozu auch, denkt er und wünscht nur, daß dieses Großmaul endlich Land gewinnt. Verschwinde, geh mir aus den Augen! Ich hab dich nicht gerufen, also geh!

Siegfried nimmt das Schweigen auf als Schwäche, dreht sich vom Fenster in die Stube, stemmt beide Fäuste in die Hüften und läßt die Katze vollends aus dem Sack. »Wir sammeln uns, wir haben unsre Pläne, wir haben Freunde überall, auch hier. Ich soll dich grüßen!« Er wartet. Dann ruft er scharf, als hätte er Befehle zu erteilen: »Ein Mann grüßt dich, der dich wie seine Westentasche kennt!«

Edwin entfährt der Satz: »Ich kenn mich selber kaum, wer will mich besser kennen!«

»Kulisch, Bruderherz. Kulisch grüßt den Leutnant Edwin Zahn!«

Für Edwin ist das wie ein Peitschenschlag, mitten ins Gesicht. So jäh zuckt er zusammen. »Der lebt?!« Viel später dann, ganz tonlos nun: »Wieviele mußten sterben. Und dieser Kulisch lebt!« Die Starrheit löst sich, die Stimme wurde grell: »Auf solche Grüße pfeif ich … Ich laß die Dogge los, wenn du nicht gehst!«

Der Kampf ist kurz, verbissen, in wilder Wut umschlingen sich die Brüder. Edwin kreidebleich, Siegfrieds Wangen flammen ziegelrot. Das Messingtischchen stürzt zu Boden. Das klingt, als würde durch das Haus ein Gongschlag dröhnen.

Fock kommt die Treppe hoch, Rikchen reißt die Tür zu Edwins Zimmer auf. Die Brüder würgen sich, als ging's ans Leben. Ulrike drängelt sich dazwischen. »So geht's doch nicht!«

Edwins Ellenbogen fährt ihr schmerzhaft in die Magengrube.

Fock versucht, auch mitzumischen, hat jedoch nichts Handliches gefunden, stampft nur mit dem Fuß und fiept: »Prügelt euch im Park! Haut ihr mir das Haus kaputt, ruf ich den Kommandanten!«

Edwin schiebt den Bruder Stück für Stück der Treppe zu. Er möchte ihn nach unten stoßen. Und weil sich Siegfried am Geländer hält, tritt Edwin mit dem Fuß auf Siegfrieds Hand. Der brüllt kurz auf und torkelt durch die Diele. In der Haustür splittern Bleiglasscheiben. Der Spuk ist aus. Nur die Dogge Rosi wütet noch im Zwinger.

Edwin hockt auf einem Treppenabsatz. Rikchen ringt nach Luft, ihr Magen schmerzt. Fock hebt das Messingtischchen auf. In seinen Augen waren die Vandalen feine Leute, verglichen mit dem Zahngesocks.

Plötzlich heult Edwin auf, ein jämmerlicher, langgezogener Ton erklingt. »Der Henker läßt mich grüßen. Sein Daumen ist gelenkig, wißt ihr das? Er läßt den Daumen sinken, läßt ihn steigen und immer heißt das: tot!« Trostlos, qualvoll schluchzt nun Edwin auf: »Kulisch lebt und schickt mir schöne Grüße!« Edwin kann nicht aufstehn, hält nur unter Mühe die Tränen zurück und stiert vor sich hin.

Rikchen wird's unheimlich zumute. Wie soll sie Edwin helfen? Was müßte sie nun tun? Sie flüstert: »Edwin, bitte, steh doch auf!«

Da kann sich Fock nicht bremsen und giftet einfach los: »Mach man so weiter. Der Kerl hat einen Rappel. Gebrauche deinen Kopf! Nicht bemuttern mußt du den, den mußt du tüchtig schütteln!«

Er läßt die beiden sitzen. Als er sich ins Bett begeben will, schaut er noch mal nach. Sie sitzen an der gleichen Stelle, hingekuschelt wie in einem Nest.

Macht doch, was ihr wollt, ihr Affen! Fock löscht alles Licht. Er denkt verbittert: Rikchen hätte mehr verdient als den Schwächling, der nur flennt!

2.

Zu später Stunde klopft Siegfried Zahn bei Heine Keller an. Rita, Kellers Schwiegertochter, öffnet. Selbst im Schein der schwachen Stallaterne erkennt sie Siegfried mit dem ersten Blick.

Es gab Zeiten, da hielt sie lange Ausschau nach dem Mann — so ewig ist das gar nicht her.

»Herr Siegfried — Sie?«

»Ich kam vom Wege ab. Der Nebel! ... Der Chef nicht da?«

Sie weiß nicht, wie sie nun entscheiden soll. Keller liegt krank, Darmgrippe. »Es paßt schlecht!«

»Nicht da?«

»Da — schon!« Sie fühlt sich außerstande, den Fliegerhelden anzulügen, obwohl sie meint, daß Lügen besser wär!

Unsicher weicht sie leicht zur Seite. Sie fröstelt plötzlich, fingert mit der Hand am Blusenkragen und kriegt den Knopf nicht zu.

Da ist er schon vorbei. Er findet sich im Haus zurecht. Todkrank liegt Keller nicht im Bett, ziemlich schlapp und ziemlich mager ...

»Macht die Zeit, Herr Oberst, schlägt sich auf den Magen. Ich sitze mehr da draußen auf dem ›Örtchen‹ als drinnen auf dem Stuhl!« Er lächelt schief und stellt nun fest, daß sich der Gutssohn kaum verändert hat, stabil, noch jungenhaft wie früher, liegt nicht als leerer Sack herum, wie er — der Heine Keller.

»Nicht ein bißchen Furcht, man könnte Sie entdecken?« fragt er leise seinen Gast.

»Ich gedenke nicht zu bleiben!«

Das kann Keller auf Anhieb begreifen. Und wenn er ehrlich ist, dann wünscht er auch, daß der Gast nicht bleibt.

Sie führen in dieser Nacht ein langes, flüsterndes Gespräch. Von Kellers Seite tröpfeln viele bittre Worte ins Gespräch, Siegfried dagegen ist emsig bemüht, Keller Mut zu machen.

»Nicht aufgeben, Keller. Sie werden noch gebraucht!«

Wozu gebraucht? Für welche Ziele? Durch Kellers Leben

ziehn sich tiefe Risse. Es ist verpfuscht, das bißchen Leben und wird sich nicht mehr bessern. Vorbei, zu spät.

Als Keller bei der Gutsfrau saß, kurz vor Schluß des Krieges, hat er was geschworen: »Wenn Rita ablegt, das Hurenbalg mir bringt – ich reiß es an den Beinen auseinander. Russenblut bleibt nicht auf meinem Hof!« Die Gutsfrau mußte ihm ernst ins Gewissen reden. »Das machste nicht. Wir alle sind nur Menschen. Kann sein, es ist dein eigen Fleisch und Blut, und du versündigst dich. Das meint der Siegfried auch!«

»Herr Oberst, die Zwillinge, die sie geboren hat, sind eben nicht mein Fleisch und Blut. Sind von Mischa mit der Türkennase, dem Sie mal die Hand gegeben haben, obwohl es streng verboten war. Als Bürgermeister hätt ich Sie belangen können, hab's aber nicht gemacht. Es sind die Söhne von der schiefen Türkennase. Sind Unkraut, das ich jäten muß!«

»Jäte, Keller! ... Es war nicht abzusehen, daß sie's auch mit Russen treibt!«

»Abzusehen war schon allerhand, Herr Oberst. Ihr habt mich schlecht beraten, mich eingelullt habt ihr, anstatt mich wachzuhalten!«

Siegfried zeigte kein Verlangen, eine alte Rechnung aufzumachen, deren Posten nicht mehr überprüfbar sind. Wahr ist: Als die Gutsfrau, Siegfrieds Mutter, fünfzig wurde, hat Keller mit der Rita harmoniert. Selbst Alma hat sie in der Scheune aufgeschreckt, was heißen soll: Sie haben sich begehrt. Alma würde heut noch schwören: Dreimal haben sie's getrieben übern Tag und vorm Schlafengehn noch mal! ... In jenen fernen Tagen stand Keller voll im Saft. Doch Siegfried will ihn nicht daran erinnern. Er fragt nur soviel: »Wo ist die schiefe Türkennase hin?«

»Wo? ... Wo endet denn der Mensch – im Grabe! Ich wünsche mir – er hat sein Grab erreicht!«

Keller wünscht der ganzen Welt das Ende, sich selber wünscht er's auch!

Unten im Haus schlafen die Zwillinge, gesund und ungestört. Rita, die Mutter, lauscht und wartet. Doch wie sie auch spannt und lauert, von oben dringt kein Wort zu ihr nach unten. Nur das Heimchen putzt die Flügel hinterm Kachelofen und erzeugt damit den glitzerhellen Ton. Rita weiß, wo das Heimchen seine Bleibe hat – in der morschen Scheuerleistenritze, wo der Ofen steht. Da zirpt es durch den Winter.

»Wir kehrn hierher zurück«, sagt Siegfried und muß unterm Dach des Keller ein bißchen Zukunftsglauben wecken. »Nicht müde werden. Für mich sind Sie geblieben, was Sie warn: der erste Mann im Dorf!«

»Für Sie – was habe ich davon? In meinen Augen bin ich nur ein Nichts, Herr Oberst. Ich war ein strenger Bürgermeister, solang es Grauling gab. Er hat mir Weg und Richtung angezeigt. Jetzt tappe ich im dustern!«

Zum zweiten Mal zeigt Siegfried kein Verlangen, eine alte Rechnung aufzumachen. Wahr ist: Siegfried konnte Grauling keine Stunde leiden, hat ihn verachtet wie nur irgendwas. Selbst die Mutter wurde nicht verschont von seinem Zorn, weil er bald entdecken mußte, wie wenig Stolz die Stolze zeigte vor dem fetten Sack. Zu Mutters Fünfzigsten floh Siegfried wegen Grauling aus dem Haus und ging zur Front zurück. Später, als er dann erfuhr, daß Grauling endete als Opfer seiner Leute, hat er sich gefreut und hat frohlockt und war geneigt, Graulings Tod als kleinen Sieg zu feiern. Jetzt allerdings ist Siegfried nahe dran, zu glauben, daß diese Zeit die Graulings braucht. Zu Keller sagt er nicht: Eisenzähne brauchen wir, wie sie Grauling hatte. Von Keller will er wissen, wie im Dorf die Dinge stehn.

»Ist mit Dudei noch zu rechnen?«

»'ne glatte Null, Herr Oberst, den hat der Sichler sicher in der Hand!«

»Kein Lichtpunkt sonst, kein Kerl von unsrer Stärke?«

»Der Schuster-Junge, sechzehn Jahre alt, Egon Schuster – Gnade Gott, der hat noch was von uns, von dem, was wir mal waren. Ideale, Herr Oberst, Blut- und Bodentreue besitzt der junge Mensch. Haut den Vater mit dem Spaten übern Schädel, weil er ihm das Fahrtenmesser klaut!«

»Guck an! Halten Sie sich an den jungen Mann!«

»Wozu? Für welche Ziele?«

Siegfried weiß: Aus einem nassen Sack läßt sich kein Funken schlagen. Wenn das stimmt – bis eben hat's gestimmt –, dann führt kein Weg zurück. Dann kann nur Edwin recht behalten. Nicht auszudenken, wenn's so kommt. Vor dieser Aussicht sperrt sich Siegfrieds Kopf. Er wird ein wenig tollkühn, als er sagt: »Wir kommen bald zurück!«

Mit keinem Wort spricht Siegfried über Edwin, und auch den Fock erwähnt er nicht. »Sie werden unsre Äcker rauben, den Wald zerstückeln und das Weideland. Gut – sollen sie. Es wird von kurzer Dauer sein. Wir holen es zurück!«

Kein Wort darüber, wie es zu erreichen wär, nur dumpfe Schwüre bleiben noch zurück, als Siegfried endlich geht und Keller ratlos sitzen bleibt.

3.

In Rita gehen schlimme Dinge vor. Wohl hat sie Mischa mit der schiefen Türkennase viel versprochen, als er fuhr, Treue bis zum Tod – das war der stärkste ihrer starken Sätze. Und jeder Satz war ernst gemeint. Doch von Mischa kam kein Lebenszeichen, kein Beweis, daß Mischa noch auf dieser Erde rumstolziert.

Tage stehen auf und Tage enden. Dem Jahr bleibt nur ein kleiner Rest.

An den Söhnen kann sie sich erfreuen. Aber sonst? Trostlos ist der Herbst. Der Nebel, nicht zu greifen, aber da. Ohne Wärme lebt sie so dahin. Es kommt so weit, daß sie sich sehnt. Sie weiß noch nicht nach was, nach wem ... Es kommt noch toller. Sie zieht sich aus, als wäre hoher Sommer. Die Hitze steigt in ihr, und plötzlich plagt sie Durst, was lange nicht geschah. Sie wälzt sich auf dem Lager hin und her. Vielleicht wird Rita krank? Keller hat sie angesteckt mit seiner Grippe. Kann ohne weiteres sein ...

Noch ein Weilchen hält es Rita aus. Dann fragt sie sich: Werd ich wieder mannstoll sein wie früher? Warum kehrt Mischa nicht zurück? Will er seine Söhne nicht bewundern? Oder hat er mich verdammt aus seinen Träumen, hat andre Hübsche an der Hand, an jedem Finger zehn? Versprochen hat er andre Sachen. Wenn's so ist, es scheint schon so zu sein, muß ich einen finden, der mich hält. Wer hat die breite Brust, die starken Arme?

Rita röstet Schwarzbrot. Schaden kann das nicht. Wirkt wie Kohle, tut den Därmen wohl. Sie steigt die Treppe hoch.

»Geht's heute besser, als es gestern ging?« fragt sie, und mehr an Freundlichkeit erweist sie Keller nicht.

Der starrt durchs Fenster, sieht die Scheune und die Ställe aus festgefügten Ziegelmauern stehn. Sie halten länger als ein Menschenleben währt.

Im Hof fegt Wind die Blätter durcheinander, Strohhalme fliegen hoch, Heureste segeln schwerelos dahin, das Federvieh sucht Schutz und kann ihn nirgends finden.

»Ist dir mehr nach einer leichten Suppe? Mir macht das nicht viel aus!«

Keller wendet sich vom Fenster ab. »Hak die Luken fest, sie klappern. Und bring das bißchen Federvieh vom Hof. Der Wind frischt weiter auf, ich seh das kommen!«

Sie wird gleich gehn; denn Rita ist es wohler, wenn ein Mann befiehlt und nicht nur starrt und schweigt. Was befehlen – denkt sich Rita – gehört zu einem Kerl. »Auf eine Suppe kommt es mir nicht an«, sagt sie und wird verschwinden und alles so einrichten, wie er's wünscht.

»Ich sagte … mach die Luken fest. Dann rühr ein Eigelb in die Suppe oder zwei!«

So beginnt erneut, was lange unterbrochen war. Keiner ahnt's im Dorf, keine Alma und kein Wilm. Nicht die alte Hitzigkeit flammt auf wie früher, obwohl sich beide mühn. Rita ist's im Körper danach leichter, doch im Kopfe dumpf und schwer. Beklommen schlägt ihr Herz, wenn Keller schläft und sie nicht schlafen kann …

Sie möchte wissen, was Herr Siegfried wollte in der Nacht. Sie wagt nicht, Keller auszufragen.

Sie möchte sich in ihn hineinversetzen, erforschen, wie er wirklich denkt. Wünscht er meinen Untergang, will er meinen Frieden? Was führt der Mann im Schilde? Was hat er meinen Söhnen zugedacht, Schlechtes oder Gutes? Dann schleicht der Schlaf heran, ist eine graue Katze, die blinzelt und die schnurrt.

Keller, wenn er wach liegt, denkt: Einen Erben braucht der Hof. Der mir Erbe war, ersoff in Polen, die Weichsel wurde ihm zum Grab. Bringt sie meinem Hof den Erben, ihr Schaden wird's nicht sein! Ich nehm die fremde Brut in Kauf, solln sie Fraß und Kleidung haben, zwei von dieser Sorte verkraftet schon der Hof. Der Vater dieser Brut, die schiefe Türkennase, war kein schlechter Knecht auf dem Hof der Zahn ... In seinen schlaflosen Stunden wird Keller nicht müde, über Rita nachzusinnen. Die reine Unschuld war sie nie gewesen, nahm alles ziemlich leicht. Doch am Ende aller Grübeleien weiß er nur: Er kommt von ihr nicht los!

Bald jedoch gerät er in Erregung, weil er merkt, sie führt sich still und ruhig auf, macht aber, was sie will. Sie trägt die Söhne durch den Garten, obwohl die Futterrübe aus dem Boden muß, schlägt die Möhren nicht in Sand und läßt die Kürbisse im ersten Frost verfaulen. »Wo hast du deine Augen, Weib? Willst du wirklich, daß der Hof verkommt?«

Sie wiegt die Söhne, die Sonne wärmt noch schön im Herbst.

»Du kannst lange Reden halten, ich bin im Kreuz kaputt!«

»Weil du deine Wänster schleppst, wiegen einen Zentner fast, leg sie in den Wagen und gehe mir zur Hand! Immer war der Kürbis aus dem Garten, wenn der erste Frost zubiß!«

»Deine Sorgen sind nicht meine«, sagt sie da und denkt nicht dran, klein beizugeben. »So liebenswürdig bist du nicht, daß ich deinetwegen alles stehn und liegen lass'. Zuerst – und das vor allem – bin ich Mutter, merk dir das!«

Er starrt sie an. Er ist gereizt und böse. Er könnte sie jetzt schlagen, kneifen, knuffen und ist auch nahe dran. Doch sie bleibt fest, weicht keinen Schritt zurück. Sie wird nach Wilm und Alma rufen, wenn sie der Rappel packt. Dann buchten sie mich ein. Vor Zeiten hat es Wilm geschworen, und der hält, was er mal versprach!

Er läßt sie in der Sonne stehn mit ihren Bälgern und schlägt die Möhren selber in den Sand ... Sie ist mir überlegen. Bei mir ist's aus, vorbei! Die Zeit, die vorwärts ruckt, hat mir die Peitsche aus der Hand geschlagen. Ich bleib am Boden liegen, wenn nicht bald ein Wandel kommt. Ich kann schon nicht mehr schwärmen von der Zeit, die meine war, und bin zum Träumer schon zu müd. Es muß was Großes kommen, Größeres, als je gewesen ist, wenn die Peitsche wieder mir gehören soll.

4.

Als Wilm Sichler — es war noch kurz vor ›Zwölf‹ — aus Heine Keller einen Mohren machte, ihn fesselte und in die Scheune warf, war der Krieg noch nicht zu Ende, aber ging dem Ende zu.

Während Wilm die weiße Fahne schwenkte, Edwin Zahn gewahrte und dann Hannes Trostheim gleich danach, schnitt Egon Schuster in der Scheune Kellers Hanfstrickfessel durch. Mit dem Fahrtenmesser schnitt er, heulte auf vor Wut und erbat von Gott und Führer Mut, doch Gott war weit, und sein Führer schwieg.

Tage später warf der Vater Egons Fahrtenmesser auf den Mist, was der Junge nicht auf sich bewenden ließ. An dem Spatenhieb des Jungen krankte Schuster wochenlang.

»Mit dem Jungen wirste was erleben«, meint Schuster vor der Frau.

»Ist er nicht auch deiner«, fragt sie leise. »Hab ich ihn mir selbst gemacht?«

»So war das nicht gemeint!«

»Nicht? ... Geklungen hat es so und nicht ein bißchen anders!« Schuster wünscht im Hause keinen Streit. Er hat sich in den Kopf gesetzt, einen alten Bulldog aufzubaun. »Der wird gebraucht!«

»Wozu?« fragt mancher.

»Wie willste deinen Acker pflügen? Soll der Hund dein Furchenochse sein? Oder willste mit dem Spaten an die zwanzig Morgen gehn?«

Schuster ist bereit, Egon, seinem Sohn, den Spatenhieb zu stunden. »Ich wäre auch bereit, kein Wort mehr zu verlieren, wenn du mir hilfst, den Motor auszubaun?!«

Egon denkt nicht an Hilfeleistungen von solcher Art. Er

weiß, was er will, was er nicht will, weiß er auch. Er sucht Heine Keller auf und fragt: »Hab ich die Fesseln durchgeschnitten oder nicht?«

»Ich danke dir bis heute, und morgen wird's nicht anders sein!«

»Ich würde Sie ein zweites Mal befrein!«

»Dir trau ich mehr zu als den andern. Du bist aus unserm Holz geschnitzt!«

»Was muß ich tun, damit es wieder wird, wie's war!«

Wie's war? – Das heißt für Egon Schuster: Filme sehn in Panitz wie ›Jud Süß‹ und ›Feinde‹ und marschieren heißt das, eine Panzerfaust besitzen und einen Führer, der befiehlt, und das Fahrtenmesser wieder haben und den Spruch: Die Treue ist das Mark der Ehre ... Das wäre schon genug. Nach andern Schätzen hat der Junge kein Verlangen. Mehr Begehr ist nicht in ihm!

»Der dir mal ein Lehrer war, geht in Sichlers Schule, lernt um und die Bewegung und der Führer – alles kann ihm schnuppe sein!« Keller brütet düster vor sich hin, im Schuppen, wo das Winterholz gespalten werden muß. Und Keller reißt die Axt hoch, läßt sie niedersausen. Ein Krüppelkloben voller Äste fällt auseinander wie ein Bäckerbrot.

»Donnerwetter«, murmelt Egon, »soviel Kraft und Stärke möcht' ich haben!«

»Hast du auch! Spuck dem Dudei ins Gesicht!«

»Ins Gesicht?«

»In die falschen Augen spuck ihm und erkläre: Ein deutscher Junge bleibt sich selber treu und seinem Führer, auch wenn er nicht mehr gegenwärtig ist!«

»Spucken – meinen Sie, das wär schon was?«

»Wär ein Anfang und ein Zeichen!«

Egon Schuster bringt es fertig, lauert Dudei abends auf, ruft ihn an: »Herr Lehrer Dudei!« Dudei kennt die Stimmen seiner Schüler noch genau, hat sich nie getäuscht, hat sie unterschieden, bei Licht und auch bei Nacht.

»Was willst du, Egon? Willst du einen Rat? Ich rate dir: Söhne dich mit deinem Vater aus. Seine Eltern ehrt ein junger Mensch!«

Aus dem Zwielicht dieses Abends springt der Junge vor und speit Dudei voll Verachtung ins Gesicht! »War längst verdient und fällig!« Und ist schon weggetaucht, der Junge, nicht mehr auffindbar. Dudei aber säubert sein Gesicht, schweigt darüber, sagt keinem nur ein Wort, was sich später bitter rächen wird.

Rita fragt Keller am nächsten Morgen: »Was treibst du mit dem halben Jungen unterm Schuppendach? Sachen, die geheim sein solln, solche wie mit Siegfried Zahn. Ein Wink und Sichler stakt heran. Willst du das vielleicht?«

Er schielt sie an, ist feige und verschlagen und sucht nach einem Ausweg, muß ihn finden, weil's sonst zu spät sein kann. »Mit dem halben Jungen geht's mir wie mit Läusen, Rita, sitzen wie im Kopfhaar. Du wäschst mir rasch den Kopf, schon sind die Läuse weg!«

Nun überlegt sie angestrengt, wird aber nicht recht schlau aus Heine Keller, weiß nicht, was der Mensch in sich herumträgt und verbirgt.

Eine feine Dame tritt ins Haus, ist keine Bettlerin und führt sich doch so auf. »Bitte, junge Frau, Eier, Speck und ein kleines Kilo Butter und wenn's sich machen läßt, ein Literchen vom bittren Leinöl auch!«

Solche unbegrenzten Schätze hat Frau Rita nicht am Lager.

»Kann es nicht ein bißchen weniger sein?«

Die Tasche, die die Dame trägt, ist vollgestopft und ist aus grobem Leder, Büffelleder oder so, und es klirrt auch in der Tasche, nicht nach Glas, nach mehr klingt's als nach Glas und Plunder ... Butter wäre möglich, ein bißchen Leinöl auch und über Speck, ein Eckchen wird sich finden, erregt sich eine Frau wie Rita nicht. Die feine Dame packt nicht alles aus der Tasche: Ein Silberlöffel fällt schwer auf den Tisch, Messer, Gabel, ein Besteck, blankes Silber, wie das glänzt! Solch ein Ding hat einst Sieglinde, Siegfrieds Mutter, dem Jannek zum Geschenk gemacht. Rita überdenkt die Möglichkeiten, die sie hat, und fragt die feine Dame: »Könnten Sie ein zweites gleicher Güte aus der Büffeltasche ziehn?«

Die feine Dame bringt das fertig: »Bitte ... Es ist die gleiche Arbeit, die gleiche Schönheit und Gediegenheit!«

Während sich der Handel schon entwickelt, die Geschäfte schon im Laufen sind, fegt, dem Sturmwind gleich, Keller in die Küche: »Silber seh ich. Wer soll das Zeug bezahlen?!«

»Du!« sagt Rita einfach.

»Das kostet mich ein Heidengeld!«

»Das kostet Butter, Leinöl und ein Eckchen Speck, die feine Dame ist kein Unmensch, nicht!«

Keller sieht, als die feine Dame dümmlich lächelt, pures Gold in ihrem Mund.

»Wer braucht schon Silber, um sich sattzuessen!«

»Meine Söhne brauchen das. Jannek Trostheim hat das auch!«

Kellers Augen werden schwer und träge. Wenn er umfällt jetzt, es hebt ihn keiner auf, Rita nicht und nicht die feine Dame. Das begreift er noch, dann schreit er los: »Die Hälse kriegt ihr rumgedreht, die Russenbrut und du!«

Die Tonart ist die feine Dame nicht gewöhnt. Sie will ihr Silber wieder haben. Doch Rita sagt mit Nachdruck: »Benimm dich, Keller, scher dich raus!«

Ein letztes Zucken um den Mund des Keller und der Schwur: »Ich dresch dich windelweich!«

Und sie in aller Seelenruhe: »Ich rufe gleich nach Wilm!« Und zufrieden sieht sie, daß er wegschleicht wie ein verdroschner Hund.

Dann floriert der Handel in der Küche, die Geschäfte laufen ohne Störung ab. Die feine Dame ist zufrieden, und Rita ist es auch.

5.

Ulrike kann nicht dulden, daß Edwin in den Anzug steigt und zu Trostheim fährt, allein und ohne Hilfe.

»Gerade ist das Fieber weg. Ruhe hat der Arzt verordnet, keinen Ärger, hat er dir gesagt. An nichts denken und vergessen. Das hat er dir ans Herz gelegt!«

Doch Rikchen muß zum ersten Mal begreifen, daß sie nicht imstande ist, Edwin abzuhalten. Den Ochsen kannst du in die Hörner zwicken, der rührt sich nicht, bei Edwin ist es ähnlich. Der zieht die Joppe an und macht sich auf den Weg, egal ob er zu Schaden kommt. »Dann komm ich lieber mit!« Rike ist bereit und fest entschlossen. »Alleine fährst du nicht!«

»Wege gibt's, die nimmt dir keiner ab!«

Es ist nicht auszuhalten mit dem Mann. Gestern wälzt er sich im Fieber, heute fährt er aus.

Sie sieht den Landauer verschwinden, der hohe Buchenwald nimmt Edwin auf. Denkt er etwa: Trostheim ist ihm näher und vertrauter als das eigne Weib? Dann muß er einen Lebensbund mit Trostheim schließen und nicht mit ihr, die mehr Geduld aufbrachte, als sie in Wahrheit zu verschenken hat!

Rike ist in Zorn geraten und gleicht dem Vater, doch würde einer aufstehn und das sagen, sie wiese ihn sofort zur Tür.

Wie soll Hannes das vergessen? Das vergißt er nie! Im Lager packte Edwin Fieber. Assi hatte ihn gebissen, mit scharfen Zähnen wie ein Wolf. Assi, Fliegerheld wie Edwins Bruder, ging dann nach Sibirien ab! Lange lag da Edwin krank, doch Hannes zwang ihn auf die Beine, ein zweites Mal, wenn man so will. Das erste Mal geschah's vor Moskau in tiefem Frost und Schnee, als Edwin abgeschlossen hatte mit dem Leben, tausend Jahre müd gewesen ist und Hannes ihn mit Schlägen ins Gesicht zum Weiterleben zwang.

»Es war wie damals«, sagt Edwin und dreht sich ein Machorka-Ziegenbeinchen aus Hannes' Tabakdose, und als es brennt, das Ziegenbeinchen, verschluckt sich Edwin und wird erst bleich und dann ganz grün.

»Bist aus der Übung!« lächelt Hannes.

Der Raum ist schmal, in dem sie sitzen, kein Teppich, wenig Mobiliar und nicht geheizt. Edwin wagt nicht, seine Joppe auszuziehn, und Hannes fühlt sich auch nicht wohl in dieser Kühle. »Ihr spart hier oben, stell ich fest«, sagt Edwin nach der kurzen Übelkeit.

»Stellst manches fest. Die Partei hat nicht mehr Kohlen als

das Land. Mach dich mal nach Hause, bist längst nicht übern Berg!«

»Ich fühl mich schon ganz munter. Ich mußte dir doch sagen, wie das war!«

»Haste doch, Edwin. Ich bin im Bilde, und das reicht!«

Edwin wagt das Ziegenbeinchen nicht mehr anzurührn. »Sagte ich, daß ich Siegfried auf die Hand getreten hab, mit dem Fuß und aller Wucht?!«

»Haste alles, Edwin, und ich denke, diese Abfuhr war nicht schlecht!«

»In die Lage kam ich, als er über Kulisch sprach. Du kannst dich doch erinnern ...«

»An alles, Edwin. Du hast es immer wieder mal erzählt: die gezackte Narbe überm Jochbein ... Ich sah den Schinder nie, du aber hast ihn mir sehr klar beschrieben ...« Hannes erhebt sich. »Es muß jetzt reichen, Edwin, fahr nach Hause. Rike hatte recht, als die dir abriet, loszufahrn!«

Auch Edwin steht nun auf. »Der lebt, wieviele mußten sterben!« Daß ihn das quält, daß ihn das umwarf, daß ihn das hin zu Hannes trieb – ist ein Beweis: Ist auch der Graben tief, unüberbrückbar scheint er nicht zu sein!

Hannes bringt Edwin nach unten, legt ihm die Pferdedecke auf den Schoß und ermahnt ihn: »Wenn du wiederkommst, dann ohne Fieber, und ganz gesund, das bitte ich mir aus! Und denk mal über Rehfeld nach, such Oskar Gärtner auf. Verbinde dich mit Leuten dieser Art, dann biste gut beraten!«

Das gibt er Edwin auf den Weg.

Als Hannes Keuner informiert, fährt Jupp vom Schreibtisch hoch und ruft: »Wieder sag ich: Bleib ihm auf der Pelle, das ist das Beste, was du machen kannst!«

»Ich werde mich bemühen!«

Jupp näherte sich Hannes, sah ihn schweigend an, eine leise Rührung regte sich, die beide gleichermaßen überkam. »Du sagtest: der Einfluß, den du hast, der wär gering. Ist größer, als du glaubst. Das muß dich doch bestärken!«

Sie waren sich sehr nahe. Ein Gespräch von Mann zu Mann, das noch ausstand, könnte nun beginnen. Doch Keuner denkt nicht dran. Kein Wort fällt über Olga. Jupp sagt das Nötige, das andre, was genau so wichtig ist, läßt er aus …

Ob's ihm nicht so nah gegangen ist? Jupp hatte eine feste Absicht! War keine Laune, als er mit ihr Tandem fuhr. Doch Hannes hatte nichts erzwungen, Olga nicht bedrängt, es hat sich alles so gefügt. Soll er sich vor Jupp entblößen? Soll er sagen: Sie war die Treibende, sie hat mich überrumpelt …

Darüber kann er nicht mit Keuner reden, lieber beißt er sich die Zunge ab.

Viertes Kapitel

1.

Wilm Sichler wird nach Hohenburg gerufen, zu einer Beratung der Bürgermeister. Er sitzt im Schwerbeschädigten-Abteil, hat einen Fensterplatz erwischt und sieht viel Volk in Bewegung, mit Fahrrädern und Karren, und manche haben die Rodehacke geschultert; denn seit gestern sind die Kartoffelfelder des Gutes zum Stoppeln frei.

Weil der Zug lustlos rollt, kann Wilm von seinem Fensterplatz die Menschen gut erkennen. Susi sieht er und den Lehrer Hilscher, der lieber seine Nase in die Bücher stecken sollte. Muß der Mensch denn stoppeln gehn, oder hat er Hunger?

Hat er Hunger, muß ich sorgen, daß er reihum essen geht und seine warme Mahlzeit hat am Tage.

Wilm verrenkt sich den Hals und sieht noch, wie Susi, die junge Witwe, und Hilscher in einen Korb sammeln. Sie scheinen eine lohnende Furche gefunden zu haben, eine Goldader, Kartoffeln, groß genug zum Pufferbacken …

Es wird nicht nur beim Stoppeln bleiben, was Susi in der Hand hat, hält sie fest. Wilm ist nicht ohne Sorge. Ihm kann der Lehrer nicht gestohlen bleiben. Er hat noch manches mit dem Jungen vor!

Ein Keil wilder Gänse hat den gleichen Kurs wie der müde Zug. Die Himmelsvögel lassen ihre durchdringenden Rufsignale erschallen und schwenken ab. Sie gehen in Rehfeld nieder und weiden dann im Koppelgelände, ganz nahe beim Jungvieh.

Als der Zug hinterm Koppelzaun vorbei fährt, blickt Wilm durchs Fenster und sieht, daß die Gänse die Weideplätze schon besetzt haben. Eine alte Graugans steht mit gerecktem Hals und wacht, indes die andren ruhig grasen.

Die Alte muß aufpassen, die andern dürfen weiden. Sichler will das nicht behagen. Warum die Alte und die Jungen nicht?

Im Volkshaus von Hohenburg, im Gedrängel der Menschen und dem Gewirr der Stimmen, schwingt Wilm das Holzbein, reckt den Kopf, ähnlich wie die alte Ganswärterin, und muß laut verkünden: »Bürgermeister wo man hinspuckt, Angst kann einem werden vor soviel Staatsmacht und Gewichtigkeit!« Das sagt er, ohne rot zu werden, putzt sich bedächtig seine Nase und fährt den rechten Nachbar an. »Paßt dir nicht, was ich gewagt hab, laut zu sagen. Du guckst pikiert, Genosse ...« Wilm will noch mehr von dieser Güte sagen, weil ihm so zumute ist, kommt allerdings nicht mehr dazu; denn der erste Landesvorsitzende der Partei, Jupp Keuner, quittegelb im Gesicht, hinfällig, daß es einen jammern kann, steuert auf Wilm Sichler zu: »Na, mein Lieber, das Leben noch frisch?«

»Mein Leben ist frisch, aber du? Ich mach mir ernste Sorgen!« Jupp feixt. »Ein guter Hahn wird selten fett. Haste das vergessen?« Er bohrt seinen Zeigefinger in Wilms breite Brust und fragt ohne Umschweife: »Wie schätzt du deinen Lehrer ein?« Wilm zuckt leicht zusammen: »Hat der Wanst was ausgefressen?« »Ich denke nicht! ... Du hast doch eine Meinung über ihn?« Wilm denkt blitzschnell nach: Jetzt oder nie! Er schickt einen langen Blick in Jupps zusammengekniffene Augen und sagt ohne Schwanken. »Eine gute Meinung, Jupp ... Elan hat er und Tatkraft ... Ein Berg von Kraft und Feuer ist der junge Mann ...« Die Nachbarn links und rechts scheinen schon zu lauschen. Wilm senkt die Stimme. »Willste noch was hörn, Genosse Keuner?«

»Schwächen hat er keine?«

»Biste neuerdings auf reine Engels aus?«

Jupp lächelt scheu. Sein Lächeln flackert auf, verlöscht zugleich. Hat gar nicht richtig aufgeleuchtet, stellt Wilm betroffen fest. Aber Jupp legt seine Aktentasche ab, hängt den rechten

Daumen in den rechten Westenärmel, den linken in den linken und hat in Kopf- und Körperhaltung etwas vom Genossen Lenin nun. »Wird er lernen wollen? Will der Mensch studieren? Hast du eine Ahnung, Wilm?«

Ebenso leise und so, als wären beide Männer ganz allein im Saal, meint Wilm zuversichtlich: »Ich würde nicht viel fragen, Jupp. Ein Parteiauftrag, und der Bengel schleudert morgen seine Weisheit in die Welt!«

Wieder wagt sich kurz ein Lächeln vor in Keuners Augen. »Und das Zeug zum Lernen hat der Mensch?«

Warum soll er das nicht haben? Wilm zweifelt nicht daran. »Mancher hat nicht viel gelernt und muß nicht viel vergessen. Von dieser Sorte ist er nicht. Wenn Not am Mann ist, wird der Kerl Professor!«

In diesem Augenblick läßt Keuner seine Daumen aus der Weste schnellen, nimmt die Aktentasche auf und sagt: »Alles klar. Und schick ihn bald. Wir haben Platz für ihn. Es mußten drei gefeuert werden!«

Wenn sich Wilm nicht bremst, gerät er schnell ins Schwärmen. »Paßt wie die Faust aufs Auge, Jupp. Schon lange hegte ich den Wunsch, du machst mich froh und glücklich!«

»Alles klar!« Keuner geht ans Rednerpult und packt die Tasche aus. Die vorn sitzen, entdecken viel Papier vor Keuners Platz.

Will er uns das alles vorerzählen? Doch während Jupp noch alles ordnet auf seinem Platz, erzählt er schon zufrieden: »Da haben sie die Schulstube geweißt, Blumen angeschafft, Genossen. Die Kinder waschen sich die Hände in der Pause, das heißt: Die Kultur, die einfache, entwickelt sich. Alle sind beteiligt, jeder strengt sich an und ist ganz bei der Sache. Wer da sagt – wir siegen nicht, der verkennt die Lage! Wir werden siegen! ...« Jupp Keuner blickt auf. »Die Reform ist durch, Genossen. Darüber wird zu reden sein ...«

Während Jupp Keuner spricht, spürt mancher im Saal, daß das eine besondere Stunde ist, eine, die sich festsetzt im Gedächtnis der Menschen und reicher wird in ihrer Bedeutung von Jahr zu Jahr.

Ähnliche Gedanken wachsen Wilm Sichler zu, als er am

späten Abend wieder im Schwerbeschädigtenabteil sitzt. Wie werden wir in vierzig Jahren denken, werden wir zufrieden sein und Stolz empfinden oder müssen wir dann sagen: was wir wünschten, hat sich nicht erfüllt? Wir müssen's schaffen! Wilm läßt an diesem Abend keine Zweifel gelten.

Der Zug hält in der Kreisstadt Panitz, und Wilm gewahrt, daß Stromsperre ist wie so oft, daß aber allerhand Volk in den Straßen zu Gange ist, was ungewöhnlich ist in windreichen, sackfinsteren Herbstnächten, zumal sie ausnahmslos kühl sind im Jahr fünfundvierzig und der Mond versteckt bleibt hinter Wolken. Doch Wilm Sichler dreht das Abteilfenster herunter und lauscht und hört sie singen. Er zieht dann das Fenster hoch; denn von aller Erregung ist ihm ein Frösteln im Rücken geblieben.

Rita hat sich weggestohlen von den Söhnen. Sie schlafen fest, und Keller wird sich nicht an ihnen vergreifen. Noch ein bißchen muß sie Keller triezen, dann ist er kirre und wird ihr folgen wie ein Lamm.

Gute Aussicht für die Söhne, gute Aussicht auch für sie!

Alma hat eine Kanne Tee gebrüht. Der Vorrat, den die Gutsfrau hinterließ, scheint unerschöpflich. »Trank nur schwarzen Tee, schwarzen Kaffee konnte sie nicht leiden. Ihre Galle hat davon gemuckt!«

Alma sitzt der hübschen Rita gegenüber. Die wird schöner, ich werd voller und paß in keine Bluse mehr. Ein bißchen Neid fügt dem Herzen kleine Nadelstiche zu. Alma ist beherzt genug und wird nicht gleich zerbrechen.

»Warum biste scharf auf Silber, warste früher nicht!«

»Ich muß an meine Söhne denken, ihr Fortkommen ist mir wichtig und ihr Glück!«

»Und mit Silber, denkst du, daß du's schaffst? ... Eine dumme Pute biste, Rita, biste immer schon gewesen. Kein Silber brauchen deine Söhne. Gesundheit brauchen sie und feste Schultern, um sich durchzudrängeln, weil's nicht leicht ist auf der Welt!« »Zeig mir lieber Janneks Schätze, Alma. Über deine große Rede denk ich später nach!«

»Hast nichts gelernt und nichts begriffen. Hast uns mal mit

deinem Unverstand fast ins Grab gebracht. Uns alle! Ganz vergessen bleibt das nicht!« Und doch kramt Alma Janneks Silber vor.

Rita wundert viel daran herum und kann nicht finden, daß sich das Silber ihrer Söhne leichter anfühlt in der Hand. »Warn nicht Kreuze drauf, als sich die Gutsfrau nobel zeigte ... Hakenkreuze, wenn nicht alles täuscht?«

»Die hat sie weggravieren lassen und dafür Janneks Initialen draufprägen lassen beim Goldschmied in der Stadt. J. T. ... Jannek Trostheim!«

Vornehm nippt Rita an der Tasse. »Ich sollte Gleiches tun, nur bin ich unentschlossen. Soll ich eingravieren lassen: M. und K. Mischa, Kolja und Marchenikow, denn so hieß mein Mischa!« Nun wird Alma bissig und gehässig: »Warum sagst du: Hieß er doch! ... Er heißt weiter so, der Mischa mit der schiefen Türkennase. Auch übers Grab hinaus, bleibt ein Name nicht vergessen!«

»Ich kann nicht glauben, daß es ihn noch gibt!«

Eine kurze Wehmut schleicht die hübsche Rita an, doch daß die Wehmut Ritas Herz erreicht, kann Alma nicht recht glauben.

Sie hört die Haustür klappen. Ihr Wilm ist da. Erleichtert nimmt es Alma wahr. Das Palaver mit der Rita war kein reiner Spaß. Und kaum, daß Sichler in die Küche tritt, hat Rita keine Zeit mehr, hat Sehnsucht nach den Söhnen und muß fort. »Trink die Tasse aus!« sagt Wilm.

Rita würde gerne, ihre Zeit erlaubt es nicht. »Später komm ich wieder und bringe mehr Zeit mit als heute abend!«

»Bist verstimmt. Was war?« fragt Wilm, als sie alleine in der Küche sitzen. »Hat sie dich genervt?«

Alma muß erzählen, alles will er wissen, und so geschieht's, daß er nicht dazu kommt zu berichten, wie der Tag in Hohenburg verlief.

Er sagt noch, als sie schweigt: »Leichtlebig ist sie, aber liebenswürdig auch!«

Alma denkt: Das mußt du nicht so laut betonen, ein bißchen leiser reicht es auch. Jetzt will sie ihm nicht widersprechen; denn sie haben sich den Schlaf verdient ...

Aber fragen wird sie Wilm: Hältst du es für möglich, daß sie wieder kramt mit ihm? Ich muß wirklich denken: Keller liegt mit ihr im Bett wie früher, und sie läßt sich streicheln von dem Kerl ... Darüber schläft sie endlich ein. Und Wilm verschluckt sich, weil er schnarcht.

2.

Es geschieht, daß der Lehrer Hilscher vor der Klasse seine Brille putzt, vor dem Thälmann-Bild ernst nachdenkt und dann zu den lauschenden Kindern sagt: »Wer Speck hat in der Pfanne, weiß nicht, wie weh der Hunger tut. Wer Wasser hat, denkt nicht an Durst und Hitze, der hebt die Kanne an den Mund. Wer Schuhe hat, denkt nicht an den, der barfuß durch den Winter muß. Und wer ein Kind erwartet, braucht Bettzeug und ein dichtes Dach. Sonst muß das Kind erfrieren!«

Hilscher schreibt jedes dieser bedeutenden Worte mit Kreide an die Wandtafel. Sein Gedankenvorrat ist nun aufgebraucht. Aber das scheint nur so. Bei Neulehrer Hilscher darf eine Schönschreibstunde nicht in Arbeit und Schikane enden. »Das wird in Schönschrift abgeschrieben. Klasse vier bis acht — den gleichen Text. Klasse eins bis drei malen auf, was ich an die Tafel geschrieben hab!«

Das kleinste Mädchen in der Klasse fragt: »Den Speck? Das klare Wasser auch?«

Hilscher nickt versonnen: »Alles! Nichts darf vergessen werden!«

Und der kleinste Junge in der Klasse fragt: »Das Kindchen auch? Und den, der barfuß durch den Winter muß, den auch?«

Hilscher runzelt schon die Brauen. »Alles — hab ich gesagt. Alles wird geschrieben und gemalt!«

Ein letztes Mal flötet da die Kleine: »Wir müßten Jannek Trostheim rufen. Der kann malen wie geschmiert!«

Hilscher ist mit den Gedanken schon weit weg: »Ihr könnt es auch, genauso gut wie Jannek!«

Nun huscht der Eifer durch die Stube. Das Knistern und Wispern nimmt kein Ende.

Eine Stille, die mit Emsigkeit erfüllt ist, tut sich auf. Und in dieser Stille wird laut angeklopft. Alle fahren sie zusammen, Lehrer Hilscher auch.

Vor der Tür steht Sichler und stellt zufrieden fest: »Ordnung haste in der Klasse!«

Hilscher kann sich nicht beklagen. »Große Sorgen hab ich nicht!« Sichler lauscht noch an der Tür: »Ist stiller als im Mauseloch. Was treiben denn die Wänster?«

Schönschrift wird betrieben nach vorgegebnem Text!

Das kann dem Bürgermeister nicht behagen. »Geschichte wär mir lieber!«

Er benagt die Unterlippe und bekennt: »Vielleicht ist Schönschrift auch was wert. Ich liebe mehr die Forke als die Feder. Doch was ich schreibe, ist zu lesen, selbst Dudei findet sich zurecht. Und der Mann ist sehr genau, ein Federfuchser!«

Wilm lauscht noch einmal an der Wand, dann beginnt er wild zu schnuppern.

»Hast du einen Fleischerladen auf dem Boden?«

Wilm sieht, wie Hilscher sich verfärbt. »Ich arme Kirchenmaus. Auf Sachen kommst du, Bürgermeister?!«

»Ist wahr, bist eine arme Kirchenmaus. Doch was man ist, muß man nicht bleiben ...« Wilm Sichler läßt den Zeigefinger schwirren. »Es wird studiert, und das sofort!«

»Sofort?« Hilschers Adamsapfel ruckt. »Auf der Stelle muß es sein?«

»Morgen fährst du in die Stadt. Ein Kursus läuft, da ist ein Platz für dich!«

Hilscher ist nicht wohl in seiner Haut, er überdenkt die Möglichkeiten, die ihm bleiben: »Morgen? ... Morgen ist unmöglich. Das sag ich dir von vornherein!«

»Unmöglich? Welche Katzen haste denn zu kämmen?« Wilm tritt hin und her, sein Holzbein knarrt, er ist erregt und böse. Wer soll den schnellgestrickten Lehrer noch begreifen? Warum schießt er nicht hin zum Kursus wie die Schwalbe nach dem Dauerregen schießt? Angebote dieser Art und Güte gibt's nicht alle Tage, Mensch! Und Wilm versucht es wieder:

»Für die Kinder sorgt ein Wanderlehrer, wenn dich das bedrückt!«

Hilscher druckst herum und hält sich dann an einer Lüge fest: »Mutter hat die Wassersucht, wenn's weiter steigt, das Wasser, muß das Herz ertrinken!«

Sichler blickt den Lehrer prüfend an, kann keine Schandtat in den Augen finden, ziemlich blaue Augen, trotz Brille scharf und schnell, Augen, die Verstand verraten, helle Sinne, wie sie Sichler mag. »Wenn sie krank ist, wäre das ein Grund!«

»Muß einer sein, Genosse Bürgermeister! Am Montag tret ich an, vor dem Aufstehn bin ich da!«

In der Klasse herrscht noch immer tiefe Stille. Eine leise Luftbewegung ist im Flur, kommt von einem offenen Bodenfenster her, und in Sichlers Nase steigen sonderbare Düfte auf. »Verdammt, mir ist dein Boden nicht geheuer!«

Der Lehrer duckt sich, läßt die Schultern fallen, er denkt an Wasser und an Brot und sieht sich hinter Gittern sitzen. »Bürgermeister«, sagt er leis und ist ergeben, »gleich führ ich dich nach oben, auch wenn's dir schwerfällt mit dem ollen Bein. Du traust mir nicht und willst in alle Ecken kriechen. Bitte, ich zeig dir meine Schätze unterm Dach. Wahre Wunderdinge wirste da entdecken!« Und reißt die Bodenluke auf ...

Das trifft in Sichlers Herz. Er findet sich abscheulich! Werd ich alt und unausstehlich jetzt? Vertrauen hat der junge Mensch verdient!

»Weiß der Teufel, was mir in der Nase juckt, Katzendreck womöglich. Grüß die Mutter, wenn du sie besuchst!«

Bald jedoch wird Sichler wissen, daß ihn sein hoffnungsvoller Kader gehörig übers Ohr gehauen hat!

3.

Schuld an allem war die junge Witwe Susi. Sie fühlte sich im dritten Monat schwanger und war gezwungen, Hilscher beizubringen, daß ein Kind, wenn's kommt, nicht nackend bleiben kann. Susi kannte eine Räucherkammer, die war gefüllt mit Schinken, Speck und Wurst. Wohl war ein Schloß davor, doch Susi wußte, wie man die Tür aus den Scharnieren heben kann – so macht man auf, so macht man zu, und keiner hat's bemerkt.

Weil aber Hilscher taube Ohren hatte, sann die Witwe Susi über andre Mittel nach.

Nackt steht Susi in der Stube, und nur ein Talglicht brennt. Er gießt ihr Wasser in die Schüssel, ein Wasser, das vor Zeiten warm gewesen ist ...

Sie bibbert sehr. Er muß sie wärmen und zieht den grauen Landsknechtmantel aus.

Später sagt sie: »Aufpassen kannste nicht!« Ein Lachen und ein Klang im Lachen wie zersprungenes Glas.

Das macht ihn kalt und nüchtern. »Gut klingt dein Lachen nicht!«

Sie hat ein anderes parat, ein dunkles, warmes jetzt. »Arm sein ist 'ne schlimme Aussicht. Hast ein Kind gemacht mit mir. Nun weißt du alles!«

Gemacht hat Hilscher allerhand mit ihr in letzter Zeit. Da kann auch das geschehen sein, für ausgeschlossen hält der Lehrer nichts!

»Was willste?«

»Weißes Bettzeug nach dem ganzen Dreck – für dich, für mich, für unser Kind!«

»Woher?«

»Ich sagte neulich schon, wo es zu finden wär. Hast nur nicht hingehört!«

So unterliegt der junge Lehrer, so geschieht's, daß er vor Wilm das Märchen von der kranken Mutter auf einen Ritt erfindet, ein Märchen ohne Glanz und Witz, eins unter seiner Würde. Um der Witwe zu gefallen, ist ihm auch das Mittel recht.

Sie sitzen am Sonnabend in einem überfüllten Zug, haben den kostbaren Sack zwischen sich geklemmt und warten mit steigender Unruhe auf ihre Endstation. Da geschieht es, daß eine Alte unvermittelt kräht im stickigen Abteil: »Die ganze Zeit riecht's nur nach Speck!«

Durchs Abteil geht ein Aufstöhnen, vergleichbar mit den Geräuschen von Fußballanhängern, die den Ball schon im Netz gesehen haben und ihrer Enttäuschung Luft verschaffen.

Als wieder Ruhe eintritt, knurrt ein Alter: »Von Speck ist keine Spur. Nach Kien riecht's und nach Pilzen. Dabei wär Speck nicht schlecht. Speck gehört an Pfifferlinge!«

Susi wagt einen langen Blick zu Hilscher und sieht, wie dem der Adamsapfel auf- und niederhüpft. Hat Durst wie eine Zicke und das aus blanker Angst!

Dann schlägt das Schicksal zu. Das Schicksal ist ein großer, dicker Mann, der Susi und Hilscher lange nicht aus den Augen gelassen und bald bemerkt hat, wie ängstlich die beiden über den Sack wachen. Der Riese ruft urplötzlich, ohne jede Vorbemerkung: »Nun ist's gewiß, Landsleute, wir alle werden in Speck waten, wir werden endlich satt. Und mancher, der's nicht mehr verträgt, wird eine flotte Lotte kriegen. Auch das macht uns nichts aus. Es folgt dem opulenten Mahl die große Kackerei!« Er drängt sich vor, er ist in Fahrt, die andern lauschen atemlos, und seine Stimme, die aus einem Faß zu kommen scheint, dröhnt: »Macht Platz, laßt Papa an den Sack!«

Eine mittelalte Schöne kreischt wie auf Zicken-Schulzens-Silberhochzeit und kann nicht aufhören, die alte Trine. Und der Riese, so angefeuert von dem Weib, drängt sich zu Susi und Hilscher und dem fetten Wundersack. »Es riecht nach Friedenszeiten, nach Wohlstand und Geborgenheit, nach allem, was der Welt zu wünschen wär!«

Und der Riese schiebt den Lehrer weg, und Susi fleht in ihrer Pein und Herzensangst: »Bitte, bitte — ich bin schwanger!«

»Das kannste sein, mein Herzchen«, dröhnt der Mann. »Unter deinen Rock will keiner, alle wollen an den Sack!«

Eine gelbe Bank im Zugabteil wird zu einer Fleischermolle! Und der Riese ist behende, und das Messer ist nicht stumpf; er teilt Häppchen aus für andre, schiebt sich selber ganze Batzen in den Mund! Schlingen, Schmatzen, Lecken, Gieren, warten auf den nächsten Biß und ein Alter ohne Zähne mekkert hell: »Zähne müßte man jetzt haben, Zähne, Leute, das wär fein!« Und er zuckelt an der Schwarte, hat den Nuckel in dem Mund und lebt fröhlich und zufrieden seiner zweiten Kindheit zu …

Auf der gelben Bank bleibt ein großer Fleck zurück. Der leere Sack fliegt aus dem Fenster. Der Zug hält an. Hilscher springt ab und will die Witwe fangen. Sie springt allein und läßt sich nicht viel helfen. Ohne jeden Mut ist sie und kann vorerst nur sagen: »Schäbig warste und so feige. Wie haste mich enttäuscht!«

Trotzdem hat sie sich bei Hilscher eingehakt.

Parallel zu den Gleisen wandern sie zurück. Nach ein paar Kilometern, die sie schweigend getrippelt sind, sagt Hilscher endlich: »Schlag mich tot – mir ist's um Vieles leichter!«

Voller Überraschungen verlaufen die Seelenstürme der Menschen. Susi umarmt Hilscher ungestüm, klammert sich an ihn und heult sirenenhaft: »Leichter ist mir auch, doch Hunger hab ich, Hunger wie ein Wolf. Allen hat der Wanst gegeben. Uns hat er keinen Bissen zugesteckt!«

Hilscher fürchtet, daß sie durchdreht, toll wird in der Blüte ihrer Jahre; denn sie singt schon wieder wie vorhin: »Gehst studieren nun – mit nischt im Bauch. Und unser Kind, das kommt? Keine warme Decke. Weißes Bettzeug wird nicht sein!«

Susi, muß er denken, entwickelt sich zurück und wird zum Kleinkind, das im Keller nach der Mutter schreit. Er zieht sie langsam weiter, und als ein Birkenwäldchen kommt, lädt er sie zum Rasten ein; denn Erholung nach dem Schrecken haben sie verdient.

»Lieber ehrlich und mit leerem Bauch!« Keine Widerrede mehr von ihrer Seite. Er legt den grauen Landsknechtmantel unter, und sie haben nun viel Zeit.

4.

Graue Herbsttage sind vergangen, welche mit Frostatem schon, mit Rauhreif in den Büschen und der ersten Eishaut auf den Tümpeln. An solch einem Morgen betritt Dudei, Sichlers Sekretär, die Amtsstube, reibt sich die dürren Hände, pustet hinein und sagt erstmal: »Schönen guten Morgen, Bürgermeister!«

Das sagt er jeden Morgen, und immer klingt es schön. Dann bindet er den Wollschal ab, steckt die Baskenmütze in die Tasche, fingert kurz im Mottenhaar, beugt sich eifrig über Listen, und nach einem Weilchen sagt er sanft: »Gleich wird's donnern und nicht schlecht!«

Wilm hat die Post von gestern durchgeblättert, Rundschreiben und allerhand mehr, der junge Staat, obwohl er erst ein Kleinkind ist, setzt Aktenberge in die Welt. »Ein Herbstgewitter? Möglich ist das schon. Sonst spür ich jedes Wetter in dem Bein!«

Von draußen kommt Gepolter näher. Ein Mann erscheint, stabil in allen Teilen und rotgesichtig auch. Heidrich heißt der Mann. Er bricht mit Mordsradau herein und haut die Faust auf Sichlers Tisch.

Wilm, dem solch Benehmen nicht gefällt, läßt die Brauen in die Stirne schnellen. »Das laß man lieber. Wer auf den Tisch haut, das bin ich!« Dann sagt er noch: »Nimm Platz, Kollege Bürger!«

Heidrich hat Hummeln da und dort und kann sich nicht viel setzen. Er wurde über Nacht um vielen Reichtum leichter, man hatte ihn beklaut! Er hat die Räucherkammer auf dem Boden gemieden, einen weiten Bogen um das Ding gemacht, hat gespart an allen Enden, damit er bauen kann, sobald er Steine hat, Zement und Kalk; denn die Scheune war hinüber, der Dachstuhl morsch, die Wände mürbe. Nun sind die Maurer da, die Zimmerleute, doch wo Heidrichs Schätze hingen, hängt ein kleiner Rest!

»Bürgermeister«, schreit der Bürger Heidrich, »die setzen keine Mauer, kein Dachstuhl wird verkeilt!«

Ein starkes Stück. Auch in Sichlers Augen kein leichter Fall und Klacks. »Alles, Heidrich, alles weg?«

»Die gute Hälfte«, murmelt Heidrich und patscht die Hände vor der Brust zusammen wie der Heilige von Rom.

»Dann warn sie noch bescheiden, muß ich denken!«

»Wer war bescheiden?«

»Die Hunger hatten oder Not. Diebe nehmen alles. Die in Not sind nicht!«

Die Art Moral kann Heidrich nicht begreifen. »Das Zeug muß her!«

»Zaubern kann die Staatsmacht nicht. Die kocht auch nur mit Wasser!«

»Sucht die Diebe, findet sie. Das Recht hab ich als Steuerzahler. Es gibt Beweise, fast noch mehr!«

»Ich höre, Bürger Heidrich, zieh den Vorhang hoch und laß mich nicht im dunkeln tappen!«

Doch Heidrich dreht sich weg von Wilm, fixiert nun Dudei, nickt ihm zu, und leise, wie gehaucht, kommt es von Dudeis Seite:

»Was der junge Lehrer ist, Herr Bürgermeister ...«

Sofort schießt Jähzorn auf in Wilm: »Der studiert, der Mensch, willste dem den Schinken in die Schuhe schieben? Mach dich über deine Arbeit her!«

Obwohl Dudei zittert, wagt er viel und sagt: »Wenn Sie schreien, erfahren wir die Wahrheit nie!«

Er schielt zu Sichler. Der hockt reglos wie der Kater vor dem Mauseloch. Dudei fühlt sich hart gepackt von Sichlers Augen. Sie warn wie Zangen, und unerträglich kniffen sie in sein Gemüt. Er hört den Bürgermeister leise sagen: »Ich erwarte, daß Sie sagen, was Sie wissen. Was Sie aber nicht beweisen können, das schlucken Sie hinunter, Mann!«

Wer A sagt, muß bereit sein, B zu sagen, es bleibt Dudei keine andre Wahl. »Als er noch hier war, unser neuer Lehrer, gab es eine Schönschrift, ohne Fehler, muß ich gleich betonen, selbst ein Wort wie ›hungrig‹ schrieb er fehlerlos mit Kreide an die Tafel und hat ein Kind, was immer mal geschieht, Fehler in die Schönschrift reingebracht, so sind's nicht Fehler unsres Lehrers!«

»Zur Sache!« Wilm beherrscht sich, und er ist ganz Ohr!

»Die Sache ist – es war von Speck die Rede ...«

»Was beweist das, Dudei?« Noch ist Wilm die Ruhe in Person.

»Von Speck in Pfannen – war die Rede und ...«

Wilm hält es nicht mehr aus. Seine Finger trommeln einen

Wirbel auf dem Tisch. »Wer Kohldampf hat wie der, dem fallen noch ganz andre Sachen ein. Hat er nicht von Räucheraal geredet?«

Obwohl sich Dudei lieber aus dem Wege räumen würde, er ist gezwungen, zu bekennen: »Es ging um Speck. Von klarem Wasser war die Rede, von Barfüßlern im Schnee, und ein Kind, noch ungeboren, spielte eine Rolle mit!«

Soweit kommt der Ex-Lehrer und augenblickliche Sekretär des Rates der Gemeinde Güterlohe, dann wird er breitgewalzt: »Dudei, Sie sind vom ersten Tage an gegen diesen jungen Mann. Sie treten für die Wahrheit ein? Auf Ihre Wahrheit pfeife ich! Zwölf Jahre hamse Zeit gehabt, für eine Wahrheit einzustehn. Was aber hamse da gemacht? Kurz vor Zwölfe, um die eigne Haut zu retten, sind Sie umgeschwenkt. Noch ein Wort, und Sie verschwinden, fliegen raus und keiner hebt Sie auf!«

Von Dudei ist nichts mehr zu hören und zu sehen. Er kritzelt seine Zahlen, er kritzelt um sein bißchen Leben.

Nur Heidrich bleibt beharrlich und entschlossen: »Die Wahrheit muß ans Licht. War's der junge Lehrer nicht, muß man weiterforschen!«

Wilm nickt und scheint erschöpft und müde. Doch was nach Müdsein aussieht und Erschöpfung, ist Grübeln, Kombinieren, ist Heidenarbeit hinter Sichlers Stirn.

5.

Als Wilm Sichler schließlich seine Grübelarbeit abschließt, weiß er, wohin er sich zu wenden hat.

Er taucht bei Witwe Susi auf, die im Pfarrhof große Wäsche hat.

Die Holzwanne steht auf dem Dreibock, und emsig rubbelt Susi mit dem Waschbrett Wäschestücke blank. Wind geht unterm Himmel, schiebt Wolken westwärts, und die Sonne kann ein kurzes Weilchen auf die Erde sehn. Aber wieder drängen Wolken vorwärts, und die Sonne unterliegt.

»Männerwäsche?« Zur Zeit fällt Wilm nichts Beßres ein. »Darf man fragen, wer die Unterhosen trägt?«

Susi muß ein bißchen kichern, wer normal ist, muß das auch. »Werden Sie ein Kommissar, Herr Wilm? Der Pfarrer trägt sie auf dem Leib, wenig Schmutz und leichtes Waschen!«

»Und guter Lohn?«

Susi bläst sich eine blonde Strähne aus der Stirn: »Lohn, der heute üblich ist: eine Mahlzeit weiße Bohnen, eine Schüssel Pflaumenmus ...«

»Speck und Schinken nicht?«

Susi denkt nicht dran, vor Sichler schlappzumachen. Sie blickt die Staatsmacht fest und unerschrocken an. »Wo leben Sie? Ein paar Hühner hat der Pfarrer und zur Zeit nur wenig Eier, weil die Hühner in der Mauser sind, und eine Ziege hat er, Speck und Schinken hat er nicht!«

»Und der Student, schreibt er fleißig oder ist er faul?«

»Schreibt mir lange Briefe ... Ich dachte erst, der ist wie viele: aus den Augen, aus dem Sinn ... Nein, er ist beständig, freut sich auf das Kind. Wie aber soll es reichen? Hundertfünfzig Mark kriegt der Student, sind zwei Brote auf dem Schwarzen Markt!«

»Wir sorgen, daß ihr nicht verkommt!« Und mit einem Mal rückt Wilm ganz nah an Susis Ohr und flüstert: »Wenn was war mit Speck und Schinken, euch beide trifft der Schlag!«

Und Wilm Sichler stakt davon, und Susi blickt nicht auf, sie hat zu waschen, und das reicht!

Bevor sich Wilm aufmacht in die Stadt, muß ihm Alma ins Gedächtnis rufen: Der Mensch auf seiner Lebensbahn macht Kurven. »Das soll heißen«, bemerkt sie und bürstet ihm den Mantel ab, »was auch war – reiß ihm nicht den Kopf herunter. Den braucht er nämlich noch!«

Steinerne Löwen sitzen rechts und links vor einem grauen, großen Haus. Auf dem einen Löwen sitzt Wilm Sichler, auf dem anderen der junge Lehrer. Wilm würde wünschen, der Junge wäre krumm vor Scham; ist er aber nicht. »Hier steh ich nun und kann nicht anders. Gott helfe mir!«

»Laß den Luther aus dem Spiel, der hat mit Tintenfässern

geschmissen, du aber schmeißt mit Speck um dich!« Sichler hält kurz inne, dann fährt er wütend fort: »Dich hat ein Weib verführt! Für Bettzeug wolltest du die Perspektive opfern. Seh ich das richtig oder lieg ich schief?!«

»Reden wir offen, Genosse Bürgermeister. Die Frau ist meine erste, und mir macht's Spaß, sicher viel zu viel. Soviel Spaß macht mir die Dialektik nicht. Ich gesteh die Schande ein und weiß, was ich dir schuldig bin!«

Es hält Wilm Sichler nicht mehr auf dem Löwen, Bewegung muß er sich verschaffen, sonst wird er steif und lahm. »Kurz und gut«, sagt er gewichtig, »du hast die Pflicht, das Weib zu vergessen und makellos zu sein im Lernen und im Streben! Du hast die Pflicht, die Lehren unsrer Meister in dein Herz zu lassen und in deinen Kopf, mein Junge. Und wenn du dann kommst und erklärst und beschwörst: ich liebe, ich begreife, ich begehre den dialektischen Materialismus genau so sehr wie das Weib Susi – dann soll dir vergeben sein ... Ist dir das klar?«

»Ich muß es mir begreifbar machen!«

Wilm macht so jähe Wendungen mit dem Holzbein, daß es knarrt. »Es hat klar zu sein, und wehe dir, du haust jetzt in den Sack. Ich nehm's auf meine Kappe. Hin und wieder kommt ein Freßpaket ... Wenn der leere Bauch beginnt zu denken, nicht der Kopf, wirste wieder wankelmütig, schwacher Mensch. Hast du mich verstanden?«

»Absolut!«

»Stürz dich auf die Bücher!« Sichler atmet tief, hat seine Puste voll verausgabt und flüstert leise: »Wie geht's der Mutter? Hat sie Wasser in den Beinen oder nicht?«

Fast steht Hilscher stramm und ruft: »Hat sie nicht, Genosse Bürgermeister!«

»Gott sei Dank – Wasser hat sie nicht!« Und Sichler stakt vorweg. Er will den Zug erreichen; denn der nächste fährt erst spät. Hilscher bleibt an Sichlers Seite. Die Straße ist fast menschenleer. Unverhofft lacht Sichler los, und als das Lachen nicht enden will, fragt der junge Lehrer ganz verwirrt: »Ist dir was?«

»Mit mir ist allerhand!« Wilm schüttelt sich vor Lachen.

»Ihr laßt den Riesen alles fressen. Seid ihr noch gescheit? ... Ich hätte reingehauen, gekämpft um meinen Speck. Die Zungen hängen euch vorm Nabel, doch einen Riesen gegen's Schienbein treten, wagt ihr beide nicht. Beide seid ihr keine Kampfnaturen. Leider ist das wahr!«

So schließt Wilm Sichler diese Sache erstmal ab!

6.

In Güterlohe haben indessen die Maurer eine Wand hochgezogen an Heidrichs baufälliger Scheune. Zwei Zimmerleute sind dabei, den Dachstuhl auf der Erde zusammenzuzimmern, wie es üblich ist. Der erste Maurer, der Polier, pfeift durchdringend auf zwei Fingern, und das heißt: Frühstück! Sofort fallen die Kellen der Maurer, und die Hämmer der Zimmerleute fallen auch; denn Pause ist Pause, Fünfzehn! Da bleibt selbst ein Verbundbolzen halb eingeschlagen im Kiefernbalken stecken.

Heidrich kommt mit einem Schieber voller belegter Brote angerannt, hinter ihm die Frau mit Milchkanne und Bechern, wieselt noch einmal zurück und schleppt saure Gurken herbei, Zwiebeln und einen Korb mit Kaiserkrone, Birnen bester Sorte.

Heidrich will die Leute loben und übertreibt, weil er meint, das könnte vielleicht fruchten. »Schön — wie die Wände wachsen!«

Der Polier, der Chef vom Ganzen und Wortführer, meint: »Wachsen dir nicht schnell genug. Ich seh's an deinen Augen!«

»Jedenfalls — man sieht schon was!« Er reicht ihnen selbstgedrehte Zigaretten hin. »Vor dem Winter habt ihr es geschafft!«

»Wenn der Winter keine Eile hat!« Der Polier schaut in die Runde und meint dann: »Man hört, ihr hattet einen Schaden in der Räucherkammer!«

Nun muß Heidrich aufschneiden und zeigen, wie er dasteht: »Ein paar Speckseiten hauen einen Bauern nicht gleich um. Wer in diesen Zeiten einen Verlust nicht wegsteckt, soll die Hand vom Bauen lassen!«

Dem Polier gefällt der Mann, ein Bauherr, der nicht auf den Groschen giert, ein Kerl mit großer Geste. Und der Polier steckt sich den Glimmstengel an, nimmt einen tiefen Zug, schaut wieder seine Leute an, die zustimmend nicken, und sagt: »Wir hatten Stellen, da gab es reinen Kornbrand, haben selber destilliert, die Bauherrn, feines, klares Zeug!«

Heidrich schaut sich um und sagt dann leise: »Ist heutzutag verboten!«

»Was ist erlaubt in dieser schnöden Welt, sterben darfste, aus dem vollen leben nicht!«

Und weil sich Heidrich nicht vom Flecke rührt, sagt der Chef:

»Wer Gesetz und Recht befolgt, bleibt ein armer Schlukker!«

Darüber denkt der Bauer lange nach und kann kein Ende finden.

»Was unser Bürgermeister ist, der ist ein Scharfer!«

Na gut, dann nicht!

Der Polier blickt seine Leute an, die wieder in der gleichen unmerklichen Art nicken: »Bei Kornbrand kommt Feuer in die Seele, in die Hände. Die Kelle ist nicht mehr zu halten, klatscht Mörtel auf die Steine, daß es nur so spritzt!« Der Polier verständigt sich ein letztes Mal mit seinen Leuten durch einen kurzen Blick. »Ohne Kornbrand geht es auch, doch die Leidenschaft beim Bauen fehlt!« Er pfeift durchdringend auf zwei Fingern; denn jede Fünfzehn endet mal!

7.

Heidrich begreift alles und weiß, daß er nun handeln muß. Schnaps muß her, wenn er ungeschoren übern Winter will. Er beschafft sich einen Destillierapparat und macht keinen Kornbrand, keinen Nordhäuser, aber immerhin, klar ist das Zeug und scharf wie eine Nessel! Heidrichs Futterküche bietet sich zum Brennen an, liegt abseits und verschwiegen. Der Alkohol tropft langsam durch die Röhren, und manchmal gluckst es, einem kleinen Rülpser gleich. Das stete Tropfen schläfert Heidrich ein, bald ist er weg, dann schnarcht er schon …

Was hat Sichler angelockt in später Stunde? Ein Geruch, das stete Tröpfeln?

Die Tür zur Futterküche ist kein Hindernis, die schiebt der Bürgermeister auf. Dann steht er drin, betrachtet sich die Sache, läßt aus der Röhre Tropfen auf den Finger laufen, leckt und schmatzt und weiß: »Kornbrand. Weizen aus der Ochsenbucht!« Er leckt noch einmal. Dann tippt er Heidrich an, und weil der wie ein Hammer in den Schlaf gefahren ist, muß ihn Sichler herzhaft puffen. Als Heidrich aufschreckt und benommen in die Runde blickt, ist ihm so zumute, als hätte ihn der Teufel am Schlafittchen.

»Was steht auf Schwarzbrand?« Wilm fragt direkt, läßt kein Zaudern zu, kein Schwanken. »An wieviel Jahre haste denn gedacht?«

»An viele …« Heidrich ist nun wach und helle und trumpft schon auf: »Ich sitze in der Klemme. Den Maurern fällt die Kelle aus der Hand!«

»Wenn sie nicht was Feuchtes haben auf der Zunge … Suffköppe, die du dir gesucht hast, Mensch!«

»Gesucht? … Hast du Bessere zu bieten?«

»Vorderhand nicht«, murmelt Wilm und denkt schon weiter, überschlägt im Kopf: Welche Trümpfe hab ich, welche Luschen …

Es steht nicht schlecht um Wilm. Das fühlt er selber und erklärt: »Was den Speck betrifft, den Schinken …«

»Lassen wir das bißchen Schinken, alles soll vergessen sein!«

Na, gut … Kann ein Schwarzbrenner großzügig sein, kann's der Bürgermeister längst!

Wilm setzt sich hin und erklärt: »In einem Zugabteil fand neulich so ein Festmahl statt. Es wurden Hungrige gespeist. Ein Dicker tat's, ein Riese. Er wollte mal Herr Jesus sein … Sicher kannste dich erinnern. Herr Jesus hatte Brot und Fisch …«

»Heringe!«

»Richtig, Heidrich ... Der Dicke aber hatte mehr als Brot und Fisch, und alles, was er hatte, kam aus deiner Räucherkammer ... Endlich weißte nun, wie's war!«

Entsetzt winkt Heidrich ab. »Nimm mir nicht die Ruhe mit, bleib sitzen und glaube mir: Den Schinken hab ich in den Rauch geschrieben, es soll vergessen und vergeben sein!«

»Wenn's vergessen ist und ist vergeben — dann ziehn wir einen Strich, schließen wir die Rechnung ab. Gewiß ist — alles wurde aufgefressen — in zehn Minuten war die Tat vollbracht!«

»In zehn Minuten!« Die Trauer, die den Mann befallen will, bekämpft er flott mit Spott: »Lange, lange hat das Schwein gebraucht, um rund zu werden. Sie fraßen es in zehn Minuten auf. Gefräßig ist der Mensch auf Erden. Im Himmel wird das anders sein!«

Da legt sich Wilm nicht fest, den Himmelsfragen weicht er aus!

Und Heidrich sagt zum dritten Mal — vergessen und vergeben und sagt: »Ich will nicht wissen, wer der Täter war!«

»Ein ganzes Zugabteil, auch draußen hingen welche. Reicht die Auskunft oder nicht?«

»Reicht mir voll und ganz!«

»Dann sage ich: Die größten Posten haste nicht gebrannt. Der Apparat wird requiriert. Den Schnaps behältste, schenkst den Maurern ein, damit die Scheune dicht ist vor dem Winter!«

»Dank, Herr Bürgermeister, tausend Dank!«

Wilm nickt gnädig, läßt sich nicht die Hände küssen und geht gelassen in die Regennacht. In Sichlers Brust bekämpfen sich zwei Seelen: Die eine schreit: Kompromisse sind der Tod! Die andre seufzt: Sie sind ein Teil des Lebens. Er läßt die Seelen noch ein Weilchen streiten, hört ihren Wortgefechten zu und stellt zufrieden fest: ganz todfeind sind sich beide Seelen nicht.

Fünftes Kapitel

1.

Heine Keller hat lange, magre Wochen hinter sich gebracht und ist nicht mehr bereit zu glauben, daß für ihn noch beßre kommen können. Das Schlimmste ist, Rita weicht ihm aus, zieht sich immer mehr zurück und zeigt sich erfinderisch, wenn's um Gründe ihrer Sinneswandlung geht: Sind die Eierstöcke. Schwer heben ist vorbei und in der Futterküche stehn bei jedem Wetter, verträgt mein Leib nicht mehr; ich werde alt! ...

Gebeugt geht sie durchs Haus, setzt sich allenthalben hin und singt den Söhnen Wiegenlieder vor: Maikäfer – flieg, der Vater ist im Krieg, die Mutter ist im Pommerland ...

Ist aber Keller unterwegs, wacht Rita auf und fegt hin und her in alter Frische und Lebendigkeit. Sie muß nur die Ohren spitzen und häufiger nach draußen lauschen, damit er sie nicht überraschen kann: So treibst du's also, spielst die Leidende, kaum bin ich um die Ecke, fühlst du dich pudelwohl! ... Sie will nicht, daß Keller eines Tages sagen kann: Du treibst ein falsches Spiel mit mir. Sie will nur, daß Keller Abstand hält und schließlich selbst begreift – was gewesen ist, ist nun vorbei!

Nicht, daß sich Rita schämte wegen ihrer Schwäche, die sie noch einmal in sein Bett getrieben hat. Scham?! Ein hohles, dummes Wort und ohne Klang für Ritas Ohren. Sie will nicht mehr, und das ist alles. Sie hat sich getäuscht, als sie dem Mann die Suppe kochte, die Luken schloß im Hof – ein Irrtum ist's gewesen. Und wenn er ihr vom Leibe bleibt, ist alles gut, wird sie kochen, waschen, flicken und keine Stunde ungefällig sein …

Rita ist rasch, wenn's darum geht, eine alte Sache abzuschließen, und flink entschlossen, eine neue einzugehn.

Auch Alma kann ein Lied darüber singen und Wilm, dem sie gesagt hat, was sie denkt: Rita hat den Faden wieder aufgenommen und spinnt ihn weiter.

»Bleibt ihre Sache oder nicht.«

Alma kann die Antwort nicht genügen. Sie sieht, was war, mit andern Augen und schärfer und gerechter auch! »Die hat die Kerls gewechselt wie andere das Hemd!«

»Biste neidisch, Alma?«

Es geschieht sehr selten, daß Alma aus der Fassung kommt und hinausschreit, was sie denkt: »Red nicht dummes Zeug … Hast wohl vergessen, wie sie Keller zeigte, wo der liebe Gott das Loch gelassen hat. Und wie sie Mischa fing, haste das vergessen? Wie eine Zecke saugte sie sich fest und ganz vom Fleische fiel der arme Kerl!«

Wilm grinst unverschämt. »Nun ist's gewiß, neidisch warste auf die Rita. Hättest Mischa selber gern vernascht!«

»Biste noch bei Troste, Mann!? Angst hab ich ausgestanden, du doch auch! Hast du ganz vergessen, daß Janne und der Pfarrer sterben mußten, damit Rita ihre Liebschaft decken konnte?«

»Das sagst du falsch. Das drehste, wie du's haben willst!« Wenn Sichler ernsthaft böse wird, stakt er wild umher. »Am Tod der beiden ist nicht Rita schuld!«

»Hab ich nicht gesagt. Ich sage nur: Das Unheil war für sie die Mauer, hinter der sie's treiben konnte, wie es ihr gefiel. Dabei bleibe ich! Und ich stand an der Wand, als Keller bei der Gutsfrau war und schwor: Ich reiß es an den Beinen auseinander, wenn's nicht von mir ist! … Und die Gutsfrau hat den Keller angefleht: Der Krieg geht zu Ende, das Leben aber nicht. Es ist dein Fleisch und Blut, versündige dich nicht … Da wußte Rita längst, daß sie von Mischa schwanger war … Soll das vergessen sein?«

»Warum schreist du, Alma? Was du mir sagst, weiß längst das ganze Dorf!«

»Du Schlauberger du, du weißt alles, und alles weißt du besser!«

Der große Krach ist nicht mehr aufzuhalten; gleich bricht das Donnerwetter los: »Verschluck die Zunge oder ich vergesse mich!«

»Aber Alma ist nicht mehr bereit zu schweigen. »Ich verschlucke meine Zunge nicht. Ich werde sie als Dolch gebrauchen. Du hast geduldet, daß Keller ungeschoren blieb. Ein paar Birken hat er pflanzen müssen. Du Träumer – du, aus dem Dorfe hätte er verschwinden müssen!«

»Bist du noch zu retten? Er hätte morden können und hat es nicht getan. Hat Mischa leben lassen, Iwan und Ritas Söhnen nicht ein Haar gekrümmt. Was willst du! Er hat kein Blut an seinen Händen wie Sieglinde Zahn. Hat euch, als er noch Bürgermeister war, Bezugsscheinzettel zugesteckt für Kleider und für Schuhe und hat genehmigt, daß mir in Hohenburg ein zweites Holzbein angefertigt wird!«

»Das war die Gutsfrau. Die hatte diesen Orthopäden an der Hand!«

»Genehmigt hat es Keller. Und auch beim Schlachten hat er beide Augen zugedrückt, große Schweine machte er zu kleinen!«

»Er hätt' verschwinden müssen. Kannst reden, was du willst. Der schleicht durchs Dorf und brütet Unglück aus!«

»Der ist froh, daß er sich bewegen kann. Auch bei Dudei warste gleich dagegen, sollte weg, war deine Meinung, und Dudei ist mir Unterstützung jetzt und Hilfe!«

Alma hantiert geräuschvoll mit Eisenringen auf dem Herd, will eigentlich nichts kochen, muß aber Lärm erzeugen, auftrumpfen und recht behalten. So sind die Weiber ringsherum beschaffen. Wilm Sichler kennt sich aus.

Nun kommt sie doch vom Herd, bleibt stehn vor Wilm und blickt ihn lange an. »Herr Siegfried war in unsrer Gegend. Hat Hannes Trostheim dir gesagt!«

»Na – und?«

»Wenn er nun bei Keller war?«

»Bei Edwin war er und flog raus. Haben sich geprügelt. Zwei Brüder, die sich feindlich sind!«

»Und wenn er doch bei Keller war?«

»Das spinnst du dir zusammen. Im Spinnen biste groß, das Leben kennste wenig. Keller ist — wie Dudei auch — gefügig!«

»Geh zu Rita, guck dich um. Soviel erwarte ich von dir. Nimm mir meine Zweifel. Dann will ich still und ganz beruhigt sein!«

Sie ist nicht abzuwimmeln, bleibt gerade wie ein Haselstock. Wilm möchte sie zur Hölle schicken, nicht ganz so weit vielleicht. Doch will er, daß sie sich um ihren Kram bekümmert. Das ist es, was er meint. Die Erregung sitzt ihm überall, sind Hummeln, die zugange sind. Er kann sie nicht verscheuchen …

Er sucht im Küchenkasten nach der Stummelpfeife. Alma aber schiebt ihn weg; denn Wilm ist jetzt in der Verfassung, wo er sowieso nichts finden kann. Sie legt ihm alles auf den Tisch: Pfeife, Tabak, Hölzer auch. »Rauchen kannste hoffentlich noch selber!«

Kurz angebunden ist sie, äußerst spitz und weiteren Gesprächen nicht mehr zugetan. Wenn er meint von ihr, sie spinne, dann wird man sehn, wer recht behält. Alma hat den Kopf nicht nur zum Kämmen. Sie ist gewohnt, am Tage viel zu denken, doch viel zu reden, ist nicht ihre Art!

2.

Rita badet ihre Söhne gegen Mittag. Da ist die Küche durchgewärmt bei diesem Hundewetter, gleich morgens wär's zu klamm für ihre Racker. Daß sie aus einem Sack gekrochen sind, aus einem Ei womöglich auch, sieht man gleich. Ein Außenstehender ist außerstande, sofort zu sagen: Das ist Mischa, das ist Kolja, nein, das kann ein Fremder nicht erkennen.

Nur Rita unterscheidet ihre Stimmchen, sieht an den Händen einen Unterschied, und am Haaransatz bemerkt sie, daß beide nicht die gleichen sind.

Und dann, wenn das Badewasser in der Wanne ist, wird's ganz gewiß, daß Kolja niemals Mischa ist. Heute ist der Kolja erster, morgen wird's der Mischa sein. Kolja schmatzt vor Wonne in der Wanne, niemals kräht er, niemals plantscht er. Sein Köpfchen liegt ganz still und starr, das runde Speckgenick. Er blinzelt wie ein Hundejunges und läßt sich's, von Mutters starkem Arm getragen, im Wasser wohlergehn.

Mischa, kommt er an die Reihe, ist ein Krokodil im Wasser, rudert, bäumt sich auf, kräht und zappelt. Am Ende schwimmt die Küche, und Rita schimpft: »Hör auf, du kleine Wasserratte!«

»Deinen Trubel haste, Rita!«

Wie konnte Sichler ahnen, wann Rita ihre Badestunde hat? Er möchte stehenden Fußes kehrtmachen. »Ich komme morgen wieder!«

Aber Rita hält ihn auf. »Wenn du da bist, bleibst du auch!«

Sie schiebt ihm einen Hocker an die Wanne. »Guck zu. Freu dich an den Künsten meiner Söhne!«

Es sind allerhand Kunststückchen zu sehn, sanfte und wilde, laute und leise. Und zu guter Letzt ist auch Sichler pitschenaß!

Er sitzt und sitzt und schaut dem Treiben zu. Ein kleiner Schmerz macht sich bemerkbar, zieht durch Sichlers Brust und erinnert ihn an eine ferne Zeit. Sie durften nicht so heißen, wie sie heißen. Sie wurden umgetauft. Er trug den Namen Anton, und Alma wurde Anna, weil's der Gutsfrau so gefiel. Erst als Grauling kam nach Güterlohe, die Gutsfrau in die Mache nahm und sie gefügig wurde durch seinen scharfen Ritt, durften sie die Namen wieder tragen. Doch ein Kind verwehrte sie der Alma. »Eure Hände brauch ich, eure Bälger nicht! Wirste schwanger, fliegste raus!«

Nun ist's vorbei mit Kinderwünschen. Es hat nicht sollen sein ...

Der kleine Schmerz, der bleibt, zwingt Sichler nicht ins Knie.

Er kann alles um sich her verfolgen. Wie sie umgeht mit den Söhnen, so betulich, ohne Hast. Sie bündelt sie, legt die Flaschen an die Wangen, damit sie nicht zu kochend sind. Beim Schlucken sind sie wie die Großen. Ruckzuck ist alles leer. Kolja reibt sich mit Fäusten beide Augen. Er stößt kurz auf, dann schläft er ein. Mischa aber, dieser Racker, muß noch krähn.

»Halt ihn mal. Mußt nicht denken, daß er gleich zerbricht!«

Sichler hat den Jungen auf dem Schoß. Leicht wie eine Pusteblume. Soll das ein Kerl werden, ein großartiger, ein bärenstarker Mensch, wie der Vater war?

»Vorsicht«, flüstert Rita. »Der bekleckert dir die Hose, Wilm!«

»Hat er schon!« Es riecht säuerlich nach geronnener Milch. Wilm kann nicht sagen, daß ihn gleich der Ekel überkommt. Zu jedem guten Mahl gehört ein kleines Bäuerchen ... Ein Rülpser, wie schon Luther sagt!

»Alma muß das Schlimmste glauben!« Rita kichert vor sich hin und trägt die Söhne in die Stube. Und Wilm verreibt den Fleck auf seinem Hosenbein und ist ganz bei der Sache!

»Haste Zeit?« fragt Rita, als sie wieder in die Küche tritt.

»Keller ist im Holz und kommt erst abends heim. Hat den Schuster Jungen mit. Ich bin für schwere Arbeit nicht mehr zu gebrauchen!«

»Aussehn tust du anders!«

»Äußerlich vielleicht. Doch der Schein, der trügt!« Ihr wird wehleidig zumute. Sie kann die nasse Küche übersehen, das Wasser in der Wanne stört sie nicht. Sie blickt mit Augen, die nach Wärme suchen und nach Licht. »Viel wird es nicht mehr werden, Wilm, der Herbst steht vor der Tür!«

Auf solche heiklen Fragen ist er nicht gefaßt! Er reibt am Hosenfleck und möchte schnell zum Thema kommen. »Hast gute Ohren, also kannste hörn!«

»Was soll ich hörn? Meine eignen Seufzer, Wilm? Dadurch wird es auch nicht leichter!«

»Hören, wenn es klopft, zum Beispiel!«

»Es klopft kein Mensch mehr an!«

»Ein Gast, der ungebeten ist!«

»Alle gehn vorbei. Bist mein erster Gast seit Wochen!«

»Mit Silbersachen kam kein Mensch?«

»Das weißte von der Alma, stimmt's? Der fremde Gast erschien und ging. Die Söhne solln mit Silber essen, wenn ich nicht mehr füttern muß!«

Wilm wird es dumm im Kopf, dumpf und ohne Einfall sitzt er da, weicht Ritas Blinzelblicken aus. Was hat mir Alma aufgeschwatzt? Wie steh ich da? Wie einer, der in Eis und Schnee nach einem Sommerfalter hascht. »Dann werd ich langsam gehn!«

»Du kannst noch lange bleiben!«

»Wer lange sitzt, dem wird Faulheit nachgesagt!« Wilm rafft sich auf, steht fest auf seinen Füßen und hört, wie Rita hinter seinem Rücken sagt: »Bleib noch, Wilm. Der Gedanke sagt mir zu!«

Er wendet sich nicht um. »Schaff Ordnung«, sagt er und fuchtelt mit der Hand ins Leere. »Du bist verdreht im Kopf und weißt nicht, was du willst! Ich gebe Alma recht!«

»Trägst du heute Almas Kopf umher, früher war das anders!«

Nun fährt er rum, schwankt leicht auf seinem Holzbein, blickt sie an, und ihre Blicke machen ihn konfus. »Ich wünsche und ich hoffe, daß dein Nest nicht neu bekleckert wird!«

»Du bist der Mann, der das verhindern könnte!«

Sie ist toll am frühen Mittag. Kein Zweifel mehr. Sie lächelt frei, ist verwegen anzuschaun mit ihren roten Haaren und ihrem grünen Katzenblick. Für Sichler hört nun alles auf!

»Wenn der Bürgermeister kommt, benimmt man sich entsprechend!«

»Hab ich dir die Hose ausgezogen?« Sie lacht hell auf. »Das läg mir völlig fern. Du kannst gehn und kannst bleiben. Alles liegt in deiner Hand!«

Sichler klinkt die Haustür leise zu. Die Söhne sollen ruhig schlafen, kein Knall soll sie erschrecken. Was aber wird er Alma sagen müssen? Am liebsten wär ihm, ganz und gar zu schweigen. Ich war nicht da, es hätt' sich nicht gelohnt! Kann ich aber lügen? Und der Fleck auf meinem Hosenbein, der sauer riecht? Darf ich das verschweigen? Kann ich nicht! Sonst wird ein Argwohn über Alma kommen … Wie weit traut eine Frau dem Mann, bis zur nächsten Ecke — weiter nicht!

Wenn es nötig war, konnte Sichler nüchtern denken, war er durch und durch ein Realist. Ihm schien, er sollte Alma sagen:

Ich war bei Rita, und es hat sich nicht gelohnt! Gescheiter ist, du läßt mich nun in Ruhe; denn mit Feuer spielt man nicht!

Er fand dann, daß es klüger wär, den letzten Satz zu streichen. Es wird mir möglich sein, dergleichen zu vermeiden. Das wird für beide Seiten besser sein!

3.

Seit Tagen schlagen sie im Stangenholz das Krummholz raus, damit die schlanken Bäume sich entwickeln können. »Ist im Leben wie im Walde«, meint Heine Keller und gibt dem Schuster Jungen eine Frühstücksstulle ab, dick belegt die Brote mit Speck und übern Speck noch Senf. »Menschenarbeit, Egon, Auslese schaffen, es darf kein Krummes in den Himmel wachsen. Dafür sind wir da!«

Wofür sind wir noch da? Was hält das Leben noch bereit? Demütigungen, neue Schmach? Wir sind abgehängt. Der Zug ist ohne uns davon gefahren. Wir sind wie abgestellte Wagen, um die sich keiner kümmert, abseits vom Leben sind wir lebendig tot. Uns rettet keiner mehr, kein Grauling und Siegfried Zahn …

Sie lehnen ihre Oberkörper an junge Fichtenstämme. Der Nebeldunst liegt dämpfend überm Wald, kein Sonnenstrahl bricht durch, kein Wind erhebt sich und treibt den Nebel fort. Es ist ein trister Tag. Wie es scheint, wird dieses Wetter dauern. Im Altholz klopft ein Specht, ein Eichelhäher höhnt, sonst schweigt der Wald.

Heine Keller hat den Stahlhelm, der da lag, zu seinem Aschenbecher auserwählt. Sauen hatten vor nicht langer Zeit ihren Kessel in der Nähe oder suchten sie nach Fraß? Oder war ein Rest von Küchenabfall hier geblieben, als die Landsturmmänner sich verschanzten? …

Für Raucherfreuden kann sich Egon Schuster nicht begeistern. Tabak schmeckt dem Jungen nicht. Sonst ist sich Egon mit dem Keller einig.

»Die Spucke hat sich Dudei abgewischt und schweigt darüber wie ein Grab!«

»Feiges Pack!« Keller drückt die Kippe aus. »Den kannste durch die Kehle schneiden, der schreit nicht auf ... Pack, kein Mark mehr in den Knochen!«

Keller würde gern dem jungen Mann erzählen, wie sich Rita neuerdings verhält. Darüber möchte er mit jemand sprechen. Das quält ihn Tag und Nacht. Doch eine sonderbare Scheu hält Keller ab. Vielleicht ist es der Altersunterschied: Egon könnte Kellers Enkel sein. Wie soll er diesem jungen Mann erklären: Ich bin dem Teufelsweib verfallen, hab mein Parteigewissen unterdrückt und hab geduldet, daß artenfremdes Blut auf meinem Hof gedeihen kann. Ich war nicht so naiv, zu glauben, was sie trägt, das wär von mir. Gewünscht hab ich's, geträumt davon in schweren Nächten! Unentschlossen blieb ich. Am Ende war ich schon bereit, die falsche Brut zu dulden, wenn sie mir den Erben bringt. Und wie bedankt sie sich für meine Gnade? Schiebt Krankheit vor. Die Eierstöcke! Die könnte laichen wie ein Stichlingsweib. Ich bin ihr nicht mehr gut genug! ... Oder bin ich taub geworden unten – rum? Hat die Schande, die das Vaterland erträgt, auch mich als Mann und Kerl kaputtgemacht? ...

Keller starrt den jungen Menschen an. Kann ihm nicht erklären, was in seinem Innern wühlt und sich zur Wildheit steigert. Es wäre Zeit, sie in die Luft zu sprengen, die Dudeis, Sichlers und das halbe Dorf, Rita mit der Russenbrut am Halse, Trostheim, wenn er kommt, Rache nehmen, bevor man selber in die Grube fährt! ...

Keller merkt nicht, daß er schon die dritte raucht, daß Egon sich, verwirrt und abgestoßen durch sein dumpfes Schweigen, in der Schonung umgesehen hat und plötzlich leise ruft: »Herr Keller ... Hier bin ich ... Kommen Sie mal her!«

Durch die Wälder rings um Güterlohe war die Wenck-Armee gezogen und hatte ihren Marsch verzögern müssen, als sie von beiden Flanken auf starkes Feuer stieß. Sie wich zurück, versuchte einen neuen Durchbruch nach Berlin, hatte schwere Opfer und verlor viel Material ...

An der Stelle, wo Egon Schuster kniet, befindet sich ein Kiesloch, junge Birken wurzeln hier, Heidekraut kriecht übern Rand der Kuhle, und wahllos hingeworfen liegen Tellerminen.

Erst denkt Egon: Alte Wärmflaschen, wie Mutter zweie hat, aus Kupfer oder Zinn, heißes Wasser rein, mit einem Tuch umwickelt, dann ins Bett damit, und die Füße werden warm ... Sind aber keine Dinger, die die Füße wärmen in der Nacht. Das begreift der Junge bald.

»Hier bin ich, an der Kuhle!«

Und gleich ist Keller da.

Man sieht sofort, wer ein Kenner ist von altem Kriegsgerät. Der Mann war nicht umsonst der erste Mann im Dorfe. Mit seinem dicken Daumen und dem Zeigefinger hat er den Zünder festgepackt. Es kann geschehn, wir gehen hops, mein Junge, dann fahrn wir nach Walhall und treffen unsern Führer ...

Quälend langsam lockert er den Zünder!

Egon kniet daneben. Ein echter Hitlerjunge zittert nicht!

Trotzdem wird ihm trocken auf der Zunge. Sicher ist er käsebleich. Womöglich wird er gleich zu einem Hasen, der mit flinken Haken durch die Schonung rast. Aber Egon hockt. Er wird zu keinem Hasen. Er wird mit Keller siegen oder untergehn!

Die erste Mine hat er schon entschärft. Die zweite packt er wie die erste – dicker Daumen rechts am Zünder. Zeigefinger links. Aus Kellers Buckelstirn entspringt ein kleiner Quell, der von der Nase tropft, das breite Kinn benäßt und sich durchs dichte Brusthaar seinen Weg erst suchen muß. Bis zum Nabel, denkt der Junge, bis zum Nabel läuft der Quell. Da ist die kleine Höhlung, in der sich alles Wasser fängt.

Das muß so sein. Der eine, der dabeihockt, ist ausgedörrt vor Angst, und der am Zünder dreht, preßt die letzten Tropfen aus sich raus. Das ist gerecht nach allen Seiten hin!

Egon zieht ein buntes Taschentuch hervor und wischt dem Helden, der verschnauft, die Nässe aus den Augen. »Wieviel noch?« fragt der Junge leise.

»Reichen zweie nicht?«

»Müßten reichen«, haucht der Held und läßt sich auf die Moosbank plumpsen, ist fix und alle und hat Durst. »Junge, hol mir mal die Kaffeeflasche. Ein kleiner Rest ist drin!«

Egon tut Bewegung gut. Er bewegt sich hasenflink, schlägt

Haken, verheddert sich im Stangenholz, stürzt, steht aber auf, und da, wo's Keller nicht mehr sehen kann, erbricht er sich, der Junge, bis nur pure Galle kommt. Danach färben sich die Wangen wieder, in die Lippen fährt das Blut zurück. Nicht lange mehr und Egon ist bereit, mit seinem Helden, der an der Kaffeeflasche hängt, neue Taten anzugehn.

»Wir werden«, sagt der Held zu seinem Helfer, »die beiden unterm Stangenholz verstaun. Das merkt kein Mensch. Wir fahrn die Fuhre heim, und später sehn wir weiter!« Er fühlt sich frisch und ausgeruht und nicht so mittellos wie heute morgen. »Auf die andern packen wir, akkurat, mein Junge, eine Lage Moos. Das ist ein Vorrat, der uns bleibt!«

Sie werden keine weitren Stangen schlagen. Sie werden sich nach Haus begeben, die Pferde vor den Wagen spannen und spät am Abend, wenn der Nebel bleibt, was anzunehmen ist, in aller Stille heimwärts rolln. Ein Glück, daß unterm Wagen Gummiräder sind.

So schwatzt der Held und Kenner allen Kriegsgeräts gelöst und geradezu erheitert auf dem Heimweg, und Egon hört begierig zu.

»Was wir in den Händen haben, ist nicht wenig, merk dir das!«

Nein, wenig ist das nicht! Man könnte, wenn man wollte, einen Bulldog aus den Angeln heben – mit dem Ding, das eine Tellermine ist …

»Bald ist mein Alter mit dem Bulldog fertig«, sagt Egon.

Und Keller nickt. »Nur wird er keine Reifen haben!«

»Fährt hart auf Eisenfelgen!«

»Eben, Gummireifen hat er nicht!«

»Trotzdem wird er ackern mit dem Ding, hat den Pflug schon angehängt. Ich sah vier Schare blinken!«

»Vier Schare, gucke an!«

Ich könnte, denkt der Junge, wenn er pflügt, die Mine vorher in den Acker graben, dann hätte er, der Alte, den zweiten Hieb erwischt für ein scharfes Fahrtenmesser, das es nicht mehr gibt. Eine Aussicht, die erschreckt und dann berauscht, bis sie tiefe Wurzeln faßt und Egon nicht mehr aus dem Schädel will!

»Wir können guter Hoffnung sein«, sagt Keller vor den Hagebuttenhecken. »Wir sind nicht wehrlos, Junge, das ist viel!«

Rita schaut kurz in den Hof, sieht, wie sie den Gummiwagen rüsten, die Pferde anschirrn und vom Hofe rolln. Sie wundert sich, warum die beiden so in Eile sind. Aber weil es ungemütlich ist, naßkalt, der Wind aus Osten bläst, sucht sie schnell die Stube auf, weil da Wärme ist und in der Ofenecke das Heimchen seine Bleibe hat.

Sie schaut den Söhnen zu und sieht, wie die mit ihren kleinen Würstchenfingern allerhand zu greifen und zu fangen haben in dem Dämmerlicht. Schlaf, mein Kindchen, schlaf ein ... Rita summt, ist schläfrig und gelöst, will schöne, bunte Träume haben! Ob sie sich erfüllen werden, weiß man nie genau.

4.

Alma weiß nicht, wo sie zuerst beginnen soll. Jupp Keuner ist ein Treiber. Am elften soll die Hochzeit sein, heute ist der neunte. Drängelt sich in unser Leben, befiehlt, diktiert, und alle müssen flitzen. Einen Truthahn will er haben, einen Kuchen aus der Steingutform. Den hätte sie längst eingerührt, kann sie aber ahnen, was Keuner alles plant? Der Kuchen wird nicht mürbe sein und trostlos auf dem Teller stehn.

Wilm Sichler muß den Truthahn schlachten und jagt den Jannek weg. »Willste machen, daß du in die Küche kommst. Tante Alma braucht dich dringend!«

»Braucht mich nicht!«

»Tu, was dir ein halber Vater sagt!«

Wilm hat den Truthahn schon gepackt. Der hechelt vor Erschrecken, hat wenig Luft und sträubt die glitzerblauen Federn ... Vor langer, langer Zeit gab es ein Märchen übern Putenhahn, der auf dem Hof den Fuchs eräugt und sich vor Schreck den roten Latz bekleckert ... »Jannek, wenn du jetzt nicht gehst, werd ich wild und böse!«

Bestimmt hat Jannek, dieser Wanst, durch ein Astloch zugeguckt; denn als er in die Küche kommt, schleicht er sich in eine Ecke und rührt nicht mal den Teig vom Kuchen an.

»Mußt aber kosten, Jannek, wie soll ich wissen, ob der Zukker reicht. Und die Rosinen!«

»Rosinen gibt es nicht!«

»Haste recht, mein Junge, aber kosten mußte doch den Teig. So kann ich ihn nicht in die Röhre schicken!«

Da hört sie, daß er schluchzt, und sieht auf seinen schmalen Wangen ein paar Tränen glitzern. »Haste etwa ...« Alma ahnt, was war ...

Alles geht verquer. Der Ofen qualmt, der Herd zieht nicht, und Wilm, der Grobian und Truthahnhalsabschneider, schleppt den toten Vogel in das Haus.

»Biste noch zu retten, Mann!« Sie stellt sich so vor Sichler auf, daß sich Jannek hinter ihrem runden Rücken mühelos verstecken kann. »Brüh ihn draußen ab, oder willste mir die Hochzeit gleich vermießen?«

Weiberlaunen!

Der arme Mann muß Spaß verstehn. Wilm versteht ihn nicht.

»Wenn du mich noch lange reizt, wird die Hochzeit abgesagt!«

Er soll den Truthahn brühn und keine Reden halten. Sie hat auch nur zwei Hände. Wo ihr der Kopf steht, weiß sie nicht ...

Die Frau von Unterberg schneit in die Küche und lamentiert darüber, daß es ihr nicht passen will, wenn die Tochter, ihre Olga, in ein fremdes Haus zur Hochzeit geht. Wohl sei es eng bei ihnen, doch sauber und adrett. Bei den Unterbergs kann man von den Dielen essen, das war in Böhmen so und wird sich auch in Güterlohe nicht verändern. Reich seien Unterbergs wohl nicht, da hätten sie zuviel verloren, aber rechtschaffen wärn sie jederzeit gewesen und darum wohl berechtigt, die Hochzeit ihrer Tochter selber herzurichten.

In Almas Kopf summt es wie im Bienenkorb. »So ist das nicht gemeint. Der Erste wünscht, daß wir gemeinsam feiern. Wir haben Platz, das Haus ist groß!«

»Der Erste, wie Sie ihn benennen, darf nicht so eigenmächtig sein!«

»Er meint's nur gut, Frau Unterberg!«

Leicht gesagt: Er meint es gut, wenn der doch das Gegenteil bewirkt!

Die Unterberg hat sich davon gemacht. Kann die kleine Welt, in der sie lebt, nicht mehr begreifen. Feiern Hochzeit, und die Eltern werden nicht gefragt. Schreiben sich zusammen, und die Predigt hält der ›Erste‹. Der wird mit großen Worten um sich werfen: Kampf und Aufbau, neue Heimat, neues Leben ...

Das Herz erreicht er damit nicht!

Alma steht am Herd mit ihren Fragen, hat nicht gemerkt, daß sich Jannek eingerollt hat wie ein Hündchen und auf der blanken Küchenbank, ohne Kissen oder Decke tief weggesunken ist. Sie packt ihn zu; denn frieren soll er nicht.

Wie lange wird er noch in ihrer Nähe sein?

Wie wird sich alles fügen, ordnen? Paula hat in Hohenburg gekündigt. Seit dem ersten ist sie nicht mehr da. Hat den Tiefschlag, den ihr Hannes versetzt hat, nicht verwinden können! Und Keuner hat sie nicht zurückgehalten.

Was geht in Keuner vor?

Kam er nicht zur Radtour, stand er nicht vor Olgas Haus, aufgeputzt wie ein Pennäler, selbst ein buntes Tuch am Halse fehlte nicht, und die Knickerbocker an den Beinen, stand er nicht wie eine Vogelscheuche unterm Wind?

Natürlich mußte Olga kichern. Der ›Erste‹ in dem Aufzug, schwingt sich zu einem Antrag auf und fällt fast auf die Klappe. Keuner tat ihr leid, sonst hätte sie das Tandem nie bestiegen!

Und was war dann? Genaues weiß man nicht. Die Keuner-Mutter haben sie besucht. Und die Alte hat wohl wirr geredet vor Überraschung und Entsetzen. Eine zweite Janne will ich nicht!

So ähnlich muß es doch gewesen sein. Dann zog die Olga in die Stadt. Und wurde nicht – was alle glaubten – Keuners Braut, sondern Hannes schwang sich auf zum Ritter, holte ihr ein zweites Rad vom Hof – Alma weiß das bis in alle Einzelheiten, weil Wilm nicht dicht gehalten hat.

Olga fuhr vorweg, obwohl sie frank und frei bekannte: Auf

der Querstange wäre Platz genug. Und in der gleichen Nacht, einer Mondnacht ohnegleichen, schlug das Schicksal zu.

Jupp hat einfach zugeguckt. Was soll man über Keuner denken? Der schätzt sich selber richtig ein. Wie der aussieht, lebt der nicht mehr lange. Grauling hat ihn mürb geschlagen. Auf die Leber, immer auf die Leber, dieses Vieh ...

Alma blickt verstohlen auf die Küchenbank. Da liegt Jannek, ist warm eingepackt, hat sich inzwischen umgedreht, gestreckt ein bißchen, ist kein eingerolltes Hündchen mehr und schläft ...

Was erwartet Keuner noch vom Leben? Arbeit, weiter nichts? Könnte ich so leben, gequält von Schmerzen, müde sein und trotzdem wach, große Ziele vor den Augen haben und wissen: erreichbar sind die Ziele nicht! Keuner weist in eine ferne Zukunft, doch am Ziele werden andre sein. Das scheint ihm zu genügen, anders kann sich's Alma nicht erklären. Er gibt die Richtung an, solang die Puste reicht.

Vielleicht ist er so stark? Vielleicht macht er nur Wind!

Und übermorgen will er feiern mit den Freunden, wie er sagt. Die Harmonika wird ächzen, klagen und Sehnsucht in die Herzen wehn. Mich rief es an Bord, es wehte ein frischer Wind ...

Warum macht er das? Ist nicht seine Hochzeit, seine Freude, sein Wunsch und Glück. Aber er besteht darauf, ist nicht abzubringen, ist ein großer Junge, der trotzig seinen Dickkopf pflegt. Einen Truthahn will ich haben!

Der stochert mit der Gabel in der Keule, und draußen übergibt er sich. Alma weiß, wie's kommt. Sie sieht das Ende schon, bevor ein Anfang ist. Und den Kuchen aus der Steingutform werden andre essen. Und die Frau, die Keuner liebt, wird ein andrer lieben.

Alles, wie gehabt!

Er liebte Janne — hat's dem Wilm gestanden, als er aus dem Zuchthaus kam — hat sie geliebt und den Weg für Hannes frei gemacht, liebt die Olga, die der Janne gleicht, und läßt geschehen, daß sie Hannes nimmt.

Was denkt sich dieser Mensch?

Seit die Unterberg gegangen ist, hört das Summen hinter

Almas Stirn nicht auf. Sie ist erleichtert, als sie hört, wie Wilm die Füße abtritt draußen und mit dem nackten Truthahn in die Küche kommt.

»Glatter ist ein Kinderpopo nicht!« Er legt den toten Vogel auf ein Brett, hat ihn ausgenommen auf dem Hof, lang gewässert unterm Pumpenkran und meint zufrieden: »Keine schwarzen Stoppeln, selbst am Steiß wie frisch rasiert. Häng ihn in die Speisekammer, damit er auskühlt, und morgen fährt er in die Röhre. Ich wette, er gelingt!«

Wilm trocknet sich die Hände ab, hat Lust, ein bißchen Rauch zu schnuppern, sieht aber, daß der Jannek schläft, und wird die Küche nicht verquarzen.

»Was soll ich anziehn, wenn der hohe Tag beginnt?« fragt Alma leise. Sie schnippelt Rotkohl. Den hat Keuner auch bestellt. Der und Rotkohl, gebräunte Zwiebeln dran und sehr viel Schmalz. Der kommt vom Örtchen nicht mehr hoch!

Almas Finger sind vom Rotkohl blau gefärbt. Wie soll sie da die schönste Braut auf Erden sein?

»Hast du einen Vorschlag, Wilm?«

»Ganze Schränke hängen voll!«

»Willste, daß ich mich mit fremden Federn schmücke?«

»Der blaue Samt der Gutsfrau ist nicht schlecht, der Rotfuchspelz darüber, vornehm sah sie aus. Hat den Samt beklekkert, als sie Grauling in die Arme lief. War ’ne miserable Stunde, ich wünschte mir, die wäre nie geschehn! Heute ist der Schmutzfleck weg!«

Alma hat das Küchenmesser auf den Kohl gelegt, hat ihn reden lassen, hat ihn aber scharf fixiert. »Willste ernsthaft, daß ich meinen Hochzeitsstaat aus den Schätzen dieser Dame suche?«

Wilm Sichler stutzt. Die Stimme, die sein Ohr erreicht, ist nicht lieblich und nicht sanft. »Denkste das wahrhaftig? Alma Ariwald zieht die Kledasche ihrer Gutsfrau an? Hat meinen Mann ein toller Hund gebissen? Bist du noch normal!«

Wilm begreift sofort, daß er’s falsch begonnen hat.

»Sei nicht so tratschig, Alma, Jannek schläft!«

»Der schläft schon lange!« Sie wird so laut sein, wie’s dem Anlaß angemessen ist. Sie wird ihm sagen, ja, sie sagt es gleich: »Noch bin ich nicht mit dir vorm Standesamt. Noch nicht!«

»Kannst meinetwegen mit der Kittelschürze gehn!« Er läßt sich nicht die Wurst vom Brote nehmen ...

Er schleppt den Truthahn in die Speisekammer, hängt ihn auf, stellt eine Schüssel drunter, weil der Vogel tropft, und ist auf allerhand gefaßt, falls er in der Küche bleiben muß.

Und natürlich hält ihn Alma fest, hat im Handumdrehen keine Kleidersorgen mehr, sondern ist beschäftigt, nun mit sogenannten Fragen der Verfahrensweise. »Wer wird geladen? Hast du einen Vorschlag, einen Tip?«

»Wer kommt, ist da!«

»Es gibt auch ungebetne Gäste!«

»Ich sagte schon: Wer kommt, ist da!«

Alma muß nun deutlich werden, legt das Messer wieder auf den Kohl, der ihre Finger beizt und färbt und der verhindern wird, daß sie als Braut gepflegte Hände hat. »Dachtest du, die Rita einzuladen?«

»Ich sag zum letzten Mal: Wer kommt, ist da. Ich mache keine Unterschiede!«

»Ich doch ... Ich wünsche nicht, daß Rita kommt. Soll bleiben, wo der Pfeffer wächst. Es war ein Fleck auf deinem Hosenbein ...«

Und weil der Wilm jetzt mit der Pfeife spielt, sie in den Mund steckt, den Pfeifenstiel beknabbert mit den Zähnen, ist Alma schnell und geradezu: »Ich kann mir denken, was du denkst!« Er schweigt verstockt, der Wanst und Schwerenöter. »Stunden haste zugebracht bei ihr, und nischt erfahren willste haben, von dem, was wichtig ist.«

»Was ist wichtig, Alma? Wichtig ist, sie ist 'ne gute Mutter, und ein Teufel ist sie auch. Alles steckt im Menschen drin. Wir können's nur vermuten!«

»In solchen Fragen warste immer locker!«

»Locker bin ich allemal, Alma.«

Nun wird er draußen rauchen.

Alma schnippelt Rotkohl für das ganze Dorf. Jannek schläft, als wäre tiefe Nacht, und Sichler ist ein alter Fuchs, der sich von Alma nicht ertappen läßt, auch Stunden vor der Hochzeit nicht!

5.

Keller steigt die Treppe hoch. Die Stufen knarren.

Ist ein Frost ins Holz gefahren? Sind die Dielenbretter los? Ist das überhaupt noch von Belang?

Es ist schon weit nach Mitternacht und duster wie im Sack. Durch das Bodenfenster blinkt kein Stern, der Mond ist anderwärtig unterwegs – über Güterlohe scheint er nicht. Über Güterlohe ist nur Stille …

Keller hat das Bodenfenster aufgestoßen. Die Stille draußen ist vollkommen. Kein Pferdeschnauben aus dem Stall. Kein Kettenklirren. In den Bäumen nicht ein Hauch.

Stille!

Kein Hofhund bellt. Die Eule schweigt. Gestern hat sie noch die halbe Nacht gekreischt. Es soll ruhig bleiben bis zum Mittag hin. Um so lauter wird der Knall zu hören sein. Kellers Zeichen, ein Signal!

Keller fühlt sich wie der Herr der Welt!

Ganz in Dunkelheit gehüllt, steht er lauernd da. Ein Wink von ihm, sie liegen auf den Bäuchen, ein Wink, sie stehen wieder auf. Aber manche werden liegenbleiben. So muß es sein!

Nur bei Rita endet Kellers Macht. Er hat sie hart bedrängt am Abend. Es muß wegen seines Minenfunds geschehen sein, daß er von Sinnen war und etwas forderte, was sie ihm nicht geben will, nie mehr geben wird!

»Nimm die Hände weg!«

Es kam zum Handgemenge. Unwürdig wie nur irgendwas. Mit Töpfen warf sie, mit dem Karbonadenklopfer schlug sie zu. Er hielt den Schädel hin. Die kühlt sich ab und wird gefügig sein, hat er gedacht und die Prügel weggesteckt. Aber eisig fuhr ihm durch die Glieder ihr letzter Satz: »Es gibt noch Rattengift im Keller!«

Ernüchtert wich er aus der Küche. Jetzt steht er vor dem Bodenfenster und blickt weit nach Berlin, obwohl doch tiefes Dunkel herrscht.

Was sieht er in Berlin?

Die Reichskanzlei in Trümmern liegen!

Das hat sein Führer nicht getan! Gift? Zyankali? Der Führer war kein Selbstzerstörer! Er riß die Waffe hoch und nahm noch hundert mit …

Genau so wird er nun verfahren, nicht gleich hundert nimmt er mit, ein paar Seelen reichen auch! Maßlos ist er nicht in seinem dumpfen Streben!

Alles ist geordnet und durchdacht. Egon hat die Mine in das Feld gegraben, geschärft natürlich. Schuster hat den Bulldog aufgebaut. Morgen wird er starten. Viele Gaffer werden sein. Wenn der Knall das Dorf erschüttert, muß er Sorge treffen, daß Rita mit der Russenbrut in seiner Nähe bleibt, dann ist er allen Hickhack los. Dann ist die Stille so vollkommen wie in dieser Nacht!

6.

Jupp Keuner will die erste Furche ziehen. Trostheim lehnt sich auf: »Schuster hat ihn aufgebaut, Schuster muß auch pflügen!« »Willste mich zum Krüppel stempeln, vor allen Leuten hier!« Es geht doch nicht um Krüppel! Mein Gott, was denkt er sich. Das Stuckern auf dem Acker! Auf Eisenfelgen rollt das Biest! Sicher ist die Federung hinüber und der reinste Murks … Und deine Leber, Jupp! Geschwollen, man sieht, daß du dich quälst, selbst das bißchen Laufen geht über deine Kraft.

Quittegelb – die Wangen. In den Lippen nicht ein Tropfen Blut! Blaue Schatten um die Augenhöhlen! In den Blicken nur die wilde Lust: Ich muß die erste Furche ziehn … Sei doch vernünftig, Mensch! Laß den Schuster pflügen!

»Wilm, sag du ein Wort!«

Wilm möchte es mit beiden nicht verderben. Sieht selber, wie's um Keuner steht, begreift auch Hannes' Sorgen und sagt vorsichtig: »Steckst im Sonntagsstaat, die Leute werden wiehern!«

»Laß das meine Sorge sein!«

Sie sind schon unterwegs, vorbei schon an den Hagebuttenhecken. Ein klarer Tag, die Sonne hoch, zinnoberrot, kein Herbst und noch kein Winter. Zum Pflügen gute Zeit …

»Kamst schon auf einem Tandem! Das hat gereicht!«

»Nun wirste albern, Wilm!«

Keuner nimmt die ganze Kraft zusammen, läuft, als hätte er den Koppelpfahl verschluckt, der am Wege liegt, und ist nicht ansprechbar, bis sie vorm Bulldog stehn, umringt von vielen Menschen.

Jupp begrüßt sie alle, für jeden findet er ein Wort.

»Gutes Wetter habt ihr mitgebracht!«

»Mist ist gestreut, das seh ich!«

»Quecken habt ihr auch!«

»Um Reifen werde ich mich kümmern!«

»Wenn nicht anders, hilft der Kommandant!«

»Einer muß den klaren Kopf behalten!« Das sagt Keuner laut zu Schuster, und das ist viel Lob aus Keuners Mund.

»Zeig mir, wo die Gänge sind!«

Stille tut sich auf. Warum denn? Weil ein Bulldog auf den Acker fährt? Meine Güte, ein Bulldog fährt. Dafür ist das Ding doch da!

Weil's die erste Furche vom aufgeteilten Boden ist?

Jedenfalls herrscht andachtsvolle Stille, die kein Rabenschrei zerstört, bis Keuner endlich anfährt.

Dann bebt Erde, und das Getöse wächst heran ...

Hundert Meter ist er so gefahren, blickt zurück und sieht, wie sich die Erde auf die Seite legt, wie die Schare mit der Erde spielen. Keuner ist betäubt von einer jähen Freude, spürt den Körper nicht, alle Schmerzen haben ihn verlassen. Mögen sie nie wieder in ihn fahren. Hat er nicht genug gelitten, weit über seine Kraft hinaus gelebt? Der Fahrtwind rötet seine Wangen. Er könnte singen: ... Und mit bittender Gebärde, hält die alte Mutter Erde ihre vollen Hände hin ...

So fährt er in den Tod!

Als sie ihn vom Lenkrad zerren, auf die kalte Erde legen, hat Hannes keinen Halt mehr in den Beinen, bricht Sichler in die Knie, schluchzt qualvoll auf und kann sich nicht erheben, ist ein schwacher Halm im starken Wind. Und sein Schluchzen lähmt die andern auch.

Ist unter ihnen keiner, der beherzt zu handeln weiß?

Nur Trostheim wohl. Er kriecht, blutleer die Lippen, auf den Bulldog zu, starrt geradeaus, kein Blick auf Jupp, den toten Freund, kriecht und buddelt mit den Händen. Und als er schreit: »Minen, Vorsicht, Minen!« durchzuckt das Dorf die zweite Explosion.

Die Söhne sterben gleich, Rita erst nach Stunden. Keller überlebt den Abtransport, wo sein Leichnam bleibt, ist unbekannt.

Am Tage, da sie Hochzeit feiern wollten, legen sie die Mutter mit den Söhnen in einen rohen Kiefernsarg und betten sie nahe an der Kirchhofsmauer.

Alle, die noch einigermaßen auf den Beinen sind, säumen Ritas Grab.

Hat sie das verdient? Die vielen Menschen? Wer will richten? Alma, Wilm?

Pfarrer Petermann, dem die Zunge dick im Munde liegt? Keiner will der Richter sein.

Die Predigt ist ein Wortbrei! Die Menschen hören zu und hören wieder weg. Gedanken leuchten auf, verlöschen bald, die Erinnerungen tauchen auf und laufen wieder weg.

Benommenheit und Trauer …

Den Schuster Jungen finden sie im Wald, in einem alten Schützenloch, nahe an der Kuhle. Er wird verhört und ist geständig. Im Mai des Jahres sechsundvierzig erhält er den Prozeß. Im Jahre dreiundfünfzig, abermals im Mai, ist er frei und kommt ins Dorf zurück.

7.

Trostheim trägt die Urne, die Handvoll Asche, die von Jupp geblieben ist.

Er schleppt sich furchtbar damit ab. Schweiß steht auf der Stirn. Hinter ihm geht Olga, Jannek an der Hand, die Keuner-Mutter auf der rechten Seite, Alma, Wilm zur Linken, der Parteivorstand folgt dann, und Hunderte dahinter.

Als sich Hannes hinkniet, um die Urne zu versenken, denkt er noch: Hätt' ich ihn doch abgehalten. Aber halt mal einen Keuner ab!

Ein Trommelwirbel!

In den braunen, trocknen Eichenblättern saust der Wind.

Nein, die Blätter, die im nächsten Jahr der kühle Maiwind pflückt, rascheln aufgeregt.

Die Trompete wird gleich tönen ... Schlaf wohl, du kleiner Trompeter ...

Hannes erhebt sich von den Knien. Beißendes Naß läßt sein Augenlicht verschwimmen ...

Wir waren dir alle so gut ...

Nun mußt du zurücktreten, Hannes, mußt anderen Platz machen. Ein Glück, daß Olga in der Nähe ist, Jannek auch, die Keuner-Mutter, Wilm und Alma, alle die Genossen und Gefährten ... Schlaf wohl, du kleiner Trompeter, du lustiges Rotgardistenblut ...

»Lustig war er selten, Olga, doch ein starker Mensch, stärker als wir alle. Hätt' ich ihn doch abgehalten ...«

Es geschieht, daß Menschen weinen, ohne daß das Auge tränt.

Hannes will es scheinen, er hätte das entdeckt, ein Weinen ohne Tränen in Olgas Blick.

Und ohne Antwort sitzt sie da.

Sie spürt, es gibt das Wort nicht, das ihm sagen könnte, was sie fühlt.

Alma schenkt den Kuchen weg, der Truthahn wandert aus dem Haus und die Riesenschüssel Rotkohl auch. Hungermäuler gibt's genug. Kein Schnaps wird angerührt, kein Bier, der Hagebuttenwein bleibt im Ballon.

Als Alma alles weggeschafft hat, was auch nur entfernt an die geplante Feier denken läßt, setzt sie sich zum Wilm und redet wie in einem Selbstgespräch: »Ich wollte nicht recht behalten, mußt du nicht glauben, Wilm. Geschwant hat's mir, geahnt hab ich so manches. Aber klüger war ich nicht als du. Ich wär dir in den Arm gefallen, hätt' ich gewußt, was kommt!«

»Ich kann keinem mehr vertrauen, Alma, das ist das Schlimmste, was es gibt!«

»Vertrauen mußte haben, Wilm. Das würde Keuner auf der Stelle sagen. Ohne Vertrauen zu den Leuten, mußte aus der Arbeit gehn und dich verkriechen, Wilm!«

Noch weiß er nicht, wie's weitergehn soll. Zuviel Leichtsinn hat er sich geleistet. Auch wenn ihn Alma trösten will. Zu blind ist er gewesen, so ohne jede Vorsicht, arglos wie ein Kind, als hätte ihn das Leben nie verbrannt. Er wird darunter lange leiden müssen, ganz verschmerzen wird es Sichler nie.

ZWEITER TEIL

Erstes Kapitel

1.

An einem Sonntag im grünen Monat Juni kommt zu früher Stunde ein Buckel ins Dorf. Wer ihn sieht, weiß gleich Bescheid. Mit Zeitungen ist er mal erschienen, mit einer Botenglocke machte er Radau, wollte Gedrucktes gegen Eier tauschen, doch die Geschäfte flutschten nicht, weil Wilm ein Fuchs im Denken ist. Alma konnte nicht so herzlos sein zum Buckel. Mit einer Suppe hat sie ihn bewirtet und ihm Kartoffeln in den Sack gepackt.

Das ist drei Jahre her!

Nun steht der Buckel wieder auf dem Hof, ist nicht gealtert, trägt das blaugestreifte Hemd, das keinen Kragen hat, ist nicht krummer und nicht gerader, schwitzt, weil er viel zu schleppen hat: eine Kiste und ein Schloß davor, eins, das hängt und klobig ist, einen abgeschabten Koffer hat er, einen grauen Leinenbeutel auch. Das legt er alles ab, wischt sich Stirn und Nakken trocken mit der Hand und scheint zu lauschen. Oder überlegt er, faßt er einen Plan?

Ist der Hinkemann noch Bürgermeister, hat er einen schweren Stand; ist Frau Alma, die Stabile, noch im Haus, hat er einen Stein im Brett!

Er steigt die Treppe hoch, viele Stufen führn nach oben. Freitreppen! Protzig, ein Denkmal fast. Solche hat er stets gemieden. Vor solchen Treppen wandte er sich ab.

Er klopft, und Sichler öffnet. »Besuch in früher Stunde?« Wilm blinzelt in die Morgensonne, kneift die

Augen zu, denkt: Den sah ich schon! Gepäck hat er und nicht zu wenig. »Was treibt Sie her?«

Rüstig tritt der Buckel näher. »Berlin ist laut, ich liebe mehr die Stille. Was macht die olle Taschenuhr?«

Wilm ist so verdattert, daß er in die Westentasche greift: »Tickt wie verrückt!«

»Ich flick sie, falls sie runterfällt!«

Der Buckel ist behende, seine Blicke huschen hin und her, wo sie haften, hat er was entdeckt. »Die Kirchenuhr, das Ding hat seine Mucken!«

»Blieb fünfundvierzig stehn!«

Es erscheint der Engel, den der Buckel sucht und braucht. Der Engel hat wohl zugenommen mit den Jahren. Wächst dem reifen Vollschlankalter zu, sieht aber blühend aus, und staunend sind die Blicke auf den Kram im Hof gerichtet. »Sie müssen wahre Schätze in den Kisten haben!«

»Ganz ohne Mittel komm ich nicht zurück!«

Für kurze Zeit ist Sichler abgemeldet, dann muckt er wieder auf: »Du bist auf Eier aus, auf Speck. Du glaubst, in Güterlohe fließen Milch und Honig. Das täuscht! Die Frau hier ist kein Maßstab nicht!«

Alma wölbt die Lippen. Ein Pfeifton fährt heraus. Die Antwort auf die Frechheit ihres Mannes, eine kleine Drohung, weiter nichts. Treibst du's weiter, zahl ich bar zurück!

Der Buckel will sein Ziel erreichen, ein Streit der beiden schadet seinem Plan. Er muß gehörig klappern, weil Klappern für das Handwerk günstig ist. »Ich kann arbeiten. Wo ich geh und stehe, wächst sobald kein Gras!«

Er fordert einen Stall, wo er bauen, eine Kammer, wo er schlafen kann, und eine rechte Hand!

»Eine rechte Hand?« fragt Wilm und hat die Gartenmöbel auf der Treppe zurechtgerückt. Wollen wir in Ruhe reden. Er weist dem Buckel eine Ecke zu.

»Alma, haste Lust auf einen Tee? Ich hätte! Der Fremde sicher auch!«

Alma wird den Tee servieren, wenn sie es für richtig hält. Jetzt setzt sie sich erst hin. Der Korbstuhl bebt.

Der Morgen ist schon mild, der Mittag wird wohl Hitze bringen und ein Gewitter auch.

Was meint der Mann mit einer rechten Hand? Hat er einen Sohn? Alma muß ihn fragen.

Der Buckel lächelt schief. Sein Kopf hat keinen Hals, gleich auf den Schultern sitzt er, und traurig wiegt er sich beim Reden hin und her. »Ein Buckel zeugt wohl keinen Riesen!«

»Einen Riesen haben Sie?« Wilm wundert gar nichts mehr. Er hört sich eine Märchenstunde an. Ein Zwerg hat einen Riesen, und wenn sie nicht gestorben sind, dann leben sie noch heute …

»Ich bin geschickt, er ist ein Künstler. Ich übertreibe nicht!«

»Wo steckt der Kerl?«

»Bei den Hagebuttenhecken!«

Alma denkt an einen Riesen, womöglich trägt er einen Bart. »Handwerker sind sehr rar«, sagt sie. »Geschickte Leute kaum zu haben. Mir würde es gefallen, wenn die Turmuhr wieder geht!«

»Die ginge heute abend schon!« Der Buckel schwitzt und zittert.

»Du nimmst den Mund zu voll!« In Sichler regt sich Zweifel.

»Morgen ginge sie bestimmt!«

»Hol den Riesen her!«

Da wäre noch zu sagen: Ein Mensch, ein junger, ohne Dreck am Stecken. Funkte aus dem Flugzeug, was zu finden war …

»Bordfunker?«

»Ohne Dreck am Stecken. Auch wenn ich nur ein Buckel bin, dafür steh ich grad!«

»Kreuze? Andres Plunderzeug?«

Sichler ist gewarnt. Zuviel Leichtsinn hat er sich geleistet. »Hat er das?«

»Nicht die Bohne. Hat gefunkt, hat einen Splitter unterm Brustbein, der ihn wenig hindert. Und einen Orden hat er, silbern, für die lädierte Männerbrust.«

Das hat Sichler auch, den Silbernen, für das halbe Bein.

Ein Silberner gehört nicht auf die Waage. Wenn er sonst nichts hat, kein Mörder ist, kein Kriegsgewinnler, soll er mit dem Buckel auf den Kirchturm steigen; denn auch Sichler möchte, daß die Zeit in Güterlohe stimmt.

2.

Am Mittag ist der Kirchhof voll von Menschen. Von allen Seiten strömen sie heran, recken ihre Hälse und verfolgen, wie in luftger Höhe der Buckel und der Riese bei der Sache sind.

Man sollte eine Fuhre Heu zum Friedhof fahren, damit, wenn einem schwindlig wird da oben, ein Absturz nicht zum Tode führt; denn frisches Juniheu würde einen Aufprall dämpfen. Nur wird der Pfarrer es nicht dulden. Der Gottes-Acker gehört zu seinem Reich.

Sonst duldet er das Treiben auf dem Turm, hat seine Brille aufgesetzt, die Hände übern Bauch gefaltet und sagt zu Wilm und alle solln das hörn: »Heut ist der Tag des Herrn. Heut sollte man nicht rackern. Doch diese Art von Aufbau ist in Gottes Sinn!«

Und Wilm, der Ausgekochte, seufzt aus tiefer Seele auf. »So sind Sie eben, Pfarrer Petermann. Sie hängen an dem bißchen Kirche, wir am ganzen Land!«

Auch das solln alle Leute hörn.

Indessen putzt der Rotkopf, Knorr mit Namen, das Zifferblatt, bewegt die Zeiger, wie er will, und tief im Turm, von unten nicht zu sehn, legt der Buckel das Uhrwerk in ein Säurebad und sagt zu Knorr: »Rost von hundert Jahren, das hält kein Uhrwerk aus!«

»Die Zeiger drehn sich schon«, brummt Knorr, der Riese, der Mechaniker, der Güterlohe noch beschenken wird mit seinen reichen Gaben und Talenten.

»Alle warten auf ein Wunder!«

Und der Buckel schwitzt vor Eifer, spürt die Schwüle in der Luft und sieht die Schwalben emsig pfeilen, immer um den Kirchturm rum. »Vorwärts muß die Uhr. Wir brauchen eine Bleibe!« Das Zifferblatt ist weiß und funkelt in der Sonne.

Und plötzlich sagt der Riese zu dem Buckel, der ihm Meister ist und Lehrer auch: »Lieber wäre mir, die Kreuze auszupacken. Bitte, das hat man sich verdient in einem langen Krieg!«

Der Buckel fischt das Uhrwerk aus dem Säurebad. »Biste noch zu retten? Kein Wort von Kreuzen, Sternen und von Litzen. Willste, daß wir brummen, Mensch?«

»Wir sollten ehrlich sein nach solcher Pleite!«

Der Buckel paßt das Uhrwerk ein, es tickt, die Zeiger rukken. »Sie geht!« schreit er und beugt sich weit nach draußen. »Sie geht, das ist doch keine Pleite!«

Unten, wo die Menschen ihre Hälse recken, steigt ein Jubel in den Himmel, fahren Hände klatschend ineinander. Beifall heißt das, Lohn für Künstler in der Höhe.

Fast ein Wunder ist geschehn!

Und der Pfarrer sagt: »Die Leute oben haben goldne Hände!« Und Wilm, der alte Fuchs im Denken, wie man weiß, ruft ausgelassen: »Solche Hände hält sich Sichler warm!«

Und die Menschen in der Nähe hören Worte, die nicht auszudenken sind, Worte, die der Pfarrer sagt: »Ich werd die neue Macht in meiner Predigt loben!«

»Das wäre recht und billig«, sagt Wilm. Das muß für heute reichen. Dann drängelt er sich in die Menge. »Was meint ihr nun? Seid sprachlos — was?«

Alles Gute kommt im Leben nie zusammen.

»Der Buckel wird uns Unglück bringen!« kreischt eine Alte, reckt die Faust. »Wird der Buckel bringen!«

»Der hat die Zeit bewegt mit seinen Händen!«

Doch die Alte ist nicht zu belehren, blickt Wilm mit irren Augen an: »Der muß den Ast am heilgen Kreuz reiben, sonst wird er nicht erlöst!«

Nur Pfarrer Petermann kann diese Sache klären und tut es augenblicklich und mit Ernst: »Auch ein Buckel ist ein Mensch. Gott schuf den Menschen und hat sich was gedacht!«

Wenn das nicht eine Antwort ist?

Sichler stakt zufrieden weiter. Er sucht und findet in der Menge die Witwe Susi, die der Lehrer Hilscher längst verlassen hat, der weit in Leipzig seine Studien treibt und andre

Hübsche hat, an jedem Finger drei. »Kann der Buckel in der Kammer hausen?«

»Warum denn nicht?« Bei Susi steht die Kammer leer. »Nur die Tochter wird sich wundern!«

»Wundern?«

Witwe Susi lacht, hat den Studierten fast vergessen, verdient die Tränen nicht, der Schubiack. »Weil der Buckel kurz geraten ist. Die Tochter denkt, der Buckel ist zum Spielen da, wird ihm Locken drehn, Kränze binden ... Der Rotfuchs mit dem Wucherbart ist anders!« Und blickt frei und offen in die Höhe. Nicht jeder in der Menge kann sich für ihre Offenheit erwärmen. Wilm Sichler kann das; denn Offenheit gefällt ihm mehr als jede Heuchelei.

3.

Übern Sommer richtet sich der Buckel ein, baut den Stall zur Werkstatt um. Knorr ist findig, ein Schmiedefeuer brennt, ein Amboß ist besorgt, an den Wänden Werkzeug jeder Art und Größe, Schraubenschlüssel, Feilen, Zangen. Sie richten Drillen her, löten Dämpfer, passen Dreschmaschinen neue Zähne ein, selbst Motoren wickeln sie, verlegen Leitungen, und Strom ist da. Nur einen Haken hat die Sache; was sie fertigen und reparieren, wird nicht mit Geld bezahlt. Produkte fordert Kniebein, wie der Buckel heißt, Produkte: Eier, Speck und Butter, Fleisch und Wurst und Käse, auch Hammelkeulen werden nicht verachtet, und Zickenlämmer nimmt er lebend in Empfang. All das versetzt der Buckel auf den schwarzen Märkten, schafft ein Motorrad an und rattert durch das Dorf, und die Neider schaun ihm nach.

Die Alte, die verkündet hat, daß der Buckel sich den Ast am heilgen Kreuze reiben müsse, spuckt dreimal aus: Pfui, pfui, pfui, der treibt's mit Luzifer, das dicke Geld kommt nicht von ungefähr ...

Als er einen Beiwagen erwirbt, kann er mehr Produkte laden, und noch reger wird sein Handel nun.

Karl Knorr, der Rotkopf aber, schläft im Stall, sein Lager ist ein Strohsack, sein Sitzplatz eine alte Kiste, die fest vernagelt ist. Er ist genügsam, rührt Produkte selten an, röstet sich Kartoffelscheiben und streut ein wenig Salz darauf. Noch murren sie nicht über Kniebeins Preise! Noch nicht!

Sonntags bäckt die Witwe Susi eine Käsetorte, und Toni, ihre Tochter, vielleicht drei Jahre alt, guckt durchs Küchenfenster auf das Dach und sagt: »Sind alle da, die roten Schwänze!«

»Rotschwänze meinste, Toni. Wir störn sie nicht, sind immer leise!«

Toni schnattert: »Der Kater aber kommt aufs Dach und leckt sich seine Schnauze!«

»Der kriegt was auf sein Fell!«

Toni muß Herrn Kniebein holen. Es ist Kaffeezeit. So mükkenleicht ist nur ein Stimmchen. Kniebein strahlt, hat sich rausgeputzt mit seinem weißen Hemd und seiner schwarzen Fliege. Bunte Hosenträger trägt der Mann, und Pomade glänzt in seinem Haar, riecht nach Fliederblüten und duftet stärker als der Malzkaffee. Er rückelt sich im Stuhl zurecht. »Nächsten Sonntag hab ich echte Bohnen. Und Zuckerzeug für Toni auch!«

Toni kräht vor Freude: »Vielleicht bist du ein Zaubermann?« Nein, Herr Kniebein ist nicht irgendwer und kann mehr als Kuchen essen. Susi sieht, wie's Kniebein schmeckt.

»Ein Vierter würde auch noch satt!«

»Welchen Vierten haben Sie im Blick!«

»Haust im Stall!«

Der Buckel schiebt den Teller weg. »Jeder, wie er es verdient. Wäscht sich nicht, kämmt sich nicht!«

Toni kräht: »Ich wasche mich und kämme mich!«

»Du — ja. Aber der! Der Bart wird immer wilder. Der paßt an keinen weißgedeckten Tisch!«

Susi möchte mehr erfahren. Der Buckel spielt zum Tanze auf, der Riese stampft im Takte. Warum kann Kniebein über ihn verfügen. Ein Griff vom Riesen, und der Buckel stürzt zu Boden.

»Schuftet und schuftet, hat er nicht verdient zu leben wie ein Mensch?«

»Vielleicht nicht? Lassen Sie's, wie's ist!«

Auch diese Antwort kann ihr nicht genügen. »Hat er was verbrochen?«

»Wer hat gebrochen?« fragt die Kleine schlau.

»Guck lieber mal zur Rotschwanzbrut!«

Der Buckel holt sich ein zweites Stückchen Kuchen auf den Teller. »Arbeiten soll er. Wiedergutmachen – das Wort wird großgeschrieben!« Bevor er ißt, hört er die Rotschwanzbrut nach Futter gieren, heiser klingt es. Nur feine Ohren nehmen's wahr.

Die Witwe Susi grübelt über Kniebeins Worte nach. Sie kann sich viel zusammenreimen. Genaues weiß sie nicht, ein's glaubt sie aber sicher: Der Buckel hat den Riesen in der Hand.

4.

In der Kreisstadt Panitz gibt's das Kino »Melodie«. Jeder kennt es, fast jeder war mal drin, und manche sind dort wie zu Hause. Die Besitzerin war eine dicke Frau, rauchte lange Pfeifen. Auch beim Trinken war sie wie ein Kerl. Nun ist sie tot.

Jeder geht an irgendwas zugrunde, bei ihr kann's Korn gewesen sein, Tabak und ihr Mehrgewicht. Sie brachte hundert Kilo auf die Waage und war nur einen Meter fünfzig groß!

Ihre Tochter ist ein zierliches Persönchen, lieblich anzuschaun mit ihren blonden Haaren, ihren Affenschaukeln – so nennt man Zöpfe, die an beiden Ohren zu Schaukeln umgebogen sind und mit rosa oder roten oder blauen Haltern festgehalten werden. Heut läßt das Kino-Mädchen Uschi die Affenschaukeln weg, läßt die Haare frei nach unten fallen und möchte älter wirken und gesetzter; denn ihr Weg führt sie zum Landratsamt, das am Marktplatz steht.

Alle hohen Ämter sind in Panitz unter einem Dach: Partei und Staat und die Gewerkschaft. Die weniger hohen Ämter sind in der Stadt verstreut, in Häusern, die nur kleine Fenster haben und keine Säulen tragen, wie das Landratsamt.

Im Landratsamt regiert Genosse Dreibrot, der mal ein

Landbriefträger war, und im zweiten Stock führt der Genosse Hannes Trostheim die Partei der Sozialisten an.

Auf Wunsch des Landrats Wilhelm Dreibrot ist die Genossin Olga Trostheim seine rechte Hand. Sie schaut im Augenblick kurz auf den alten Markt und sieht den Jannek mit der Katrin Dreibrot spielen, beide sind im siebten Jahr. Was sie spielen, kann man durch das Fenster nicht erkennen. Sicher malt der Jannek auf den Pflastersteinen rasch ein Sommerbild mit bunter Kreide, und Katrin schaut ihm zu. Die bunte Kreide hatte Olga gestern grad erstanden. Seit Jahren gab es nur die weiße, nun brechen sicher beßre Zeiten an.

Der Landrat Dreibrot steht vor Olgas Schreibtisch und diktiert die Rede, die er morgen abend halten will ... »Über allem muß stehen die Erkenntnis, ganz gleich, ob sie aus den Lehren der Religion oder aus den Lehren des wissenschaftlichen Sozialismus stammt ...« Er stockt. Er scheint noch nicht zufrieden, in Olgas Augen kann er nichts entdecken, weder Mißmut noch Ermunterung. Er wird reden, wie ihm das Maul gewachsen ist! »Spann den Bogen raus, Genossin Trostheim, ich spreche frei!«

Inzwischen geschieht es, daß das Kino-Mädchen Uschi übern Marktplatz kommt, Jannek von seinem Pflastersteingemälde aufblickt und fragt: »Warum trägst du heut kein buntes Kleid, ist doch warm?« Denn Jannek sieht die Welt in bunten Farben.

»Weil's sich nicht schickt, Jannek, vorläufig geht das nicht!«

Und Katrin Dreibrot fragt: »Trägst du nur noch schwarze Kleider?«

»Muß ich wohl. Ein Jahr bestimmt!«

Ach, ein Jahr ist lang und nur noch schwarze Kleider? Das würde Katrin nicht gefallen. Als Onkel Jupp gestorben war, trugen alle schwarze Sachen. Nur Jannek hatte eine rote Pudelmütze auf.

Er beugt sich über seine Malerei: Das Getreidefeld ist gelb, die Wiese grün, und auf dem Binder sitzt ein Mann, der Onkel Sichler gleicht. Man sieht das gleich; denn der Bauer hat das eine Bein auf dem Tritt des Binders angewinkelt, also ein normales Bein, das andere ragt steif vom Trittbrett weg. Die

Gäule vor dem Binder sind von dunkelbrauner Farbe und wohlgenährt und feurig; denn die hellen Mähnen wehn im Wind.

»Malen kannste, Jannek«, murmelt Katrin, »fein kannste malen. Du wirst noch alle Pflastersteine schmücken!«

Die Kinder sehn das Kino-Mädchen im Landratsamt verschwinden. Wen sucht sie wohl in ihrem schwarzen Kleid?

Katrin sagt: »Meinen Vati wird sie suchen!«

»Oder meinen! Wir hätten sie schnell gebracht!«

Das Kino-Mädchen findet seinen Weg allein. Sie klopft bei Olga Trostheim an, knickst fein und fragt, ob der Landrat Dreibrot wohl zu sprechen wär.

Olga ist kein Wachhund vor der Tür des Chefs. Sie sieht die Trauerkleidung, erinnert sich, daß die Annonce in der Zeitung stand. Sie nickt dem Mädchen zu. Geh nur hinein, er freut sich, wenn du kommst ...

In Panitz kennt der Landrat alle Leute, und die Geschichten dieser Leute kennt er auch. Er meint, er müsse kondolieren, deutet diese Geste an, doch Uschi kommt ihm zuvor und sagt tapfer: »Herzliches Beileid sagen alle. Das macht sie nicht lebendig!«

Dreibrot lehnt sich erleichtert in den Sessel zurück. »So ist es, Uschi. Solche Worte ändern nichts.« Er ist beeindruckt von dem Mädchen, die Bestimmtheit, die es zeigt, gefällt dem Mann. »Was kann ich für dich tun?«

»Es geht ums Kino. Ich möchte es behalten!«

»Du? Denkst du nicht, du bist zu jung dafür?«

»Ich bin fast achtzehn. Ich werd's nicht schlechter machen als die Mutter!«

Die vielen Menschen, die da kommen, die vielen Kinder am Sonntagnachmittag. Hat das Mädchen keine Angst? Da muß man resolut sein. Als Platzanweiserin hat sie schon mit zwölf gewirkt. Voll war es immer, und am Ende hatte jeder seinen Platz. Dreibrot kennt das noch aus Zeiten, da er selber oft ins Kino ging. Saßen wie die Sprotten in der Kiste, wenn Pat und Patachon zugange warn.

Aus seinen Gedanken heraus sagt Dreibrot: »Da muß ich mich beraten, Uschi, laß mir ein bißchen Zeit!«

Und das Mädchen bleibt vor Dreibrot stehn, nimmt nicht Platz, knüllt ein kleines Taschentuch und meint: »Wenn der Vater lebte, wäre alles leicht!«

Dreibrots Borstenbrauen zucken. Er denkt an seine schwarzen Taschen, in denen er das Schicksal trug, gute Botschaft, schlimme Botschaft, so fuhr er mit dem gelben Postrad übers Land.

»Ich hab euch diesen Todesstoß versetzt, euch und vielen andern auch!«

Erschrocken sagt das Mädchen: »Sie waren doch nicht schuld!«

»Nein, ich war nicht schuld. Ich war ein Briefzusteller, weiter nichts!«

Er sagt noch, daß er versuchen werde, ihr zu helfen. Und sie knickst vor ihm, bedankt sich und glaubt gewiß: Der Landrat kann ihr Retter sein.

Als Olga in sein Zimmer kommt, sagt Dreibrot aufgeräumt: »Ich pack das Risiko beim Schwanz. Frag Hannes, wie er denkt!«

»Was soll ich Hannes fragen?«

»Ich dachte wirklich – du hast mitgehört!«

»Im allgemeinen lausch ich nicht!«

»Mach einen Punkt, Olga. Jeder lauscht, wenn er kann!«

»Der Mensch hat seine Eigenheiten. Was wichtig ist, erfahr ich früh genug!«

»Dann erfährst du's jetzt: Die Uschi hat mich weichgemacht … Ich red mit Hannes selbst!«

Olga läßt ihn nun allein mit seinen Fragen. Sie denkt noch: Das mußt du auch, Genosse Dreibrot. Mit Hannes mußt du selber reden. Zwischenhändler kann mein Mann nicht leiden!

Dreibrot denkt, als er allein ist: Zu beneiden ist sie nicht. Doch geht es mich was an? Vielleicht gefällt ihr, wie er ist …

Und mit der Uschi hat er sich was aufgeladen. Sie blickt den Landrat wie das graue Elend an, und er kann nicht ›nein‹ sagen, verspricht, was er nicht halten kann. Aber er wird Hannes sagen: Nicht lange, und sie wählen schon mit achtzehn. Wir haben das vor! Arbeiten können sie, totschießen konnten sie sich lassen. Das Abitur machen sie mit achtzehn. Kinder zeugen sie. Fast nichts, was sie nicht können. Laß dem Mädchen diese Chance …

Dann sitzt er vor Trostheim, und es kommt ganz anders als gewünscht. »Sieh mal, Wilhelm. Du bist der Staat in diesem Kreise. Für wen hat sich der alte Staat geschlagen? Für den Landbriefträger Dreibrot? Für den Knecht Sichler? Für den Stellmacher Trostheim? Nie für uns, Dreibrot. Der alte Staat war nie für arme Leute da … Jetzt ist Dreibrot der Staat. Und alle, Freund und Feind, verfolgen, wie Dreibrot mit der Macht verfährt, wen er schützt und wen er niederhält!«

Dreibrot macht die Wendung schon zu schaffen, seine Borstenbrauen zucken sonderbar. In den Fenstern blitzt ein heller Tag. Er wagt es nicht, die Fenster weit zu öffnen, weil draußen schwüle Sommerhitze drückt und hinter diesen dicken Mauern gleichbleibend eine angenehme Kühle herrscht. Er murmelt leise: »Auf Spatzen schießt du mit Kanonen!«

Trostheim will nicht, daß ein Mißton ins Gespräch gerät, trotzdem muß er klar und deutlich bleiben: »Für Kinos in Privathand schlagen wir uns nicht! Das ist ein Grundsatz!«

Er könnte jetzt mit großem Ernst verkünden: In Berlin, im Rundfunk, hart am Feind, sitzen unsre besten Köpfe. Warum? Weil aus dem Sender Wahrheit dringen muß. Aus jeder Zeitung, die wir drucken, jedem Buch – muß unsre Wahrheit sprechen. Im Kino ebenfalls! In Filmen kann die Wahrheit stecken und die Wirrnis auch … Das alles könnte er jetzt sagen, doch Trostheim wiederholt den letzten Satz: »Dieser Grundsatz bleibt!«

»Fast hab ich's ihr versprochen!«

»Versprichst viel, und kannst nur wenig halten. Dir fliegt dein großes Herz davon, paß auf! Für die Menschen ist die Staatsmacht da!«

Dreibrot mag jetzt nicht in Trostheims Augen blicken, die dunkel in ihn einzudringen suchen. Ein reiner Unmensch ist die Uschi nicht! Vor drei, vier Jahren hat er ihr die Nachricht überbracht, daß ihr Vater nicht mehr lebt. Jetzt versetzt er ihr den zweiten Todesstoß. Ob als Landbriefträger oder Landrat, er trägt das Schicksal in der Tasche.

Trostheim glaubt, den Landrat zu begreifen. »Ich ahne, was du denkst, Wilhelm. Du hast ihr wehgetan mit einem schwarzen Brief. Daß es dich schmerzt, versteh ich. Aber bleib mal bei der Sache und werd nicht rührselig!«

»Ich bin nicht rührselig. Ich stelle einfach fest. Es ist der zweite Todesstoß!«

Hannes steht geräuschvoll auf. »Quatsch, Genosse Dreibrot! Laß den Laden renovieren, nenn es Filmeck, wie du willst, und sag vorm Kreistag klar und offen: auch das Lichtspielwesen kommt nun dran!«

Du bist flott, Genosse Trostheim. Dir zu folgen, ist nicht leicht. Du hast deine Grundsätze, ich habe meine und allerhand Schwächen auch! Er lächelt verlegen und sagt: »Uschi wird bei Käte lernen und Katrin eine Schwester sein!«

Da hatte Trostheim schon die Tür erreicht, dreht sich noch mal um und sagt erleichtert: »Mach das, Wilhelm. Nimmst uns eine Sorge ab!«

5.

Als Trostheims nach Panitz gingen, bezogen sie ein Haus, das am Stadtrand liegt, keine hundert Meter weg vom Buchenwald, der sich, unterbrochen nur von Wiesen und Feldern, bis nach Güterlohe zieht.

Parteiarbeiter dieser Jahre sind reich gesegnet mit allen Pflichten, die es gibt, doch arm an Hab und Gut. Sie besitzen Tisch und Stühle. Die Matratze, die Hannes mit vier Füßen versieht und Olga mit einem bunten Tuch bedeckt, ist die Couch.

Den Schreibtisch hat Hannes selbst gezimmert aus Kiefernholz, eine Platte auf vier Beinen, dunkelbraun gebeizt. In der Küche gibt's Regale für Geschirr und Töpfe, Kästen für Bestecke und einen Tisch aus rohem Holz. Die Betten im zweiten Raum stammen noch vom toten Kleinert her.

Der hatte sie gebaut, und was der Kleinert je gezimmert hat, ist nicht kleinzukriegen.

Jannek hatte für die Stube unterm Dach alle seine Sachen mitgebracht aus Güterlohe, alle Bilder an den Wänden auch.

Und weil er, wenn er wach wird morgens, durch das Fenster den Buchenwald erblickt, hat er sich gleich wohlgefühlt in Panitz. Und um die Ecke wohnt ja Katrin Dreibrot.

Was will der Junge mehr?

Heute abend will er noch mit Olga-Mutti schwatzen: »Strampelt es im Bauch?«

Olga häkelt etwas, das wirkt klitzeklein, vielleicht solln's Strümpfe werden, für die Schwester, die sich Jannek wünscht. »Zu Vati sagst du — es strampelt oft!«

Olga kann nur sagen, wie es ist: »Ist Schlafenszeit, da schläft es auch. Es weiß, was sich gehört!«

Was gehört sich, was gehört sich nicht?

Jannek ist kein bißchen müde. »Soll ich was erzählen?«

In der Ecke, wo der Schreibtisch steht, richtet sich der Vater auf. »Jannek, ich bin müde wie ein Hund. Setz dich hin und lies mein Buch zu Ende!«

»Kann ich nicht!«

»Dann verschwinde, Lausekerl!«

Da stellt sich Jannek vor den Vater hin und erklärt ihm wichtig: »Der Käse-Hohmann sagt: Du bist ein Scharfer!«

Hannes klappt den Wälzer zu. »Gesagt wird allerhand!«

»Herr Dreibrot ist mehr Mensch als du!«

Das kann nicht wahr sein. Wo schnappt der Junge solche Sätze auf? Auf der Straße?

»Herr Dreibrot ist mehr Mensch als ich, sagt der Bengel von dem Käse-Hohmann. Wie alt ist er?«

»Sechzehn schon. Und er sagt: Um dich macht Uschi einen Bogen, vor Onkel Dreibrot aber hat sie keine Angst!«

Olga hat aufgehört zu häkeln. Mit wehem Lächeln beobachtet sie die beiden. Jannek aufgeblasen wie ein kleiner Frosch und Hannes düster schweigend. Dann sagt er leis: »Genosse Dreibrot ist Partei wie ich!«

Jannek stottert los in seinem Eifer: »Der, der ... der Käse-Hohmann aber ...«

»Kein aber mehr. Ins Bett! Morgen ist die Nacht vorbei!«

Er gibt dem Jungen einen Klaps auf seinen Hosenboden. Dann ist der Jannek brav, geht davon mit seinen vielen Fragen, für die es keine Antwort gibt.

Olga beugt sich wieder über ihre Arbeit. Was wird er sagen nach dem Schweigen? Wird er sagen: Das versteht der Junge nicht! Bestimmt. Sie kennt ihn viel zu gut.

»Olga, das versteht der Junge nicht! In Panitz wimmelt es von solchen Leuten. Das Kino übernehmen wir! Dreibrot sieht das ein!«

Olga schüttelt leicht den Kopf. Nein, Dreibrot beugt sich, eingesehen hat er's nicht! Sie kennt den Mann genauer ... Ich dachte, du hast mitgehört! ... Jeder lauscht, wenn's möglich ist! ... Immer solche Sätze, die wie feine Nadelstiche sind. Sobald das Kind geboren ist, wird sie sich um andre Arbeit kümmern. An Hannes' Seite würde sie sich wohler fühlen. Doch es könnte heißen: Familienpolitik, Vetternwirtschaft. Worte, die im Schwange sind. Der Vorsitzende der SED protegiert die eigne Frau. Wo kämen wir da hin.

Das Gesundheitswesen zieht sie an. Da wird sie lernen, sich behaupten, eine Stellung finden, Arbeit, die ihr Freude bringt.

Sie sagt: »Es war falsch!«

»Was — um Gottes willen?«

»Dreibrot fühlt sich überwacht, durch mich!«

»Er wollte dich als seine rechte Hand. Er hat's gefordert, laut und deutlich, vor dem ganzen Vorstand hat er es gesagt!«

»Er zögert oft, schiebt vieles vor sich her!«

Sie sieht die tiefe Grübelfurche zwischen seinen Augen stehn. Jetzt überprüft er sich. Sie kennt das. Er will, daß Dreibrot entscheidungsfreudig ist. Er macht den Staat. Hannes leitet die Partei. Sie kabbeln sich — das ist normal, sie sind nicht zimperlich, doch immer findet sich ein Weg. Mal ein Holzweg — das kommt vor. Alles, was sie tun, ist neu und ungewohnt, keiner hat es vorgemacht. Sie lernen jeden Tag ...

Olga legt die Häkelarbeit auf den Tisch, geht auf Hannes zu, streicht mit leichtem Fingerdruck die Grübelfalte von der Stirn und sagt: »Du möchtest allen Gutes tun. Nur diese Zeit ist nicht danach. Noch nicht, Hannes!«

Sie begreift ihn wie kein andrer Mensch. Das hat er oft empfunden, meist war er außerstande, es mit seinen Worten auszudrücken, doch an seinen Blicken sieht sie, daß er dankbar ist für das Verständnis, das sie ihm entgegenbringt.

6.

Es ist ein Sonnabend im Sommer, Dienstschluß ist im Landratsamt. Olga darf sich nicht verweilen. Viele Pflichten warten noch zu Haus.

Dreibrot kostet seinen Dienstschluß aus. Es treibt ihn nichts nach Haus. Käte, seine Frau, wird später kommen.

Oft kommt sie spät. Chorprobe, trällert, daß das Volkshaus bebt. Käte ist Hans Dampf in allen Gassen, leitet das Post- und Zeitungswesen in der Stadt und bestürmt die Höhen der Kultur. Ohne sie erklingt kein Lied, dreht sich kein Tanzpaar durch den Saal, wär die Bühne leer. Käte Dreibrot packt ein Tuch mit mehr als nur vier Zipfeln an. Sie ist wendig und aktiv und kann nicht dulden, im Schatten ihres Manns zu stehn.

Dreibrot schlendert übern Markt. Janneks Pflasterbild ist schon verwischt. Sommerregen hat es abgewaschen.

Die Kunst kommt auf den Hund!

Dreibrot schmunzelt vor sich hin. Er wird den Weg zum Buchenwald einschlagen, dem Kuckuck lauschen, weil der bald verstummt, und will vom Specht erfahren, ob er seine Trommel rührt …

Da jedoch durchfährt den Landrat heißer Schreck, denn eine Stimme trifft ihn jäh von hinten. »Dreibrot – oder täusch ich mich?«

Und als sich Dreibrot umgewendet hat, vor einem Berg von einem Manne steht, ruft er entsetzt: »Nein … Sie sind tot. Das hab ich schriftlich!«

Der Berg von einem Mann, um die Gürtellinie einen Meter wohl und braungebrannt, die Augen leicht verkniffen, lacht aus tiefem Hals: »Nun machen Sie mal einen Punkt, Dreibrot. Bin ich lebendig oder nicht?«

Dreibrot steckt der Schreck in allen Gliedern, richtig taumlig ist ihm. »Mein Gott! Sie sind's wirklich, Genosse Kernmeier!«

Kernmeier zieht den Landrat mit, durch stille Gassen gehn sie. Der Berg von einem Mann erzählt: »Die ganze Geschichte auseinanderpolken – das führt zu weit. Ich habe überlebt. Das zählt. Bin ich in Schlachtensee. Westsektor. Haus und

Garten, Frau und Enkelkinder schon. Zwanzig, dreißig Jahre haben wir noch Zeit – oder was meinst du?«

»Wär nicht schlecht, zwanzig, dreißig Jahre noch. Das Leben macht mir Spaß!«

Kernmeier muß dem Landrat in die Augen blicken, lange und genau, dann kann er sagen: »Aber ganz so glücklich schaun 'Se mir nicht aus. Ehrlich mal!«

Hat Dreibrot etwas falsch gemacht, zu eilig Sätze hingesagt, die einer Prüfung nicht gewachsen sind? Nein, er hat nichts leichtfertig hingeschwatzt, es stimmt: »Schön schwer ist es auch. Das Leben in Gang setzen, ist schwer!«

»Das wollt ich hörn, Genosse Dreibrot!«

Sie gehn dem Buchenwald entgegen. Die Luft ist schwül, es wird Gewitter geben. Gezackte Wolken ziehn behäbig übern Wald, noch sind die weiß gefärbt, nicht lange, und sie werden schwarz.

Kernmeier ist mit dem Käse-Hohmann um drei Ecken verwandt und also im Bilde und auf dem laufenden. Ihm gefällt, daß Dreibrot diesen Posten hat. Besser er – als ein anderer. Dreibrot ist von Grund auf eine ehrliche Haut.

Kernmeier lacht sein volles Lachen: »Sind 'Se, Dreibrot, ehrlich und korrekt!«

Dreibrot kann kein plattes Lob gebrauchen. Wenn der Mann schon da ist, an seiner Seite läuft, muß mehr geschehn als dumme Schmeichelei. »Wie ich sind viele hier. Und einer ist so viel wert – wie der andre auch!«

Kernmeier zielt auf mehr, als er nun sagt: »Mir kann das hier nicht gleichgültig sein, Dreibrot. Wär ich nicht gebunden durch Frau und Haus, ich wär bei euch, können Sie mir glauben. Hier wär mein Platz – vielleicht nicht Panitz, aber Hohenburg!«

»Was nicht ist, kann noch werden, Genosse Kernmeier. Sie können kommen, wegen meiner – jeden Tag!«

Und wieder lacht der Mann aus vollem Halse: »Dann sind 'Se Ihren Sessel los, Mann!«

Für Dreibrots Stimmung ist das Lachen jetzt zu laut, zu dröhnend, ein Lachen, das ihn schmerzt. »Um Helfer geht's und nicht um Sessel!«

»Ein rechtes Wort im rechten Augenblick ... Dreibrot, wie er leibt und lebt!«

Dreibrot, wie er leibt und lebt! ...

Dreibrot lauscht den Worten nach, er wird gewahr, daß der Kuckuck schweigt, der Specht sich wohl im dichten Laub versteckt. Er sagt vor sich hin: »Da waren Jahre ...« Dann wird die Stimme kräftiger: »Hol der Schinder mich, wenn ich bin, wie ich war ... Nach solchen Jahren nicht mehr, Genosse Kernmeier. Nicht, daß ich denke: jetzt seh ich mit einem Blick durch drei Bretter, das nicht – aber ...«

Und spontan stimmt der Berg von einem Mann dem Landrat zu:

»Die Jahre haben uns den Blick geschärft. Meine Meinung auch. Wir werden uns nun öfter treffen. Ich bin nicht aus der Welt!«

Wo das dichte Laubdach einen Ausblick läßt nach oben, sieht man Wolkenherden ziehn, grau und schwer wie Büffel.

Und Dreibrot mahnt zur Eile. »Besser ist's, wir gehn zurück!«

7.

Der Regenguß war kurz. Nun scheint die Sonne wieder. Ein Sommerabend dauert lang. Kernmeier geht zu Käse-Hohmann Kaffee trinken. Echte Bohnen, völlig klar! ...

Noch immer zieht es Dreibrot nicht nach Haus. Er klopft bei Trostheims an. Olga wirft die Schürze in die Ecke.

»Bitte, komm herein. Hannes ist nicht da!«

»Haste eingeweckt, junge Schoten ausgepalt.«

Olga nickt. Wie kann sie ihren Gast bewirten? Hat sie Schnaps im Haus? Ein Rest vom Wodka ist noch in der Flasche. »Willste einen Schnaps?«

Dreibrot will bei Olga in der Küche sitzen. Sie soll sich nicht bemühen. Sie soll mal hören, was er zu erzählen hat. »Ich dachte – der wär tot. Landrat von Panitz, sozusagen mein Vorgänger. Dreiunddreißig ham 'se ihn geschnappt. Da ham'se mir die Wohnung demoliert. Und die Karnickel waren schon vergiftet ... Jaja, du hörst schon richtig, Olga. Plötzlich taucht er auf. Steht da, wie aus dem Boden gestampft ... Ein imposanter Landrat war der Mann. Und reden konnte der besser als wir alle zusammen. Hat's geübt vorm Spiegel wohl. Ich hab ihn noch gehört, zweiunddreißig. Der Marktplatz schwarz vor Menschen ... Es war Winter, Olga. In der Kiste sind die Sprotten nicht dichter, als wir waren auf dem Markt. Und er läßt nicht locker und schreit: Mit den Kommunisten gibt es kein Gespann ... Du fragst mich, was er heute sagt! ... Er sagt: Die Jahre haben uns den Blick geschärft ... Du guckst mich an, Olga ... Wenn er's sagt, dann meint er's ernst ...!«

Ohne es zu merken, hat Dreibrot junge Erbsen aus dem Napf gefischt und schiebt sie in den Mund. Sie sind zart und zergehen auf der Zunge. »Käte wird zu Hause sein. Sag Hannes, wer mich überfallen hat!«

Als der Landrat längst gegangen ist, hockt Olga immer noch auf ihrem Küchenhocker, hat keine Lust, die Erbsen einzukochen, denkt immerfort an Dreibrot und kann sich nicht erinnern, daß der Mann je ein Wort zuviel geredet hat.

Warum schoß diese Redewut in Dreibrot hoch?

Man weiß, wie schweigsam dieser Mann gewesen ist. Brachte Briefe und Pakete in die Dörfer und sagte nicht: Guter Brief, böser Brief, kam und ging, die Lippen fest geschlossen. Nur einmal, weiß man, als er fünfzig wurde und Käte mit dem Asternstrauß, den blassen, blauen, am Wegrand stand und Dreibrot gratulierte, fuhr er beschwingt auf seinem Postrad durch die Wälder, hielt in Güterlohe an und gab der Janne einen Brief von Hannes und verstieg sich zu den Worten: »Janne, es ist ein guter Brief, ich spür's!« Er wärmte sich ein bißchen in der Ofenecke, beobachtete die junge Frau, das Zittern ihrer Lippen, und als Janne den Brief zu Ende gelesen hat, war Dreibrot schon verschwunden, und Janne schimpfte leise: »Dummer Mensch, ich hätte Tee gebrüht ...«

Und heute diese Flut von Worten. Was hat den Mann so aufgebracht?

Mit Ungeduld erwartet Olga ihren Mann!

8.

Dreibrot sitzt allein im Zimmer, vor dem Fenster rauscht der Regen, der zweite Guß an diesem Tag, ein heftiger, der zum Dauerregen wird. Ein Landregen, der in Tagen nicht zu stillen ist.

Er hockt, das Vertiko im Rücken, das aus rotem Nußbaumholz, und hat die halbe Wodkaflasche leer. Wenn Käte nicht bald kommt, hat er einen Schwips, was sie nicht vertragen kann. Er schenkt sich noch mal ein, schüttelt sich und schüttet klares Wasser nach.

Dann hört er Käte kommen. Er könnte ihr entgegengehn, ihr helfen, den Regenschirm zu spannen, damit er abtropft auf dem Flur, bleibt aber sitzen und schaut mit raschem Blick in den schwarzgerahmten Spiegel, der mal zersplittert war, lange ist das her, jetzt ist er heil und klar.

Was er sieht im Spiegel, ist sein Ebenbild, leichtgerötet das Gesicht, die Lippen glänzen matt.

»Du trinkst allein?« Sie ordnet ihre Haare, sieht ein zweites Glas an ihrem Platz. Sie wird mit ihm nicht einen Tropfen trinken. Kann der Mensch nicht warten, bis sie kommt? Muß er sich betrinken? Es sieht ganz danach aus!

Allein schlafen ist schlimm, allein trinken ist schlimmer!

Sie schiebt das Glas beiseite.

»Du bist doch niemals da! Nie biste da, wenn ich dich brauch!«

»Ich hatte Chorprobe!«

»Du hast jeden Tag was anderes! Bist immer unterwegs. Es reicht, wenn einer kein normales Leben hat!«

Sie zieht die nassen Schuhe aus und schiebt sie weg. Sie holt sich keine Schlappen, bleibt in Strümpfen sitzen, blickt ihn böse an aus ihren grauen Augen, in denen oft der Spott gefunkelt hat, jetzt aber nicht!

»Soll ich warten, bis du abends kommst? Heute warste pünktlich, aber sonst? Du mußt mir schon die Freiheit lassen, die ich brauch!«

Zu allem Überdruß kommt Katrin in das Zimmer, und Käte ist sofort erzürnt: »Aber Marsch, mein Fräulein!«

»Ich mußte puschen!«

Katrin kuschelt sich an ihren Vater, da hofft sie Schutz zu finden. Dreibrot dreht sich eine Zigarette mit der Hand.

»Haste keine aus der Schachtel?«

Selbstvergessen dreht der Vater, beleckt den Gummirand an dem Papier. »Macht mir einfach Spaß!«

Käte wirft der Tochter scharfe Blicke zu. Aber Katrin übersieht sie, schwatzt und schwatzt: »Das Kino-Mädchen Uschi kommt bestimmt? Und Mutti lernt sie an?«

Käte ist in hellen Zorn geraten. »Verschwinde jetzt!«

Dreibrot schiebt die Tochter zärtlich von sich. »Was Mutti sagt, das tut man gleich!«

Später beklagt sich Dreibrot über Kätes Ton. Sie sei barsch. Katrin hätte wenig von den Eltern. Sie, Käte, habe ihre Post, den Chor, den ganzen Volkskunstkram. Er sitze ewig im Landratsamt, und die Tochter sei zu viel allein ...

Er gießt sich ein, er hat noch das Verlangen und tut ein wenig groß: »Nun ja, bald ist Urlaubszeit. Da werden wir uns aalen. Die Sonne auf den Buckel scheinen lassen — das halt ich lange aus!«

Ein letztes Mal versucht er, Käte umzustimmen. »Na, einen kleinen, Käte?«

Nein, sie wird mit ihm nicht trinken. Er hat es nicht verdient.

»Ich hatte Grund zum Trinken. Ein Totgesagter lebt. Haben uns getroffen und einen Schlag erzählt!«

Und er berichtet, wen er da getroffen hat, warum er so aufgeräumt wirkt und mit der Flasche nicht sparsam umgegangen ist.

»Kannste das begreifen? Zwanzig, dreißig Jahre bleiben uns, sagt der Dicke!«

»Nach deinem Sessel schielt er nicht?«

»Ist das alles, was dir einfällt? Der sitzt im Westen fest!« Er zeigt nun keine Hemmung mehr, gießt den Rest der Flasche in das Glas und prostet Käte zu. »Ich muß wieder radfahren! Als Landbriefträger war ich mehr in Schwung. Die Muskeln werden schlapp. Die Sitzerei, die schadet einem Mann!«

Sie steht geräuschvoll auf. Kann sein Gepappel nicht mehr

hören, ist müde und erschöpft. »An meiner Seite schläfste heute nicht. Mach dich lang und lösch das Licht!«

So ist sie: hart, voll Eigensinn, begreift den eignen Gatten nicht, wenig Liebreiz ist geblieben ...

Dreibrot stiert die leere Flasche an. Schade, daß sie leergetrunken ist. Er hätte noch Bedürfnis.

9.

Martin Leichner, der Genosse mit den Lederwangen, der zu keinem Bartwuchs kommt und mit Hannes auf Erfassungsfahrten gewesen ist mit geflickten Rädern. (Sie hatten aus den Dörfern Fleisch und Korn und Milch geholt, um der Not der Städter zu begegnen!)

Genosse Leichner ist nun Sicherheitsberater und hat mit Hannes oft zu tun.

Leichner hat, als bekannt wurde, mit wem sich Dreibrot getroffen hatte, Erkundigungen eingezogen. Der Bericht von Leichner, genau und detailliert, liegt auf Trostheims Tisch.

Mit Schlachtensee – das stimmt. Und verwandt ist der Kernmeier mit den Hohmanns durch die Frau. Sie ist eine geborne Hohmann. Gesessen hat er nur ein halbes Jahr. Schon im Oktober dreiunddreißig war er wieder draußen und gleich in Lohn und Brot. Chemie-Bude. Hauptbuchhalter. Alte Freunde haben das vermittelt.

Soviel bekannt ist, ging er ungeschoren durch die Zeit. Rosen züchten war sein Steckenpferd. Die Frau war in der Frauenschaft aktiv, eine Freundin auch von Kläre Dudei, deren Mann bei Wilm Gemeindeschreiber ist.

Kernmeiers Söhne gingen freiwillig in den Krieg. Einer war SS.

Hannes läßt Dreibrot kommen. Leichner läuft nervös im Zimmer auf und ab. Hannes sieht es mit Verdruß, will aber Leichner nicht ermahnen, um keine Schärfe ins Gespräch zu bringen.

Dreibrot überfliegt die halbe Seite und sagt, als er den letzten Satz gelesen hat: »Mein Sohn war nicht anders. Den hätt ich fesseln können, der wär mir doch entwischt. Ist Hitler nachgelaufen wie ein Hund!«

Leichner bleibt kurz stehn und knurrt: »Sehr schön, Genosse Dreibrot. Erzogen hast du deinen Bengel schlecht!«

Mensch, du Korinthenkacker. Er war vermißt, der Junge. Ich hab's der Frau verschwiegen. Dann kam ein Fronturlauber, kam zur Frau. Ich war auf meiner Tour. Sie ist verrückt geworden, gestorben nur durch meine Schuld, weil sie erfuhr, wie der Junge um sein Leben kam. Die Eignen sind's gewesen, haben das Feuer falsch gelenkt. Ich konnte nichts bekleistern. Begreifst du das denn nicht! Die eigne Frau ist irr geworden, verrückt, umnachtet – bis sie starb. Das hast du nicht erleben müssen! Du saßst in Einzelhaft, auch schlimm genug. Doch ich war draußen. Weißte denn, wie's dir ergangen wär mit einem Sohn wie meinem, dem besten Funker aus dem Regiment? ...

In Dreibrot ist die Lust zum Streit erloschen. Er möchte lieber gehn.

Leichner, dem Dreibrots Schweigen auf die Nerven geht, kann sein Mißbehagen nicht verbergen und sagt bissig: »Plötzlich trefft ihr euch. Warum?«

»Er lief mir in die Arme, Mensch! Ein Toter, in Panitz galt er längst als tot. Selbst Hohmanns haben das verbreitet. Alle! Was willste überhaupt von mir?«

Warum schweigt Hannes Trostheim?

Der sitzt am Tisch, scheint angewachsen. Und über nackte Dielen poltert Leichner wie ein Elefant. Ich werde Trostheim einen Teppich geben, einen aus der Staatsreserve. Ist eingerichtet wie ein Pferdeknecht. So dürftig muß es nicht mehr sein.

Leichner räuspert sich. »Wir warten!«

»Kernmeier wär bei uns, hat aber den Besitz am Halse in Schlachtensee, den kann er kaum in Stiche lassen!«

»Sagst du! Wir wissen mehr!«

Zum ersten Mal nimmt Hannes das Wort: »Wir wissen wenig. Wir ahnen, wie er war, und möchten wissen, wie er heute denkt. Ich bin gegen voreilige Schlüsse!« Er zielt auf Dreibrot mit dem Finger: »Triffst du dich mit ihm, dann mußte Farbe zeigen!«

Dann fährt er Leichner an: »Setz dich endlich hin!«

Augenblicklich sackt Leichner auf den Stuhl.

Endlich zeigt Trostheim, daß er Zähne hat! Erleichtert nimmt es Dreibrot wahr. Er sagt versöhnter: »Denkt ihr, ich weiß nicht, wie ich mich verhalten soll!«

»Hoffentlich!«

Der Mensch kann sich nicht bremsen, denkt Hannes. Er klopft kurz auf den Tisch! »Ruhe! Genosse Dreibrot hat das Wort!«

»Ich weiß, was ich zu fragen hab. Er hat nicht gesagt auf dem Marktplatz zweiunddreißig, daß bald das Vertiko kaputt geht, der feine Spiegel mit dem schwarzen Rahmen. Er hat nichts gesagt von den vielen schlimmen Briefen in den schwarzen Taschen. Er hat nicht gewarnt. Aber Thälmann hat!«

Da springt Hannes auf, geht schnell auf Dreibrot zu und sagt erregt: »Da scheiden sich die Geister. Thälmann hat. Auf dieser Linie mußte mit ihm reden!«

10.

Dreibrot ist im Buchenwald. Auf einer Schneise wechselt Wild und ist vertraut. Es äst am Rand der Brombeerbüsche. Ein Schaufler, noch im Bast, tritt sichernd aus dem jungen Buchenwuchs, stellt sich spitz, äugt zu Dreibrot hin. Mensch und Tier stehn reglos da. Die Schaufeln prahlen, sind wie mit dikkem Filz besetzt, ein kapitales Tier; die Bretter breit, die Stangen lang. Wenn er freigefegt, den Bast verloren hat – in zwei, drei Wochen wird das sein –, ist er Herrscher im Revier!

Noch hält der Schaufler aus. Bullig ist das Haupt, der Hängebauch verrät sein Alter. Nun ist das Alttier in dem Brombeerbusch gewarnt, wirft auf, mahnt kurz mit dunklem Laut, und das Rudel prescht davon. Doch behäbig, ohne Eile, zieht der Schaufler nach. Lange kann ihn Dreibrot noch verfolgen zwischen grauen Buchenstämmen. Dann ist Ruhe im Revier.

Kernmeier wollte kommen, gegen achtzehn Uhr im Walde sein. Die Briefe von dem Dicken behagen Dreibrot nicht.

Krauses Zeug. Spielt auf Thälmann an und schreibt: Mein Gedächtnis ist intakt … (Meins auch, denkt Dreibrot. Gedächtnisschwund ist noch nicht drin. Der kommt später, bei hundert oder so!) … Sie – so steht's im Brief – Sie, nicht ich, haben auf dem Marktplatz laut verkündet: Panitz bleibt, wie's ist, eine kleine Ackerbürgerstadt und wählt nicht rot. Sie, nicht ich, haben diesen Kommunisten Keuner, den alten, nicht den jungen, der wohl Dachdecker gewesen ist, aus dem Feld geschlagen. Soll das jetzt vergessen sein? …

Vergessen nicht! Dreibrot schämt sich nicht der Fehler, die er mal begangen hat. Aus Fehlern wird man klug. Ein Irrtum bleibt ein Irrtum, doch verhängnisvolle Folgen bleiben aus, wenn man seinen Irrtum eingesehen hat. Das hat Dreibrot. Das kann er dreist behaupten. Er hat die Keuner-Straße eingeweiht in Panitz und hat gesagt und dafür steht er ein: Von den vielen Fehlern war der größte, auf die Kommunisten nicht zu hören. Wir ständen besser da und hätten weniger Sorgen …

Als dann der Dicke kam, rotgeschwitzt und ständig das Schweißband seines Strohhuts trocken rieb, war kein Vorgeplänkel möglich. »Geradezu und nicht drumrum. Hatte Thälmann recht?«

Sie sitzen auf der Bank, die am Rand des Buchenwaldes steht. Kernmeier ritzt Zeichen mit einer Gerte in den Sand. Zeichen, die kein Mensch verstehen kann.

Die Sonne ist auf ihrer Tagesreise im Westen angelangt und wirft schwarze Schatten auf den Weg. Es sieht aus, als wären Buchenstämme umgestürzt, liegen quer zum Waldweg hin und dazwischen schimmert grelles Licht.

»Ich warte!«

Kernmeier läßt die Gerte fahren, löscht die geheimnisvollen Zeichen aus, gibt sich einen Ruck und sagt: »Thälmann hatte recht. Dazwischen liegt ein weites Feld. Konkret, Genosse Dreibrot: Daß ihr ein Kino fürchtet, von Stärke zeugt das nicht!«

Natürlich hat er das vom Käse-Hohmann. Obwohl der Landrat Zweifel hat, ihm Trostheims Schritt zu früh erscheint, vor dem Dicken wird er sich nicht äußern, dem sagt er ins Gesicht:

»Solche Fragen stehn in Panitz anders als in Schlachtensee!« Und feuert, eh der Dicke zur Besinnung kommt, gleich hinterher: »War es gut, daß wir den Boden teilten?«

»Den Boden – ja. Doch alle Banken, die Fabriken?«

»Bis jetzt die der Nazis und der Kriegsverbrecher. Da habt ihr vieles nachzuholen in Schlachtensee und anderswo!«

Mein Punktekonto, denkt der Landrat, steigt. Der Dicke kontert schlecht, die lange Rechte punktet nicht. Er feixt sich eins. Er ist verblüfft und weiß nicht recht, woher ihm die Vergleiche kommen. Nie war er dieser Sportart zugetan. Boxen stieß ihn ab und fand er roh!

In Hohenburg, die Stahlwerkmenschen, die Keuners und Genossen, die boxten wie verrückt, rechter Haken, linker Haken und die Gerade mitten ins Gesicht vom Klassenfeind!

Dreibrots Sport war die Karnickelzucht, die Fahrt ins Grüne nach dem ersten Mai und der rote Hagebuttenwein. Ganz gleich, mit welchen Mitteln er den Dicken schlägt; wichtig ist, er wird besiegt!

Und das ist gewiß; denn der sagt: »Ich bin nicht auf Streit aus, Dreibrot. Ihr seid Manns genug. Die Geschichte ordnet alles ein. Ihr müßt aus dem Dreck, auch wir müssen weiter. Ich wünsch euch Glück!« Er schüttelt Dreibrots Hand, hebt im Gehen die Gerte auf und beklopft sein Hosenbein damit. Der Weg macht einen Knick, hinter diesem Knick taucht der Dicke nicht mehr auf.

Trotzdem ist der Landrat nicht zufrieden, nicht beruhigt, nicht so sicher, wie es schien. Thälmann hat – das gibt er zu. Aber sonst? ... Weder Fisch, noch Fleisch ...

Dreibrot bleibt auf seinem Platz, bis die Schatten weichen auf dem Weg, die Dämmerung das letzte Licht und alle Farben schluckt.

Zweites Kapitel

1.

In Güterlohe geht das Leben seinen Gang. Der Buckel ist ein Pfennigfuchser, und noch mehr. Es geschieht zuweilen schon, daß die Dörfler über seine Preise murren, bis jetzt noch hinter vorgehaltner Hand.

Witwe Susi hat den Riesen aufgesucht, als der Buckel in Geschäften unterwegs gewesen ist.

Schlimm, so ein Bart, reineweg zum Fürchten, und die Haare bis zum Nacken wie ein Weib. Sie trägt in ihrer Schürze eine Schere.

»Komm her, ich will dich stutzen!«

Wir werden sehn, was ein flottes Weib zuwege bringt!

Doch der Riese ist nicht willig. Was soll's? Längst ist der Sonntag runter! Besser wird der Riese nicht. Und abends wärmt die Witwe doch der Buckel!

»Biste noch gescheit!« Sie schnippelt los, läßt die Scherenmesser tanzen, singen und verkünden: Aus einem Riesen wird ein Mensch!

Obwohl sie bei der Sache ist, hat sie zum Überlegen Zeit: Wie oft wäscht sich der Mensch? Und die Hemden stehn vor Schmutz! Es kann sein, daß eine Witwe friert. Sie würde lieber frieren, als sich mit ihm zu wälzen auf einem Lager, das nur stinkt!

Sie hat ihn fein zurechtgestutzt und zeigt ihm eine Spiegelscherbe hin. »Was sagst du nun?«

Er winkt ab. Vergeblich ist die ganze Liebesmüh!

»Runter mit dem Hemd, ich habe große Wäsche!«. Und sie zerrt ihm glatt das letzte Hemd vom Leibe, bewundert seine Brust, die krause, rote Wolle bis zum Bauch und tastet seine Narbe mit dem Finger ab.

»Macht der Splitter viel Beschwerden?«

Er klatscht auf seine nackte Brust. »Ein kleiner Schandfleck und nicht mehr!«

Sie sucht in allen Ecken Wäsche und gerät an eine Kiste, die vernagelt ist. »Welche Schätze haste drin?«

Er setzt sich drauf und rührt sich nicht vom Flecke.

»Der Buckel wärmt dich nicht?«

Ein Motorrad rattert näher. Sie möchte nicht, daß der Buckel sie hier sieht. Sie rafft die Wäsche in den Korb. Der Riese auf der Kiste knurrt: »Er liegt bei dir, ich ahne es!«

»Weißte, wo ich liegen möchte, unter dir, jeden Abend und zwischendurch noch mal!«

Sie ist dreist genug, laut zu sagen, was sie denkt, schlüpft hinaus und hofft, daß er dem Buckel bald die Zähne zeigt.

2.

Der Buckel macht sich fahrbereit. Der Riese muß Produkte laden. Die Beiwagenmaschine bietet Platz genug.

Der Buckel hat die Augen überall. »Vorsicht mit den Eiern und der Sahne!«

»Wenn mich der Rappel packt, ich sauf sie aus!«

»Untersteh dich, Wasser kannste trinken, Wasser ist gesund!«

Der Buckel meckert wie ein Ziegenbock, hüpft vom Sitz und schaut, ob alles seine Ordnung hat. »Mach ich Fettlebe? Lebe ich in Saus und Braus? Bescheiden kamen wir, und so soll's bleiben!«

Nein, der Buckel ist ein reiner Handelsmensch geworden. Der Rotkopf schindert Tag und Nacht, der Buckel treibt sich auf den schwarzen Märkten rum.

Wo soll das hinführen?

Wo wird das enden?

Von den Lebendigen nimmt er's, weil er meint: von den Toten wär nichts mehr zu holen! Und die Preise, sagt er frech, macht er doch nicht selber. Die sind vorgegeben, und sie schwanken!

Alles ist verstaut.

Ausgelassen ist der Buckel, voller Unternehmungslust. »Mach dem Heidrich seine Drille klar!« befiehlt er flott und schwingt sich in den Sattel. »Die Drille bringt drei Würste, gut geräuchert, mäßig Knoblauch dran!«

Er läßt den Motor schnell auf Touren kommen und knattert los auf seinem Feuerstuhl. Die Hühner auf der Straße stieben auseinander, ein alter Ganter geht den Buckel furchtlos an. Der Buckel kommt ins Schlingern auf dem weichen Sommerweg. Dann fährt er schon der Felderweite zu.

Der Himmel ist wie blankgeputzt, kein Wolkenfleck da oben, nur die Sonne, grell und weiß, scheint am Himmel etwas auszubrüten.

Der Staub, den Kniebein hinterläßt, weht als grauer Schleier übern Weg.

Wenn Kniebein eine gute Fuhre hat, steigt seine Stimmung, hat er Träume, Wünsche, könnte er ein Liedchen pfeifen, so übermütig kann er sein.

Er wird für Witwe Susi eine weiße Bluse tauschen, für das Mädchen Toni ganz gewiß ein Dirndlkleid, blaugepunktet, aus Kattun. Im Herbst wird er für sie auch Stiefel finden, ein Mäntelchen, mit warmem Pelz besetzt, alles wird er finden, tauschen, und die beiden in der Kammer werden Kniebein dankbar sein.

Wenn im Herbst der Ofen bullert, die Wärme singend durch die Kammer zieht, wird er endlich sagen, wie es war: Ich kam nicht krumm zur Welt. Ein Kutschgespann bog um die Ecke. Die Deichsel traf mich an der Schulter. Ein Streckverband hätte mich genesen lassen. Doch es gab kein Geld für einen Streckverband. Alles Wachstum fuhr in meine Schulter und wuchs sich dann zum Buckel aus. Ich lernte Bürstenbinden. An der Weidendammer Brücke in Berlin war ich jahrelang zu Haus und hab an Geld gedacht, weil Geld vielleicht verhindert hätte, daß ich heut als Buckel leben muß ...

Der Buckel weicht dem dicken Feldstein aus, der vor Tagen noch nicht hier gelegen hat.

Wer will mir solche Streiche spielen? Soll die andre Schulter auch noch bucklig sein?

Er hat das Hindernis genommen und fährt zügig wieder geradeaus.

Er wird der Witwe Scheine unters Kissen legen. Beschränkt euch nicht, ihr könnt euch etwas leisten! Wohl war man immer geizig, hielt das Geld zusammen. Für euch jedoch ist Kniebein da, ist wie ein Vater — oder ist er mehr?! Er wünschte, mehr zu sein!

Der Buckel hüpft im Sattel hin und her, weil's ein Stückchen Kopfsteinpflaster gibt auf seinem Weg zur Stadt. Die gute Stimmung dauert an. Ihm geht es besser, als es vielen geht. Er ist bewandert, ist gescheit, kann sich allerhand erlauben und hat den Höhepunkt noch nicht erreicht, noch geht's mit ihm bergauf!

Auch die Witwe wird begreifen, was sie an dem Buckel hat: einen echten Mannskerl, der kein Wetter scheut, nicht allzu schön — wer kann von Schönheit leben? — auch die schmuckste Witwe kann das nicht!

3.

Wie ist's möglich, daß ein Riese einem Buckel folgt? muß Bauer Heidrich denken. Er hat den breiten Rücken ans neue Scheunentor gelehnt und schaut dem Riesen zu, der der Drillmaschine neue Tüllen macht; denn die alten hat der Rost zerfressen.

»Der Buckel nimmt dich aus wie eine Weihnachtsgans!«

»Ich pfeif aufs Geld!«

Dann bist du sicher nicht von dieser Welt! Heidrich kommt zur Sache, sieht keinen Grund, des Buckels Preise weiter hinzunehmen. »Ab heute wird mit Geld bezahlt!«

Sooo?

Der Rotkopf stutzt. Er holt aus seiner Hosentasche einen alten Lappen, wischt sich die Hände ab, packt schon das

Werkzeug ein und meint: »Dann lassen wir die Drille, wie sie ist!«

»Schluß mit Produkten! Warum wohl wird das Geld gedruckt?«

Na, warum? In Heidrichs Schädel gehen große Dinge vor! Warum wird wohl das Geld gedruckt? Weil man in dieser Welt mit Geld bezahlen muß. Das war zu allen Zeiten so!

Die Preise, die der Buckel fordert, sind gepfeffert, sind gesalzen, sind geräuchert. Schluß damit! Heidrich wird der erste sein, der Kniebein in die Schranken weist. »Ab heute wird mit Geld bezahlt!«

Doch der Rotkopf läßt die Drillmaschine, wie sie ist. An den Meister muß sich Heidrich halten. Bei Schuster ist die Pumpe leck. Der zahlt mit Hammelkeulen!

Er buckelt sich die Werkzeugtasche auf.

»Es wird ein Nachspiel haben!«

Möglich! Der Rotkopf kann's nicht ändern!

Und als ihn Heidrich übern Hof verfolgt und ihm als Warnung zuruft: »Sicher haste Dreck am Stecken. Blut womöglich klebt an deiner Hand. In Güterlohe sind die Menschen helle!« — als der Rotkopf das vernimmt, wird er schnell und schneller. Und Heidrich droht ihm lange mit der Faust.

4.

Den Rotkopf plagt ein wirrer Traum. Von großer Hitze ist im Traum die Rede, von tausend Grad und mehr. So wird der Plunder flüssig.

Dann fliegt der Rotkopf. Der Himmel, hoch und weit und hinter Wolken ungeheures Blau. Er stürzt und stürzt und fährt aus seinem Traum. Und als er sich besonnen hat, als er wieder weiß, wo er ist und das Schmiedefeuer schlummern sieht, begreift er endlich, was er will.

Er zündet sich ein Talglicht an, bricht mit einem Eisen die Bretterkiste auf und sieht die vielen Wunderdinge blitzen: EK I und II, Deutsches Kreuz in Gold, Fliegerspange, Ostzugspange, Narvikspange und in Silber noch das Zeichen für die lädierte Männerbrust. Unten in der Kiste liegt die Uniform und verrät, daß ihr Träger ein Fliegerheld gewesen ist, ein Feldwebel, nicht mehr …

Der Rotkopf bläst das Schmiedefeuer an, bedient mit aller Kraft den Blasebalg, packt die Kreuze mit der Feuerzange und als der Plunder glühend ist, trägt er ihn zum Amboß, und schrill und ohne Unterlaß schmiedet er ein sonderbares Werk, das einer Taube ähnlich ist, die ihre Schwingen öffnet und loszusegeln scheint.

Der Abschied seines Traums vom Fliegen?

Das Gesicht des Riesen glänzt im Schweiß. Draußen schlägt der Nachtwächter mit seinem Eichenknorren gegens Holz und schimpft: »Biste noch zu retten, Mensch? Machst die Nacht zum Tage und schmiedest, daß das Dorf erwacht!«

Er schlägt noch einmal gegens Holz, und als ihm nicht geöffnet wird, zieht er grollend ab.

Er wird dem Bürgermeister eine Meldung machen!

Der Rotkopf läßt die Taube auf dem Amboß stehn, wirft die Uniform ins Schmiedefeuer, wo sie gleich zerfällt, sinkt erschöpft aufs Lager und starrt sein Kunstwerk, das vom Kerzenschein beleuchtet ist, nicht ohne Staunen an.

5.

Wilm Sichler muß zur Stadt. Er findet: es wird hohe Zeit. Der Wächter hatte ihm berichtet, wer in Nächten keine Ruhe gibt.

Sonderbare Sachen!

Wilm muß erforschen, was dahinter steckt. Ist er nicht gewarnt durch bittere Erfahrung? Womöglich hat der Feind die Hand im Spiel; ein gewisser Fliegerheld aus dem Hause Zahn!

»Alma, pack den Rucksack voll. Ich werde Hannes treffen!«

Für Jannek hat sie Brombeerkonfitüre. Das Leckermaul soll sich den Mund beschmieren; für Olga gibt's 'ne Mandel Eier und ein Suppenhuhn, noch nicht gerupft, das soll die Olga rupfen. Und Hannes soll ein Stück vom Schinken haben, groß genug, daß alle dreie nicht verhungern müssen; denn üppig ist das Leben in den Städten nicht. Das kann sich Alma denken …

Wilm stakt die vielen Stufen hoch im Landratsamt. Er hatte vorher angerufen.

»Haste wirklich Zeit?«

So viel Zeit hat Hannes Trostheim immer!

Wilm hat den Rucksack abgestellt, sich selber einen Platz gesucht. Ohne Übergang sagt Hannes nun: »Erzähl ein bißchen, Wilm!«

Wilm erzählt, daß der Pfarrer aus dem Häuschen ist, seit die Turmuhr wieder geht. Predigt rote Worte von der Kanzel!

Hannes feixt. Rote! Der Güterloher Bürgermeister übertreibt! Und natürlich ist der Buckel eine Hilfe. Ohne ihn dreht sich kein Rad im Dorf. Zentrifugen, Butterfässer, Nähmaschinen, selbst die alten Bügeleisen werden überholt. Was sie aus den Fingern geben, funktioniert, als hätten beide Teufelsfett zur Hand …

»Und sonst?«

»Der Buckel triezt den Riesen, wie er will!«

»Beweise?«

»Schläft im Stall, läßt keinen an die Sachen!«

»Du meinst, er ist geschickt von irgendwem?« Hannes blickt durchs Fenster auf den Markt. Dann besinnt er sich und sagt: »Mußt ihn mal auf Herz und Nieren prüfen. Einlochen können wir ihn früh genug!«

Hannes gefällt der Bürgermeister nicht. Unentschlossen, maulfaul auch. Sonst ist er mit der Zunge vorneweg, jetzt hält er sie im Zaume.

Es ist selten, daß Hannes jähe Launen plagen. In der Regel ist er ausgeglichen, mißt lange, wenn er schneiden muß. Nun aber poltert Trostheim los: »Der Rotkopf wollte kopfüber in den Krieg. Ihm hat das Spaß gemacht. Es soll Menschen geben – die warn nicht anders. Sind heute Bürgermeister und noch mehr!«

Das trifft Wilm Sichler wie ein schwerer Hieb. Mit Mühe kann er grade bleiben.

Mein Gott, das waren seine Worte! Die hat er losgelassen

an der Havel, als er noch zwei Beine hatte. Die Abendsonne war ein roter Lampion, der in den Zweigen einer Weide hing: Wir ziehen in den Krieg und werden siegen …

Hannes hat gesehn, wie sich Wilm verfärbte. War das notwendig, denkt er jetzt. Welcher Teufel reitet mich? Er kommt, sich auszusprechen. Ich fahr ihm übers Maul. Er kommt nicht mehr dazu, die Spannungen zu mildern, denn Sichler sagt: »Ich danke dir! Ein Hieb in später Stunde! Wenn du meinst — er war verdient, dann — bitte!«

Er steht auf, wirft den Rucksack auf den Tisch, denkt an die Mandel Eier nicht und faucht: »Von Alma — nicht von mir!«

Sei nicht eingeschnappt! Halt lieber deine Augen offen. Vertrauen ist gut, Kontrolle ist besser! Ich wünschte mir, das erste Wort genügte.

Das alles schießt Hannes durch den Kopf. »Wilm!« ruft er, »so gehst du mir nicht weg. Klopf bei Dreibrot an. Schafft eine Handwerkerstelle für die Leute. Und paß mir auf den Rotkopf auf!«

Wilm hat die Tür schon zugeklappt. Über Trostheims Schwelle tritt er nicht noch mal …

Olga begrüßt den Bürgermeister ungestüm, drückt ihn ab. »Wo hast du denn die Alma!«

Wilm taut langsam auf durch Olgas Herzlichkeit. »Einer muß die Gänse hüten. Den Rucksack hat dein Mann!«

Gut sieht sie aus!

Voller Wohlgefallen betrachtet Wilm die Frau, die der Janne gleicht, so genau, daß es kaum zu fassen ist. Keine Blässe im Gesicht, keine Schatten untern Augen. Was zur Welt kommt, wird sich sehen lassen können. Die Eltern sind gesunde Menschen, also wird, was bald das Licht erblickt, keine welke Blume sein.

Er sagt flott: »Ist der Landrat da?«

Für seine Bürgermeister ist der Landrat stets zu sprechen! »Setz dich und nimm mir nicht die Ruhe mit!«

Wie umgänglich der Landrat ist! Wie eckig war der Trostheim! Und fein ist Dreibrot eingerichtet. Einen Sessel hat der Mann, reich verziert mit Schnitzereien, die Lehne hoch, und ein Teppich dämpft den Schritt. Bei der Partei da oben war es nüchtern, es war sogar recht kühl, bescheiden ausgedrückt nach Sichlers Meinung.

Er entdeckt bei Dreibrot einen Panzerschrank und sagt prompt: »Solchen Kasten könnte ich gebrauchen.«

Der Landrat stutzt, begreift, was Sichler wünscht, und sagt: »Den kriegste, Wilm. Noch diese Woche rollt er an. Sicherheit muß sein!«

Dann erzählt der Bürgermeister übern Buckel, deutet auch die Sorge um den Rotkopf an. Da würde er schon Rat und Hilfe brauchen. Und die gewährt ihm Dreibrot. »Der Kniebein kriegt Kredit und das Gewerbe als ein Handwerksmeister auch. Er muß nur auf den Kursus gehn. Wird er seinen Meister schaffen?«

»Der schafft noch mehr, Genosse Landrat!«

Ja, mit Dreibrot ist zu reden, hat nicht vergessen, wo er hergekommen ist. Ein Mensch vom Scheitel bis zur Sohle, ein Mann, der Sichler wohlgesonnen ist und bleibt.

Später sagt er dann zu Alma: »Weißte, dem Landrat bin ich grün, auf Trostheim bin ich sauer!«

Alma kann anstelln, was sie will, Wilm läßt sich nicht auf Einzelheiten ein!

Auch Olga hat gespürt, daß Wilm verändert war, als er von Hannes kam. Von den angeknackten Eiern will sie gar nicht reden. Aber fragen muß sie ihren Mann. »Was war mit Wilm?«

Hannes blickt von seiner Arbeit auf. »Nichts!«

»Bißchen Streit?«

Er rekelt sich auf seinem Stuhl, ist krumm vom vielen Sitzen, bewegt sich schnell mal durch den Raum.

Immer hat sie was zu häkeln und zu stricken, wieder etwas Klitzekleines scheint's zu sein. Er hebt es auf, betrachtet es.

»Auch Streit war nicht. Er kam, weil's dringend war!«

»Was war dringend?«

Selten, daß sie tiefer bohrt, meist wartet sie, bis Hannes rausrückt mit der Sprache.

»Sicher war noch mehr!«

»Ich habe gesagt: Er muß achtgeben. Dafür ist er Bürgermeister!«

Sie wartet. Das kann's nicht nur gewesen sein!

»Ich habe auch gesagt, er soll sich nicht besser machen, als er war. Wir werden jeden Tag gezwungen, zu entscheiden. Wilm auch! Wir können uns nicht drücken!«

»Das war alles?«

»Sinngemäß war das alles. Wir nehmen die Verantwortung an. Das heißt nicht, daß wir uns jeden Tag in ihr wohlfühlen. Manchmal möchte ich schon ausreißen — aber darf ich?«

Nun scheint Olga doch erleichtert zu sein. Sie sagt: »Du darfst nicht!«

Sie möchte ihm was Gutes tun. Was wäre gut für ihn? Ein Wort, ein Streicheln, ein Kuß vielleicht? Da ist er schon zurück auf seinen Platz. Er gönnt sich wenig Zeit und Ruhe.

6.

Wilm Sichler hat den Buckel rufen lassen. Es gibt Dinge, die nicht aufzuschieben sind. Auch Dudei soll zugegen sein. Ein Protokoll in Sachen Kniebein hält der Bürgermeister für gerecht.

Weiß man, was ein Buckel an Winkelzügen kennt?

»Der Rotkopf stört den Schlaf der Leute. Könnt ihr euch vor Arbeit nicht mehr retten?« So beginnt Wilm Sichler zügig. »Und die Preise schnellen in die Höhe, das gefällt mir nicht!«

Der Buckel knüllt die Schiebermütze in den Händen, schwitzt wohl schon, obwohl im Zimmer Kühle herrscht, ist aber furchtlos noch und meint: »Das Preisgefüge ist nicht anders. Es ist mehr Kunst im Spiel als Handwerk!«

Das gehört ins Protokoll. Wilm gibt dem Sekretär ein Zeichen!

»Ich schreite ein, wenn's nicht im Rahmen bleibt. Und wer erlaubt dir, nur Produkte für die Arbeit anzunehmen? Stinkt etwa unser Geld?«

»Ist gutes Geld, nur weiß man nicht, ob's bleibt!«

»Schluß mit dem Wucher. Reicht ein Gewerbe ein. Ihr baut. Und du wirst deinen Meister machen!«

»Ich? Nee! Studieren sollen andre!«

Wilm sieht, daß Dudei emsig ist. Der schreibt die Worte mit. Das kann von großem Nutzen sein. Ein Gewerbe wird im Dorf nicht oft vergeben, und Kredit zum Bauen ist rarer als der Schnee im Mai. »Gut, dann soll der Rotkopf auf die Meisterschule!«

»Wenn das man geht, Herr Bürgermeister!«

Der Buckel blickt auf Dudei, wischt mit der Schiebermütze über seine Stirn und stockt.

Wilm ahnt, warum der Buckel sich in Schweigen hüllt. Er sagt: »Mein Sekretär hat mein Vertrauen. Rede!«

»In jedem Baume gibt es Äste. Der Rotkopf hat zuviel – vielleicht! Nicht jeder kann ein Meister werden. Ich glaube – Knorr kann nicht!«

»Beschmierte Hände? Blut vielleicht?«

Der Buckel hüpft kurz auf vom Stuhl: »Werd ich einen Menschen halten, der in Blut gewatet ist?«

Er setzt sich wieder hin und fährt dann zügig fort: »Nee, Bürgermeister. Der Rotkopf hat – direkt gesagt – geschickte Hände, doch wenig Grips. Politisch reinweg ein Versager. Für den bleibt jede Schultür zu!«

Sofort sitzt Wilm der Zweifel wie 'ne Laus im Pelz. »Der Rotkopf soll mal aufschreiben, wer er ist und wo er herkommt. Sein Gedächtnis spurt doch – oder?«

»Spurt gut, Herr Bürgermeister!«

»Soll mal beichten! Das war's für heute!«

Tief verbeugt sich Kniebein. Erst draußen setzt er sich die Mütze auf.

Dudei hat das Protokoll beendet und schiebt es Sichler hin.

»Ihre Meinung, Dudei?«

»Wer weiß schon, was im Menschen steckt und was er zeigt und was verbirgt!«

»Steht das in der Bibel?«

»Sinngemäß steht alles in der Bibel!«

Kann sein, denkt Wilm, dick genug ist dieser Wälzer, sicher steht von allem etwas drin!

7.

Der Rotkopf hat das Haar gewaschen, unterm Pumpenkran gespült. Nun fühlt er sich wie neugeboren in seinem frischgewaschnen Hemd.

Die Witwe streichelt seinen Kopf. Wie die Haare duften! Und die Kiste ist geöffnet. Dieser Vogel war da drin?

Nicht ganz, doch fast!

Ist wohl die Taube auf dem Dach, die in der Hand zum Spatzen wird?

Der Witwe Susi ist fast alles recht!

Keine Eile hat sie, keiner treibt. Sie schaut den Riesen an, hat Augen, die voll Hunger sind.

Komm, mein Liebster, setz dich mal zu mir, nicht aufs Lager, das kommt dann! Setz dich auf die Kiste, Mann, nah zu mir, damit ich dich auch spür, und hör dir an, was ein kluges Weib zu sagen hat: »Beginn mit Bauen und schaffe uns ein Heim. Mach deinen Meister, es kann dir doch nicht schwerfallen. Der Buckel geht aufs Altenteil!«

Dann springt sie auf, weil sie von weit den Buckel kommen hört auf seinem Feuerstuhl, fährt dem Rotkopf ein letztes Mal durchs Haar und sagt: »Haste mich verstanden oder nicht?«

Und der Buckel kommt im Zorn herangebraust, fegt in den Stall und schreit: »Ich sah die Witwe laufen mit dem Korb!«

Der Buckel wirft die Wäsche durcheinander. »Bewäscht sie dich?« Er wird noch fuchtiger und brüllt: »Was treibt ihr hinter meinem Rücken?«

Nach allem, was geschehen ist, muß der Riese sich erst sammeln, die Sprache wieder finden. Dann kann er sagen: »Bis jetzt noch nichts, kann sich aber ändern, kann morgen schon ganz anders sein!«

»Verschwinden wirste, Land gewinnen!«

Der Buckel schwitzt in seiner Pein und fährt nun flüsternd fort: »Der Bürgermeister ahnt von deinen Kreuzen, ahnt, was du getrieben hast. Da drüben drücken sie dich an die Brust, hier buchten sie dich ein!«

Der Rotkopf hält dem Buckel seine Taube hin: »Das ist geblieben von den Kreuzen. Ich bleibe, wo ich bin!«

Der Buckel scheint erloschen, ratlos steht er da. Wie wird er fertig mit dem Mann, der vor Tagen noch wie Wachs gewesen ist.

»Der Wilm wird dich zur Beichte laden!«

»Soll er!«

»Kann ich wissen, ob du auf der Weidendammer Brücke die ganze Wahrheit sagtest?«

»Ich schreibe alles auf!«

Den Buckel hat der Mut verlassen, ganz kraftlos steht er da und fleht: »Laß die Hände von der Witwe und dem Kind!«

Warum sagt er das und fleht und bettelt?

»Laß mir diese Freude, Rotkopf, mir ist nicht mehr geblieben auf der Welt. Du bist jung und stark, du findest eine Bleibe!«

Er reißt aus seiner dick gefüllten Tasche alle Scheine, die er hat. »Ich zähl nicht nach. Nimm alles und dann geh!«

Der Rotkopf schüttelt nur den Kopf.

Glaubt er wirklich, Geld kann alles? Denkt er, daß ich käuflich bin? Sicher kann der, der das Geld besitzt, manches wagen, aber alles kann er nicht!

Und als der Rotkopf längst verschwunden ist, steht der Bukkel wie gelähmt.

Der Sommerwind vom Hof her läßt die Scheine durch die Werkstatt flattern. Da kommt Leben in die starren Augen, und behende sammelt Kniebein seine Scheine wieder ein.

8.

Alma hat den Buckel hoch gepriesen. Was zeigt sich nun? Die Geldgier frißt ihn auf!

»So ist es, Alma«, sagt Wilm. Sie sitzen auf der Bank im Garten, wo am Gemäuer der wilde Wein erglüht im letzten Abendlicht und bald das Käuzchen rufen wird: »Bei dem Bukkel haste dich geirrt!«

»Ist er eine Hilfe oder nicht?«

»Ein Schwert und beide Seiten messerscharf!«

Alma möchte widersprechen. Nicht, daß sie den Buckel

schützen will, nein, der ist nicht schutzbedürftig, der drängelt sich mit seinem Ast in jedes Weltgetümmel und ist in jeder großen Stadt zu Haus, findet sich zurecht und kennt sich aus und weiß, wo dies und das zu holen ist. Selbst Almas alte Singer-Nähmaschine hat der Buckel flottgemacht. Aus Leipzig hat er Teile holen müssen. Nun schnurrt das gute Stück, als käm's direkt vom Laden. Sie läßt auch jetzt nichts übern Buckel kommen!

Such dir erstmal einen, der das alles kann!

Früher hat auch Wilm gefummelt, dies und das in Gang gebracht. Doch als Bürgermeister hat er keine Zeit. Ein Kopfmensch ist ihr Wilm geworden. Ob das gut ist, weiß sie nicht.

Darüber sinnt sie nach, als der Rotkopf in den Garten tritt und ruft: »Ich komme, Farbe zu bekennen. Ein Bericht, er wurde zwanzig Seiten lang. Allerhand hab ich erlebt, allerhand gesehn in dieser Welt. Mitmarschiert bin ich? Wenn die Fanfare ruft, dacht ich, darf ein Mann nicht zögern!« Und das mit einer Stimme, daß beide, Wilm und Alma, plötzlich wie gerädert sind.

Der Riese tritt auf Sichler zu, übergibt sein Schreiben und mit der gleichen Stimme dann: »Lesen Sie in Ruhe. Ich bin gespannt, wie's Echo hallt!«

Dann ist er schon verschwunden. Und als Alma wieder Worte hat, sagt sie: »Das warn mal deine Worte, so ähnlich klangen sie. Das war, als du noch beide Beine hattest. Wenn die Fanfare ruft … Hast du es vergessen, Wilm?«

Im Gemäuer regt sich nichts. Die Schwalben schlafen schon, das Käuzchen ist noch still.

»Immer bohr den Finger in die Wunde!« Das ist alles, was ihr Mann zu sagen hat.

Wer kommt schon schlau zur Welt, wer ist nur stark und niemals schwach? Alma denkt das, doch sie spricht's nicht aus, will den Mann nicht neu in Schwierigkeiten bringen …

Wilm läßt's geschehn, daß Alma sich einhakt und beide einträchtig aus dem Garten gehn.

9.

Den Rotkopf packt Vergnügungslust. Er findet, daß er manches nachzuholen hat.

Es stimmt nicht, daß der Buckel sich vor Großmut überschlägt. Er hat dem Rotkopf nicht gestattet, daß der die Witwe Susi durch die Gegend fährt.

Wer viel fragt, erhält viele Antworten!

Der Rotkopf hat sich ein Double gefeilt, einen zweiten Zündschlüssel. Hat den Buckel nicht gefragt. Warum ist er Mechaniker und kann aus einem Stückchen Draht einen Dietrich zaubern?

Ewig war die Witwe nicht im Kino. Nun soll's geschehn im »Filmeck«, in der Kreisstadt Panitz. Landrat Dreibrot hat gesorgt, daß das Kino frisch gestrichen wurde, einen neuen Vorhang hat. Für neue Sessel hat es nicht gereicht, das Gestühl ist so geblieben, wie es war, nur die ärgsten Risse in den Polstern wurden ausgeflickt.

Im Dämmerlicht des Kinos merkt kein Mensch, daß sich die Staatsmacht keine großen Sprünge leisten kann.

Das Kino ist besetzt bis unters Dach. Der größte Andrang ist noch nicht vorbei.

Nimm die Hübsche auf den Schoß. Und nicht so drängeln, Leute. Auch ein Stehplatz ist was wert.

»Der ›Weiße Traum‹ – ist schön?«

»Wunderschön!«

Ob's der Rotkopf ehrlich meint, kann man nicht erkennen; denn das Licht geht aus, der Vorhang teilt sich, die Leinwand ist noch leer, noch nicht bebildert mit Wundern jeder Art.

»Bin ich dir zu schwer auf deinem Schoß?« flüstert Susi.

»Du bist mir gerade recht!«

Dann flimmert es. »Der Weiße Traum« beginnt. Bald singt Olly Holzmann: Wie schön wär heut für mich die Welt, wenn der, der mir gefällt, mich in die Arme nähme ...

»Nein, ist das schön! ... Ich bin dir nicht zu schwer?« Liebster, würde sie am liebsten sagen ...

Aber da fährt die Olly Holzmann Schlittschuh auf dem Eis

und singt: Kauf dir einen bunten Luftballon, halt ihn fest in deiner Hand …

Donnerwetter, ist das Leben schön … Witwe Susi ist begeistert. Der Rotkopf kaum. Er hat den Film zu oft gesehn. Er schaut sich mehr die Gegend an und gewahrt, daß etwas Weißes ins Parkett schwebt, und das ist kein Traum.

Flugblätter oder was?

Ein Beherzter hat ein Flugblatt in der Hand, versucht zu lesen, und plötzlich schreit er los: »Licht an … Hier hat der Feind die Hand im Spiel!«

Das Licht geht an. »Der Weiße Traum« verblaßt.

»Licht aus! Gerade, wo's am schönsten ist!«

Auch die Witwe Susi hüpft vom Schoß des Rotkopfs und schimpft: »Man will uns um das bißchen Freude bringen!«

Der Tumult ist groß!

Der Beherzte wühlt sich durch die Reihen in den Gang. Er wird geknufft, gestoßen und bespuckt, ist aber tapfer wie nur irgendwas, stark an Leib und Seele und brüllt mit Donnerstimme: »Wir wollen Trumans Wohlstandspracht und keine rote Stalinmacht! … So spricht der Feind. Das Licht bleibt an!«

Witwe Susi trampelt mit den Füßen und schreit den Dicken an: »Wir sind auf Kunst aus, nicht auf Politik!«

»Das Licht bleibt an!«

Um den Dicken sammeln sich Gefährten, furchtlose Männer ausnahmslos. Und der Rotkopf preßt die Hand auf Susis Mund, damit es nicht noch schlimmer wird mit ihr. »Still. Und laß uns schleunigst gehn. Die Luft bekommt mir nicht!«

Er versucht, sich durchzudrängeln, zieht die Witwe mit, wird aufgehalten von dem Dicken. »Auch du bleibst hier!«

Im Handgemenge, das nun folgt, versucht ein Junge durch den Notausgang zu flüchten. Doch der Beherzte holt ihn ein. »Hiergeblieben!« Das ist alles, was der Dicke kann.

Und die Quittung kriegt er gleich: »Vergreift euch nicht an halben Kindern. Das ist der Hohmann-Junge. Der ist stadtbekannt!«

Das hindert den Beherzten nicht, den Jungen gründlich abzutasten und siehe da, er findet, was er sucht. »Ist das ein Flugblatt oder nicht!«

Pfui rufen sie von hinten und von vorne, von den Seiten gellt das Pfui!

Und der Junge, ohne Angst, beteuert: »Man wird es doch mal lesen dürfen!« Er hat mehr Freunde, als er braucht!

Im Rotkopf gehen viele Dinge vor. Er darf sich hier nicht weiter binden lassen. Er muß nach draußen. Am Ende steht er ohne das Motorrad da …

Er drängt mit Macht dem Ausgang zu, ein Schulterdruck genügt, die Tür gibt nach, doch sie haben ihn, lassen ihn nicht los, und die Witwe Susi heult in sich hinein: Aus der Traum, der weiße Traum ist aus …

Vor dem Vorführraum hat der Beherzte den Hohmann-Bengel fest am Kragen, als Trostheim, Dreibrot und Genosse Leichner das Kino »Filmeck« betreten und erfahren, was geschehen ist.

Zuvor hatte der sowjetische Kreiskommandant Hannes informiert über den Tumult und gebeten, daß die Deutschen erstmal selber nachschaun sollen.

»Die Besatzungsmacht hält sich zurück!« Ein Grundsatz, der im ganzen Lande gilt.

Der Beherzte, Trostheim wohlbekannt, hält immer noch den Hohmann-Bengel fest und berichtet: »Wir haben alle Zettel eingesammelt. Alle Leute kontrolliert und dann nach Haus geschickt. Das hier ist der kleine Fisch, der große sitzt im dunkeln!«

Sofort wird Dreibrot munter. »Laß den Jungen los. Er ist der Sohn von Hohmann?« Und an Trostheim gewandt. »Kernmeiers Neffe!« Er nimmt sich nun den Jungen vor: »Was war?«

Der Hohmann-Junge, siebzehn Jahre alt, wasserhelle Augen, ein scharfgezogener Scheitel teilt sein blondes Haar, scheint nicht verstockt, ist redewillig: »Ich hab mir nur eins eingesteckt!« Na, bitte! Ein junger Mensch steckt voller Abenteuer. Will was erleben, will ins Kino gehn. Dreibrot findet das normal. Warn wir früher anders? Wir hatten nichts zu unsrer Zeit, kein Kino und kein Radio, nichts hatten wir!

»Haste mehr versteckt?«

Und unerschrocken sagt der Junge: »Nicht die Bohne. War doch sowieso nur Schmiererei!«

»Siehste!« Dreibrot atmet auf, sieht, wie Trostheim mit Genossen Leichner Blicke wechselt, und sagt schnell zum Jungen: »Scher dich nach Haus!«

Bei dem Rotkopf, der im Vorführraum den Apparat betrachtet, den Film mal anhält, wieder laufen läßt, sieht die Sache anders aus. Da stellt Genosse Leichner seine Fragen. »Sie spielen ein bißchen, wie?«

Dem Rotkopf fällt es schwer, sich vom Film zu trennen. »Warum nicht, ich hätte Lust, hier einzusteigen, nur andre Filme müßten's sein!«

In Trostheim setzt sich die Vermutung fest, der Rotkopf käme aus der Gegend, aus Güterlohe, kann doch sein. Der Funker! Ein riesenhafter Kerl, wie Sichler ihn beschreibt, und rote Haare hat er auch. Gespannt verfolgt er das Verhör.

»Sie wollten fliehn – warum?«

»Ein großes Wort – fliehen, Herr Staatsanwalt!«

Leichner faucht den Rotkopf böse an: »Bin ich nicht. Der Staatsanwalt kommt später!«

Natürlich sitzt der Rotkopf wie auf Kohlen. Und Solotänze darf er sich nicht leisten. Der ihn verhört ist schärfer als ein Schwert. »Die Maschine draußen ist geborgt. Ich muß fürchten, daß sie flöten geht!«

Für Trostheim ist es nun gewiß. »Sie sind der Funker, der Rotkopf, Knorr mit Namen!«

Erstaunlich, wie bekannt man wird im Laufe von zehn Wochen. Er kann sich wundern wie ein Kind.

Er wird sein Double los, den feinen Schlüssel.

Und Hannes sagt zu Martin Leichner: »Laß dich nicht stören, tu, was du für richtig hältst. Wir fahrn nach Güterlohe!«

Der Rotkopf ist auf allerhand gefaßt. Wenn er brummen muß, wird er seine Witwe los, bevor er sie besessen hat.

Sie wird sich doch zum Buckel legen!

Armer Rotkopf, kurze Zeit hast du gehofft, hast dir das Haar gewaschen unterm Pumpenkran. Alles für die Katz ...

Und die Taube auf der Bretterkiste wird der Buckel in der Stadt versetzen. Es hat nicht sollen sein!

10.

Wenig Licht ist draußen, das »Weiße-Traum«-Plakat kann kaum ein Mensch entdecken. Leute lungern rum. Witwe Susi hat sich eingehüllt in eine Decke und sitzt im Beiwagen der Maschine.

Als sie Dreibrot kommen sieht, den Trostheim gleich erkennt, klagt sie beide an: »Die Blätter kamen angeschneit. Er hat keins angefaßt!«

Die Lungernden treten langsam näher!

Vielleicht geschieht, was man nicht versäumen darf. Sensationen sind in Panitz rar.

Die dunklen Gestalten in den Ecken spornen Susi an: »Ihr sperrt ihn ein. Ist fast wie früher. Da wurden auch die Menschen abgeholt!«

Hannes steckt den Schlüssel in das Schloß, tritt die Maschine an, und weil sie nicht gleich anspringt, schimpft er leise vor sich hin: »Mit Schreien holst du ihn nicht raus. Hat dein Rotkopf nichts verbrochen, kommt er wieder raus!«

Nun gibt er Gas. Dreibrot schwingt sich auf den Sozius und knurrt Trostheim leis ins Ohr: »Das ist die Quittung!«

»Welche Quittung?« schreit Hannes durch den Lärm.

»Die Quittung für die Beschlagnahmung des Kinos!«

Hannes blickt entsetzt auf Susi. Hat sie das gehört? Ist der Landrat noch zu retten?

»Halt die Luft an, Mensch!«

Die Maschine ruckt, hebt sich leicht vom Boden, und die Fahrt beginnt.

In Güterlohe steigt die Witwe aus. »Ich häng an ihm!«

»Geh schlafen!«

»Schlafen? Da soll der Mensch noch Ruhe finden?« Sie blickt auf Dreibrot, der nur schweigt. Ist der Landrat oder nicht?

Hat er keine Macht? Ist der Trostheim Herr und Herrscher? Kann er machen, was er will?

Sie blickt noch bittender den Landrat an. Doch Dreibrot schweigt!

Sie geht dann, ohne Hoffnung, müde und erschöpft. Es war ein Traum; der Traum ist aus, zerronnen ...

Und der Buckel oben fährt sie an: »Heiser ist das Kind vom Schreien. Hab es in mein Bett gelegt!«

Sie holt ihr Kind. Will den Buckel nicht ertragen, seine Blicke, seine Unterwürfigkeit. »Können Sie vergessen, Ihr Motorrad!«

»Mein Eigentum?« Er denkt, ein Pferd hat ihn getreten, ein ganzes Kutschgespann hat ihn gerammt ...

Auf dem Weg zum Gutshaus schiebt Trostheim die Maschine. Lohnt sich nicht, sie wieder anzutreten, ist bockig wie ein alter Gaul.

Dreibrot hüllt sich weiterhin in Schweigen.

Es ist schon kurz nach Mitternacht, eine späte Sommernacht, diesig, mild, der Boden kaum von Tau benetzt, kein Stern, der Mond verhangen.

»Hör mal«, murmelt Hannes und verschnauft.

Unerwartet wettert Dreibrot los: »Auch den Jungen hättet ihr fast eingelocht.«

Verdammt, was schreit der Mensch? Hat er keinen Kopf zum Denken? Ernst ist das! Der Klassenfeind schlägt zu! Heute mit Flugblättern, morgen mit Mord! Hannes läßt den Lenker los, packt Dreibrot an der Schulter und knurrt: »Wach auf, Dreibrot! Ich möchte nicht, daß unsere Wege sich hier trennen. Der Feind wird frech und rege. Sieh's endlich, wie es ist!«

Hat das was bewirkt? Denkt er drüber nach? Trostheim weiß nicht, was er denken soll ...

Sie holen Sichler aus dem Bett. Es ist ein Uhr. Aus einem Tiefschlaf kommt der Bürgermeister und muß sich erstmal sammeln und sich finden; muß begreifen, was geschehen ist.

Der Rotkopf sitzt im Vorführraum? In Panitz? Martin Leichner hat ihn in der Mache? Zu beneiden ist der Rotkopf nicht!

»Erzähl uns mehr von Knorr. Es war wohl Leichtsinn, als ich dich beschimpfte!« Auch Hannes wirkt erschöpft, reibt sich die Augen, wäre lieber anderswo als hier.

Nein! Was Leichner glaubt und Hannes denkt, kann Sichler nicht bejahen.

»Der Rotkopf hat gebeichtet. Wenn alles stimmt, hat er reine Hände!«

Wilm öffnet seinen Panzerschrank, wird munter, feixt sogar und meint zu Dreibrot: »Du siehst, Genosse Landrat, wie dringend dieser Kasten war. Was wichtig ist, wird hier verwahrt!«

Er reicht Trostheim Knorrs Lebensbeichte hin und empfiehlt: »Knie dem Buckel auf die Brust. Der kennt den Rotkopf besser!« Und während Hannes liest, meint Sichler leise: »Der Landrat hat ein Herz für seine Bürgermeister ... Der – ja!«

Dreibrot wünschte, Sichler hätte diese Worte nicht gesagt. Machst nur Trostheim wild damit. Sind gerade erst ein Paar gewesen. Stör ihn nicht und laß ihn lesen!

Doch Hannes hat das wohl gehört. »Ich würde auch die Menschen lieber streicheln!«

Stimmt, was Hannes sagt? Dreibrot hat noch keine Meinung. Wilm – vielleicht? Der denkt womöglich: Übernimm dich nicht, Genosse Trostheim. Dein später Hieb hat mich geschmerzt, geholfen hat er wenig ...

Hannes steckt Knorrs Lebensbeichte ein. »Suchen wir die Werkstatt auf!«

Der Nachtwächter hat den Buckel holen müssen. Nun brennt das Licht im Stall, alle Gegenstände sind bestrahlt. Der Rotkopf ist ein Fuchs beim Licht, ein Beleuchter geradezu; denn will man saubre Arbeit leisten, braucht man gutes Licht. Blind darf sein, wer die Klaviere stimmt. Der kann sich auf sein Ohr verlassen. Ein Mechaniker und Handwerksmeister muß sehen, was er macht.

Die Taube auf der Kiste wächst dunkel aus dem Licht!

»Es hat wohl keinen Sinn, zu leugnen!« Der Buckel greift mit beiden Händen zu. Die letzte Möglichkeit, den Rotkopf loszuwerden. »Die Spuren hat er schon verwischt. Das ist von seinem Klimperkram geblieben. Ein Vogel – komisch, was? ... Und eine Uniform war da, die ist verschwunden!«

»Dienstgrad?« Wilm möchte wissen, ob der Buckel übertreibt oder dieser Rotkopf doch gelogen hat.

»Nicht ganz ein Leutnant, aber fast!« Der Buckel kann sich nicht als krummer Hund erweisen. Den letzten Tritt gibt er dem Rotkopf nicht. »Er tat mir einfach leid, so abgetakelt wie der war!«

Erzähl nur weiter! Hannes muntert Kniebein auf. »Aus Mitleid haben Sie sich diesen Rotkopf aufgeladen. Aus purem Mitleid, hab ich recht?«

»Sie finden gleich das rechte Wort!«

Wilm Sichler wird nun böse und direkt: »Ausgebeutet haste ihn, hast aus seinem Schuldgefühl für dich Gewinn gemacht. Jetzt ziehst du deine Hand zurück, jetzt willste, daß er brummt!«

Kniebeins Blicke huschen. Wem kann er trauen? Wer wird ihm Stütze sein, Verbündeter und Retter? Der Landrat? Der Mann von der Partei? Auf Sichler braucht er nicht zu rechnen. Der steht dem Rotkopf bei. War schon zu merken an den Hagebuttenhecken, als er ihn zum ersten Male sah. Hat ihm gleich gefallen, dieser Typ. Besonders diesem Bürgermeister wird er zeigen, wie fest und gerade auch ein Buckel stehen kann. »Ich bin schuld. Ich hab den Mann gedeckt!«

»Bis jetzt ist nichts erwiesen!«

Vorsicht! Den Mann von der Partei kann Kniebein auch vergessen. Und Sichler kommt in Fahrt und führt das große Wort: »Bist nicht so selbstlos, wie du tust. Im Wege ist dir heut der Rotkopf. Ehrlich ist nur deine Kindsliebe. Das Mädchen Toni soll dir Tochter sein. Womöglich gierst du nach der Witwe. Die hat Karl Knorr im Kopf, dich nicht!«

Der Letzte, der ihm helfen kann, ist der Landrat in Person. Den starrt der Buckel nun mit demutsvollen Blicken an. »Wer Kreuze umschmilzt, die Uniform verbrennt ...«

»Zieht einen dicken Schlußstrich. Kann ohne weiteres sein!«

Das hätte er vom Landrat nie erwartet. Von dem nicht! Wie man sich in Menschen täuschen kann! Von der Staatsmacht hat er sich erhofft, daß sie Knorr in Ketten legt. Ewig nicht! Lebenslänglich hat er nicht verdient. Doch abschieben müßte ihn die Staatsmacht, damit der Buckel endlich freie Hand bekommt.

Im Gegenteil! Es kommt für ihn noch schlimmer, am nächsten Morgen schon, gerade, als er sich an den gedeckten Tisch der Witwe setzen will, wird's ihm voll bewußt. »Sie haben meinen Liebsten angeschmiert und Kreuze angehängt!«

Warum soll sie verschweigen, wie sie fühlt und denkt?

»Das haben Sie gekonnt!«

»Kreuze hatte er und nicht zu knapp!«

»Und wenn?« Die Witwe wird ihn aus der Wohnung jagen. Sie hat die Nase voll. »Muß man gleich Verbrecher sein, wenn man tapfer war? Meiner hatte auch ein Kreuz und fiel als Mensch!«

Noch sitzt der Buckel nicht am weißgedeckten Tisch, noch hat die Witwe keinen Kaffee eingeschenkt, noch ist der Ausgang ungewiß. »Das glaubt man immer, und das hofft man auch!«

Die Witwe hält die Kaffeekanne fest. Das Mädchen Toni möchte seine Milch. Das Mädchen wird die Milch bekommen. Doch erst wird sie den Buckel spüren lassen, wie hart sie ihn verdammt.

»Mit Krummen war der Krieg nicht zu gewinnen!«

Da, zum ersten Mal in all den Wochen, funkt Zorn in Kniebeins Augen auf. »Die Geraden konnten ihn auch nicht gewinnen, liebe Frau!« Das Wörtchen »liebe« hat er sich noch abgerungen. Das war ihm diese Witwe wert.

Er stürzt davon, so eilig, wie's ein Buckel kann, und wird nie mehr gesehn. In seiner Kammer läßt er Geld zurück, es ist nicht wenig, was er hinterläßt.

Vor Zeiten hat die Witwe Susi einen jungen Mann verführt durch Speck und Wurst. Von Kniebeins Scheinen rührt sie keinen an. Die gibt sie ab. In Sichlers Panzerschrank sind die Scheine sicher. Sie liegen heute noch im Panzerschrank, weil sie längst verfallen sind.

11.

In Panitz sitzen Dreibrot und Trostheim an einem Tisch, und Hannes sagt: »Eine Schreibmaschine hat der Hohmann. Nur die Typen stimmen nicht. Auf den Zetteln warn sie anders!«

Dreibrot ist zufrieden und erleichtert. »Dann trifft den Hohmann-Jungen keine Schuld!«

»Vielleicht nicht, vielleicht doch!«

Also, Hannes traut dem Bengel nicht. Hat Vermutungen, doch die Beweise fehlen ihm!

Auch Dreibrot hat darüber nachgedacht. Den ganzen Film noch mal durchlebt. Vor dreiunddreißig, nach dreiunddreißig — bis heute. Was ihm klein schien, ist nicht klein. Hannes hat wohl recht: es beginnt mit Flugblättern und endet mit Mord.

»Trotzdem, Hannes», sagt er nun. »Hätte der Hohmann-Junge die Flugblätter geworfen, wäre er mäuschenstill. Daß er kräht, frech wie ein junger Hahn, beweist mir, daß er schuldlos ist!«

»Warten wir's ab. Noch ist nicht aller Tage Abend!"

Und der Abend kommt, und Jannek ist umzingelt, und von hinten ruft der Käse-Hohmann: »Dein Vater locht die Menschen ein. Das weiß die ganze Stadt!«

»Das macht mein Vati nie!«

Katrin möchte, daß sie gehn. «Jannek, laß sie schrein!«

Und lauter schreit der Hohmann nun: »Dann bist schlauer als wir alle. Dein Vater hat den Rotkopf eingesperrt!«

Jannek rennt auf Hohmann zu. »Hat mein Vati nicht gemacht!«

Nicht Käse-Hohmann, ein andrer schlägt dem Jannek ins Gesicht. Dann ist der Spuk vorbei.

Und Katrin hat zu tun, das viele Blut zu stillen. »Wie gemein die sind!«

»Den Großen box ich wieder!«

»Wirst du machen, Jannek, wenn du größer bist. Jetzt mußt du deinen Kopf nach hinten legen, sonst hört das Nasenbluten nie mehr auf!«

Das Kino-Mädchen Uschi, das seit Wochen schon bei Dreibrot wohnt, holt die Kinder von der Straße weg und kann nur sagen: »Das gab's bei meiner Mutter nicht. Flugblätter hat es nie gegeben. Jetzt aber ist auch das passiert!«

Wer weiß, was alles noch geschehen wird?

Zu Fuß kommt Knorr ins Dorf zurück. Die Maschine fährt die Staatsmacht wohl? Altweibersommer ist, Schwebe zwischen warmer Zeit und kühler. Die Witwe läuft dem Riesen in die Arme.

»Du bist frei!«

»Jetzt wird gelebt, der Kopf wird hochgetragen!«

Gute Aussicht für zwei Menschen und fürs Kind, das dem Riesen scheu die Hand gibt. Doch als er's hochhebt, dem hohen Himmel zu, hat das Mädchen nicht ein bißchen Furcht.

Drittes Kapitel

1.

Der Altweibersommer ging zu Ende, gestern schwebten seidne Fäden durch die Luft, hingen in Büschen, in Gräsern, heute weht rauher Wind von Osten und treibt die Wolkenherden übern See.

Friedhelm Gärtner, dieser liebestolle Esel, der den Vater in den Rübenkeller sperrte bei der Hochzeit vor drei Jahren, pflügt nah dem See, vor dem Pflug gehn seine Braunen, Trakehnerblut und gut in Schuß.

Wie er so die Pferde führt, mit fester Hand die Zügel hält, hört er eine Stimme, die er lange kennt.

»Treib die Gäule nicht zuschanden!«

Das ist der Bruder Jürgen! In bestem Schmuck und Staate steht er da, ein Hüter der Ordnung und Gesetzlichkeit. Polizist des Volkes, ein langer blonder Bursche, nicht ganz ausgewachsen, wie es scheint, nicht so stabil wie Friedhelm, doch im Blick, im Tonfall, in der Art, wie beide sich bewegen, erkennt man, daß sie Brüder sind.

Friedhelm läßt die Pferde in der Furche stehn und stolpert übern Acker.

»Urlaub – müder Krieger?«

»Müder Krieger – hab ich nicht gehört!«

Gleich trumpft er auf und zeigt der Welt, daß er keine Handvoll ist!

Er schnippt die Mütze in den Nacken, grinst breit, zeigt alle Zähne, die er hat. »Haste Lust zum Reden oder haste Angst?«

Erstmal wird sich Friedhelm eine Pfeife stopfen. Die hat er sich verdient. Dann wird sich Streit nicht mehr vermeiden lassen. Was haben sie gestritten in den Jahren!

Verlaß den krummen Weg und laß die Uniform! Mein Hof ernährt uns beide. Was würden wir aus diesem Boden holen!

Immer wieder diese Schwüre! Auch Irma, ihre Mutter, hat sich reingekniet: Ich dachte, die Erde würde dich nicht loslassen, dachte ich immer. Eines Tages schlägst du in die Hand des Bruders ein und zeigst dem Vater, was in Gärtners Söhnen steckt; zeigst ihm, der sich immer mehr verfärbt ins Rote, was wichtig ist im Leben, nicht die Politik, die Erde, die wir zu beackern haben.

Fusseln hatte Mutter-Irma auf der Zunge, gebettelt hat sie und gefleht. Mit Jürgen war nicht klarzukommen.

Stur, der Vopo, und der Vater steifte ihm das Kreuz: Du wirst noch General!

Dieser Hanswurst!

Friedhelm hat die Pfeife angezündet, bläht die Backen auf, wirft einen schnellen Blick zu seinen Braunen; die sind froh, daß sie keiner stört, keiner antreibt.

Was haben Pferde, wenn sie blinzeln, für Gedanken? Wie wird ein Pferdetraum beschaffen sein?

Friedhelms Traum wär schlicht und einfach: »Wenn du Urlaub hast, dann komm mir helfen!«

Kann der kleine Bruder nichts als grinsen?

»Fürs Knechtsein muß der Mensch geboren sein!«

Weißt du, Junge, am liebsten würde dir der große Bruder zeigen, wie scharf die Peitsche schmeckt. Doch Friedhelm sagt bedachtsam: »Teilhaber wärst du, kleiner Bruder, nicht mein Knecht!«

Die Mütze, die im Nacken sitzt, zieht Jürgen in die Stirn. Mit Spott in beiden Augen, schätzt er den Wert des Bruders ab und stellt befriedigt fest: Der Große ist ein armer Hund, tanzt nach der Pfeife seines Schwiegervaters, und schlecht beraten wird er von dem Mann. »Du redest schon wie Herr von Fock!«

Es endet wieder, wie's begonnen hat. Friedhelm klopft die

Pfeife aus, die bitter schmeckt, nimmt sich redlich Zeit, bevor er sagt: »Zieh die Jacke aus, die dich beengt!«

Er weiß genau, was folgt!

»Ich fühl mich wohl in meiner Uniform!«

Ein Miststück ist der kleine Bruder. Friedhelm würde ihm das Krumme aus den Ohren dreschen. Aber kann er das, darf er das und hielte dieses Bürschchen still?

Er stolpert übern Stoppelacker, brüllt die Gäule an. Die denken nicht daran, zu rucken, und Friedhelm muß zur Peitsche greifen. Was eigentlich der kleine Bruder verdient, bekommen die Braunen – scharfen Peitschenwind aufs Fell gebrannt.

Auf dem Feldweg bleibt der Vopo stehn. Was kann das Rabenaas? Grinsen, frech und unverschämt, zu mehr reicht's nicht bei dem!

2.

Oskar Gärtner verwöhnt den Jungen nicht in seinem Urlaub. Die frische Luft tut gut. Seine jungen Kräfte soll ein strammer Kerl nicht schonen. Jürgen muß die Kühe in die Furche drängen. Die wollen immer raus. Die denken wohl, sie sind zum Melken da, zum Kalben und sind zu stolz, den Pflug zu ziehn. In ihren sanften Blicken spiegelt sich die Welt, ein Stückchen Ufer, ein Feldgehölz, ein umgeknickter Telegrafenmast.

Nun haltet endlich Schritt. Falls ihr zu faul seid, ziehe ich den Pflug!

»Vater, die Ochsen werden's nie begreifen!«

»Weil sie eben keine Ochsen sind!«

Oskar findet, daß die Kühe Ruhe brauchen. Es ist tiefer Boden um den See, schwere, schwarze Erde. Da muß nun dringend eine Pause sein.

Der Vater reicht dem Jungen Speck und Brot, holt sich selber sein Genanntes aus dem Korb. Auf dem alten Plattenwagen sitzen sie bequem.

»Wie ist das Essen bei der Polizei?«

»Bei Muttern schmeckt's mir besser!«

»Und der Dienst gefällt dir an der Grenze?«

»Geschlafen wird, wenn dienstfrei ist!«

»Das will ich meinen!«

Mit diesem Jungen kann ein Vater nur zufrieden sein! Das ist kein Friedhelm nicht, dem der Charakter fehlt, der Stolz im Leibe: Wir sind die Herrn der Welt, der Fock hat ausgespielt! Das hat sein Friedhelm nie begriffen, buckelt tief vor Fock und wird sein blaues Wunder noch erleben!

Oskar fischt die Flasche aus dem Korb. Rübenschnaps, quellklar, keinerlei Essenzen, die verderben den Geschmack.

Beide trinken, schütteln sich ein wenig, wie sich das gehört, und Vater Oskar meint: »Hier draußen kann man frei und offen reden: Dem Vaterland, dem dient man treu!«

»Ich erfülle meine Pflicht!«

Bitte, der Bengel ist ein Muster an Beständigkeit!

»Und deine Vorgesetzten – schätzen dich?«

»Ich habe wache Augen an der Grenze. Ein Wenn und Aber gibt es bei mir nicht!«

Ist der Mensch ein Storch, der nur mit einem Bein im Sumpfe steht? Ist der Mensch nicht!

Also nehmen sie den zweiten Hieb, vier Daumen dick der Hieb! Und Oskar denkt: Wäre auch noch schöner, ein Wenn und Aber und der Feind des Volkes geht uns durch die Lappen!

Weiß der Mensch den Weg, ist er auch bald da. Der Junge wird noch General. Das redet sich Oskar nicht ein, das wird so sein!

Daß Kühe brüllen, ist normal, gleich in die Furche kleckern – auch, daß sie aber nach allen Halmen schnappen müssen, stört die Ruhe ungemein. Beim Fressen sind die Biester rege, beim Pflügen sind sie faul …

»Wir müssen weiter, Junge. Sonst wird's nischt mehr mit uns!«

Das Amt, die Flasche zu verkorken, bleibt dem Alter überlassen, und dieses Amt nimmt Oskar würdig wahr.

3.

Immer diese Sticheleien bei der Frau! Kann sie sich nicht angewöhnen, liebenswürdig auf den Jüngsten einzugehen. Werden vier Paar Socken reichen?

Das wäre doch ein Wort! Sie aber sagt: »Brauchste angerauhte Unterhosen?«

Sofort fährt Oskar hoch. »Willste ihn zur Memme machen?!«

Mutter-Irma ist nicht fein: »Du mußt in Nächten keine Wache schieben. Du liegst im Bett und schnarchst!« Rot wird sie, wenn sie wütend ist, dabei sind ihre Wechseljahre längst vorbei, doch die Hitze plagt sie nach wie vor. Sie bläst die Haare aus der Stirn und klappt den Koffer zu. »Ist wie im Krieg!«

Darf Oskar solche Worte dulden in der Küche, muß er nicht sofort dazwischen fahren? Er tut's!

»Um Frieden geht's und daß er bleibt. Daß im Garten keine Schweineschnauzen wühlen, dafür schlägt sich Jürgen Nächte um die Ohren!«

Nee, nee. Mutter-Irma wäre wohler, der Junge hätte diesen Rock nicht an. Zivil bleibt Zivil!

Wenn's mal anders kommt? Was dann? Die Russen über Nacht verschwinden? Der Fock glaubt fest daran …

Sie sieht dem Jüngsten zu, der sich rasiert. Hat weiche Daunen auf der Oberlippe, und schaben tut er, als wär's ein Vollbart, den er stutzen muß. Mager ist er, alle Rippen kann sie zählen. Sie blickt vom Jungen weg zu ihrem Mann und möchte sagen: Kannste in die Zukunft kieken, du neunmal schlauer Kerl? Große Worte haste mehr als Geld: Was wir haben, lassen wir nicht los? Das bißchen Wind hinterm Haus? Zum Leben zuwenig, zum Sterben zuviel. Friedhelm war der Schlauste von euch allen …

»War er auch«, sagt sie. »Friedhelm war der Schlauste von euch allen!«

Jürgen hat sich fertig angezogen. Schneidig sieht er aus, ein flotter Kerl und Landbeschützer.

Oskar ist des Lobes voll.

Und richtig, daß der Junge seiner Mutter sagt: »Laßt den Streit, die Zeit wird es erweisen!«

Natürlich muß sie ihren Jüngsten küssen. »Mach uns keine Schande«, sagt sie auch.

Sagt sie das gedankenlos dahin?

Als der Junge weg ist, Frau und Mann alleine sind, fängt sie wieder an zu barmen: »Warum soll Jürgen nicht zu Friedhelm halten? Sind sie Brüder oder nicht? Dringend bräuchte Friedhelm einen Melker. Der Junge rackert sich kaputt!«

»Soll er. Hat es so gewollt!«

»Mit dir ist nicht zu reden!«

»Über alles kannste reden, über Friedhelm nicht!«

Ach, ist dieser Mann verbohrt. Kann sie ihm kein Licht anstecken, damit er endlich besser sieht?

»Auf der Straße liegt das Glück für unsre Söhne. Aber du stemmst dich dagegen!«

»Weil das, was dir ein Glück erscheint, ein Haufen Dreck ist, der zum Himmel stinkt!«

Von beiden Seiten tritt nun Ruhe ein. Sie kommen sich nicht näher. Die Entfernung zwischen ihnen wächst.

4.

Der Landbriefträger Wurz, der Dreibrots alte Route fährt, hält vorm Herrensitz des Fock. Er sieht, daß Fock die Rosen schneidet. Ein bißchen früh, denkt Wurz, in drei, vier Wochen wäre auch noch Zeit.

Wurz kann auf keinen Fall erwarten, daß Fock nach vorne kommt und die Post entgegennimmt.

Das wär zuviel verlangt.

Es muß das Fräulein Gerti sein, die olle Schachtel, mit ihrer weißen Spitzenschürze und dem Häubchen auf dem Vogelkopf; denn größer als ein Taubenkopf ist Gertis kaum. Seit Wurz sie kennt, weiß er, was in diesem Köpfchen steckt. Nicht der Rede wert!

»Früher«, sagt die olle Schachtel, »früher kam die Post noch pünktlich. Nach Dreibrot konnte man die Uhren stelln, so pünktlich war der Mann. Der Herr ist ungehalten!«

»Der soll sich nicht bekleckern!«

War Dreibrot schweigsam, so ist der Landbriefträger Wurz ein reiner Redeteufel. Er blickt aufsässig dahin, wo Fock die Rosenschere schnappen läßt, und ist nicht gerade leise: »Von seinem alten Glanz ist nichts geblieben. Das weiß man hier und weiß noch mehr!« Er drückt dem Fräulein alle Briefe in die Hand. »Und fliegen kann ich nicht!« So steigt er auf das Rad, dreht eine scharfe Kurve und radelt auf dem Uferweg ins nächste Dorf.

Vielleicht hat Fock den Auftritt dieses Wurz verfolgt; denn hören kann er gut, die Stimme aber bleibt lädiert, die wird sich nicht mehr bessern.

Was hilft's, wenn Fräulein Gerti vor der Herrschaft knickst, was hilft's, wenn sie beteuert: »Viel Respekt ist nicht mehr zu erwarten. Was warn wir mal für feine Leute, alles drehte sich um uns!«

Das hilft dem Fock kein Stück voran. Er steckt die Rosenschere ein, deutet Fräulein Gerti an, daß er Ruhe haben möchte, und setzt sich in die Sonnenecke, an der die Heckenrosen noch in Blüte stehn.

Von unserm alten Glanz ist nicht mehr viel geblieben!

Hat also doch gehört, was Wurz verlauten ließ. Und recht hat dieser Wurz. Die Ahnenbilder hat der Fock verkauft und auch die Kutsche und die Apfelschimmel, mit allem Schmuck und Zubehör. Was kommt als nächstes dran, das Meißen und das Silber, der Schmuck von Melanie?

Er reißt den Brief von Notar Heimchen auf. Steile Schrift, großspurig sind die Zeilen aufs Papier geklatscht. So war das immer. Viel Zeit hat sich der Notar nie genommen. Sechs Tage braucht ein Brief von der Mosel bis zum Havelsee, früher waren's zweie!

Wortgewaltig, dieser Heimchen! Der Westen liefert keinen Rohstoff mehr in diese Russenzone. Am steifen Arm verhungert nun die rote Macht. Herr Adenauer läßt euch nicht im Stich ...

Fock blickt auf und murmelt: »Wir werden bald befreit!«

Dann liest er weiter: Der Marshall-Plan bringt auch das Moselland zur Blüte. Es kam ein neues Geld, das auf den Dollar baut. Habt ihr altes, gutes Hartgeld, bringt's nach Westberlin für alle Fälle …

Fock blickt wieder auf und murmelt: »Soll ich auf ihn hören? Er hat mich nie enttäuscht. Er hat mich immer gut beraten!«

Aber Fock sieht auch, daß der Besitz zerfällt vor seinen Augen. Die Arbeitskräfte laufen weg. Zwanzig Hektar liegen ungepflügt. Der Ami muß sich sputen. Wohl rollen sie den Russen Steine in den Weg. Fock verfolgt das sehr genau. Doch er stellt auch fest, die Roten stehen immer noch auf ihren Füßen …

»Ulf, wo steckst du denn?« In Sorge ist Frau Melanie. Bei diesem feuchten Wetter sitzt er in der Sonnenecke, und keine Sonne scheint. »Willst du, daß die Stimme ganz versagt?«

Das will er nicht. Das kann er sich nicht leisten. »Ist Feuer im Kamin?«

Gut, dann werden wir beraten am Kamin, wie wir's oft zu tun beliebten.

»Heimchen spielt auf meine Münzen an!«

Die Birkenscheite krachen, die Wärme dauert an. »Wen kann ich schicken mit dem großen Gold – Edwin?«

»Um Gottes Willen, der hat die rote Krankheit nicht verwunden!«

Frau Melanie ist außer sich. »Den kannst du niemals schikken!«

»Siehst du … der läßt noch Haus und Hof in Stich, sobald die Russen kollektivieren wolln. Darauf wartet der. Warum studiert er, schafft sich Bücher über Bücher an, schlägt sich Nächte um die Ohren mit Obstanbau, Gemüsezucht.«

Ulf Fock muß seine Stimme schonen, sonst steht er das Gespräch nicht durch.

»Und Ulrike, Melanie?«

Wenn stimmt, was Rike ihr verraten hat, dann geht das nicht.

»Sie hat mir anvertraut, sie sei im dritten Monat schwanger. Edwin ließe das nie zu! Kein Sterbewort zu beiden!«

»Siehst du … Und Friedhelm?«

Das ist ein düsteres Kapitel für die Frau des Fock. Dümmlich ist der Mensch, ein rechter Klotz, der kann von früh bis abends rackern; hat den Verstand in seinen großen Händen, im Kopfe leider nichts!

»Ulf, den Friedhelm kannst du auch nicht schicken!«

Sie legt Birkenscheite auf den Rost, weil die andern schon verglühn.

»Ich weiß, was du von Friedhelm hältst. Nicht viel! Obwohl er uns die stärkste Stütze ist, bei seinem Fleiß. Wärn die Zeiten günstiger für uns – der Junge könnte was bestellen. Doch schicken würde ich ihn nicht!«

Es bleibt der Sänger aus dem Stadttheater. Der war bei der Hochzeit vor drei Jahren auch nach dem vierten Tag nicht ausgenüchtert!

Melanie muß sorgen, daß ihr Gatte schweigt, sonst wird er tagelang nur piepsen. Der Kamin hat guten Zug. Ein Geruch von bittrem Rauch bleibt doch.

»In Geldsachen kannst du den Tenor nicht schicken, Ulf, auch Ruthchen nicht. Die wären Hahn im Korbe auf dem Kurfürstendamm. Sie verjubeln in Tagen, was andere in Jahren auf die Seite gelegt haben.«

»Siehst du. Bankrott. An mir bleibt's hängen, Melanie!«

»Ich bau auf Konrad Adenauer!«

Er möchte ihr erklären: Mir geht das viel zu langsam. Wir leben nicht mehr ewig, Melanie. Doch er muß die Stimme schonen, er hat schon vielzuviel gesagt!

5.

Edwin war bei Hannes Trostheim aufgekreuzt, ein Grund war auch vorhanden. Rike hatte, als sie spürte, daß ein Leben wächst in ihr, häufiger den Mann bedrängt: Schreib doch ein Gesuch; bitte, daß du deine Mutter sehen darfst. Sie ist und bleibt die Mutter, auch wenn sie nicht ganz schuldfrei ist...

Rührseligkeit von Rikes Seite? Kommt es daher, daß sie Mutter wird?

Lange hat er sich gewehrt, hielt es nicht für nötig, meinte, daß er sich abgefunden hatte mit dem Schicksal seiner Mutter, die ihn mal verraten hat und ihn als tot erklären ließ. Soll er alte Wunden öffnen, Wunden, die vernarbt sind, wie er glaubt. Dann hat er doch geschrieben!

Nun ist die Antwort da.

Hannes sitzt in seinem Zimmer, wirkt reichlich kühl und nüchtern. »Mußt dich nicht bedanken, bei mir nicht, Besuchserlaubnis im Gefängnis ist nicht mein Ressort!«

Edwin hat die Stirn an die geschwitzte Scheibe des Fensters gedrückt, dreht sich nun zu ihm und sagt: »Frostig bist du. Mach ich etwas falsch?«

»Du machst gar nichts – das ist schlimmer. Aber vielleicht hast du fürs Ausruhen gekämpft – und ich rege mich vergeblich auf! Sagte ich vor Jahren!«

Eine Art hat dieser Trostheim. Immer fordert er und drängt, und seine dunklen Augen glimmen düster, mit einem Mal dann funkeln sie verschmitzt. Edwin wird nie schlau aus diesem Freund, fühlt sich unterlegen. Hat die Freundschaft überhaupt noch Sinn? Hat die Zeit sie nicht getötet, welken lassen, ist sie nicht verdörrt?

Was ist nur los mit mir? Sicher fehlt mir noch der letzte Biß. Manchmal laß ich mich auch treiben. Doch geschlafen hab ich nicht! Und die dreißig Hektar von dem Fock liegen mir seit langem wie ein Mühlstein auf der Brust. Wie kann ich ihn von meinem Körper wälzen?

Ich habe kurze Zeit geglaubt: Bauer sein, das könnte mir gefallen. Nun wird's mir längst zur Last. Die Arbeitskräfte laufen weg. Finden in den Städten Arbeit, Brot. Die Kinder gehn studieren. Arbeiter-und-Bauern-Fakultät. Andre werden Schlosser, Tischler, Maurer. Das Land verändert sich von Jahr zu Jahr. Manche gehen auch nach drüben, andre ziehn in die Kasernen ein – wie Oskar Gärtners Sohn. Nein, ich werd nicht fertig mit den dreißig Hektar. Sie schnüren mir die Kehle zu. Zehn Hektar würden reichen. Ich könnte Obst züchten, Gemüse. Ich würde einen Garten schaffen, ein Stückchen Paradies ... Darf ich Hannes meinen Traum enthüllen? Der lacht mich höchstens aus. Hast das Land gewollt! Hast nicht auf mich gehört! ... Ich habe nicht auf ihn gehört! Wer heutzutage dreißig Hektar hat, der wird nicht froh. Das Soll ist nicht zu schaffen. Die Daumenschrauben zieht der Staat fest an. Der Kleine kann sich halten — Oskar Gärtner kann. Dem Großen steht das Wasser bis zum Hals. Nicht lange, und er blubbert ab. Das ist die Aussicht, die ihm bleibt ...

Er ist zaghaft, als er fragt: »Was erwartest du von mir?«

Hannes geht zum Bücherschrank, holt den zweiten Band von Lenins ausgewählten Schriften und legt ihn auf den Tisch. »Voriges Jahr erschienen. Nimm ihn mit. Wirst allerhand zu knabbern haben. Lenins Thesen zur Agrarfrage, über das Genossenschaftswesen. Hat's alles in sich!«

»Soll also lesen!«

»Von dir erwart ich mehr als von den andern ... Die ›Bauernhilfe‹, kümmerst du dich drum?«

Zahn wirkt unentschlossen und verlegen. »Läuft recht und schlecht!« Was soll er in der Bauernhilfe, ein Bund von Hungerleidern, reden, reden, doch bestellen kann die ›Hilfe‹ nichts.

»Bist du drin?«

Mein Gott, das ist schon ein Verhör, durchsetzt mit Forderungen, untersteh ich ihm, verfügt er über mich, bin ich etwa sein Befehlsempfänger?

Hannes wandert durch den Raum. Einen Teppich hat er nicht, doch ein roter Läufer dämpft ein wenig Hannes' Schritt. »Bist nicht drin. Weil du reich bist, brauchst du diese ›Hilfe‹ nicht!«

Hannes bleibt vor Edwin stehn, zielt auf seine Brust und befiehlt, als wäre Edwin Hannes' Putzer oder so: »Geh rein und spann dich vor. Zeig, daß du mit ihnen kramst und nicht mit Fock. Das wird dein Ansehn heben!«

»Ist dir das so wichtig?«

Ungeheuer wichtig, Mensch: ein Stück des Lebens und des Leidens. Hannes verbirgt nicht, was er denkt und fühlt: »Es darf nicht alles vergeblich gewesen sein! Das sag ich heute wieder: Es hat zuviel gekostet. Ich will nicht, daß du dich verkriechst!«

Edwin klemmt sich Lenin untern Arm. Die Augen sind, wie sie Hannes kennt und schätzt, ehrlich, nichts verschweigend. »Ich denke über vieles nach. Laß mir ein bißchen Zeit!«

6.

Als die Besuchserlaubnis eingetroffen ist, fährt Edwin mit dem Zug nach Hohenburg. Er hat Zeit genug, über vieles nachzusinnen. Immer neue Bilder tauchen auf, verschwinden wieder, nur ein bestimmtes läßt sich nicht verdrängen.

Er war zum Leutnant aufgestiegen und hatte Kurzurlaub erhalten. In Güterlohe wartete die Mutter. Wie ihm schien, war sie hocherfreut, nahm sich Zeit für ihn, las ihm jedes Wort von seinen Augen ab, ließ auch Alma nicht für Edwin kochen. Sie wollte alles selber zubereiten, selbst bei der Götterspeise war es so. Abends tranken sie Burgunder, Edwin legte Platten auf das Grammophon, und allerlei Musik erklang: Ich hab mein Herz in Heidelberg verloren ... So ging der Abend hin. Dann, am letzten Morgen, liefen sie geruhsam durch den Garten. Es war noch eine knappe Stunde Zeit. Der wilde Wein erglühte am Gemäuer. An der Wand, wie eh und je, prahlte das Emailleschild mit dem Spruch vom Türmer:

Zum Sehen geboren
Zum Schauen bestellt,
Dem Turme verschworen,
Gefällt mir die Welt.

Da geschah's, daß Edwin wohl der Teufel ritt und seine Mutter tief beleidigt hat. Sie glaubte nämlich, daß der Spruch vom letzten Herrn von Güterlohe stammte, den eine frühe Hirnverkalkung in langes Siechtum stieß. Der habe sich, schwor die Mutter, als Türmer in der Mark gefühlt und sie bestürmt, daß sie den Spruch in Ehren halten und das Schild, solange der Turm noch stehe, nicht entfernen solle.

Beide, Sohn und Mutter, standen nun vorm Schild, und plötzlich sagte Edwin: »Glaubst du heute noch, daß es stimmt mit diesem Spruch!«

Edwin war dabei, sich krank- und totzulachen.

»Ich möchte wissen, was es da zu lachen gibt!«

Nun war's zu spät, er konnte nicht zurück. Er berichtete, daß Siegfried ihm geschworen hätte, er würde Edwin übern Jordan jagen, falls er der Mutter mal die Wahrheit sagen wird.

»Der Spruch stammt nicht vom letzten Herrn von Güterlohe, er stammt von unserm Dichter Goethe!«

Da blieb die Mutter bis zuletzt, bis er abfuhr, wie erstarrt. Als er sie zum Abschied küssen wollte, zog sie den Kopf zurück und sagte: »Das hätte Siegfried taktvoller getan!«

Edwin schwieg dazu und dachte: Der hätte dich in dieser Lüge sitzen lassen. So fuhr er in den Krieg zurück, ohne Abschiedskuß, und als er sich noch einmal umsah, war die Mutter schon gegangen, und hatte nicht gewinkt ...

Als Edwin nun das Gefängnistor passiert, ist er voller banger Sorge. Wen wird er wiederfinden – eine Mutter, eine Fremde, einen Menschen, der gebrochen ist?

Dann sitzen sie sich gegenüber in einem kahlen Raum, dürfen sie sich nicht berühren, ist ein Abstand zwischen beiden und ein Wärter vor der Tür, der sich alle Worte merkt.

Sie wirkt gefaßt, die Haare sind gescheitelt. Daß die Haare weiß sind, berührt ihn wohl, doch er will ihr das nicht zeigen, und die eingefallnen Wangen übersieht er auch.

»Guten Tag, Mutter!«

»Rikchen geht es gut?

»Sie ist im vierten Monat schwanger. Später kommt sie sicher mit.«

»Das Enkelkind müßt ihr mir bringen ... Ob das gestattet wird?«

»Wenn du's wünschst, wir finden einen Weg!«

»Warum sollte ich's nicht wünschen. Ihr seid die Letzten, die ich hab!«

»Schreibt Siegfried nicht?«

»Schreibt viel, ich schreibe wenig. Er trumpft auf, als wäre alles so wie früher. Er sei der Erbe, ihm steht's zu ...«

»Hat er auch zu mir gesagt.«

»Was der sich denkt ... Auf deinem Grab solln die Füchse nässen ...«

»Hat er auch zu mir gesagt!«

»Ob der rot wird, wenn er sowas schreibt?«

»Der war mit seinen Worten immer vorneweg!«

»Das schreibt er alles nur in Zorn. Leg's nicht auf die Goldwaage. Auf die Russen schimpft er auch. Ich staune, daß die Briefe landen … Weißt du, warum sich Siegfried grämt?«

»Ich kann nicht hellsehn, Mutter!«

»Wenn ich raus bin, bin ich sechsundsechzig Jahre alt. Das erschüttert ihn!«

Sie blickt Edwin an.

Doch ihr Jüngster rührt sich nicht!

»Ich denke über vieles nach. Ich habe früher nie ein Buch zur Hand genommen. Brauch ich nicht, hab ich gedacht. Mein Leben ist Roman genug. Jetzt les ich auch Gedichte. Sogar von Goethe. Den Spruch vom Türmer, weißt du noch? Du kamst in Urlaub … Du und Siegried, ihr seid so grundverschieden!«

»Kränken wollte ich dich damals nicht!«

»Hast du aber. Deine Mutter war mal eitel. Jetzt hab ich kaum noch Grund. In diesen Wänden gar nicht mehr. Ein Glück, daß ich die Bücher hab … Wo sind eigentlich Weihmanns viele Bücher geblieben? Er hatte ganze Wände voll!«

»Wie kommst du auf den Weihmann?«

»Er brachte mir die Nachricht, daß du lebst. Aber ich war so verbohrt – ich wollte ihm nicht glauben. Und hab ihm doch geglaubt. Dem Grauling hab ich's dann erzählt … Ich bin schuld, daß Pfarrer Weihmann nicht mehr lebt und Hannes Trostheims erste Frau, die Janne, sterben mußte. Ich bin schuld!«

Die Tür wird nun geöffnet. Der Wärter kommt herein. »Die Zeit ist um!«

Sieglinde steht schnell auf: »Ich freu mich schon aufs nächste Mal. Alles Gute für Ulrike. Sie soll tapfer sein! Nun sind Zahns und Focks doch ein Gespann!«

Durch Hohenburg läuft Edwin wie im Traum, glaubt, keine Erdenschwere zu besitzen, und wollte jemand ihn grüßen, er wüßte gar nicht, daß er Hände hat und eine Sprache und einen Kopf zum Denken, alles das kehrt ihm im Zug zurück: Gedanken und Gefühle und ein wenig Zuversicht.

Wie ist das möglich, fragt er sich. Zuversicht. Was für ein Wort!

7.

Ein Tier gedeiht, wenn Ordnung herrscht und Pünktlichkeit. Doch Friedhelm Gärtner hat zwei Hände, es müßten aber zwanzig sein. Knecht und Magd sind nicht die Schnellsten. Sie überlassen alles ihrem Herrn. Der zahlt den Lohn, er hat dafür zu sorgen, daß, wenn sie melken müssen, auch ein Stalllicht brennt. Doch wenn kein Strom ist in der Leitung, was dann? Da sitzen sie und warten, bis es brennt!

Die Dunkelheit war schuld, daß Friedhelm in Wut und Ohnmacht außer sich geriet, den Knecht zu Boden schlug, die Magd vom Hofe trieb, so daß er ohne jede Hilfe dastand und seine Kühe selber strippen mußte in der halben Nacht.

Als hätte Irma, Friedhelms Mutter, geahnt, daß schwere Last auf Friedhelms Schultern lag, kam sie im rechten Augenblick. »Kann deine Frau nicht helfen?«

»Sie hat's doch nicht gelernt!«

Die hübsche Inge ist zu fein dazu. Focks Töchter sind verwöhnt. Die können Monogramme sticken, Kanasta spielen, reiten auch und tanzen, links rum, rechts rum, und wenn es geht, die ganze Nacht hindurch. Es ist sinnlos – das der Mutter zu erklären. Da hört bei Mutter das Verständnis auf. Wer sich liebt, der hilft sich gegenseitig. Das ist etwas, was die Mutter kennt und schätzt, mehr an Weisheit ist ihr nicht bekannt ... Friedhelm hat die Sturmlaternen auf den Gang gestellt. Gespenstisch ist das Licht. In die Eimer fährt der Milchstrahl schrill.

Ach, Mutter, wenn ich dich nicht hätte! Ich brauche dringend andre Leute. Die alten hab ich mir vergrämt. Und Fock wälzt alles auf mich ab. Edwin macht sich keinen Kopf. Dem ist die Freundschaft zu dem Trostheim näher als der Hof. Der ist und bleibt ein roter Partisan.

Friedhelm muß den Eimer in die Kanne gießen, auch die Mutter hat den Eimer voll. Es bleiben noch vier Kühe.

»Die sind auch noch zu schaffen, Mutter! Weißt du, daß Zahn die ›Bauernhilfe‹ übernommen hat?«

»Dein Vater ist noch schlimmer als der Zahn?«

Sie strippen, daß die Milch im Eimer schäumt.

»Der Wurm ist drin bei uns. Den Vater stimm ich nicht mehr um. Ich kann mal einspringen. Kommt er dahinter, wird er wild. Du kennst ihn. Die Küche raucht fast jeden Tag!«

Ja, der Wurm ist drin. Familien gibt's, die halten fest zusammen, wir aber sind uns feind, einer ist des andern Deibel, keiner gönnt dem andern was. Dabei wär alles gut bestellt bei uns, wir hätten nicht mal Grund, das Geld zu zählen, wir hätten es in Überfluß; aber nein, Oskar Gärtner, der verfluchte Vater, hat dem Fock den Krieg erklärt, und alle müssen drunter leiden. Und diesem Vater ist noch manches zuzutrauen, eigensinnig, wie er ist, wird käseweiß, wenn ihn der Rappel packt.

Dann geht das Licht am späten Abend an. Die Mutter muß nach Haus. Er muß die Kühe noch mit Heu versorgen, dann kann er endlich seinen Rücken strecken, ist lahm und ohne Kraft.

8.

Kann man sich das vorstellen? Der mal ein Gutssohn war, ein flotter Offizier, zieht einen Handwagen durchs Dorf und bleibt vorm Gutshof stehn. Wilm kommt angestakt, begrüßt den Mann und sagt: »Ist dein voller Ernst – mit Obst und mit Gemüse?«

Sie umfahren das Gehöft und erreichen bald den Garten, der herbstmüd sich zur Ruh begibt, nur eben dieser wilde Wein, der das Gemäuer überrankt, glüht, daß man schnell die Augen schließen muß.

»Wilm, mach doch endlich mal das Ding da ab!«

»Goethes Spruch – bist du noch zu retten!«

»Da hab ich sie mal tief verletzt!«

Sofort ist Wilm gereizt. »Kamst du, olle Kamellen zu erzählen, oder kamst, Obstbäume abzuholn?«

»Obstbäume, Wilm, entschuldige!« Und Edwin denkt: Ist immerhin ein bißchen Kindheit, die mich hier umweht. Seit fünfundvierzig hab ich diesen Garten nicht betreten. Es war ein guter Monat, dieser Mai – der Friedensmonat Mai. Ich kam mit Hannes an. Dann schlug die nackte Wahrheit auf uns ein. Mit Riesenhämmern schlug die Wahrheit zu. Ich war den Schlägen nicht gewachsen. Konnte Hannes mehr vertragen?

Ich floh zu Rike, wärmte mich bei ihr. Ich war außerstande zu begreifen, daß Jannes Tod und Weihmanns Sterben auch mit mir zusammenhingen.

Ach, Mutter, was hast du nur getan? Welche bittre Heimkehr hast du mir bereitet und dem Hannes Trostheim und dir selber, Mutter – welchen Abgang, welchen Sturz in eine tiefe Schuld. Du sagst, du hast es nicht gewollt. Aber du hast es getan! …

Worte, die er manchmal wiederholt. Und bleiben trotzdem ewig unbegreiflich!

»Bist du nur zum Gucken da?« Barsch ist Sichlers Stimme, ihm reicht es langsam mit dem Zahn. Er muß Bäume auf den Wagen laden. Der Leutnant aber sinnt und träumt, womöglich noch von alten Zeiten.

»Weihmanns Bücher, Wilm – weißt du, wo die sind?«

Ist denn dieser Mensch meschugge, macht ihn der Besuch verdreht. Dann hätte er zu Hause bleiben müssen! »Fragen stellst du. Weg sind sie. Grauling hat sie abgeholt!«

Nun hat Edwin seine Schwäche überwunden, jetzt hat er sich befreit von seinem Seelendruck oder wie er es benennen soll, einen Druck, der ihm den Atem nahm, nun ist er weg, kann er wieder atmen. »Rosen, Wilm, Rosen brauch ich auch!«

»Rosen? Rosen hat der Fock in Massen!«

»Ich würde lieber deine haben!«

»So bist du über Kreuz mit Fock?«

»Keiner sucht den anderen. Wir gehn uns aus dem Weg!«

Als Alma in den Garten schaut, ist die Fuhre schon geladen.

»War er geizig?« fragt sie und mustert Edwin Zahn. War ein Jüngling, als er ging, war ein junger Mann im Mai. Die letzten Jahre haben Edwin reifen lassen, ein harter Zug ist um den Mund, tiefe kahle Stellen hat der Gram in Edwins Schläfenhaar gefressen. Die Jugend ist vorbei. »Bist so schweigsam!«

»Bin ich nicht! Wilm schenkt den halben Garten weg!«

»Wilm sagt, die Landwirtschaft macht dir viel Spaß?«

»Ich studiere sie!«

»Wozu?«

»Für morgen!«

»Was heißt – für morgen?« Wilm hat sich einen kleinen Spaten ausgesucht. Damit will er Rosen aus dem Erdreich heben, gleich die Ballen mit, das Wurzelwerk.

»Eines Tages gehn wir neue Wege. Lies Lenin!«

»Alles, was der Mann geschrieben hat?«

»Die Agrarfrage ...«

Wilm dreht sich nun zu Alma um und grinst: »Der Leutnant spitzt mich an. Merkst du was, Alma? Platzt vor Klugheit aus den Nähten!«

»Ich möchte in die Zukunft springen, mit einem Riesensatz!«

»Verstauch dir nicht die Beine, geh Schritt für Schritt – so haben wir's gelernt. Wieviel Rosen brauchst du denn?«

Er macht sich schon am Rosenbeet zu schaffen. Alma möchte, daß er Edwin von den Dunkelroten gibt.

»Fünfe – keene mehr!« Bei Rosen hört für Wilm die Freundschaft auf, da wird er geizig und genau, und keiner kann ihn überreden.

Nun hat Alma mal den Edwin ganz für sich und sagt ihm, was er selber weiß: »Den Rosen machste schön ein Bett aus Lehm, da fühlen sie sich wohl ... Deine Mutter hat die Rosafarbenen geliebt ... Geht's ihr gut?« Sie flüstert, blickt schnell zu Wilm, der die Rosen aus dem Erdreich hebt. »Hast sie doch besucht!«

»Es geht, Alma, den Umständen entsprechend!«

»Ich träum von ihr. Behalt's für dich. Wilm muß nicht alles wissen!«

Sie bringen Edwin noch zum Tor. Dann zottelt er davon, ein Mensch, der mal ein Gutssohn war, ein Leutnant, ein Studierter, fährt dahin, grüßt die Leute freundlich, denkt sich nichts dabei, wenn er sein Wäglein zieht auf einem langen Weg, scheint sogar gelöst zu sein, geradezu erheitert, mit sich zufrieden und dem klaren Herbsttag überm Land.

9.

»Auf die Idee kommt nie ein Mensch!« Frau Melanie glaubt fest daran. Sie hat sich das was kosten lassen, hat nächtelang nicht schlafen können, bis sie erleuchtet wurde, noch in der Nacht den Boden unterm Dach besuchte und in der Ecke diese Dinger fand.

Botanisiertrommeln!

Ein Erbstück ihres Vaters. Der war Gräsersammler. Der ist zu Fuß durchs ganze Land gewandert und hat selbst Edelweiß gefunden auf einem hohen Berg. Nun werden diese Trommeln für eine Geldtransaktion benutzt, und noch mal sagt Frau Melanie: »Kein Mensch kommt drauf!«

»Hoffentlich!« Der Fock sieht wie ein Landmann aus in seiner Lodenjoppe, dem Hütchen mit dem Gamsbart dran, ein stiller, unscheinbarer Mensch, der keiner Fliege was zuleide tut.

So muß es sein. So kommt er ungeschoren durch!

Eine Lage Gräser, eine Lage Münzen. Mit Sorgfalt geht Frau Melanie ans Werk. Eine Münze ist aus purem Gold und zeigt den Kaiser Joseph oder Franz, weiß der Teufel wie der Kaiser heißt. »Wie alt?« fragt sie. »Ohne Brille kann ich's nicht erkennen!«

»Hundert Jahre gut!«

»Haben wir noch ältere?«

»Aus dem Dreißigjährigen Krieg!« Er sucht im Münzenhaufen, und er findet sie. »Die ist so alt!«

Da ist Frau Melanie ganz überwältigt. »Die könnte glatt vom ersten Ulf herstammen. Der war im Dreißigjährigen Krieg. Der ist nicht arm aus diesem Krieg gekommen. Hast du mir erzählt! Die meisten kommen arm zurück aus einem Krieg. Beim ›Ersten Fock‹ war's anders!«

»Nun gehn die Münzen auf die Reise!« Heute hat er wieder keine Stimme. Ist gewiß das Nebelwetter schuld.

»Da drüben sind sie sicher, Ulf. Wenn uns nichts bleibt, dieser Schatz, der bleibt!«

Sie hängt ihm nun die Trommeln um, auf jeder Seite eine, prüft den Sitz und kann zufrieden sein.

Auch den Dogcart findet sie gerecht. Keinen Aufwand! Einspännig! Alle solln es sehn: Fock zuckelt ein bißchen über Land. Kein Grund, ihm lange nachzuschaun!

»Gute Fahrt, mein Lieber, und komm gesund zurück!«

Nur Ulrike wundert sich, daß der Vater bei dem Nebelwetter fährt. Sie hat eine warme Jacke angezogen. Sie spannt schon übern Leib.

Rike ist im vierten, fünften Monat. Kleine Brüste hatte sie. Nun hat sie das Gefühl, sie werden prall und schwer. Sonst fühlt sie sich gesund und blickt dem Kommenden gefaßt entgegen. Eine Erwartung, still und groß, hat ihr Gesicht verklärt.

Edwin wird nicht müde, Rike anzuschauen. Er ist dabei, Sichlers Bäume einzupflanzen.

»Sieh, Edwin, Vater fährt davon. Und ohne Mutter. Merkwürdig ist das schon!«

Sie blickt ins Pflanzloch. »Glaubst du wirklich, daß der Seeschlamm Wunder tut?«

»Alte Obstbauern schwören auf den Schlamm!«

»Alles Goldparmänen? Alle von dem Wilm?«

»Später zücht ich neue Sorten. Die süße Olivia!«

»Wie kommst du auf die süße Olivia?«

»Nur so, Ulrike. Ein bißchen spinnen muß der Mensch!«

Sie sieht, wie er andachtsvoll das Bäumchen in den Seeschlamm setzt, Erde in das Pflanzloch schaufelt und sie dann festtritt.

Sie ist berührt von seinem Eifer und sagt leise: »Wolln wir hoffen, daß der Baum gedeiht!«

»Und daß er fruchtbar wird, Ulrike. Bei Wilm stehn alle Bäume üppig!«

Sie fröstelt leicht, und da ist's hohe Zeit, daß Edwin sie ins Warme bringt.

10.

Inzwischen hat Ulf Fock sein Ziel erreicht. Er stellt den Dogcart in der Nebenstraße ab, streift dem Gaul den grauen Haferbeutel um die Lauscher.

Friß dich satt, bis du Wasser brauchst, bin ich längst zurück. Dann zuckeln wir geruhsam unsern Weg zurück, halten unterwegs an und lassen dich in einer Pfütze saufen. Bleib ruhig, rühr dich nicht vom Flecke. Die Sorgen muß ich gar nicht haben. Bist aus den ungestümen Jahren raus. Geht den Tieren wie den Menschen. Eines Tages treten alle kurz. Wünsch mir Glück, Gerlinde, und warte, bis ich komm.

Die braune, hochbejahrte Stute peitscht gelassen mit dem Schweif, bläst kurz ins Hafer-Stroh-Gemenge und läßt den Herrn und Lenker ziehn mit seinen grünen Trommeln.

Auf dem Bahnsteig Griebnitzsee warten viele Menschen, an die fünfzig können's sein. Fock hat fest die Bahnhofsuhr im Blick, die ruckt ihm viel zu langsam vorwärts. Doch die Uhr läßt sich von Fock nicht treiben, die geht gemessen ihren Gang.

Er findet, daß er auch bestaunt wird von den Menschen, nicht von allen, manche sind so demutsvoll besaitet — die würden noch bis heute abend stehn und auf die S-Bahn warten. Aber manche Blicke zerrn an ihm, ziehn ihn aus, hängen voller Neugier an den Trommeln.

Das bildet sich Herr Fock nicht ein. Viel zu gut kann er die Menschenblicke deuten.

Ein Vopo, ein Mensch in Uniform, läuft die Menschenreihen ab und stöbert auch mit seinen Blicken rum. Herrn Fock wird's flau im Magen, doch der Vopo dreht ab!

Wenn doch endlich diese S-Bahn kommt. Noch immer bleiben fünf Minuten. Er hätte auf dem Dogcart sitzen bleiben solln. Zwei vor halb, das hätte auch gereicht. Wie man's macht, so macht man's falsch …

Was Herr Fock nicht ahnen kann, vollzieht sich jetzt mit Urgewalt, daß einem himmelangst und bange wird: denn in der Wachbaracke sagt der junge Vopo zu Jürgen Gärtner: »Nichts Auffälliges. Komisch nur ein Alter, hat zwei Trommeln, wie heißen diese Dinger nur?«

»Botanisiertrommeln!«

»Bist ein Aß, solche Dinger trägt der Alte!«

Sofort springt Jürgen Gärtner auf, läßt seine Mütze auf dem Haken hängen, stürzt ins Freie, hört die S-Bahn schon von weitem kommen, ist wie ein fernes Meeresrauschen, dann wird's poltrig, dann ächzen schon die Bremsen, die Türen seufzen auf. Jürgen Gärtner sieht die grünen Trommeln nur von hinten leuchten. Er reißt den Mann zurück, und die S-Bahn fährt davon.

»Ich hätte mich zu Tode stürzen können!«

Ist keiner da, der mich jetzt kneift, der mich schüttelt, der mir eine knallt! Die Stimme gibt's nur einmal auf der Welt.

»Herr von Fock. Das konnte ich nicht ahnen!«

Da hat sich Fock schon wieder in der Hand. Das ging noch einmal gut. Von diesem Bengel muß er nichts befürchten. »Sie machen was. Ich bin in Zeitdruck. Jetzt muß ich auf die nächste S-Bahn warten!«

»Pflanzen, Gräser?«

»Wie sie wachsen hier bei uns. Viele wirst du selber kennen!«

Und es kommt, wie's kommen muß. Ein Obermeister läuft den Bahnsteig lang, bleibt vor Fock und Jürgen Gärtner stehn. »Wo ist die Mütze, Genosse Gärtner! Wolln Sie nackt auf Wache stehn?«

Jürgen ruckt zusammen, nimmt Haltung an und schreit: »Wurde vergessen, weil es eilig war, Genosse Obermeister. Wir sollten diese Trommeln kontrollieren!«

Warum stürzt nicht der Himmel auf die Erde, warum die Erde nicht in ein schwarzes, bodenloses Loch? Warum denn nicht?

Selbst zum Zittern fehlt dem Fock die Kraft, selbst zum Fürchten fehlt ihm das Verlangen. Er lebt und ist schon tot, kann sehen und ist blind, kann hören und ist taub. Kurz gesagt: Den Fock hat's schwer erwischt!

»Dann mal los, Genosse Gärtner«, sagt der Obermeister, hat was in der Nase, keinen Hunde- oder Katzendreck!

»Bitte, nach Ihnen, Herr von Fock!« Wenn das kein Anstand ist, den Jürgen zeigt. Bürgerfreundlich, wie es fünfunddreißig Jahre später heißen wird!

Als sie in der Wärme sitzen, in der Wachbaracke, wo der Eisenofen glüht, findet Fock zu sich zurück und krächzt: »Das tut mir die Verwandtschaft an!«

Da haben sie die Trommeln schon geöffnet. Die Münzen und die Golddukaten tanzen auf dem blanken Tisch.

Und Jürgen hat den Mut zu sagen: »Verwandtschaft hin, Verwandtschaft her, der Schatz gehört in unsre Zone!«

»Verwandtschaft?« fragt der Obermeister.

»Es ist der Schwiegervater meines Bruders!«

Und plötzlich endet Jürgens Überschwang. Wohl hat er wache Augen an der Grenze, wohl will er seinem Vaterlande dienen, wohl will er sorgen, daß ihm kein Feind des Volkes durch die Lappen geht; doch dieser Feind ist ihm zu gut bekannt; es ist was anderes, wenn er den fremden Feind erwischt. Aber der da, dieser Fock!

Wie viele tiefe Diener hat er vor dem Herrn gemacht, wie oft die Mütze von dem Kopf gerissen, wie lange ist es her, daß er sagen mußte: »Gnädger Herr, Mutter hat den Hexenschuß, darum komm ich helfen!«

»Genosse Obermeister, darf ich eine Frage stellen?« Jürgen ist die eigne Stimme fremd.

»Ich höre!«

»Müssen wir ihn noch verdonnern? Ist er nicht gestraft genug?«

Der Obermeister mustert Jürgen scharf, sieht dann, daß sich bei Fock die Wangen langsam röten. Ist das nur die Hitze in dem Raum?

Nein, jetzt wird gehandelt. »Der Fang geht nach Panitz in das Landratsamt, und der feine Herr geht mit!«

Er gibt dem anderen Genossen kurz ein Zeichen. »Führt ihn ab!«

Der Junge packt den Fock, hat unverbrauchte Kräfte, könnte diesen dürren Kerl unter einem Arm nach Panitz tragen, denkt aber nicht daran, sich mit dieser Sorte abzuschleppen. Jürgen und der Obermeister machen sich daran, die Münzen wieder einzupacken.

»Da kannste schuften, zwanzig Leben lang und hast das nicht verdient. Hättest du ihn laufen lassen, wenn ich nicht gekommen wär?«

»Weiß nicht, Genosse Obermeister, möglich wär's gewesen. War schon gut, daß Sie gekommen sind!«

Macht sich nicht stärker, als er ist. Das muß der Obermeister anerkennen. Doch sonst! Darf er zufrieden sein? Darf er nicht! Der Klassenstandpunkt muß gefestigt werden! Das lehrt uns dieser Tag. Der Obermeister steuert neue, höhre Ziele an.

Jetzt sagt er nur: »Viel Staub wird hochgewirbelt, und befördert wirst du auch!«

11.

Was tut ein armer Gaul, der schon die achte Stunde wie angewachsen steht in einer Nebenstraße, von Durst geplagt, von Hunger auch. Was unternimmt ein alter, lahmer Gaul?

Er kann mit keinem reden, sich nicht beraten, kann nicht zum Bahnsteig zotteln und mal fragen: »Habt ihr nicht den Fock gesehn, den Mann mit grünen Trommeln? Wißt ihr nicht, wo er geblieben ist?«

Alles das ist einem Gaul verboten! Das steht ihm überhaupt nicht zu! Menschenfragen gibt's für Pferde nicht!

Aber etwas kann ein Gaul entscheiden. Er kann anrucken und loszuckeln und seinen Weg selber suchen. Das hat er in sich. Und er zuckelt, und er findet.

Erst eine trübe Pfütze. Doch die Pfütze nützt ihm nichts, weil ihm sein Herr das Maul verbunden hat mit dem grauen Futtersack. Also muß er schneller traben, seinem Stall entgegen eilen, obwohl es schwerfällt mit den alten Knochen.

Wie war die Stute jung, vor zweiundzwanzig Jahren, ging über Stock und Stein und hatte, wenn sie rossig war, auch gleich den Hengst in einer Nebenkoppel stehn. Der wichste mit den Hufen die Koppel kurz und klein und war in seinem Paarungstrieb durch keine Macht zu halten.

Acht Fohlen zog sie auf, und grün war die Weide, die Weide war grün. Düster war ihr Pferdeleben nie! War kein Grubenpferdchen, ging nicht im Göpel, nicht in einen Krieg, blieb wohlbehütet und umsorgt. Nun aber hat der Herr sein Pferd verlassen.

Nur gut, daß es den Weg noch weiß und in den Lichtern noch ein bißchen Leben steckt, in den Augen; denn die Lichter sind die Augen eines Tiers, nur gut, daß sie nicht ganz erloschen sind, sonst wär's mit ihrer Heimfahrt nichts geworden.

Jetzt aber steht sie vor dem großen, weißen Haus, und Frau

Melanie, im Morgenrock, kommt wie eine Junge angeflogen und wird gewahr, daß der Herr nicht heimgefunden hat, nur sein dummes Pferd.

Mein Gott, was ist geschehn? Kannst du keine Auskunft geben, altes, dumpfes Tier?

Sie führt es in den Stall, streift den grauen Futterbeutel ab, läßt es saufen, lange, lange, lange.

Und Frau Melanie weiß nicht, was sie nun denken soll. Unwillkürlich preßt sie ihre Stirn an den warmen Pferdeleib, und wenn sie sich nicht sehr zusammennimmt, beginnt sie vor dem Gaul zu weinen, vor einem alten, dumpfen Gaul!

12.

In Panitz herrscht schon Dunkelheit, nur im Landratsamt brennt Licht. Gerade will der Landrat Dreibrot seine Tasche packen, will nach Hause gehn nach einem Tag, der turbulent verlaufen ist, einem Tag, wie wenige sind. Da reißt Genosse Martin Leichner fast die Klinke von der Tür, und ohne einen Gruß zu sagen, schimpft er los: »Kannst du nicht anrufen? Muß mich erst Genosse Trostheim informieren? Wo ist der Ramsch?«

Gelassen setzt der Landrat seine Aktentasche wieder ab. »Ramsch? Die Augen gehn dir über! Ramsch! Ein Vermögen, Mensch!« Er holt die Schlüssel aus der Aktentasche, löst den Siegellack vom Panzerschrank und meint: »Möchte nicht wissen – was alles versteckt wurde, eingegraben. Haben es versteckt und finden es nicht wieder. Ich kenne meine Pappenheimer. Fock wußte, was er in den Händen hat!«

Genosse Leichner findet, es ist Großalarm! Attacke muß man blasen! Die Betulichkeit des Landrats geht zu weit. »Ich muß den Fock vernehmen. Wie auf Kohlen sitz ich hier!«

Dreibrot lächelt sonderbar, ein leichtes Zucken geht um seinen Mund: »Hat dich die Goldgier beim Schlafittchen?«

Mit aller Vorsicht öffnet er den Schrank. »Kann geschehn, daß wir beide mal auf Münzen sind. Aber nur aus Nickel wird die Münze sein. Gold und Silber wär für uns zuviel!«

Er läßt den Schatz vor Leichners Augen tanzen, spielt mit Dukaten, als hätte er's ein Leben lang geübt.

Auch Leichner ist geblendet, wagt nicht, den Haufen anzurührn, und fragt mit strengem Blick: »Eine Aufstellung hast du doch. Ein Protokoll. Muß alles seine Ordnung haben!«

Die Heiterkeit, die Dreibrot sich bewahrt hat übern Tag, ist augenblicklich hin, erfroren durch die Art, wie Leichner sagt: Muß alles seine Ordnung haben!

War nicht das Leben dieses Dreibrot ein Muster an Ordnung und Gewissenhaftigkeit? Und da kommt Leichner an, der Mensch, der keinem traut, womöglich auch sich selber nicht – und stellt in Frage, was man nie in Frage stellen darf bei einem Mann, wie Dreibrot einer ist.

Der Landrat klatscht die Liste auf den Tisch, will sich beherrschen, doch er kann es nicht: »Bei mir herrscht Ordnung. Bei mir stimmt es immer. Die Kasse im Postamt stimmte. Die Briefe stimmten, als ich Landbriefträger war, die Pakete aus aller Herren Ländern. Wenn ich log, dann nicht des eignen Vorteils wegen!«

Noch kann Martin Leichner nicht begreifen, was er in Dreibrot angerichtet hat, in dem weichen Menschen mit der rauhen Schale. »Bleib ruhig. Keiner sagt, daß Dreibrot lange Finger macht!«

»Dreibrots Finger haben nie geklebt. Dreibrot hat das, was ihm gehört, nichts Fremdes!«

Nun ist der Höhepunkt erreicht, nun weiß auch Leichner, daß er einen Menschen tief verletzt hat. Eigentlich wollte er das nicht. Doch es fehlen ihm der Takt, der Ton, die Mittel und die Fähigkeiten, eine Sache gründlich zu bedenken. Vielleicht besaß er nie die Gabe, hineinzulauschen in den anderen, vielleicht ist das Vermögen erstickt in vielen Jahren Einzelhaft.

Wer will der Richter sein?

Jedenfalls schreit er: »Mußt nicht schreien, wenn alles seine Ordnung hat!«

In diesem Augenblick betritt Genosse Trostheim Dreibrots Zimmer und sagt verwundert: »Bis zur Straße hört man euch. Was ist denn los?«

Ist es Scham, die in Dreibrot brennt, Scham darüber, daß Hannes sie so finden muß? Er dreht sich weg, mag nicht in Hannes' Augen blicken, schließt die Münzen ein und fummelt lange an dem Siegellack, kann die Plombe nicht befestigen, so zittert seine Hand.

Hannes starrt auf Leichner. Was hast du wieder angestellt? Schmeißt Töpfe aufeinander und bist verwundert, daß es Scherben gibt.

Hannes fährt ihn an: »Red endlich!«

»Ich denk doch nicht, daß sich Dreibrot Münzen untern Nagel reißt!«

Was bist du für ein Mensch, Genosse Leichner?! Was muß geschehn, daß der Eisenring zerspringt in deiner Brust? Wie kann ich dich in meiner Nähe dulden, wenn du nicht endlich lernst, dich zu beherrschen, und nicht in jedem einen Schurken siehst? Mut zum Vertrauen, das war's, was dir der Keuner abgefordert hat, und wie mißachtest du den Rat des Toten!

»Genosse Leichner! Der Landrat arbeitet – bis er umfällt. Er verdient Achtung, kein Mißtrauen!«

Trostheim kämpft gegen die Erregung, ungewöhnlich hoch klingt seine Stimme. »Hast du mich verstanden!«

Dreibrot hatte endlich seinen Panzerschrank versiegelt, geht auf Trostheim zu und ist bemüht um einen leichten Ton: »Ist gut, Hannes. Ich bring den Schatz zur Münze nach Berlin!«

»Mach das, Wilhelm, schaff ihn weg ... Und dir, Genosse Leichner«, fährt Hannes fort, »dir sag ich heut zum letzten Mal: Wir sind in einer Partei und haben Disziplin. Stiftest du wieder Unfrieden, mußt du deine Sachen packen!«

»Kann ich an die Arbeit gehn?«

So ist Leichner. Das kann er sagen, mehr sagen kann er nicht! Einsicht ist nicht seine Stärke!

Dann sind sie allein, Dreibrot und Hannes. »Leg's nicht auf die Goldwaage! Fünfundvierzig hatte ich mit ihm den gleichen Tanz. Hat mir unterstellt, ich hätte Zahn den Fock-Hof zugeschanzt. Genosse Keuner hat mit ihm ein Huhn gerupft. Danach hielt er sich im Zaume. Aber er wird rückfällig, von Zeit zu Zeit befällt den Mann die alte Krankheit. Ganz zu heilen ist sie sicher nicht. Steck's weg! Die Arbeit darf nicht darunter leiden!«

Dreibrot kann das Zucken um die Lippen nicht verhindern, obwohl er wünscht, es wäre nicht zu sehn. »Hab's schon vergessen!«

»Haste nicht, Wilhelm. Aber zu wünschen wär's. Ich trag dem Leichner die alte Sache auch nicht nach!«

13.

In Fock gehn wundersame Dinge vor. Er sitzt vor Martin Leichner, doch er sieht ihn nicht. Selbst wenn er diesen fremden Menschen ins Auge fassen möchte, alles bleibt verschwommen, ein dichter Nebel drückt auf Focks Gemüt.

Um so erstaunlicher ist wohl, daß Leichner den Geisteszustand, in dem sich Fock befindet, nicht wahrnimmt, sondern unentwegt erzählt: »Seit Stunden schweigen Sie. Ihre Lage wird dadurch nicht besser ... Hat Notar Heimchen diese Transaktion geplant? ... Es wäre möglich! ... Wer spaltet dieses Land? Wer hat die separate Währung in die Welt gesetzt? Wir nicht! Wir haben uns bewußt zurückgehalten, manchen Schritt bei uns verzögert. Haben wir, Herr Fock ... Aber Sie schweigen! ... Von Anfang an war Haß und Feindschaft gegen uns im Spiel ... Sie haben tüchtig mitgespielt! Jede Langmut ist einmal erschöpft! ... Bitte schweigen Sie nur weiter! ... Mich wundert, daß Sie selbst gefahren sind. Sie hatten immer Ihre Leute ... War Edwin nicht bereit? ... Friedhelm auch nicht? ... Der Sänger aus dem Stadttheater? Selbst der war nicht bereit? ... Immer schweigen Sie, Herr Fock ... Versuchter Devisenschmuggel, selbst Buntmetalldiebstahl ist drin. Kostet ein paar Jährchen ...« So seltsam es auch klingt, den Satz von den paar Jährchen nimmt Fock von weitem wahr.

Jährchen, ein liebevolles Wort; Jährchen, ach, ihr wunderbaren Jährchen, wo habt ihr euch versteckt, wo seid ihr hingeflogen? Es ist kein Schmerz zu spüren in Focks verbrauchtem Leib. Selbst wo die Stimme saß und immer heißes Brennen war, ist alles still, es kratzt und nagt nichts mehr. Er merkt nicht, daß er stürzt und mit dem Hinterkopf auf Hartes schlägt …

Spielt er nun Theater?

Nach dem großen Schweigeakt kommt nun wohl ein andrer Akt? Das denkt Genosse Leichner, aber nur sehr kurz. Dann weiß er, daß es ernster ist, daß Fock, wenn nicht ganz, so doch sehr nahe an der Grenze ist, wo alles Leben sich vollendet hat.

Er hat als Kind im Kirchenchor gesungen. Wer kommt schon als Genosse auf die Welt? Das ist nun über vierzig Jahre her. Doch es gibt Verse, Zeilen, die muß er nicht erst rufen, die treten einfach vor und wollen in die Welt gesungen werden. Da ist Genosse Leichner machtlos, ist einer Urgewalt, einer Schwäche ausgeliefert, die ihn schmerzt, die er verflucht. Mit keinem Menschen kann er darüber sprechen, das ist das Ärgste, was ihn plagt.

Ach wie flüchtig, ach wie nichtig
ist der Menschen Leben!
Wie ein Nebel bald entstehet
und auch wieder bald vergehet,
so ist unser Leben, sehet!
Ach wie nichtig, ach wie flüchtig
sind der Menschen Tage!
Wie ein Strom beginnt zu rinnen,
und mit Laufen nicht hält innen,
so fährt unsre Zeit von hinnen …

Fehlte nur, daß Leichner jetzt noch singt! Er hat die Kraft, die Verse wegzuschleudern, und ruft den Wachmann vor der Tür. »Ein Arzt muß her!«

Der Wachmann beugt sich über Fock. »Eine Ohnmacht oder mehr?«

Leichner bleibt die Antwort schuldig. Leicht ist dieses Männchen Fock. Der Wachmann kann ihn glatt auf seinen Armen tragen.

Als Trostheim eintritt und erfährt, auf welche Weise Fock versucht hat, sich davonzustehlen, blickt Hannes Leichner fragend an: »Wirklich?«

»Ich hab den Arzt schon rufen lassen!«

»Ist gut, Martin!«

»Noch ein Schatz von dieser Art, und ich krieg Verfolgungswahn!«

»Nimm dich zusammen. Bei Dreibrot bist du übers Ziel hinausgeschossen. Jeden Puff verträgt er nicht. Ruf mich an, wenn der Arzt den Fock gesehen hat!«

Viertes Kapitel

1.

Bei Olga setzten Wehen ein, als Hannes unterwegs gewesen ist. Sie hatte ihm verschwiegen, daß sie plötzlich Nässe an den Schenkeln spürte. Sie konnte sich das nicht erklären. Sie rief Käte Dreibrot an. Die hielt für möglich, daß die Fruchtblase gesprungen ist.

Das gäbe es. Sie komme gleich vorbei.

Sonst konnte Olga keine Veränderung ihres Zustandes wahrnehmen, abgesehn von einem leichten Ziehn vom Rükken in den Leib, fühlte sich Olga wie immer.

Doch Käte läßt nicht lange mit sich reden. Sie bringt Olga ins Panitzer Krankenhaus. Fünf Minuten vor achtzehn Uhr gebar sie ihre Tochter Halka. Nach sieben Tagen kam sie wieder in die Wohnung. Sie ließ es sich nicht nehmen, alle Pflichten einer Mutter wahrzunehmen, lehnte jede fremde Hilfe ab.

Ein Kind zur Welt zu bringen ist für Olga keine Krankheit, ist schwere Arbeit und ein großes Glück!

Bald tauchten auch die Güterloher auf. Alma brachte eine Wochensuppe mit. Als Wilm ins Körbchen schaute, das Olga mit buntem Parenchym ausgeschlagen hatte, war der große Kerl so still und so gerührt, daß sich Olga einbildete, ein unterdrücktes Schluchzen zu hören. Aber es war wohl doch eine Sinnestäuschung gewesen, denn gleich wetterte er los: »Kann Hannes nicht mal Urlaub nehmen?«

»Kann er nicht. Die Zeit erlaubt es nicht!«

»Die Zeit, die Zeit. Und Fock, sitzt er oder liegt er?«

Es hatte sich längst rumgesprochen, auf welchen Schatz man wo gestoßen war und wer von allen Grenzern die feinste Nase gehabt hatte. Sicher war Oskar Gärtner selber schuld. Er konnte seinen Mund nicht halten und mußte in die Welt posaunen, zu welchem Held und Kämpfer sich sein jüngster Sohn entwickelt hat. Das sollte sich bald rächen!

Im Augenblick kann Olga soviel sagen: »Fock sitzt. Der Arzt ist wohl der Meinung, daß Fock nur simuliert!«

Als dann die Güterloher schon gegangen sind, Olga ihre Tochter stillt und Jannek über seinen Schularbeiten sitzt, kommt Hannes pünktlicher als sonst nach Haus.

»Du bist schon da, Vati?«

»Mußt du mich gleich laut beschimpfen?«

»Ich schimpf doch nicht. Wir freuen uns!« Jannek meint das ernst und gibt sein großes Ehrenwort.

»Mußt du noch mal weg?«

Auch das ist heute nicht mehr eingeplant. Heute bleibt der Vater mal zu Haus, bei Frau und Kindern. Und das Pumpelding von einer Tochter ist wohl leichter als ein Lindenblatt, leichter noch als eine Seifenblase. Und schwarze Haare hat sie. Hannes ist nun völlig klar, woher bei Olga, seiner Frau, das Sodbrennen gekommen ist. Von den langen, schwarzen Haaren, nicht vom Zuckerzeug. Wann hat sie mal ein Stück Fondant gegessen, ist sowieso nichts wert. Auf Schokolade müssen wir noch warten, auf Bananen auch. Wir sind froh, wenn wir Möhrensaft für unsre Kinder haben.

Möhrensaft macht Wangen rot.

»Olga, laß mich mal mit meiner Tochter tanzen!«

»Sie muß schlafen!«

Aber bis zum Körbchen darf er seine Tochter tragen.

»Ich bin froh, daß es euch gibt!« Das sagt er leise, wie erstickt, und dreht sich schnell zu Jannek rum. »Geht doch wie geschmiert!« Er sieht die Schularbeiten nach. »Wirklich, ich kann nicht einen Fehler finden!«

»Schreiben kann Katrin Dreibrot besser, rechnen – ich!«

»Und Betragen?«

»Es geht, Vati. Aber Katrin Dreibrot schwatzt mehr!«

»Das ist ihr gutes Recht! Mädchen müssen schwatzen, sonst werden sie nicht groß!« Er grinst in sich hinein.

Nach dem Abendbrot läßt Jannek seine Eltern bald allein. Er möchte noch ein bißchen malen. Er geht auf Zehenspitzen auf sein Zimmer.

Wie besorgt er um die kleine Schwester ist!

Obwohl Olga noch leicht in Schweiß ausbricht und schnell ermattet, will sie heute nicht so bald ins Bett, möchte noch mit Hannes sitzen. Sie angelt sich den Wollkorb. Dann strickt sie nicht, sondern sagt: »Käte Dreibrot hat wohl Sorgen!«

»Hat sie sich beklagt?«

»Nicht direkt. Sie sagt, daß Dreibrot unausstehlich ist, ruhelos — sagt sie!«

Sie fühlt sich wohl an Hannes' Seite. Auch wenn er plötzlich schweigsam wird, ist ihr die Gegenwart von ihm wie ein Geschenk. Sie hat sich manches ausgedacht, als sie im Wochenbette lag. Sie wird mit aller Energie versuchen, eine Hebamme zu werden. Es fehlen Kräfte überall. Noch immer können Frauen nicht im Krankenhaus entbinden, die meisten — und besonders in den Dörfern — bleiben zu Hause, und es geschieht, daß sich Kindbettfieber oder Brusterkrankungen einstellen, weil die Wöchnerinnen nicht die Ordnung haben, die sie brauchten ...

Sie blickt zu Hannes, der verschlossen wirkt. Irgendeine Last scheint ihn zu drücken. Soll er sich doch aussprechen. Es gibt kein Geheimnis, das er mir nicht anvertrauen kann. Ich bin seine Frau, die Mutter seiner Tochter, und auch sein Jannek ist mir wie das eigne Kind. Ich habe ihn gewollt, fast gezwungen hab ich ihn und sicher Keuner wehgetan. Ich mußte mich so entscheiden. Und ich wußte, wie karg er ist, wie selten er zeigen kann, was ihn bewegt. Eben noch, am Körbchen ihres Kindes, wollte etwas aus ihm raus, aber es blieb nur bei dem Satz: Ich bin froh, daß es euch gibt! ...

Bin ich ungerecht? Ist das nicht viel, solch ein Satz?

Wiegt er nicht hundert leichthingeworfne Sätze auf? ...

Ich bin froh, daß es euch gibt! ...

Das ist Beweis genug für seine Liebe, Beweis genug für seine Treue und Beständigkeit. Sie sagt leise: »Wenn du nicht sprechen willst, ich sterb nicht dran … Auch Schweigen kann wie eine Wohltat sein!«

Und dann erzählt er doch. »Du kennst Leichner und kennst Dreibrot. Ein Gespann, das mehr stolpert, als es trabt – hüh und hott … Trotzdem brauch ich beide! Meine Kunst besteht darin, beide unter einen Hut zu bringen … Leichner ist treu, der läßt sich vierteilen, jeden Auftrag wird er übernehmen. Acht Jahre Einzelhaft haben ihn vereisen lassen … Und plötzlich prallen die zusammen – Leichner und der weiche Dreibrot mit der rauhen Schale … der eisenharte Kommunist und der …«

Nun stockt Hannes wieder. Hat er noch nicht alles bis zum letzten überlegt? Sie muntert ihn auf: »Sprich doch weiter, Hannes. Es tut uns beiden gut!«

»Vor fünfzehn Jahren hat Dreibrot noch die SPD-Kasse geführt! Vor fünfzehn Jahren hat er noch gedacht und gesagt: ›Nicht so weit links, nicht so weit rechts, durch die goldne Mitte führt der Weg!‹ Fünfzehn Jahre können viel sein und auch wenig. Bei Dreibrot war's viel … Das schönste beim Menschen ist, daß jeder seine Eigenheiten hat, seine Geschichte, seine Erfahrung. Damit fertig werden, reizt mich immer neu. Deshalb lieb ich diese Arbeit!«

»Käte sagt, daß Dreibrot heimlich trinkt!«

»Würde ich merken, ein Trinker ist er nicht. Vielleicht einen Schluck um Schlaf zu finden. Wenn er mal zu Hause sitzt, ist Käte unterwegs. Dem drückt die Decke auf den Kopf. Kann sich nicht aussprechen, weil Käte durch die Gegend wieselt!«

»Ich werde auch bald Nachtschicht haben, und du sitzt allein!«

»Du?«

»Werd ich, Hannes. Hab's mir vorgenommen, und ich mach es wahr. Werde Hebamme!«

»Ich muß das respektieren. Nur, ein bißchen Ruhe bei dem ganzen Trubel – braucht der Mensch!«

»Werden wir haben, Hannes. Wir haben soviel Zeit!«

Sie ist müde, ist erschöpft. Es war nichts Besonderes geschehn. Doch schien ihr, es war eine wichtige Stunde gewesen.

2.

Meist ist die Keuner-Mutter einsam und allein. Dann denkt sie oft: Vergessen sein ist schlimm. Dann aber kommen sie mit einem alten Opel, genau so einer Karre, wie ihr Jupp sie hatte. Sie halten vor dem Schrebergarten, und Keuner-Mutter muß Kartoffelpuffer backen, daß es raucht und spritzt. Heute sind die Trostheims da.

Jannek turnt im Apfelbaum, und die Keuner-Mutter schimpft: »Fall nicht runter. Die paar Äpfel schüttelt mir der Herbstwind ab!«

Nein, auch der letzte wird gepflückt. Vorher wird der Jannek keine Ruhe geben.

Tochter Halka schläft im Körbchen, ganz tief. Das macht die frische Luft im Garten.

Olga reibt Kartoffeln. Hannes setzt der Laube schnell ein neues Fenster ein. Und die Alte, diese Keuner-Mutter, schwärmt: »Nicht vergessen sein – ist schön! Das Öl schickt mir der Kommandant. Keuner-Mutter darf nicht hungern, sagt er. Keuner-Mutter muß gut leben, hat's verdient. Selbst Kaviar schleppt er herbei. Bin ich eine Zarin – oder was? ... Was braucht ein alter Mensch, einen Vogelschnabel voll. Aber er kommt und schleppt an! ... Und Wilm bringt eine Schlackwurst. Hart wie ein Knüppel. Die nehmt ihr mit. Ihr habt noch gute Zähne, aber ich? Alle wollen mich verwöhnen!«

»Ist doch schön«, sagt Olga.

Und dann tauchen bei der Keuner-Mutter all die Erinnerungen auf, meist sind es eben diese freudlosen, die das müde Herz dumpf schlagen lassen: »Wie wenig hat mein Jupp gehabt vom Leben. Und sein Vater. Auf der Straße ham'se ihn erschlagen, dreiunddreißig, fast vor unsrer Tür. Ein warmer, heller Maitag war. Wie ham'se ihn geliebt, den Mai, der Vater und der Sohn!«

Inzwischen hat Olga, ohne daß die Keuner-Mutter es bemerkte, das Pufferbacken übernommen und ruft nun: »Jannek, komm, jetzt wird gegessen!«

Plötzlich springt die Keuner-Mutter auf und schimpft: »Heute geht mir alles schief!«

Sie kommt mit einer großen Kaffeekanne, die eine dicke Mütze wärmt, aus der Laube und sagt erregt: »Keenen Bissen hätte Jupp gegessen. Malzkaffee mußte sein!«

Sie sitzen noch im Freien, obwohl der Herbst zu Ende geht. Tagelang wird nun die Alte von der guten Stunde zehrn; denn »nicht vergessen sein — ist schön!«

3.

Es geschieht, daß andre viel mehr wissen als die, die es betrifft. So im Falle Fock auch. Erst als Melanie, die Frau des Fock, das Ausmaß des Geschehens um ihren Mann begriff, rief sie den Familienrat zusammen.

Alle sind versammelt: Ulrike, Edwin, Friedhelm, seine blonde Inge, Ruthchen, rundlich, wohlgenährt, und der Tenor vom Stadttheater, so füllig, daß er gut zu Ruthchen paßt; und Frau Melanie natürlich — als die Hauptperson.

Sie haben Stühle in das Arbeitszimmer tragen müssen. Nun hat jeder seinen Platz. Und der Tenor erweist sich als ein Mann, der das rechte Wort zu finden weiß: »Ein Mann wie wenige, das Schicksal schlägt hart zu!«

»Nun mal der Reihe nach!« Ruthchen, obwohl äußerlich betulich, ist im Geiste rege. »Es muß doch was gewesen sein. Oder haben sie den Vater ohne Grund nach Hohenburg geschafft?« Sie blickt scharf zu Edwin hin und hat schon einen Plan im Kopf: Edwin muß den Vater retten. Edwins Arm reicht weit! »Was ist gewesen? Wir müssen alles wissen!« Sie fordert ihre Mutter auf zu reden.

»Es war schon was, und das ging schief!«

Hat Ruthchen Edwin fest im Blick, so hat Frau Melanie den Gärtner-Sohn im Auge, den Friedhelm, den sie — wenn sie ehrlich ist — nicht schätzt, und so bleibt es auch nicht aus, daß sie ihn annimmt mit einer Stimme, die dem Marktweib alle Ehre macht: »Weil dein Bruder, dieses Miststück, keine Achtung hat, hat er unsern Vater filzen lassen, hat ihn ausgeflöht, das Scheusal, hat den Schatz, den wir gehütet haben, gemaust, jawohl, hat ihn den Russen in den Hals geworfen. Hinter Gittern sitzt der Vater, ein Strohsack ist sein Bett, und keine Aussicht ist, daß er bald entlassen wird!«

Für Friedhelm ist es wie ein Blitz aus heitrem Himmel. Er stürzt entgeistert aus dem Zimmer, und seine blonde Inge starrt ihm ratlos nach.

Bei Edwin dämmern Ahnungen herauf, Ulrike weiß nicht, was sie denken soll. Und Ruthchen ist die Kühlste in der Runde, sie weiß, was man zu fragen hat: »War's viel, was wir verloren?«

»Alles, was wir uns abgespart haben vom Mund und wertbeständig bleibt!«

Nun wissen sie Bescheid, der Münzenschatz ist futsch, das Heiligtum der Focks.

»Edwin«, sagt Ruthchen. »Ich hoffe nicht, du kneifst! Du kannst dem Vater helfen. Wir bitten dich darum!«

So seid ihr! Doch wenn ihr denkt, ich rühre einen Finger, habt ihr euch getäuscht!

Er geht!

Draußen ist er eigentlich erstaunt, daß Rikchen folgt und schweigend bei ihm bleibt, auf allen Wegen, die er unbewußt betritt, bis sie vom Laufen müde sind.

Im Zimmer sagt Frau Melanie: »Haust unter unserm Dach und ist uns fremder als der fremdste Mensch auf Erden. Wie kriegen wir den Vater frei?«

Selbst das gewitzte Ruthchen hat ihr reger Geist verlassen. Der Tenor scheint nachzurechnen, um welche Summen er gekommen ist. Nur die hübsche Inge weint, nicht hemmungslos, doch so, daß jeder es bemerken muß.

Den Grund des Weinens wird man nie erfahren. Vielleicht hat sie der Mut verlassen. Eine Nervenschwäche oder so!

Zu guter Letzt ist's abermals das Ruthchen, das die Geschicke in die Hände nimmt, ihren Sänger in das Feuer schickt. Ein kurzer Brief an Notar Heimchen. Den muß der Sänger bis nach Wannsee schaffen, damit er bald zur Mosel kommt.

Notar Heimchen — wie man weiß — hat sie immer gut beraten!

4.

Ulrike hatte sich so weit erholt vom forschen Laufen, daß sie zu Hause sagen kann: »Warum wollte er die Münzen wegschaffen?«

Sie sitzen in dem Zimmer, wo der hohe Ohrensessel steht und das Messingtischchen mit den Jagdmotiven. Da ist die Delle noch zu sehn, die Siegfried mit der geballten Faust dem Tischchen beigebracht hat, was lange her, doch nicht vergessen bleibt. »Warum, Edwin?«

»Eigentlich ist mir das egal, Ulrike. Wirklich!«

»Mir nicht!«

Edwin wünschte sich, allein zu sein. Er wollte seine Ruhe haben. Er suchte keinen Streit. Er wird sich nicht vermeiden lassen.

Edwin sagt: »Wolltest du die Münzen erben?«

»Sie gehören den Focks. Ich bin eine Fock!«

»Dann schreib ein Bittgesuch, wende dich an Trostheim, an den Landrat Dreibrot, schreib, wir wollen unsre Münzen wiederhaben, unsern lieben Vater auch!«

Böse wirft er diese Sätze hin, erschrickt zugleich, weil er sieht, daß Rike beide Hände auf den Leib preßt und gekrümmt im Sessel sitzt.

Am Ende wird's noch eine Fehlgeburt!

Wie zuwider ist ihm dieses Fockgesocks! Er kann nicht sagen – wie! Er verflucht die Stunde, da er sich von ihnen fesseln ließ. Er hätte damals sagen müssen: Ulrike, ich will dich und nicht den Hof! Liebst du mich, dann laß uns gehn, mit leeren Händen, damit wir keinem etwas schuldig sind. Wir baun uns selbst ein Nest! ... Das hätte er entscheiden müssen, er allein, doch er war mürbe, schlaff, er konnte damals kein Ziel ins Auge fassen, er ließ es laufen, wie es lief. Versäumnisse, die sich rächen müssen. Natürlich war auch Keuner schuld! ...

Leicht sei ihm seine Asche!

Er wollte ihn nach Sachsen locken, losreißen von Rikes Seite. Und sicher hat auch Trostheim mitgemischt. Die waren sich in solchen Fragen einig. Sie wollten über ihn entscheiden! Hatte er nicht selber einen Kopf?

Weil sie ihn weghaben wollten, weil er nach ihrer Pfeife tanzen sollte, Disziplin höher stand im Kurs als eine Liebe, blieb er um so eigensinniger an Rehfeld hängen. Er ließ geschehn, daß sie ihn versteckten – die Focks, die Auskenner. Er tauchte unter. So gab er sich in ihre Hand. Er weiß das ganz genau! Als er Hannes traf am See, hat er kurze Zeit geglaubt – sie wollten ihn verhaften!

Vor den Freunden hat er sich verborgen, und seine Feinde nahmen ihn in Schutz. Er muß die unbequeme Wahrheit eingestehn. Ulrike kann er keinen Vorwurf machen. Sie wär ihm gefolgt überallhin. Er war der Mann, der zu entscheiden hatte, und hat sich falsch entschieden: für den Feind, gegen den Freund!

Kann er es noch ändern? Ist es nicht zu spät?

Da sagt er, was er viele Male schon erwogen hat: »Ich geb dem Fock das Land zurück!«

Rike ist bemüht, sich im Ohrensessel aufzurichten. Er soll sie nicht wie eine Bettlerin erleben. Eine Fock hat ihren Stolz im Leib. »Das kannst du nicht allein entscheiden. Da mußt du mich schon fragen!«

»Bitte, ich frage dich. Hast du Arbeitskräfte, Maschinen? Wer soll das Soll erfüllen? Produktengerecht? Weißt du, was das bedeutet – produktengerecht!« Er springt auf und wandert durch das Zimmer, blickt sie selten an, wenn er an ihr vorbeimarschiert; denn wie im tollen Marsch stampfen seine Füße durch den Raum. Reinen Tisch muß Edwin machen, morgen ist's zu spät. Er muß es endlich von der Seele haben, auch wenn nun was zerbricht, etwas, das sich nicht mehr kitten läßt. »Bringst du keine Eier, darfst du im Winter keine Schweine schlachten. Begreifst du das? Wer hilft dir im Sommer, wenn du Mus und keinen Schinken hast? Klingt schön, dreißig Hektar hat er uns geschenkt. Damit hat er uns das Kreuz gebrochen!!«

Nun steht er still. Plötzlich packt ihn bittre Reue, er kniet sich hin, drückt sein Gesicht in Rikes Schoß und schluchzt trocken auf. »So sieht es aus, Ulrike! Das Land zu nehmen – es war der schwerste Fehler, den man machen kann!«

Sie streichelt seinen Kopf, sie liebt ihn doch!

Soll aller Stolz durchs offne Fenster fahren. Sie liebt nur ihn!

»Ich bin müde, Edwin. Ich hab mir alles anders vorgestellt. Sicher sind unsre Vorstellungen vom Leben immer zu schön und zu bunt! Ich weiß auch nicht, wie das Soll zu schaffen ist!«

Er blickt sie an. Es sind die Augen, die er liebt, die Haare, die er mag, die Lippen, wenn sie sich zum Lächeln öffnen.

Wann werd ich in der Lage sein, ihr Lächeln festzuhalten. Er will nicht, daß es nun verlöscht!

5.

Am Feldrain steht ein Kuhgespann. Die Gärtners fahren ihre letzte Ernte ein, die Futterrüben. Rund und saftig sind sie nicht geworden über Sommer, es hat die Feuchtigkeit gefehlt, der Wechsel zwischen trocknen und schwülen Tagen. Am Wetter stoßen sich die Bauern ihre Stirnen wund!

Beide, Irma und Oskar, führen Messer in den Händen und schlagen den aufgepflügten Rüben die Köpfe ab. Das Rübenblatt fliegt auf den Haufen, dic Rübe auf den Ackerwagen. Die Kühe dösen und haben von dem Rübenblatt genug.

»Die guckt mich nicht mehr an!«

»Dann guckt sic weg!«

»Die denkt womöglich, ich hätte Jürgen aufgehetzt!«

Beim Reden fahren sie in ihrer Arbeit fort, fliegt das Blatt auf einen Haufen und die Rübe auf die Ladefläche, alles, wie gehabt.

»Der Junge tat, was richtig war!«

»Die Verwandtschaft zu verpfeifen, findest du das gut?«

»Auf die Verwandtschaft pfeife ich!«

»Friedhelm ist dein Sohn!«

»Ein Esel ist er!«

Nun richtet sich der Bauer auf, spuckt kräftig in das Rübenblatt und sagt: »Die Hochzeit war ein Irrtum!«

»Sagst du jetzt!«

Sie wird nicht spucken wie ein Kerl, sie hat Manieren, auch

wenn sie eine Schürze von grobem Sacktuch trägt. »Als die Hochzeit war, hast du den Kanal nicht voll gekriegt. Erzähl mir nischt, warst voll wie tausend Mann, und Friedhelm hat dich abgeschleppt!«

»Weil ich nicht den besten Tag erwischte, Irma, und weil mich Fock gereizt hat, das Hähnchen mit der Fistelstimme. Jetzt hat er endlich ausgespielt!«

Irma muß mal aus dem Kreuz, sonst bleibt sie krumm und wird auf allen vieren kriechen. »Früher warste Fock zu Willen!«

»Früher war ich nicht mein eigner Herr!«

Kann er wirklich nur das eine: im hohen Bogen spucken wie ein Seemann über Bord? Das ist mein Mann, seit über dreißig Jahren. Kann passieren, daß er mir zuwider wird! Vor Liebreiz hat er nie gestrotzt. Was feixt er jetzt, der Dussel?

»Will einen Schatz verschieben, der feine Herr! Blut hat er nicht an seinen Händen, wie Sieglinde Zahn, aber sauber sind sie nicht, die Pfoten deines Herrn. Auf unsern Jürgen bin ich stolz!«

Irma packt das Messer wieder, haut der nächsten Rübe forsch das Köpfchen ab. »Gottes Mühlen mahlen langsam, aber sicher. Paß mal auf!«

Auch Oskar packt das Messer und hackt der Rübe flott den Kopf vom Leib. »Um Recht und Unrecht geht's und nicht um Bibelsprüche. Dein Fock dreht diese Zeit nicht mehr zurück!«

Politisch ist der Kerl wie aus dem Häuschen, und alles will er besser wissen. Ahnt er nicht, was kommt, falls Fock im Kittchen bleibt?

Das ahnt er nicht! Er will der Schlauste sein und ist es nicht! Ihr Verstand reicht weiter!

Bleibt Fock im Kittchen – was ihm sogar zu gönnen wär! –, kriegt Friedhelm fünfzig Hektar mehr auf einen Schlag und alles Vieh, die Pferde, das ganze Inventar. Auf einen Schlag! Dann muß sich Oskar doch besinnen! Dann reicht er Friedhelm doch die Hand! Er wird sein reicher Kompagnon. Alle Gärtners haben ausgesorgt, auch ihr jüngster Sohn! Muß in den Nächten nicht mehr Wache schieben, muß nicht darauf aus sein, Menschen einzufangen, wird Bauer sein auf freiem Grund.

Ein reiner Zukunftskieker ist sie nicht, doch weiter als ihr Oskar blickt sie allemal …

Nun reicht es mit den Rüben. Zwei Pferde würden mehr zuwege bringen als zwei Kühe vor dem Ackerwagen. Doch zur Zeit sind keine Pferde da, noch nicht — schränkt Irma heimlich ein …

6.

Jürgen Gärtner ist ein Obermeister der VP. Die Sterne auf den Schulterstücken blitzen, als hätte einer sie mit einem Silberlappen blank poliert. Und verwegen sitzt die Mütze auf dem rechten Ohr, das linke zeigt sich unbedeckt. Er schlendert pfeifend übern Uferweg und freut sich auf die Bratkartoffeln.

Die wird's geben und Sülze, die die Mutter selbst macht.

Auf den Obermeister gibt es einen Rübenschnaps, ohne jegliche Essenzen; denn die verderben den Geschmack.

Was will ein junger Kerl noch mehr erwarten kurz vorm Vaterhaus, ein junger Kerl, der die Aussicht hat, zehn Tage Urlaub zu genießen, die Füße unter Mutters Tisch zu stecken, was will er mehr?

Er wird sich fein bedienen lassen, auch mal nach Spaten oder Forke greifen, aber sonst wird er viel schlafen und sich von allen schön verwöhnen lassen. Das hat er sich verdient! Er läuft schon flotter, riecht, wenn er die Nase in den Wind steckt, den ausgelassenen Speck in Mutters Pfanne und hat es ziemlich eilig nun.

Da tritt aus kahlen Weidenbüschen, die am Ufer stehn, Friedhelm vor und ruft: »Müder Krieger, bleib mal stehn!«

Jürgen kann nicht sagen, daß ihm die Stimme sehr zupasse kommt. Sie ist frostig, kratzig; er hätte diese Stimme und den Bruder viel lieber hinter sich, in sicherer Entfernung.

Nun trifft ihn schon der Atem seines Bruders. Der Atem riecht nach Schnaps. »Hast du einen sitzen, Bruderherz?« Er wollte sich den Scherz erlauben: »Hast auf meinen Ruhm getrunken, auf die Sterne, die du blitzen siehst …« Wagt es aber nicht. Schuld allein ist Friedhelms Stimme, und der Frost in dieser Stimme, der ist schuld!

Sie stehn sich gegenüber, Jürgen lang und schmal, Friedhelm, breitgebaut, ein schwerer Mensch und flammenrot die Wangen, in den Augen funkt der Schnaps.

»Wie hast du meinen Alten reingelegt?«

»Deinen Alten? Da geb ich keine Auskunft!«

»Ich bin dein Bruder!«

»Damit muß ich leider fertig werden!«

Flott ist Jürgen ungemein und hofft, es lange noch zu bleiben!

Er strebt dem Vaterhause zu; denn er wird erwartet – oder nicht! Plötzlich fliegt ihm seine Mütze weg. Das war kein Wind. Das war sein Bruder Friedhelm, der sich zum Sturmwind aufgeblasen hat. Die Mütze schwimmt im See.

Das könnte Jürgen ein paar Tage kosten ...

»Von der Staatsmacht läßte deine Hände!«

»Du bist mir keine Staatsmacht, du bist ein Stückchen Dreck!« Schon hat Friedhelm den Bruder gepackt, ins Gebüsch gezerrt und läßt die Fäuste fliegen, wählt nicht, wohin er trifft, schlägt blindlings zu, und Jürgen ist ein schwacher Halm im Wind.

Er kann die ersten Treffer vermeiden, dann trifft es ihn mit Urgewalt. Er bricht zusammen. Wie ein Stier ist Friedhelm über ihm und trampelt ihn kaputt ...

Er hätte ihn erledigt, wär Edwin nicht dazugekommen!

Wie's der Zufall will, hört er vom Fahrrad ein Geröchel, steigt ab und sieht im Dämmerlicht, daß Friedhelm neben Jürgen kniet und unablässig boxt.

Er reißt ihn hoch, er schreit ihn an: »Hast du den Verstand verloren? Willst du dich unglücklich machen, du verrückter Kerl? Für wen? Für was?? Heulst selber Rotz und Wasser!«

Das muß den tollen Kerl ernüchtert haben; denn augenblicklich dreht er ab und verschwindet in der Dämmerung.

Edwin wagt nicht, Jürgen hochzuheben. Kann er wissen, wie ihn Friedhelm zugerichtet hat?

Er muß erst Oskar Gärtner holen. Mit aller Vorsicht tragen sie den Jungen heim. Später fischt Edwin noch die Mütze aus dem See, bringt sie ins Haus und sagt: »Hängst du's an die große Glocke, geht es böse aus!«

Während Mutter-Irma Jürgens Gesicht betupft mit Kamillensud und fassungslos die Beulen und die Blutergüsse sieht, murmelt sie: »Sind schlimmer als Hyänen. Die machen alles kaputt!«

Oskar hat die ganze Zeit gegrübelt, nun winkt er Edwin vor die Tür; denn was zu sagen bleibt, ist Männersache. »Der Klassenfeind, verstehst du, hat ihm aufgelauert, hinterrücks!«

»Mach doch, was du willst. Mir stinkt der ganze Braten!«

»Der Klassenfeind – ist nicht mal falsch. Die reine Wahrheit ist's ... Nur werden wir nicht sagen, daß der Klassenfeind – der eigne Bruder ist!«

Während Edwin weiter radelt, geht Oskar alle Posten durch: Wird ruchbar, was geschah, geht Friedhelm hinter Gitter, und Jürgen wird den Posten los bei der VP; denn ein Bruder hinter Gittern, politisch hinter Gittern – hält an der Grenze keine Kaderakte aus!

Wenn das nicht Weitsicht ist, die Oskar jetzt beweist, dann hat's in Rehfeld und Umgebung eine Weitsicht nie gegeben – nie!

7.

Jürgen Gärtner liegt mit einem Kopfverband im Bett. Der Stabsarzt hat die Untersuchung abgeschlossen, steckt seine Brille ein, ist ein stiller, sanfter Mann, der eigentlich in eine Uniform nicht paßt. Was soll das bedeuten: selten tragen Menschen äußerlich zur Schau, was sie sind!

Der Stabsarzt sagt: »Strenge Bettruhe, drei Wochen mindestens. Die Schmerzen im Brustkorb rühren von Prellungen her. Haben Sie wirklich keine Ahnung, wer Sie so zugerichtet hat?«

Wenn Jürgen sprechen soll, muß er leise stöhnen, weil's im Innern nagt und zerrt, alles scheint zu eng zu sein, als hätten Herz und Lunge keinen Platz mehr hinter seinen Rippen. »Keine Spur, Genosse Stabsarzt. Dunkel war's, es können zwei gewesen sein, womöglich sogar drei!«

Der Stabsarzt zieht dem Jungen das Deckbett bis zum Hals.

»Feinde im Dorf? Alte Rechnungen? Liebschaften? ... Ich frage nur, mein Junge!«

Jürgen möchte tief, bis in den Bauch hinein mal vollen Atem schöpfen, was ihm nicht gelingt vor Schmerzen. Erstaunlich aber ist, daß er sich keine Blöße gibt und tapfer sagt: »Der Klassenfeind, Genosse Stabsarzt, der läßt uns keine Ruh. Nicht jeder liebt die Grenzer!«

Der Stabsarzt lächelt sanft. »Ist wahr, mein Junge. In einem Monat stehst du wieder Wache!«

Jürgen Gärtner ist nicht totzukriegen, nur seine Stimme bleibt ein bißchen quäkig, als er sagt: »Das hoff ich sehr, Genosse Stabsarzt. Und bissig werd ich, wie ein junger Hund!«

Ein zages Lächeln gleitet über das Gesicht des Arztes. Er wird dem Burschen eine Spritze geben, damit er endlich schläft!

8.

In Ulrike war es still geworden, sie wich auch Edwin aus. Eine eigentümliche Gleichgültigkeit hatte sie erfaßt. Dann kamen ihr Gedanken in den Kopf, die sie betroffen machten.

Hat der Vater das verdient? Dieses Ende?

Die Zeit hat ihn kaputt gemacht.

Edwins Zeit, für die er sich geschlagen hat an Trostheims Seite. So ein Widersinn! ...

Dann erschrak sie vor den eigenen Gedanken. Was soll werden? Es geht mir nicht um irgendeinen Schatz. Alle Schätze können mir gestohlen bleiben. Mir geht's ums Weiterleben, um ein Leben mit Edwin und dem Kind ...

Sie atmete beklommen. Edwin hatte ihr auch angedeutet, was mit Friedhelm und dem Bruder war. Welches Ende wird das nehmen? Sind sie schon dem Abgrund nah?

Sie sitzt am Fenster und sieht den Landbriefträger Wurz auf seinem Postrad kommen. Sie würde gern nach unten gehn. Doch was soll sie unten? Sie erwartet keine Post. Uns schreibt keiner. Wir sind vergessen!

Dann kommt Frau Gerti aus dem Haus. Rike ist es peinlich,

die beiden zu belauschen. Sie schließt das Fenster, beschäftigt sich, wickelt eine Lage Wolle um die Lehne. Der kleine Keim in ihrem Leib ist schon von Kopf bis Fuß bestrickt. Nackt wird das Kind nicht durchs Leben gehn. Und müßten sie am Ende aus dem Haus, Edwin ist unerschrocken, zäh und beharrlich, was er beginnt, hat Hand und Fuß, schafft er was, dann ist es fest, solide. Über Winter hat er sich ein Boot gebaut, breit liegt es auf dem Wasser, zehn Menschen haben Platz, dicht ist es, jedem Wellenschlag gewachsen. Und sie, Ulrike, hat ihre Kräfte noch nicht ausprobiert, hat es noch nicht nötig gehabt, zu zeigen, was sie kann. Sie glaubt an sich und ihre Möglichkeiten. Nicht jeder Wind bläst Rike um, sie ist zierlich, aber tapfer. So schätzt sich Rikchen ein …

Unten sagt der Landbriefträger Wurz: »Post von der Mosel. Notar Heimchen schreibt euch dicke Briefe!«

Und das Fräulein Gerti ist sehr spitz: »Bei Dreibrot war das Postgeheimnis heilig!«

»Ja, ja – du olle Schachtel!« Das macht dem Wurz nicht das Geringste aus. Er radelt übern Uferweg, und sein Fahrrad quietscht!

9.

Es hatte sich ein reger Briefverkehr entwickelt, weil die Ereignisse sich überstürzten und eine schnelle Lösung höchst geboten schien. Ging's anfangs nur um Fock, so ging es nun um alle. Notar Heimchen bewahrte auch in dieser Zeit den klaren Kopf und erteilte Melanie Befehle. Sie lauteten: Ein bißchen muß mein Freund, der Ulf, noch sitzen, dann wird er freigekauft, die Wege und die Mittel sind bekannt. Inzwischen aber packt ihr eure Sachen und fahrt nach Westberlin. Am Savignyplatz erwartet euch ein Freund. Kulisch heißt er. Edwin kennt ihn gut. Nur wird Zahn – bin ich sicher – euch nicht begleiten wolln. Dringt nicht in ihn, laßt auch Rike mal bei Seite, weil das nur Sperenzchen macht. Zimmer sind bestellt. Essen – alles ist geregelt. Im Moselland ist Platz für euch. Die rote Macht ist nicht von Dauer. Schon nächstes Jahr – kann sein – gehn wir fischen auf dem Havelsee.

Derart sind die Weisungen des Heimchens. In Melanie taucht nicht ein Zweifel auf.

Er hat sie immer gut beraten!

Sie gibt sich ganz in seine Hand.

Ochsig führt sich nur der Friedhelm auf, weil er allen Grips gepachtet hat. »Alles stehn und liegen lassen, das geht nicht!«

»Wir kommen doch zurück!«

»Warum soll ich erst gehn, um später wieder herzukommen!« Das geht in Friedhelms Kopf nicht rein. Keinen Fußbreit Landes gibt Friedhelm auf. Wie hat er sich geschunden, allein auf sich gestellt. Von keiner Seite Hilfe. »Fahr, wenn du's für richtig hältst!«

Seine blonde Inge blickt ihn entgeistert an. »Wir fahren alle. So, wie es Heimchen wünscht. Der Mann denkt weiter als wir alle!«

»Und dein Vater?«

Jetzt schweigen sie und gucken dumm!

Wie soll der Fock im Kittchen Kraft und Ruhe finden, wenn wir verduften? In Friedhelm regt sich schon der Zorn! Was denkt ihr euch? Wir verschwinden, und der Ernährer, der Mann, der alles fest zusammenhielt, jedem Ungemach zum Trotze, den lassen wir zurück??? Seid ihr noch bei Troste?

Auch wenn Friedhelm langsam ist im Denken, schwerfällig die Gedanken sich im Kreise drehn, redlich ist er ungemein, schlicht und offenherzig jeder Zeit. »Macht, was ihr wollt, ich bleibe hier!«

Hohe Zeit, daß Melanie nach andern Mitteln greift. »Willst du brummen, dummer Kerl? Reicht es nicht, wenn einer Opfer ist? Herr Jesus hat das Kreuz auf sich genommen. Ähnlich macht es Vater auch!«

»Macht mich nicht meschugge. Was hat Herr Jesus mit der Flucht zu tun?«

»Die hohen Dinge sind für dich zu hoch! Das sind wir längst gewöhnt. Dein Bruder kann dich heute schon verraten. Dann kriegst du fünfzehn Jahre, nicht weniger als die Zahn. Heimchen kennt sich aus!«

»Für diese Tracht – ich lache!«

»Die Staatsmacht hast du windelweich geschlagen. Das wird

dir nie vergeben. Dein Bruder liegt im Lazarett, und keiner weiß, ob er's überlebt!«

Nein, zaghaft war er nicht, hat schon tüchtig zugelangt. Aber fünfzehn Jahre – für eine Prügelei. Trotzdem regt sich Sorge, Zweifel tauchen auf. Edwin Zahn war Zeuge!

Doch er schreit: »In die Fremde geh ich nicht!«

»Hör auf Mutter!« Inge kann nicht nur am Ofen sitzen, sie muß der Mutter eine Stütze sein, muß versuchen, diesen Klotz von einem Mann zu spalten. »Hör auf sie. Die Mosel ist die Rettung. Und wo der Wein gedeiht, da gibt es gute Erde!«

Nicht, daß Friedhelm seiner blonden Inge ernsthaft einen Schmerz zufügen kann, das nicht, doch ein Zorn vernebelt seine Sinne, die Ausweglosigkeit bewirkt, daß er schreit: »Paßt mal auf, ich hänge mich noch auf!« Das soll getrost das ganze Dorf erfahren.

Es zeigt sich abermals, daß Friedhelm nicht der hellste ist. Er macht aus seinem Herzen keine Mördergrube und hängt sich schnell mal auf.

Was Wunder, daß Frau Melanie nur seufzt. Sie weiß, was sie an diesem Schwiegersohne hat. Der ist ein Klotz am Bein. Sie blickt die Tochter an und scheint zu sagen: »Mach endlich Schluß und laß den Dussel sitzen.«

So weit ist Inge nicht. »Friedhelm«, sagt sie. »Wie soll ich leben ohne dich!« Und sie küßt ihn ab, damit er flugs die Todesangst verliert. »An der Mosel haben wir mehr Zeit, wirst nicht mehr so müde sein – wie hier!« Doch – sie kann ihm gut zu Munde reden und beherrscht ihn, wie sie will ...

Immer rasple Süßholz mit dem Hammel, denkt Melanie. Sie bringt erstmal den Brautschmuck unter Dach und Fach. Das ist für sie die Gegend unterm Rock.

»Stier nicht blöd ... Packt das Handgepäck zusammen. Dann fahrn wir übern See!«

So gehn sie fort durch Nacht und Nebel, gehn wie Diebe durch die Nacht. Friedhelm hat der Mutter nicht Lebwohl gesagt.

Edwin hört nichts, Rike schläft. Nur in Hohenburg, das Ruthchen weiß Bescheid, und ihr Stadttheatersänger weiß es auch.

Fünftes Kapitel

1.

Edwin hat sich nur gewundert, daß Fräulein Gerti wie ein verschrecktes Huhn zum See gelaufen ist, und war erstaunt darüber, wie still's im Haus noch war.

Nur das Vieh rumorte in den Ställen, die Schweine warn im Koben toll, die Kühe brüllten.

Friedhelm hat die Zeit verschlafen. Inge hat ihn mürb gemacht. Edwin lächelte versonnen. Er hatte seine Morgenarbeit hinter sich, wollte Rike noch nicht wecken, schrieb ihr einen kurzen Gruß: Fahr nach Panitz. Bin zum Essen wieder da …

Er hatte sich ein neues Rad zurechtgebastelt, einen Renner, fein geschmiert, geölt, geräuschlos sauste es dahin. Edwin hatte seine reine Freude dran.

Und heute wird er sich beraten. Hannes, wird er sagen, wie krieg ich diesen Brocken von der Brust, das Land, Genosse! Gib mir einen Rat. Mit Rike hab ich schon gesprochen. Sie schweigt sich aus. Doch schweigen heißt bei Rike — ja! Seit Fock verhaftet ist, gehn viele Dinge in ihr vor. Ich seh es ihren Augen an. Denkt nach und nimmt auch wahr, was sie früher nie beachtet hat. Sie sucht nach festem Grund und will sich schlüssig werden. Sie spürt das Leben, das sich regt in ihrem Leib. Auch das zwingt sie, nun wacher über alles nachzudenken. Wir müssen was aus unserm Leben machen. Die große Unbedenklichkeit ist nun vorbei. Sie ist zur Frau gereift. Die Zeit, da du mal dachtest: Das Mädchen geht mit Sorgen schlafen und wacht mit Trällern auf, die unbeschwerte Zeit ist längst dahin, Hannes! Der Sturm hat sie von vorn gepackt, nun stemmt sie sich dagegen!

Das alles wird er Trostheim sagen!

Hannes freut sich, als er Edwin kommen sieht.

»Wirklich schön, daß du mal kommst!«

Edwin zieht die Jacke aus. Er ist verschwitzt vom forschen Radfahren. »Warn tolle Wochen, Hannes. Sicher weißt du von den Münzen?«

»Natürlich weiß ich das! Sind in Berlin!«

»Von Jürgen Gärtner weißt du auch?«

»Wachsam, der Junge!«

Da lächelt Edwin schief. »Friedhelm hat ihn windelweich geschlagen!«

»So?« Trostheim stutzt, das ist ihm neu. »Wo und wann?«

Man sollte seine Zunge stets im Zaume halten. Er will nicht über Friedhelm reden, hat selber Sorgen mehr als Haare auf dem Kopf.

»Liegt im Lazarett. Ich sag's nur dir!«

»Mal langsam, Edwin. Was heißt, ich sag's nur dir!«

Edwin windet sich wie ein zerschnittner Wurm. Das hat er nun von seiner losen Zunge. Jetzt wird Genosse Trostheim prinzipiell, und das kann lange dauern.

»Wenn du mir was sagst von diesem Gewicht, dann sagst du's der Partei. So naiv bist du nicht, Edwin Zahn!«

»Der hat sich vergessen, Hannes. Hat ihn windelweich gedroschen und hat geheult dabei ... Gehört nicht an die große Glocke!«

»Schlägt ein Stückchen Staatsmacht nieder, und ich soll schweigen? Was denkst du dir! Wo lebst du denn?«

Hannes greift zum Telefon, dreht die Scheibe und spricht mit Dreibrot: »Trostheim ... Kannst du mal herüberkommen, Genosse Dreibrot ... Sehr wichtig. Danke!«

Die ganze Zeit rutscht Edwin hin und her auf seinem Stuhl. Die Wendung paßt ihm nicht. Er muß zu seinen Angelegenheiten kommen, auf das, was ihn bedrückt. Doch Hannes wählt die zweite Nummer. »Trostheim ... Komm mal, Genosse Leichner. Gibt Arbeit!«

Edwin reißt nun die Geduld: »Ich fragte, ob du Zeit hast. Ich sehe, du hast keine – also, geh ich!«

»Es wäre schön, du würdest bleiben!«

»Du kannst mich nicht anbinden!« Er zottelt seine Jacke an, stülpt die Mütze auf und sagt empört: »Ich kam, um dir zu sagen: Ich geb das Land zurück!«

»Das Land? Du hast es gewollt. Oder hast du's nicht gewollt? War alles nur ein Irrtum? Auch die Hochzeit mit Ulrike?«

Es hat heut keinen Sinn. Hat Edwin längst begriffen. Verquerer kann es nicht mehr kommen. Das Klügste ist, er geht!

Später, auf der Straße hinter Panitz schon, wird Edwin von einem alten Opel überholt. Der Wagen bremst. »Steigst du ein? Oder willst du lieber radeln?«

Was sich dieser Trostheim denkt! Wo soll er denn das Fahrrad lassen, den Renner, eine Kostbarkeit in dieser Zeit. »Fahrt ruhig weiter. Ich schaff es bis nach Haus!«

So geschieht's, daß die Genossen Trostheim, Dreibrot, Leichner früher in Rehfeld sind als Edwin Zahn.

Als sie vor dem schmiedeeisernen Tor halten, sind sie verwundert, daß ein Plattenwagen vor dem Portal steht und Möbel aus dem Haus getragen werden, Stühle, Sessel; und der Sänger aus dem Stadttheater wirft einen Teppich auf den Wagen, daß es staubt.

»Geht mal rein, ich bleibe draußen!«

Martin Leichner tritt heran, als wolle er zum Sturme blasen. »Sie räumen aus. Mit welchem Grund?«

Der Sänger wedelt mit der Hand, will den Staub vertreiben, den der Teppich aufgewirbelt hat. »Mit welchem Recht? ... Ich bitte Sie, mein Herr ...«

Ruthchen trägt ein Hirschgeweih die Stufen runter, hält es vor der rotgeschwitzten Stirn, wird den Genossen Leichner niederforkeln, wenn er nicht beiseite springt, wird ihn aus dem Wege räumen; denn in Zorn geraten, kann sie sich an mehr als einem Mann vergreifen, an einem, dem der Bartwuchs fehlt, kann sie's unbedingt. »Wir sind die Erben. Uns steht's zu!«

Leichner packt die Stangen des Geweihten, ein geringer

Achter, nicht die Welt, drückt sie nieder, damit er Ruthchen voll im Auge hat. »Haben Sie das schriftlich?«

Schriftlich haben beide nichts. Trotzdem sagt die resolute Ruth: »Ich bin die erstgeborne Tochter. Ich entscheide, wer was kriegt!«

Endlich dämmert es bei Martin Leichner: »Die feine Blase hat sich wohl verdrückt?«

Der Sänger schweigt, des Sängers Frau schweigt auch.

Nun ist die Sache klar. »Alles geht zurück auf seinen alten Platz ... Ich warte!«

Und Genosse Leichner nimmt sich Zeit, fährt den Braunen durch das Mähnenhaar, sieht, wie der Sänger abermals den Teppich schnappt, wie es staubt und stiebt, und ruft mal kurz dazwischen: »Vorsicht mit den Sachen ... Auch der Geweihte kommt an seinen Platz zurück ...«

Wortlos und verbissen tragen Ruthchen und ihr Sänger in das Haus zurück, was sie schon verladen hatten. Und Genosse Leichner schaut gelassen zu.

2.

Inzwischen war Ulrike wie im Traum durch das verwaiste Haus gegangen, Gedanken tauchten auf und glitten fort. Sie ließ auch Ruthchen mit dem Sänger beim Räumen unbehelligt und dachte nur: Wenn ich Edwin brauche, ist er selten da.

Dann treten Hannes und der Landrat ein, und Rike sagt: »Ohne ein Wort – nichts!«

»So sind sie, Ulrike, so edel und gut!« Hannes schiebt ihr einen Sessel hin.

»Edwin ist schon unterwegs!«

»Ich wünschte, ein Feuer fräße alles auf!«

»Das zu wünschen, wär die reinste Unvernunft!« Dreibrot sagt das hastig, begreift, welcher Schreck die Frau durchfahren hat. »Sicher tut es weh, Frau Zahn ... Doch keiner von den Dreien verdient, daß man sich grämt!« Dann wird ihm gleich bewußt, was all die gutgemeinten Worte bewirken können – nichts! Sind dazu da, gesagt zu werden, und sind das Dümmste, was es gibt ...

Es ist ein Glück, daß Edwin kommt. Er reißt die Jacke auf, ahnt mehr, als er schon weiß, und geht auf Rike zu. »Ach, Mädchen, was sagst du nur dazu?«

Was soll sie sagen? Jedenfalls kein Wort darüber, was man ihr antat in der Nacht. Sie denkt, sie wär nun ganz allein mit Edwin, niemand höre zu, keine fremden Augen forschen, kein Ruthchen gibt's, das den Geweihten auf den Nagel hängt, keinen Sänger, der den Teppich wieder auf die Dielen legt. Trostheim ist nicht da, Dreibrot nicht zugegen, nur Edwin und sie, und sie sagt leis: »Wenn ich dich nicht hätte, ich wüßte nicht, was wird?«

»Hast mich doch. Vielleicht ist das nicht viel, aber man tut, was man kann!«

Er führt sie aus der Tür. Er will, daß sie sich ausruht. Es war zuviel heut morgen. Arglos war er wie ein Kind. Hätte er mit Argwohn was verändern können? Auf keinen Fall – nicht das Geringste! Sie haben sich davongeschlichen, und lassen selbst den Fock im Stich, lassen ihn im Kittchen sitzen und brechen alle Zelte ab. Was denken sich die Menschen, was geht in ihnen vor?

Edwin weiß es nicht und will es auch nicht wissen! Er hat mit diesen Leuten längst gebrochen. Er war nur lange Zeit nicht in der Lage, es klar und deutlich auszusprechen ...

Er sieht in Rikchens Augen keine Träne. Sie muß sich in den Ohrensessel setzen. Er streichelt ihre Wangen. »Ruh dich aus, Ulrike. Und denk an unser Kind!«

Ach, ist sie froh, daß sie ihn hat!

3.

Hannes schickt Leichner mit dem Opel in die Stadt zurück. Er soll im Lazarett nach Jürgen Gärtner sehn.

Dreibrot und Trostheim wandern durch den Park, schauen in den Ställen nach, in den Speichern und den Scheunen.

Hannes drücken ernste Sorgen. Nicht alle werden fertig mit

Land und Vieh, manches verkommt unter der Hand. Sind Neubauern geworden, um dem großen Hunger zu entgehn. Leben von der Hand in den Mund. Aber wir müssen den Akker hegen und pflegen, sonst wird aus uns nichts werden. Der Acker ist der Bauern höchstes Gut. Große Worte – doch sie stimmen …

Aus seinen Gedanken heraus sagt Hannes: »Was machen wir, Wilhelm. Wir brauchen einen, der das übernimmt. Es liegen hundert Hektar herrenlos, das ganze Vieh. Setz einen Treuhänder ein, einen Mann vom Fach, eine ehrliche Haut. Weißt du einen?«

»Edwin Zahn. Studiert auf eigne Faust. Kurse will er auch belegen!«

»Müßte gehn. Wär mir sogar recht. Seinen Traum vom Obst und von Gemüse muß er noch vertagen … Doch, ich wäre einverstanden! Wir müßten sorgen, daß er auf die Beine kommt. Daß er uns ein Beispiel schafft. Ein Paradepferd! Ein Aussichtsturm!« Unversehens schwärmt er schon! »Aus allen Ecken tauchen Menschen auf und bestaunen dieses Wunder. Kann künftig von Bedeutung sein!«

Wie ist es möglich, daß der karge, so nüchterne Trostheim mit einem Mal ins Träumen kommt? »Er braucht natürlich materielle Hilfe. Geizig dürfen wir nicht sein. Gibst du mir da recht?«

Was führt der Mann im Schilde?

»Am steifen Arm verhungern soll er nicht!« Auch Dreibrot kann sich an der Sache schnell erwärmen. Weiß aber, wie beschränkt die Mittel sind. »Aus dem vollen können wir nicht schöpfen!«

»Ich weiß, daß du nicht zaubern kannst!« Schon steht Trostheim wieder auf den Füßen, fest auf der Erde steht er und brummt: »Der Knüppel liegt beim Hund. Und trotzdem, wir gehen dieses Wagnis ein!«

Vor dem Haus steht immer noch der leere Plattenwagen. Die Braunen klappen mit den Eisenhufen. Ein Keil von wilden Gänsen sucht einen Platz im See und findet ihn vom Ufer weit entfernt.

Als hätten sie ein Metermaß!

Sind nie am Ufer, nie am Rand der Felder, sind immer, wo sie keiner fangen kann.

Das Fräulein Gerti taucht vor Dreibrot auf. Sie kennt den Mann von früher, knickst, wie sich's gehört vor einer hochgestellten Mannsperson, auch wenn sie mal ein Landbriefträger war, und fragt: »Was soll nun werden? Wer zahlt mir nun den Lohn?« Allerdings — Probleme sind da schon.

Trostheim lacht sich still ins Fäustchen. Was wird sein Landrat tun?

Dreibrot geht die Sache zügig an: »Sie können kochen — oder nicht?«

Natürlich kann sie kochen, das hat sie ja gelernt. Es gäbe nichts, was sie nicht brutzeln könnte, auch Gänsebrust, geräuchert und gespickt, wie's dem Herrn beliebt ...

»Ginge Eintopf auch?«

Der wurde nie gekocht. Doch sie würde sich bemühen. Sie wäre nicht die Frau, die glaubt, es gebe nichts zu lernen.

Sie müsse jetzt mit Edwin Zahn verhandeln. Der wird der neue Chef! Ihr wär das gleich, sie diente stets und würde weiter dienen ... Sie knickst, wie's sich gehört, vor einem Landrat und trippelt übern Hof.

»Gemeinschaftsküche wird er machen müssen. Hausmannskost. Wo das Essen schmeckt, schlagen Menschen Wurzeln. In diesen Zeiten sowieso!«

Praktisch ist der Landrat und hat das Nötige im Blick. Hannes schmunzelt: »Bist schon mittendrin!«

»Willste, daß ich Däumchen dreh?«

Das will Hannes nicht!

Sie müssen nun nach Edwin suchen. Als er kommt, sagt er: »Rike hat sich hingelegt, nun schläft sie fest. Ich dacht, ihr habt euch schon verkrümelt!«

»Nee, nee, Genosse Zahn. Wir brauchen deine Hilfe!«

Ahnt Edwin, was Hannes nun für Pläne hat? Er scheint es schon zu ahnen; denn wie versteinert steht er da und hört den Landrat sagen: »Alle hundert Hektar in Treuhandschaft. Deine dreißig, Friedhelms zwanzig und die fünfzig vom gewesnen Fock! Das kommt nun auf dich zu!«

»Wär fünfundvierzig nur ein Klacks gewesen. Jetzt wird es zum Problem!«

Was ladet ihr mir auf! Ist euch das nicht bewußt? Seit ich den Trostheim traf, hat er mich gefordert und getrieben, auf Wege hat er mich gedrängt, die ich nie betreten wollte. Kommt ihm nicht mal die Idee, daß er nun zuviel verlangt? ... Hannes hatte Edwin aufmerksam betrachtet. Auch ihm ging vieles durch den Kopf, sagte aber heiter: »Ist dein Tisch, Genosse Landrat. Ist Staatsebne. Werde mit Edwin einig!«

»Ziehst schnell die Hände weg!«

»Steh ich nicht zu euch. Gehn wir nicht durch dick und dünn?« Edwin denkt: Wie bring ich's meinem Weibe bei? Sie wird aus allen Wolken fallen. Am Morgen fuhr ich in die Stadt, um das Land zurückzugeben, am Mittag hab ich hundert Hektar auf dem Hals. Entweder muß man Spaß verstehn oder wird verrückt!

»Nun biste froh, daß ich in Rehfeld bin und nicht in Sachsen!« Den Hieb muß er dem Trostheim noch versetzen.

Doch der hält still und zuckt mit keiner Wimper. Am Ende sagt er nur: »Wenn ich ehrlich bin, freu ich mich, daß du in Rehfeld bleibst!«

Kann Trostheim mit der linken Hand ein Gebirg versetzen? Kann er nicht!

Er kann Spreu vom Weizen unterscheiden. Das – glaubt er hat er jetzt getan!

4.

Jetzt kommt der große Krach, muß Wilm, der Bürgermeister, denken; denn er sucht die letzten reifbekappten Grünlinge mit Alma, und die Staatsgeschäfte ruhn. Sie haben sich am Rand der Schonung hingesetzt auf Sichlers Winterjoppe. Plötzlich sind sie nicht allein, kommen Wanderer des Wegs, zweie an der Zahl, wichtige Genossen aus dem Kreis.

Wilm schielt auf die, die nahen, und flüstert Alma zu: »Darf man nicht mal Pilze sammeln? Was treibt die her?«

»Die Probleme, Wilm!«

Dann ist von einem Herbstgewitter keine Spur. Es geht gemütlich zu im Wald; denn Dreibrot schnuppert an der Grünlingsernte und meint: »Die meisten sind wohl madig, Wilm. Das kennt man bei der Sorte!«

Und Hannes, dem der Magen knurrt, sagt zu Alma: »Haste was im Topf, Erbsen oder Bohnen?«

»'ne Hammelkeule, reicht die aus? Schäfer Mathes mußte einen Hammel schlachten!«

Eine Aussicht, die sich lohnt. Sie ziehen rüstig durch den Wald, haben schon das Dorf vor Augen, hingeduckt, wie eh und je, nur der Kirchturm ragt hervor, der Gutshof noch, der Turm vom Spritzenhaus, alles andere nimmt sich bescheiden aus. Sie haben einen weiten Blick ins Dorf, weil sie vom Mühlenberge kommen.

Die Mühle kannte nur Hannes noch. Die brannte nieder, als er Junge war. Wilm und Alma fanden, als sie in die Gegend kamen, nur die angekohlten Reste und erfuhren, daß der Müller seine Mühle angezündet hat, weil er sich vor Schulden nicht mehr retten konnte. Er, die Müllerin und auch die Tochter verbrannten in den Flammen. Wo einst die Mühle stand, gibt's einen meterhohen Stubben, Akazienholz wahrscheinlich, den haben all die Jahre nicht zernagen können, steht und glotzt in seiner Düsterkeit dahin, ganz gleich, ob Sommer oder Winter ist, bleibt düster, bis er eines Tages stürzt; denn auch ein Stubben, selbst aus Akazienholz, zerfällt und wird zu Staub ...

Wilm ist eigentlich zufrieden, daß er alle Neuigkeiten aus erster Hand erfährt.

Also, ein Treuhänder. Immer neue Namen kriegt die alte Sprache. Treuhänder vom ganzen Fockbesitz. Edwin wird's — auch wenn er mal ein Leutnant war. Nein, hundert Hektar darf man nicht verwildern lassen. Trotzdem klingt es wie Genossenschaft! Alma hat den feinen Riecher, gibt's den Genossen aus dem Kreis: »Warum erst die Reform, wenn ihr jetzt das Land zusammenlegt!«

»Ist ein Schritt, der Not gehorchend!« Das ist Dreibrots Meinung.

Hannes sieht es anders, vielleicht genauer, vielleicht auch nicht: »Ist der Weg, der nun richtig ist, Landrat. Uns treibt das

Leben weiter. Der Fockbesitz gehört dem Volke, verwalten wird ihn Edwin Zahn!«

Immer wummre auf die Pauke, daß es weit zu hören ist. Glaubst du nicht, daß es Gerede gibt, Genosse Trostheim! »Wird Gerede geben«, schimpft Sichler plötzlich los. »Werden viele nicht begreifen. Werden sich dagegen stemmen, werden sagen: Teilt den Fockbesitz nun auf, wär schon fünfundvierzig hohe Zeit gewesen, werden viele Menschen sagen!«

»Werden sie. Doch wir werden eine Antwort finden, die sie überzeugt!«

»Von was überzeugt!?«

»Daß man — was fünfundvierzig richtig war — heute schon mit andern Augen sehen muß!«

»Soviel anders sind die Augen nicht geworden, Hannes, da war die Zeit zu kurz. Mach dir mal nichts vor!«

Doch Trostheim läßt sich nicht in seine Karten gucken. Er hat was in der Hinterhand. Das sieht doch selbst ein Blinder. Und Wilm ist weder blind, noch dumm. Hat den Schädel nicht nur für die Mütze. Wenn Trostheim so beharrlich ist, hat er mit dem Leutnant was Bestimmtes vor!

Wir warten ab und werden sehn!

5.

In der Nacht ist Schnee gefallen, eine dünne Schicht, und weil ein Wind geht, stiebt es von den Bäumen. In der Erde steckt schon Frost, der kam viel früher als der Schnee. Soll's ruhig schneien nun, damit die Wintersaat sich wärmen kann.

Mutter-Irma bringt den Männern warme Suppe in den Wald; denn die Kerle schlagen Winterholz. Dünnholz, um die starken Bäume noch zu schonen. Weiß man, wann man sie mal brauchen kann?

Sie hört die Sägen seufzen, die Äxte klopfen. Sie sollten endlich kommen, sonst wird die Suppe kalt. Sie ruft mit hoher Stimme: »Hoho, hoho, habt ihr keinen Hunger?«

Wie das hallt in dieser kalten, klaren Luft. Sie könnte immerzu was Neues rufen, immer rein in diesen dunklen

Wald … Der rote Partisan hockt wie ein Habicht auf den Schätzen. Das könnte sie zum Beispiel rufen! Vier Kühe könnte er uns geben aus Friedhelms Stall, und die braven Braunen, das Trakehnerblut, damit die Zottelei mit ihrem Kuhgespann ein Ende nimmt. Hat plötzlich die Reform nicht stattgefunden? Das könnte sie noch rufen in den tiefen Wald. Mein Friedhelm mußte gehn. Doch Zahn macht sich ein warmes Nest zurecht. Und Leute hat er, weil ihm Trostheim hilft …

Das und vieles andere würde Mutter-Irma in die Wälder schreien, doch sie schweigt; denn nun kommen ihre Männer, Jürgen kommt mit seinem Vater.

Sie kellt die Suppe in die Teller, selber ißt sie nichts, schmeckt nicht, fehlt der Hunger, die Sorgen schnüren ihr den Magen zu.

»Friedhelm …«, sagt sie.

Und Jürgen sagt erbost: »Ich kenne keinen Friedhelm mehr!«

Und Oskar muß betonen: »Will ihn auch vergessen, diesen Hundesohn!«

»Wo andere die Herzen haben, habt ihr Pflastersteine in der Brust!«

Jürgen schiebt den Teller weg: »Hat er denn an dich gedacht, als er ging? Hat er dir Lebwohl gesagt? Hat er dich umarmt, der Liebe? Hat er dir gesagt: Mich lockt die Ferne, die Mosel zieht mich an. Hat er's dir verraten?«

Ist jeden Tag das gleiche, weint sich die Augen aus, schluchzt und kann sich nicht beherrschen.

Vater Oskar schreit sie an und weiß sich keinen Rat: »Heulen – das ist alles, was du kannst!«

Sie stürzen in den Wald zurück. Da stört sie keiner, haben ihre Ruhe und müssen nicht das Elend sehn, das heulende, das Mutter-Irma heißt …

Vorbei der Traum vom General! Jürgen ist entlassen. Einen Bruder – wie der Friedhelm einer ist – darf man an der Grenze nicht besitzen! Jürgen hätte sagen müssen, wer ihn überfallen hat. Dann hätten sie den Bruder eingelocht.

Gehopst wie gesprungen!

Ein Bruder mit fünf Jahren Z, politisch noch dazu, die Kaderakte könnt ihr gleich vergessen …

Vater Oskar dachte immer: Der hängt an seinem Land, der bleibt der Scholle treu. Jetzt ist er an der Mosel. Nicht für Geld und gute Worte würde Oskar gehn. Hier ist er geboren, muß seinen See haben, die Weiden und die Wälder. Natürlich gibt's Seen überall und Wälder. Natürlich, trotzdem ist das was anderes, was Fremdes …

So stampfen beide Gärtners durch den Schnee, haben ihre Bilder und Gedanken. Plötzlich sagt der Vater: »Lern, studier. Eines Tages leitest du ein Gut, ähnlich wie der Zahn; noch ein bißchen größer, wenn es geht. Wirst nicht General sein an der Grenze, wirst ein Feldherr in der Landwirtschaft!«

Warum soll das nicht möglich sein? Möglich ist das schon! Und Oskar Gärtner, was denkt der?

Denkt viel! Wenn ihn keiner festhält auf der Erde, klettert er dem Himmel zu und pflückt die Sterne ab. Was ihm fehlt, ist nur ein Stückchen Leiter, sonst wär er unterwegs …

DRITTER TEIL

Erstes Kapitel

1.

Lutz, der Sohn der Zahns, geht ins dritte Jahr, bewegt sich sicher auf der Erde, fällt mal hin, steht wieder auf und heult fast nie, auch wenn er aufgeschlagne Knie hat, er bleibt ein harter Bursche.

Rike, seine Mutter, pustet sanft auf seine vielen Wunden – heile, heile Kätzchen –, nimmt sich Zeit, obwohl sie wenig hat; denn der Vater, Edwin Zahn, ist für beide keine Hilfe, treibt sich in der Gegend rum, versucht die Ländereien und das viele Vieh in Schwung zu halten.

Hannes Trostheim und der Landrat haben wache Augen und sorgen, daß kein Futtermangel ist, daß genügend Arbeitskräfte sind.

Kali kriegen sie von weit für Feld und Weiden, damit der Zahn-Betrieb gedeiht!

Rike hat die Hauswirtschaft am Hals, den großen Garten auch. Sie hat sich in den Kopf gesetzt, Edwins Traum von Obst und von Gemüse ein wenig in die Wirklichkeit zu rükken, schrittchenweise, doch mit einer Zähigkeit, die ihr keiner zugetraut hat früher.

Der alte Fock ist um die Weihnachtszeit verstorben, in Hohenburg, in einem kleinen Krankenhaus, in das er eingeliefert wurde, als der Zuchthausarzt es für geboten hielt.

Von der Mosel kam kein Mensch.

Ruthchen und ihr Sänger trugen Fock zu Grabe und verweigerten Ulrike, an der Trauerfeier teilzunehmen.

Das wär des Toten letzter Wunsch gewesen. Ob das stimmt? Immerhin war Rike seine Lieblingstochter ...

Rikchen weiß nicht, was sie sagen soll. Edwin schweigt sich aus!

2.

Bei Trostheims hatte sich auch viel verändert. Jannek ging schon in die vierte Klasse. Halka war ein kleines Biest, wollte immerfort den Kindergarten schwänzen. Man mußte deutlich werden mit dem Balg. Selbst der Vater sprach ein lautes Wort, wenn's nicht anders ging.

Olga hat die Schulbank drücken müssen, fast ein volles Jahr. Nun ist sie fertig mit dem Studium.

Und heut ist Olgas großer Tag!

Sie sitzt vorm Chefarzt des Kreiskrankenhauses, ein Mensch, der immer unzufrieden wirkt. Düster geht er durch die Gänge. Mürrisch steht er vor den Kranken, findet nie ein gutes Wort, nur Genuschel kommt aus seinem Mund.

Wie soll der Mann die Kranken heilen können?

Fleiß und Können scheint er zu besitzen. Jedenfalls wird ihm das prompt bescheinigt von Leuten, deren Urteil etwas gilt.

Zu Olga sagt der Mürrische: »Sie sind die Frau vom Vorsitzenden der SED?«

»Bin ich. Hat aber mit der neuen Arbeit nichts zu tun!«

»SED – sind Sie auch drin?«

Olga nickt. Sie lächelt sehr gewinnend. Das kann sie, wenn es nötig ist.

Der Arzt steht auf, öffnet schnell ein Fenster und erzählt den Spatzen in den Büschen, wer er war und ist: »Muß jeder selber wissen. Hab die Nase mit Parteien voll. Kann keine mehr verknusen. War bei der Charité, wollte forschen. Nun sitz ich fest in Panitz, behandle von Hämorrhoiden bis zum Tripper alles ... Ich bin selber schuld!«

Dann hat er die Ansprache an die Spatzenbrut in den Büschen beendet, schließt das Fenster und sagt: »Sie haben den Kursus für Hebammen bestanden ... Gratuliere! Gehn Sie an die Arbeit. Wo ein Leben ist, da wird geboren — gestorben auch. Gute Zeiten, schlechte Zeiten. Machen Sie das Beste draus!«

Er verbeugt sich kurz. »Ich danke!«

3.

Hanni Schütze, eine junge Frau, ist im Kreißsaal wie von Sinnen, wälzt sich hin und her und schreit: »Will's nicht haben, soll ersticken!«

Olga kann sich nicht beherrschen, packt die Verrückte, hat mehr Angst als diese Frau und keucht, als hätte sie die Wehen: »Bist du noch zu retten? Hältst die Wehen an. Soll das Kind ersticken?«

»Ich will es nicht!«

Soll Olga ihren Chefarzt rufen, ihm bekennen, daß sie hilflos ist?

Das wär ihr Anfang und ihr Ende!

»Was ist, Frau Schütze?« Olga richtet sie im Bett auf. »Was haben Sie für Sorgen? Sie machen sich und mir das Leben schwer!«

Plötzlich, wie ein Sturzbach, bricht die Angst aus dieser Frau. »Ist heimgekehrt. Das sechste Jahr vermißt. Nun ist er da. Funf Jahre hatt ich keinen Kerl. Keinen hab ich rangelassen. Dann hab ich mich doch hingelegt. Wollte mal was haben. Ein bißchen Wärme. Nun ist er heimgekehrt. Hat mich hergebracht. Aber sonst — kein Wort, kein gutes, kein böses. Kein Blick. Bin Luft für ihn. Ich will es nicht — das Balg!«

Dann fährt vom Rücken in den Leib ein Schmerz, der drängt und was zerreißen will. Wieder schreit sie: »Nein!«

Doch Olga hat der Mut noch nicht verlassen. Sie muß die Frau für sich gewinnen. Sie redet ruhig auf sie ein: »Ist doch gut. Hat dich hergebracht. Warum — wohl? Weil er sich sorgt ... Ruhig ... durchatmen! Tief durchatmen ... Hätt dich doch nicht bringen müssen. Bringt dich aber her ... Nicht verkrampfen! Locker ... Er wird es baden. Wirst du sehn! Sogar füttern wird er's! ... Atmen, atmen, atmen ... Kann ohne dich nicht sein. Wär doch gleich gegangen sonst … Pressen, pressen, pressen …«

Hell und zitternd schreit ein neuer Mensch!

Es ist geschafft. Es war die schwerste Arbeit, die es gibt. Olga zittern alle Glieder.

Hanni hat sich abgewendet, möchte, daß sie nicht gesehen wird, möchte sich verstecken, wenigstens die Tränen möchte sie verbergen, die bittren, die ihr den Blick verschleiern, die ihr nicht gestatten, das Wesen zu erkennen, das schreit und damit sagen will: Ich bin nun da!

Olga spürt genau: die Mutter wird das Kind behüten. Sie wird am Ende froh sein, daß es lebt.

4.

»Wär nicht wieder hingegangen!«

»Hast es doch geschafft!«

»Welche Angst ich hatte! Eine Angst, Hannes … aber er lebt!«

»Nun soll er groß werden!«

Olga drehte sich zu Hannes um. Es ist spät, doch keiner will schon schlafen. Sie kuschelt sich an ihn, legt den Kopf auf seine Brust. Sie träumt, und sie erzählt: »Heiko heißt er. Mehr ein Hundename. Doch was soll's. Stark werden, einen guten Vater haben. Die Mutter ist nicht schlecht. Hat's eben nicht mehr ausgehalten, das Warten über Jahre weg. Immer nur allein … Könntest du denn ewig warten!«

Wer weiß? Wer kennt sich selber so genau?

Hannes lächelt über Olgas Eifer, streichelt sie. »Ich glaube – warten könnt ich lange, ewig aber nicht!«

Sie drängt sich ungestüm an ihren Mann, den Vater ihrer Kinder; denn beide sind die ihren. Ach, ist sie froh, daß Hannes da ist, Jannek, Halka: ist sie froh!

Und sie flüstert: »Mir ist leicht ums Herz. Kennst du das, Hannes? … Alles ist leicht – wie Pusteblumen … leicht, weil der Bengel lebt!«

Sie werden lange brauchen, Schlaf zu finden …

5.

Olga fährt zur Mittagsschicht mit einem Rad, das mal Edwin Zahn gehörte, der nun ein Motorrad hat … Kannst du gut gebrauchen, weil dein Krankenhaus am Rand der Kreisstadt liegt.

Rikchen nimmt kein Herrenrad. Die Stange, meint sie, würde stören! …

Olga stört sie nicht. Olga wäre schon bei Hannes mit dem Herrenrad gefahren. So lange ist das gar nicht her … Auf der Querstange, irgendwo ist schon noch Platz … Olga lächelt. Vergessen ist das nicht!

Was die sich dachten, die Mächtigen der alten Zeit! Setzten ihre Bauten in die Wüste, und die Menschen müssen tippeln, alte Leute, kranke Menschen. Kein Bus fährt, keine Straßenbahn, müssen sich auf schwachen Füßen bis zum Rand der Wüste schleppen und später dann zurück.

Den Weg gehn die, die sich mürb und elend fühlen, die die Hoffnung haben, daß ein Doktor weiß, wo das Leiden steckt und wie es zu kurieren wär.

Wer gesund ist, der erspart sich diesen Weg!

Stets begegnet Olga auf der Fahrt dem Zug der Kranken, mal ein langer, mal ein kleiner Zug. Hängt viel vom Wetter ab. Herrscht klare, leichte Luft, tröpfelt es so hin, sind nicht soviele auf den Beinen, sieht sie einen Gipsverband, zwei vielleicht, einen Kopfverband und einen, der den Daumen schont.

Bestimmte Leute sieht sie immer, da kann das beste Wetter sein. Die humpeln hin und bumsen mit den Stöcken, kraftlos meist und ohne gute Aussicht. Manche sind dem Grabe nah.

Diese Bilder begleiten Olgas Fahrt. Doch geschieht es selten, daß sie das beklommen macht. Sie ist zu jung, dem Leben viel zu freudig zugetan. Sie kann noch nicht erschauern bei dem Gedanken, daß alles Leben einst ein Ende nimmt. Sie weiß davon, sie lebt damit, wie jeder, der Verstand hat und ein Herz, doch weiter ist da nichts!

Eins wird sie Hannes sagen müssen: Das Dach im Krankenhaus ist leck. Da müßte man sich kümmern. Der nächste Winter kommt bestimmt … Und man sollte auch versuchen, eine

Linie einzurichten, wenigstens zweimal die Woche. Das wäre schon nicht schlecht ...

Auf Hanni Schütze trifft sie heut das erste Mal. Die kommt wohl schon zurück mit ihrem Kinderwagen. Grau und mager sieht sie aus, das Haar ist ungepflegt, lange nicht gewaschen, filzig, stumpf. Dabei wär Hanni eine hübsche Frau, hat kluge, blaue Augen, einen vollen Mund, einen Hals, so fein und schlank, daß man sie beneiden könnte.

Olga springt vom Rad, gibt der Frau die Hand und schaut sich dieses kleine Wesen an, das ihr soviel Ängste brachte.

»Was ist denn los?«

»Verdauungsstörungen. Geht weg wie Wasser. Ist ganz welk, der kleine Kerl!«

»Was sagt der Arzt?«

»Haferschleim. Hilft aber nicht!«

»Bißchen schwarzer Tee, Teelöffel voll, nicht mehr!«

»Schwarzen Tee! Wer hat denn schwarzen Tee, Frau Trostheim?«

»Werden wir schon finden!«

Viel Zeit hat Olga nicht. Ihr Dienst beginnt um zwölf. Doch wenn sie Hanni Schütze trifft, mag sie nicht die Uhr vor Augen haben. »Was Neues?«

»Geht nun als Harzer in den Wald. Aber sonst ist nischt, Frau Trostheim. Rührt mich nicht an. Liegt neben mir – und nischt! Daß der Junge lebt, da bin ich froh, bin ich Ihnen sehr zu Dank verpflichtet. Alles andre bleibt verpfuscht. Der Mann kann meinen Fehltritt nicht verwinden ...«

Dann muß Frau Schütze erstmal weinen.

Es ist ein warmer, sanfter Tag. Schäfchenwölkchen ziehen. Die Tage des Altweibersommers nahn. Die Zeit, die Olga mag. Hanni Schütze wischt die Tränen mit den Fingern weg.

Hat sie denn kein Taschentuch?

»Dabei war er sechs Jahre vermißt. Fünfe habe ich gewartet, dann hielt ich's nicht mehr aus ... Fünf Jahre nischt vom Leben ...«

»Ich weiß, Frau Schütze, ich kann Sie auch verstehn ...«

Während Hanni noch schluchzt, sagt sie: »Neulich hat er den Kleinen gebadet, plötzlich – sonntags früh ...«

»Ist doch ein Lichtblick!«

»Rührt mich trotzdem nicht an. Bin für ihn gestorben. Ich würd gut sein, ihm jeden Wunsch erfüllen!«

Nun muß Olga doch auf ihre Zeit verweisen. »Geduld. Es wird sich alles finden!«

Sie steigt aufs Rad.

Hanni fährt auch weiter mit dem Kinderwagen. Ihre Schultern beben; denn in ihr frißt ein Gram, der läßt nicht zu, daß sie sieht, wie der Herbsttag üppig ist, was er alles bietet an weichem Licht und hartem Schatten und allem reichen Überfluß.

6.

Wilm hat etwas wahrgemacht, was er lange plante, hat sich Ponys angeschafft. Auch Alma freut sich darüber, hat ihn sogar aufgehetzt: Mach es, Wilm, auch Jannek wird sich freuen ...

Nun sind die da, die Wänster, eine Stute und ein Hengst dazu, Lissy und Frank-Paul, haben beide Felle wie die Bären, dicht und braun im Ton, wälzen sich im Sonnenlicht, fühlen sich in Güterlohe wohl.

Manchmal spannt sie Sichler an.

Er hat sich – Alma schätzt das sehr – eine regelrechte Kutsche aufgebaut. Geholfen hat ihm der Rotkopf, der Mann, der ein Handwerksmeister ist. Er hat die Witwe Susi längst gefreit. Das Mädchen Toni sagt Vati zu ihm. Der Buckel Kniebeln ist vergessen.

Die Mini-Kutsche ist ein flottes Ding.

Alle staunen, wenn Sichler durch die Gegend fährt. Die Kinder rennen hinterher.

»Bitte, bitte, Onkel Wilm ...«

Mehr als viere lädt er selten ein; denn die Stute Lissy ist gedeckt. Das muß man schon in Rechnung stelln!

Heut rollt Wilm Sichler auf den Hof des Heidrich zu. Dem hat er was zu sagen, und zwar mit aller Deutlichkeit.

Heidrich, dieser falsche Kunde, erfüllt sein Soll nicht. Sichler wird verfügen, daß einem Zwangsdrusch stattgegeben wird, das heißt: Heidrichs Roggen-Weizen-Hafer-Gerste-Ernte wird vor allen Leuten ausgedroschen. Dann zeigt sich, was der Mann im Sacke hat. Wahrscheinlich wird er schnell sein Soll erfüllen, will er aber nicht, wird er alle seine Körner los, soll er sehn, wie er bis zur nächsten Ernte kommt.

Wilm ist fest entschlossen, durchzugreifen. Das muß er auch, weil die andern auf den Heidrich schaun. Hält er Heidrich nieder, wächst ihm keiner übern Kopf, hat Wilm die Machtverhältnisse geordnet, und der Staatsplan in Getreide wird erfüllt.

Ein zweiter Grund drängt Wilm, Heidrich tüchtig auf den Pelz zu rücken. Es ist bekannt geworden, daß der Kerl, dem Wilm vor Zeiten aus der Patsche half, als es mal um Schnaps gegangen war — ein ganzes Dorf erinnert sich daran —, dieser undankbare Mensch läßt neuerdings verlauten, daß er unsern Präsidenten wenig schätzt.

Flott fährt Sichler durch das Dorf, Frank-Paul, der Hengst wiehert vor Vergnügen, Lissy, diese Pony-Dame, schweigt dazu, ist im Wesen stiller als der Hengst, der trompeten muß und der nicht weiß, wohin mit seiner Kraft.

Vor Heidrichs Hof macht Sichler halt, steigt vom Sitz und klopft ans Tor, das verschlossen ist.

»Sitzt du auf den Ohren?«

Vom Hof ruft eine müde Stimme: »Was ist so eilig, daß es nicht mehr warten kann?«

Warte mal, gleich bin ich drin!

Kam der Heidrich etwa von dem Örtchen her? Seine Hosenträger baumeln, berühren fast die Pflastersteine auf dem Hof. Die Hosenträger muß er erst auf seine Schultern schieben, dann ist er wieder ein gesetzter Mann. »Brauchst du Rat und Hilfe, Wilm?«

»Man hört«, sagt Wilm und wird nicht lange fackeln, »du schätzt den Präsidenten nicht?! Er war ein Tischler! Ist ein Mann der Arbeit und des Friedens, ein Mann, der auch die Bauern schätzt. Auf solche Menschen ist Verlaß!«

Wenn das Sichlers einzige Sorge ist, wird ihn Heidrich erstmal zappeln lassen. »Wird er denn regieren können?«

»Beweist er schon das dritte Jahr!«

»Gelernt hat er Tischler, haste grad gesagt!«

»Ich war Kutscher und regiere auch!«

Nun könnte Heidrich sagen: »Das machste, Hemmung zeigste nicht!« Er sagt es aber nicht, läßt den Bürgermeister reden und unterbricht ihn nicht. »Ein Wendepunkt für ganz Europa war die Gründung unsrer Republik ... Stammt nicht von mir! Aus dem Kreml kam das Telegramm. Immer wahrer wird der Satz von Tag zu Tag!«

Heidrich, dieser alte Fuchs und Kornbrandbrenner, faltet seine Hände zum Gebet und meint durchtrieben: »Wolln wir hoffen, daß das Kleinkind aus den Windeln kommt!«

Wilm traut dem Schurken gleich das Schlimmste zu und faucht ihn an: »Du möchtest es abmurksen, wenn du könntest, kannste aber nicht, Heidrich. Es wird wachsen und gedeihn, das Kleinkind!«

Wilm läßt seinem Gegner keine Atempause, boxt ihn nieder, daß es nur so kracht. »Morgen wird ein Zwangsdrusch durchgeführt!«

Solche Worte hat er schnell parat, ›durchführen‹ kann er allemal, zu jeder Stunde bringt es Sichler fertig. »Alle Bauern gucken zu. Das ist mein letztes Wort!«

Als Sichler längst verschwunden ist mit seiner Pony-Kutsche, schickt Heidrich einen langen Blick zum Himmel und betet nun wahrhaftig: »Lieber Konrad Adenauer, haste nicht gesagt: Ein Ereignis ohne Folgen ist die Republik! Haste doch gesagt! Nun ist der Bastard schon zwei Jahre alt. Womöglich wird die Republik uralt! Was machste dann, Herr Adenauer? Wann zeigt ihr endlich, was ihr drüben könnt?!«

7.

Am nächsten Morgen wird bei Heidrich zwangsgedroschen. Zwei Dreschmaschinen stehen auf dem Hof und dröhnen, daß kein Mensch das eigne Wort versteht.

Es ist ein kühler Morgen, viel Volk ist auf den Beinen, nicht jeder findet Sichlers Art, den Staatsplan zu erfüllen, als richtig und gerecht. Doch es gibt auch welche, die sich heimlich freuen, weil's den Heidrich trifft.

Schwer zu sagen, zu welcher Seite sich die Meinung neigt, zu Sichlers oder Heidrichs. Das wird man nie genau erfahren. Gewiß ist nur, daß alle schauen und verfolgen, welche Ernte-Posten Heidrich auf die Waage bringt.

Geringe werden es nicht sein. Da ist sich Bauer Schuster sicher. Er ist der Mann, der schon vor Zeiten jenen Bulldog in Betrieb genommen hat, mit dem Jupp Keuner in den Tod gefahren ist. Der Haufen Schrott liegt heute noch in einer Kuhle, und keiner hat ihn wieder angerührt.

Er sei verflucht – solange Menschen leben auf der Welt!

Egon, Schusters Sohn, sitzt seine Jahre ab.

Dreiundfünfzig, um den Mai herum, wird der Junge wieder freie Luft genießen. Anfangs hat nur Lieschen Schuster ihren Sohn besucht. Später hat sie dann erreichen können, daß der Vater mitgefahren ist. Jetzt warten beide schon mit Ungeduld auf ihren Sohn, auf den Tag, da er endlich eine Hilfe wird im Stall und auf dem Feld; denn Schuster, der zu seinem eignen Acker durch die Reform noch Land bekommen hat, ist ein wirtschaftsstarker Mittelbauer, besitzverliebt, tüchtig und gewissenhaft, ein kleiner, breiter Mann mit roten aufgesprungnen Wangen und flinken Augen, denen nichts entgeht.

Auf Schuster wird gehört! Wenn er beim Zwangsdrusch leise sagt: »Die besten Bauern macht sich Wilm zum Feind!« – will das etwas heißen, ist das noch kein Kriegsbeil, das er schwingt, doch ein Stoß in Sichlers Rücken ist das schon!

Inzwischen dröhnen die Maschinen. Fach um Fach wird ausgeräumt, bis in Heidrichs neuer Scheune nur noch Spreu zu finden ist und Mäusedreck und Staub natürlich, viel, viel Staub. Der drückt aus allen Ritzen. Er sitzt den Männern und den Frauen beklemmend auf der Brust.

Am Abend sind die Menschen klüger als am Morgen!

Das ist auch in der Sache Heidrich so. Dudei hat gewissenhaft jeden Sack notiert. Es zeigt sich, daß Heidrich seinen Plan erfüllen könnte und genug behalten würde, um die nächste Ernte ohne Mangel zu erleben. Doch reißt dem Heidrich die Geduld. Ganz am Ende muß ihm das geschehn. Als die Dreschmaschinen schweigen, geht er Sichler an: »Haste einen

Riß in deiner Kanne, biste noch normal? Wo bleibe ich, die Frau, das Kind! Willste, daß wir Hungers sterben!«

War Sichler noch geneigt, Heidrich keine Strafe aufzubrummen, wenn er nur das Soll erfüllt, ist er nun der Satan in Person und verkündet vor dem halben Dorf:

»Ersatzlos sind die Säcke einzuziehn, alle Säcke. Auch den letzten kriegt der Staat!«

Da drehn sich viele ab, gehn mutlos durch den Abend und finden, daß Sichler nun den Bogen überspannt.

Noch in der Nacht schreibt Heidrich einen Brief. Er bringt ihn eigenhändig in die Stadt. Er gibt ihn ab im Landratsamt. Bevor ihn Dreibrot Trostheim übergibt, schreibt er an den Rand: »Schikanen, Machtmißbrauch!« — und das mit rotem Stift!

8.

Alma paßt in keinen Rock, selbst über Sommer hat sie nichts verloren von ihrer runden Üppigkeit. Wilm muß sich nun in Kosten stürzen, neue Röcke müssen her, Blusen auch und Kittelschürzen. Das hat Wilm soeben festgestellt, als er in den Spiegel schaute und Alma seinen einen Schuh polierte, der zweite sitzt am Hosenbein fest.

Große Unkosten kommen auf ihn zu.

Wilm hat den roten Schlips gebunden. Es versteht sich, daß ein Bürgermeister ohne Schlips nicht fahren kann!

»Alma«, sagt er, »was wird Hannes wollen?« Er trinkt im Stehen eine Tasse Tee. »Vielleicht soll ich Minister werden!« Und weil sein Weib noch schweigt, meint er gutgelaunt: »Für einen Orden wär die Zeit auch reif!«

Bestimmt, denkt Alma, ganz bestimmt! Dafür wie du Heidrich Maß genommen hast, verdienst du mehr als einen. Doch sie läßt sich nicht in Einzelheiten aus. »Fahr und grüß die ganze Sippschaft!«

Dann sitzt er vor Hannes, in den Augen scharfes Gegenlicht. Das konnte er nie leiden. Das macht ihn stets nervös.

Merkt das Hannes nicht? Wie soll er ihn genau betrachten, wenn in den Augen diese Lichtflut brennt? ...

»Setz dich mal ein bißchen aus dem Licht!«

Sichler atmet hörbar auf. Er hat ein Herz für seine Bürgermeister. Hannes merkt, was einen Mann bedrückt!

Wilm sucht sich eine Ecke aus, wo ihn das Licht nicht trifft. Manches hat sich verändert im Zimmer, die Stühle, auch der Schreibtisch, und endlich hat er einen Teppich, und grüne Pflanzen ranken sich die Wände hoch. Ist wohnlicher geworden, behaglicher, nicht mehr so nüchtern, wie es war, als er beim letzten Mal den Rucksack auf den Schreibtisch knallte.

Ob's die Eier überstanden haben? Er will Hannes nicht daran erinnern. Wilm war nie ein nachtragender Mensch ...

Endlich redet Hannes. »Du greifst durch — das find ich gut! Trotzdem ist Geduld vonnöten. Bei Heidrich schießt du übers Ziel hinaus!«

»Ach, gucke an!«

»Laß dir das gesagt sein, Wilm! ... Mit deinen linken Haken jagst du ihn davon!«

»Und wenn? Um den wär's mir nicht schade!«

»Heimisch solln sie bleiben, Vertrauen solln sie haben, überzeugt sein, daß wir ehrlich sind!«

»Ehrlich war der nie und nimmer, keine Stunde war der Mann uns hold!«

»Du sagst ›war‹! Hast ihn also abgeschrieben ... Ich sag: Das geht zu weit! Auch mir juckt mal die Faust. Wenn die linke Hand zuckt — muß die rechte sie festhalten. Heidrich kriegt sein Saatgut wieder, das Futter für das Vieh, genug Getreide, daß er Mehl zum Backen hat. Muß sein Soll erfüllen. Schikanen duld ich nicht!«

Wilm wird der Unzufriedenheit nicht Herr und wettert: »Kannste mir erklären, warum so viele bockig sind?«

»Weil dein Ton nicht stimmt!«

»Es geht nicht um Töne, es geht um unsre Macht!«

So weich und wacklig kennt er Trostheim nicht! Was ist in diesen Mann gefahren, daß er plötzlich wie eine Schar von Engeln singt. »Mach dir nichts vor! Manchen kriegst du nicht auf unsre Seite!«

»Bleibt aber unser Ziel!« Er blickt Wilm lange an. Dann

gleiten seine Blicke fort, suchen draußen einen Halt, einen Punkt, wo sie zur Ruhe kommen.

Macht Hannes nicht ein bißchen zuviel Wind? Wie sieht es wirklich aus? Der Bürgermeister schlägt sich unten mit den Leuten rum. Da kann er nicht nur Freunde haben. Dem einen muß er das verwehren, dem andern wieder dies. Der eine darf nicht schlachten, weil er hängt mit seinem Eiersoll, der nächste hat den Tabak nicht geliefert und kriegt gleich einen aufgebrummt!

Den Übernächsten muß er überzeugen, daß er Saatkartoffeln nicht verfüttern darf, weil's an Saatgut vorn und hinten fehlt. Mach das mal und bleib bei Laune und hab im Monat ein Gehalt von höchstens drei-, vierhundert Mark.

Trostheim weiß Bescheid. Es geht ihm nicht darum, Wilm Sichler zu belehren. Er hat den Stein der Weisen nicht gefunden.

Er ist mit seinen Blicken in den Raum zurückgekehrt, schaut Sichler an und sagt: »Ich möchte dich zur Schule schikken!« Es war lange drückend still gewesen, urplötzlich fährt nun Sichler auf: »Gleich? Ohne Abschied von der Alma?«

Der Mensch ist unverwüstlich. Hannes lächelt vor sich hin. Das sind die, die er liebt und schätzt. »Ich dachte – über Winter!«

»Über Winter? Das paßt mir nicht!«

»Paßt dir nicht?«

Manchmal hat Wilm Sichler Gesten – da fährt er mit der Rechten übern Kopf, als wollte er was fangen, eine Idee, die sich noch nicht greifen läßt. »War ich Knecht und Kutscher oder nicht?«

Natürlich war er das!

»Siehst du! Als Pferdenarr hab ich mir erlaubt, Ponys einzustallen – Hengst und Stute!«

»Kannste doch. Am meisten freut sich da der Jannek!«

Wilm zögert, willl mit der Sprache noch nicht raus: »Es ist nur ...«

»Denkst du, Alma schafft das nicht?«

»Alma schafft allerhand. Aber am Pferdeverstand mangelt's ihr. Da kann ich schlecht in Ruhe bei den Büchern sitzen!«

»Wenn die Partei ruft, hat man zu folgen. Ich denke, du wirst fahren. Alma wird die Ponys pflegen. Gibt's noch Fragen, Wilm?«

Wilm hat mehr Fragen, als ihm lieb ist. Manchmal hält er sich für ungebildet, fühlt er sich nicht wohl in seiner Haut. »Die drüben planen, ganz Deutschland bald in ihren Machtbereich zu bringen. Sind frech genug, fürs ganze Volk zu sprechen. ›Alleinvertretungsanspruch‹ – das Wort bringt mich in Fahrt. Was setzen wir dagegen!«

Welche Aussicht kann er Sichler bieten? Es wird noch schwer! Der Weg ist kaum erforscht, der Berg ist nicht erstiegen! Der Feind wünscht uns die Pocken an den Hals! Mit allen Wassern ist das Kapital gewaschen. Wir machen uns nichts vor! Reicher sind sie auch als wir! Trotzdem hat Hannes die Pflicht, Mut und Zuversicht zu geben. Sonst könnte er die Siebensachen packen, den Hut vom Haken nehmen und sich in einem stillen Eckchen niedertun. Zweifel kann ein Mann wie Trostheim nicht gebrauchen, die sind ihm fremd und fern, die muß er, wenn sie ihn bedrängen, niederhalten, mit aller Kraft und Zähigkeit. »Wir gehen unsern neuen Weg. Sie gehen ihren alten!«

Noch lauscht Wilm Sichler diesen Worten nach, scheint zu prüfen, ob sie richtig sind und ob sie reichen. Dann sagt er: »Vielleicht ist's gut, daß mir die Schule winkt!«

Dann erzählt ihm Hannes noch von einem Mann, den Sichler auf der Schule treffen wird. Hat im Krieg den Arm verloren. Bitter – denn er war ein Zimmermann, ein Holzwurm, wie Hannes einer war. Willi heißt er ... geht durch alle Wände, wenn man den nicht bremst. Er wird Wilm Sichler gleich gefallen ...

»Und dann«, sagt Hannes, »Jürgen Gärtner, weißt schon, wen ich meine ...«

»Der dem Fock die Münzen aus der Nase zog?«

»Genau der. Hol ihn dir nach Güterlohe. Der junge Mensch will sich beweisen. Hat heute ein Diplom. Setz ihn ein als Vize, wenn du auf der Schule bist!«

Als Sichler durch die Kreisstadt stakt, empfindet er's als eine Wohltat, daß Trostheim sich ums Heimatdorf bemüht, daß er es im Auge hat, selbst in Kaderfragen steht er uns mit Rat und Tat zur Seite. Der Vorschlag mit dem Gärtner-Jungen paßt in Sichlers Plan.

Dann kauft er ein für Alma. Weil er nicht die Maße weiß, fängt er eine Dame von der Straße weg, die in Breite und in Größe seiner Liebsten gleicht. Kittelschürzen, rot auf blauem Untergrund, kauft er ein. Bei Blusen ist die Auswahl klein. Da nimmt er ein gedecktes Grau, und die Dame, die ihm hilft, rät ihm noch zu einem Schneckengrün, doch das lehnt er ab.

Das kleidet Alma nicht!

»Danke für die Hilfe«, sagt er flott und zahlt in bar und glaubt ganz fest, daß Alma ihre helle Freude hat.

9.

Alma hat die Kittelschürze an, die Blusen wird sie noch ein bißchen schonen, die hebt sie sich fürs Frühjahr auf. Auf jeden Fall hat Wilm Geschmack bewiesen. Und wie er eine von der Straße fing, das paßt zu ihrem Wilm ...

Sie hilft ihm, seine Ponys anzuspannen. Frank-Paul kann nie vernünftig sein. Immer muß er keilen, knuffen, schnell schnappt er Lissys Ohr. Die schreit vor Schreck. Und Alma meint: »Immer haste gesagt: Wenn die Stute fohlt, gehst du keinen Schritt. Das hättest du auch Hannes sagen müssen!«

Wilm muß den Hengst ermahnen. »Bleib stehn!« Er zieht ihm die Kandare durch, daß die Zähne klappern. »Trostheim läßt sich nicht in seine Pläne spucken. Ist wie ein Berg. Berge kannste nicht versetzen!«

Alma sorgt, daß Wilm auf seine Kutsche kommt, reicht ihm auch die Peitsche nach. »Dich hat die Lernlust schon gepackt?«

»Ich bin die Fackel, Weib!«

Er läßt die Peitsche knallen, noch hält er seinen Hengst zurück; denn Alma sagt besorgt: »Und das Fohlen, wenn es kommt?«

Einen Kuß hat Alma längst verdient und ein gutes Wort; erst kommt der Kuß, dann folgt das gute Wort: »Du bist die beste Mutter. Alle hatten es nicht schlecht bei dir, Mensch und Tier!« Und er fährt davon!

Alma bleibt zurück, denkt über seine Worte nach. Empfindet sie wie warmes Streicheln oder so, als einen Beweis, der fast an Liebe grenzt. So muß es Alma werten. Sie geht noch nicht, steht in einer leichten Wolke von Pferdedunst und Riemenzeug und wartet, bis die Mini-Kutsche im Nebeldunst verschwunden ist.

Der graue Herbst schleicht schon umher.

10.

Eine weiße Leghornwolke stiebt vom Feld, als Sichler naht mit seiner Mini-Kutsche. Oskar Gärtner tritt vors Tor, läßt seine Hühner auf den Hof und sagt zu Wilm: »Hast die Ponys, ich die Hühner. Eine Liebe braucht der Mensch. Deine Pferdchen sind zur Zierde da, aber meine Hühner, Wilm? Eier können nicht genug sein. Und das Fleisch ist auch nicht zu verachten!«

Wilm zieht die Bremsen an. Dem Hengst ist nicht zu trauen.

»Wo bleibt dein Sohn?«

»Was müßt ihr denn bereden – beede?«

Weiber plagt die Neugier. Oskar ist kein Weib, doch die Neugier plagt ihn auch. »Ist das denn geheim?«

Was soll sich Sichler zieren? Morgen weiß es schon die halbe Welt. Er greift in Oskars Tabaksbeutel; denn Gärtners Tabak ist bekannt, wird geschätzt und ist bekömmlich. Er stopft die Pfeife mit Bedacht, dann weiht er Oskar ein:

»Ich brauche seine Hilfe. Es kann geschehn, daß ich – sagen wir: zeitweise nicht mehr greifbar bin!«

»Soo? Donnerwetter!«

»Dein Junge hat studiert. Nur soll er nicht das Hähnchen sein, das jedes Hühnchen treten muß!«

Bist noch zu retten, möchte Oskar schrein. Hat er nicht gewacht an unsrer Grenze, hat er nicht den Feind gestellt! Heute wär er Hauptmann, morgen General, wenn nicht dies und das geschehen wär an privaten Mißgeschicken, die man vorher nie berechnen kann. Trotzdem hat er nicht die Flinte weggeworfen, hat sie umgetauscht, die Waffe, hat zum Buch gegriffen und zur Feder. Nun hat er ein Diplom. Da schneid dir lieber eine Scheibe ab und nenn ihn nicht den besten Hahn im Dorfe. Das bleibt er sowieso!

Endlich kommt der Junge selber. Er pusselt an den Ponys rum, besonders hat's der Hengst ihm angetan. Den kann er nicht genug bewundern. Er hört mit Gleichmut Sichlers Worten zu und ist nicht überrascht. Im Gegenteil! Er hält es für normal, daß er an jedem Finger zweie hat, die sich um ihn reißen. So muß es sein, so hat er es verdient.

Er ist inzwischen ausgewachsen, die blonden Haare stehn ihm gut, um die Hüften ist er schmal geblieben, in den Schultern hat er zugelegt, auf Tabak pfeift der Mensch, Schnaps nimmt er nur mit Widerwillen an. Doch in Sichlers harte Hand schlägt er ohne Zögern ein.

»Bei mir kannste alles werden!« sagt Wilm Sichler.

Er verspricht dem Jungen nicht zuviel!

11.

Es ist ein Herbsttag, hoch und weit der Himmel, die Schwalben sind verschwunden, die Lerchen schweigen schon. Und doch ist dieser Tag wie Seide weich, die Luft ist klar, kein Lüftchen regt sich. Die Buchenblätter bluten, und wenn sie lautlos fallen, geht ein Seufzen durch den Wald.

An einem großen Findling halten Dreibrots an und lehnen ihre Räder an den Stein.

Käte ist das Strampeln nicht gewöhnt und ringt nach Luft: »Katrin ist 'ne dumme Pute. Geht mit Jannek lieber Handball spieln.«

»Sport ist gut. Besser, als sich rumzutreiben. Radfahrn ist auch Sport. Hohe Zeit fürs olle Herz!«

Dreibrot schnuppert den Gerüchen eines Herbsttags nach. Am Findling führte seine Route lang. Da war es auch gewesen, wo er vom Postrad stieg, den Graupelschauer im Gesicht, und den Brief zerriß in viele kleine Fetzen, den Brief, der Wilmchens Tod verkündet hat. Den hat er seiner Frau verschwiegen. Er hat sie irr gemacht mit seinem Schweigen, ins Irrsein hat er sie gestoßen. Er war schuld!

Denkt er wieder drüber nach? Käte blickt ihn fragend an. Die Gedanken dürfen nicht den Tag verdüstern. Sie sagt schnell: »Du und alt!«

»Werd ich sechzig oder nicht?«

Er reißt sich los von der Vergangenheit, aus den bösen Träumen schreckt er auf und polkt ein bißchen mit dem Finger in den Rissen dieses Findlings, den er lange kennt.

»Sieht dir keiner an, das Alter!«

»Willst wohl schmeicheln ... Haste etwa feste Absicht mit dem ollen Kerl!«

Ja, sie ist viel jünger, gerade über dreißig ist sie jetzt, und die Augen, diese grauen, die ihn gleich gefesselt haben, weil da Spott zu finden war, sind noch jung und möchten noch viel sehen, wollen sich erfreuen an der Welt, die sich immer mehr erholt von den dunklen Jahren. Käte greift mit vollen Händen zu, wenn's um Leben und Erleben geht, sie wird nicht satt, und Dreibrot muß sie füttern. Eine junge Frau zu haben — sagt man — wäre schön. Dreibrot kann ein andres Liedchen singen ... Käte könnte seine Tochter sein.

Sie lehnt sich an ihn. Er weiß nicht recht, was wird.

Plötzlich knackt es hinter ihnen. Sind die Sauen unterwegs? Am hellen Tage schon?

Der krachend durch die Buchen bricht, kommt dem Landrat unverhofft und ungelegen, den wünschte er sich sonstwohin!

Aber dieser Mann, ein Dicker, Großer, lüftet seinen Jägerhut, nimmt das Fernglas ab, hängt es an den Baum, eine Flinte hat er nicht zur Hand, doch ein flottes Wort: »So sieht man sich mal wieder!« Er küßt der Frau die Hand, was sie verlegen macht, und sagt mit seiner tiefen, angenehmen Stimme: »Kernmeier. Sicher hat Ihr Mann von mir erzählt!«

Und ob!

Ein aufgescheuchter Blick von Käte irrt vom Dicken weg zu ihrem Mann ...

Was treibt der Dicke sich in unserm Wald herum? Mit welcher Absicht, welchem Recht?

Das klärt der Dicke auf. Es wär das beste Hirschbrunstwetter. Eine alte Stimme melde sich in rauhem Tal, wo früher sein Gebiet gewesen sei. Wär lange her, als er den letzten Hirsch erlegte im rauhen Tal, wo immer wieder starke Hirsche standen, wenn die hohe Zeit begann. Der Schwarzwald sei für ihn zu weit. Er wolle wenigstens verhören, an die alten, braven Zeiten denken, da er ein wilder, ungebundner Jägermann gewesen war …

Er sagt und lächelt Dreibrot an: »Das habt ihr gut gemacht. Der Wald gehört dem Volke!«

Mein Gott, wie wird sich Dreibrot schlagen?

Nicht schlecht!

Dreibrot sagt: »Nicht nur der Wald gehört dem Volk!«

»Ja, ihr geht mit forschem Schritt!«

»Wir gehen unsern Weg — das stimmt! Wir verlassen uns auf uns. Ihr verlaßt euch — wie gehabt! — aufs Kapital!«

»Ein weites, weites Feld, Genosse Dreibrot!«

Käte kennt den Landrat gar nicht wieder. Eben stand er noch am Findling, versonnen, auch bedrückt, gefangen in Gedanken, die ihn plagten, ihm zu schaffen machten. Nun ist ihr Mann bereit und in der Lage, dem andern nichts zu schenken, und greift den Dicken unerschrocken an: »Lassen Sie Fontane ruhn. Der ahnte schon, woran die Weltgeschichte krankt. Ihr ändert nichts, weil ihr nichts begriffen habt!«

»Meine Güte, sind Sie heut in Fahrt! Sie nehmen mich aufs Korn. Ich bin auf einem Pirschgang, Mann. Ich komme Sie besuchen, und wir reden sachlich miteinander und in Ruhe!«

»Bin ich nicht sachlich, nicht deutlich genug?«

Er nimmt sein Rad und Käte folgt ihm. Sie blickt sich noch mal um zu diesem Dicken! Der steht und rührt sich nicht vom Fleck.

Als die Dreibrots freies Feld gewinnen, Güterlohe schon von weitem sehn, springt Käte ab und zwingt auch Dreibrot abzusteigen.

Sie ist so aufgekratzt, daß sie ins Prahlen kommt: »Du bist mit sechzig noch mobil und mehr als nur zum Landrat gut!«

»Man macht sich stärker, als man ist!«

»Warst gleich wie Schwert und Flamme!« Sie muß ihm einfach solche Schmeichelworte sagen. »Warste, Dreibrot. Ich bin stolz!«

»Willste lieber einen Hasenfuß?«

»Ich will dich, wie du bist!«

Das hat sie ewig nicht gesagt, nicht in diesem Ton und nicht mit diesem Blick, der ihn wie ein Feuerstrahl verbrennt.

Übern Mühlenberg schieben sie die Räder noch, hinterm schwarzen, meterhohen Stubben schwingen sie sich wieder in die Sättel und lassen sich geruhsam in das Dorf hinunter trudeln. Sie haben Kaffeedurst nach ihrer Fahrt.

12

Bei Sichlers ist der Kaffeetisch gedeckt. Sie sitzen, wo die Sonne wärmt und Wilm die Gartenmöbel frisch gestrichen hat. Wilm macht das vor dem Winter, weil er meint, das wär fürs Holz von Vorteil, denn den Frost und auch die Nässe wehrt die Farbe ab.

Wilm wird schon wissen, was er tut!

Über Heidrich mag der Bürgermeister nicht viel reden. Lohnt sich nicht! Er hat sich damit abgefunden, wie der Landrat und auch Trostheim im Falle Heidrich vorgegangen sind. Obwohl's für Sichler eine Schlappe war, schiebt er das Thema schnell vom Tisch.

Dann erfahren Sichlers, wer zu Gast in unsern Wäldern ist.

Das kann nicht wahr sein!

Hier war mal sein Revier!

Der spinnt wohl!

Alle Hunde wird er auf den Dicken hetzen!

Dorf- und Waldverbot!

Passiern die Grenze, wie sie wolln.

Das geht nicht gut!

Doch was soll werden?

Die Grenze schließen?

Wie denn?

Mach die mal dicht auf dieser ganzen Länge.

Ist wie ein Dolch im Leib.

Das macht das Leben sauer!

Die kommen, haben keine Samthandschuhe an!

Während Alma Kaffee einschenkt, Pflaumenkuchen reicht, trägt sie Käte Dreibrot auf, für Jannek und für Katrin ein halbes Blech nach Panitz zu schaffen; auf dem Rad und so, daß der Kuchen nicht am Ende in den Sand fällt. Den Kindern würden sonst die Zähne knirschen, und Jannek müßte glauben: Tante Alma wird nun alt, rührt Sand und keinen Zucker in den Teig …

Dann fährt Wilm aus seinem Grübeln auf: »Mißtrauisch werd ich wie ein Elefant. Ich fahre nachts vom Lager und jag die Feinde aus dem Wald!«

Wilm schnäuzt sich laut und rollt schon mit den Augen!

Käte muß die Augen schließen, weil sonst der blanke Spott zu sehen wär!

Nur Dreibrot bleibt bedächtig. »Nachts ist's duster, Wilm. Da wirste nicht viel finden. Tagsüber mußte helle sein!«

Er sagt dann noch: »Den Appetit verderben, gibt es nicht – Genossen!«

Das ist ein kluger Rat, den sollte man befolgen. Sie greifen tüchtig zu!

Zweites Kapitel

1.

Im Tiefherbst des Jahres einundfünfzig beginnt auf der Landesparteischule Schönerblick ein Winterkurs für Genossen aus der Landwirtschaft.

In der ersten Reihe sitzen Wilm und der Genosse Willi, jener Zimmermann, dem der linke Arm verlorenging in Stalingrad und der sich nun als Mann der Wissenschaft versuchen will.

An ihm ist nichts Besonderes, sieht man ab von einem dunklen, scharfen Blick und einer dichten, schwarzen Locke, die ungebändigt aus der Stirn aufs rechte Auge fällt, so daß er ständig Mühe hat, die Locke aus der Stirn zu schieben. Das tut er mit dem rechten Daumen; ruck, zuck fliegt sie nach oben, um alsbald in die Stirn zurück zu rutschen. So ist der Mensch in einem fort beschäftigt, und Unrast geht von Willi aus, viel Ungeduld.

Im Augenblick erklärt der Leiter dieser Schule, ein kurzgebauter, ungewöhnlich strammer Mensch, den Lehrgang für eröffnet und sagt mit einer Stimme, die heiser klingt, weil sie allerhand zu leisten hat: »Rudimente stecken in der Brust des Menschen und im Kopf. Überbleibsel der Vergangenheit. Sie zu finden und zu merzen, ist unsre erste Pflicht. Gehn wir an die Arbeit, befrein wir uns von der Last des alten Denkens, das uns hindert auf dem Weg nach vorn!«

Dann werden sie in Seminare eingeteilt. Zum ersten Seminar gehören Wilm und Willi mit der Locke. Sie bewohnen beide auch ein Zimmer, beriechen sich und finden sich patent!

Doch in Willi nagen manche Zweifel. »Biste sicher, daß ich klüger werd?«

»Dafür sind wir da, du und ich, wir alle!«

»Soll welche geben, die lesen ganze Wälzer leer und werden nicht mal müd!«

Wilm trumpft ein wenig auf und offenbart dem Zimmermann die Stärken, die er hat: »Ich kann mich nicht beklagen, ich schlafe kurz und lese lange weiter!« Dann fügt er noch hinzu: »Man muß den Blick fürs Wesentliche haben!«

»Du hast ihn!« Und die Locke folgt dem Daumendruck. »Du blickst hin und weißt, wo das Gold zu finden ist. Du bist ein Schreibtischmensch geworden und voll in Schwung und Übung. Ich bin ein Zimmermann. Mit Büchern bin ich wenig umgegangen!«

Und die Locke folgt dem Daumendruck!

Wilm darf nicht zulassen, daß der Zimmermann schon am ersten Abend mutlos wird: »Denk an Hannes Trostheim, unsern Freund. Er war auch Holzwurm, ganz wie du. Was denkste, was der alles weiß und denkt. Wir müssen uns an solche Männer halten!«

Die Locke folgt dem Daumendruck nach oben. »Bald bin ich mit der Wissenschaft per ›du‹ und helfe aus, wenn bei dir die Säge klemmt. Wolln wir so verfahren?«

Der Mensch nimmt Lehren an, der läßt sich leiten, überzeugen, mit dem, muß Sichler denken, hat er einen guten Fang gemacht. Beide schlafen traumlos in der ersten Nacht.

2.

Entschuldigungen sucht der Mensch für alles, besonders, wenn er sich nicht fühlt. Meist ist das Wetter schuld: dieser Nebel, diese Nässe, dieser Wind. Es konnte wirklich viel am Wetter liegen. Alles lag in Grau getaucht, blasse Wochen schleppten sich dahin. Wenn Rike morgens aufstand, stand ihr ein schwerer Tag bevor. Doch sie verschwieg es Edwin, wie ihr Rücken mürbe war, wie er schmerzte, wie sie manchmal banges Klopfen hörte in der Brust: Es kann geschehn, ich komme nicht mehr hoch!

Trotzdem geht sie in den Garten und zieht die Möhren aus der Erde, auf den Knien hockt sie. Lutz, der Sohn, spatet eifrig, buddelt sich ein kleines Loch. Rike greift sich immer wieder in den Rücken, heute ist es schlimmer noch als sonst …

»Bist die Arbeit nicht gewöhnt«, sagt Irma Gärtner, die im Dorf zu tun gehabt hat und nun zu Rike hineinschaut. »Setz dich in die warme Stube, strick ein bißchen, keinen Hund treibt man vors Haus bei diesem Wetter!«

Auf den Knien bleibt Ulrike hocken. »Es geht schon, die Möhren müssen raus!«

Wenn sie meint, sie muß es schaffen, dann ist ihr nicht zu helfen. Genau so eigensinnig war der alte Fock.

»Von der Mosel kam ein Brief«, sagt Irma Gärtner und wischt dem Lutz die Hände ab, die er Irma wortlos reicht. »Ein frecher Brief!«

»An mich schreibt keiner, keine Mutter, keine Schwester. Ich warte nicht auf Post!«

»Frech, der Brief. Friedhelm schreibt, daß ihm ein Parteisekretär kein Vater sein kann! Ich werde Friedhelm schreiben: Wenn's so ist, dann hat er auch die Mutter mit verloren. Ein Vater, der sich um die Menschen sorgt, verdient, daß man ihn achtet … Was haste denn, um Gottes willen!« Irma sieht, wie Rike mit der Hand ins Leere greift, hört den Schrei, der aus Ulrike bricht, und packt die junge Frau. »Jagst mir tausend Schrecken ein!«

Ulrike konnte selber nicht mehr gehn, Irma mußte sie zum Hause schleifen, Lutz, der kleine Kerl, lief mit seinem Spaten hinterher und rief immerfort: »Mutti, Mutti – auhaweh!«

Und wo steckte Edwin? Auf einer Sitzung in der Stadt … »Wärme braucht das Kreuz«, entscheidet Irma, »und der Doktor muß dich spritzen. Es ist ein Hexenschuß!«

3.

Es ist mehr, es ist viel schlimmer!

Irma Gärtner war die halbe Nacht geblieben, weil Edwin nicht nach Hause fand. Saß und saß in seiner Sitzung, und zu Hause lag die Frau, konnte nicht mehr Wasser lassen.

Da riß Irma Gärtner die Geduld. Stundenlang versuchte sie den Arzt zu kriegen, doch das Telefon war nicht besetzt. Endlich, als auch Edwin kam, gelang es, einen Arzt zu rufen. Als er hörte, was zu fürchten war, sagte er am Telefon: »Die Blase darf nicht platzen!«

Er kam mit einem Krankenwagen und untersuchte Rike kurz. Dann schoben sie die Kranke mit der Trage in den Wagen. Der Arzt, der mürrische, Olgas Chef, der seine sonderbare Beichte vor der Spatzenbrut gehalten hatte, sagte böse: »Der dritte und der vierte Wirbel sind wie Gallert«, sprang in den Wagen. Mit wildem Hupen fuhren sie davon.

Nun sitzt der Mann zerschmettert da, und Irma muß ihn trösten.

»Ein Weib hält andre Sachen aus!«

»Wenn sie gelähmt bleibt. Dreißig Jahre und gelähmt!«

Das sieht dem Edwin ähnlich, unken kann er, weiter nichts!

»Mal nicht den Teufel an die Wand. Hast nicht gesehn, daß sie ewig auf den Knien saß, schwere Körbe schleppte! Warst mit dir beschäftigt! Das Studium, die Arbeit, alles war dir näher als dein Weib und als dein Kind!«

Mutlos hockt er da, und kleinlaut sind die Worte: »Sie wollte zeigen, was sie kann. Sie wollte meinen Traum vollenden: Obst, Gemüse ...«

Quatschkopp, möchte Irma sagen, Traum vollenden, dumme Sprüche, weiter nichts. Doch sie bleibt gerecht. »Nicht über Nacht, nicht mit Gewalt. Ist gertenschlank und wollte wie ein Eichbaum sein. Laß uns hoffen, daß sie sich erholt!«

Sie schickt nun Edwin auch ins Bett. »Ruh dich aus. Und morgen sind wir klüger!« Sie schaut noch schnell zu Lutz. Der schläft. Doch die Hände hat er sich nicht mehr gewaschen, und auch die Füße sind ganz schwarz.

Was soll's! Laß den Jungen schlafen! Morgen steckt ihn Irma in die Wanne und schrubbt den Bengel ab!

Es ist nicht so, daß Irma Gärtner ihren großen Frieden schon geschlossen hätte mit der Zeit und ihrem Mann, nein, es gab noch Krieg und Krach. Doch mit den Jahren wurde ihr bewußt, daß Oskar nicht mehr abzubringen war von seinen Plänen, seinen Zielen. Er war im Dorf ein vielgefragter Mann, und wenn er sprach, dann blieb es still, die Leute hörten zu. Oskar zeigte mit dem Finger in die Zukunft! Zeigen mit dem Finger kann man schon, doch aus der Zukunft etwas in den Saal zu holen, jetzt, sofort – das brachte Edwin fertig und ihr Oskar, der konnte das, bis einem schwindlig war.

Der trieb Herdbuchherden auf die Weide. Obstplantagen schuf er wie der liebe Gott. Gemüse sah er unter Glas. Im Winter ließ er schon Tomaten reifen. Grüne Gurken packte er zur Fastnacht auf den Tisch.

So ein Künstler war ihr Mann und Gatte, und das tollste war, Oskar glaubte selber, was er sagte, Wort und Tat warn eine Einheit bei dem Mann.

Natürlich feixten viele, wenn er spann! Doch der Mensch verspürt den Drang, einen Vorhang aufzuziehen. Er möchte schon ein bißchen weitersehn.

Jedenfalls, Oskar zeigte mit dem Finger in die Zukunft, und wenn sie nur die Hälfte glaubten, warn's doch die schönsten Märchenstunden, die man sich in Rehfeld denken kann.

Was willst du machen mit dem Mann, der solche Träume hat, sollst du den in einem fort belehren: Bleib auf der Erde, Oskar, schwebe nicht davon ... Soll sie ihm das jeden Morgen sagen, vor dem Frühstück schon? Dann läuft er einfach weg! Dann ist er eines Tages ganz verschwunden! Dann such dir mal den Nächsten! Weißt du, ob der besser ist? ...

Nein! Irma Gärtner weiß, was sie hat an ihrem Mann, und was sie kriegen würde, weiß sie nicht!

Also hält sie alle seine Schrullen aus und denkt sich: Kein Säufer ist er, kein Weiberheld, kein Dieb und kein Betrüger, er spinnt ein bißchen viel. Doch andre spinnen auch auf ihre Weise! ...

Und was den Brief von Friedhelm anbelangt, so wird sie

ihn zerreißen und wird dem Friedhelm schreiben: Es ist wohl besser, du stellst das Briefeschreiben völlig ein; denn wir haben uns nichts mehr zu sagen...

Werden ihre Finger zittern, wenn sie ihm das schreibt? Sie wird die Kraft zusammennehmen und der Hand befehlen: Bitte, zittre nicht! ...

Über Rike dachte sie in Sorge nach. Sie weiß, was das bedeutet: abends noch fidel und morgens schon gefällt von einem harten Schlag, einem Schlag, der tief ins Leben dringt.

Wie wird sie fertig, die Verwöhnte, mit einem Schlag von dieser Härte, wird sie nicht ins Bodenlose sinken? Oder wird sie sich befehlen: Steh auf und lebe, wie es in der Bibel heißt: Steh auf und lebe!

Nein, in der Bibel steht: Knie nieder und bete! ... Das würde Rikchen wenig nützen. Stèh auf und lebe, das wär vernünftiger in ihrem Fall.

4.

Edwin sitzt der Mutter gegenüber in jenem kahlen Raum. Wie immer dürfen sie sich nicht berühren, ist ein Abstand zwischen beiden, und ein Wärter vor der Tür, der sich alles merkt.

»Ich will nicht, daß du kommst und mir das sagst!«

»Ich kann's doch nicht verschweigen! Es drückt die Kehle zu!«

»Gelähmt. Schwer. Bitter. Ich war Witwe mit dreißig. Es ging. Eine Frau hält das aus. Aber ein Mann? Wie wirst du leben mit der kranken Frau? Jetzt würdest du mich brauchen ...«

Ungestüm greift sie nach Edwins Händen. »Gib den Lutz zu Alma, Alma ist die beste Mutter, die es gibt. Hat den Jannek bemuttert, wird auch Lutz bemuttern!«

Sie läßt Edwins Hände los, steht einfach auf, geht auf Edwin zu, obwohl das nicht gestattet ist: »Ich konnte nie an Gott im Himmel glauben, Edwin. Aber ich will gläubig sein und hoffen, daß das Schlimmste nicht das Schlimmste ist, daß Rikchen wieder laufen kann. Das will ich hoffen!«

Sie küßte ihn auf die Stirn. Der Wärter reißt die Tür kurz auf:

»Verboten!« und schlägt sie wieder zu.

Schnell geht Sieglinde auf den Platz zurück und kann schon weiter sprechen: »Kommst hierher. Ich muß dich trösten. Nicht du mich, nein – umgekehrt ... Ich hab so vieles falsch gemacht. So schwach war ich gar nicht. Ich hätte ihnen das verfluchte Kreuz schon vor die Füße geknallt. Aber ich dachte immer: Auf Siegfried darf kein Makel fallen. Wenn er jetzt schreibt, der Siegfried, kann ich kaum noch antworten. Fällt mir immer schwerer. Ist was zerbrochen. Oder es ist was geheilt, etwas – das mit dir und mir zu tun hat. Grüß Rikchen!«

Sie steht auf und geht sofort, ohne sich noch einmal umzublicken, geht mit kurzen, festen Schritten aus dem Raum.

Edwin bleibt noch lange sitzen. Erst als der Wärter ihn berührt, fährt er auf und stürzt davon.

5.

Ein Glück, daß Sichler Urlaub hat, den ersten nach zwei Wochen. Er schirrt die Ponys an, und Alma bindet sich das Kopftuch um. Frank-Paul, der freche Hengst, schnappt nach dem Tuch und kriegt eins auf sein Maul. Ein sanfter Schlag wird's nur von Almas Hand, ein Streicheln fast; denn sie ist weich gestimmt: »Bist doch einverstanden, wenn ich nur den Bengel hol'!«

Edwin hatte angerufen und Alma seine Not geklagt.

»Immer hol dir Leben in die Bude!«

Wilm muß einverstanden sein. Er sitzt auf seiner Schule fest. So kann es nur zum Nutzen sein, wenn Alma Mutterpflichten übernimmt.

Jeder kommt mal dran. Erst war's Jannek, nun wird's Lutz, den die Frau bemuttern muß.

Wie's ausschaut, kann es länger dauern mit der Rike. Dann hat sie diesen Schlingel eben lange. Nur die Mutter kann sie nicht ersetzen. Bei Jannek hat sie das gespürt und hat gelitten drunter, manche Nacht geweint.

Doch Jannek hat sich wohlgefühlt bei uns, denkt Wilm. Gereimt hab ich für ihn, ihm Märchen vorerzählt. Nun muß ich mir – ritsch, ratsch – für Lutz ein Märchen aus dem Leibe schneiden … Ich glaube, das geht nicht!

Alma kann nicht ahnen, was Wilm zu denken und zu grübeln hat. Sie findet nur, er hat die Ruhe weg, fummelt, daß sie kribblig wird: »Wirste gar nicht fertig mit Frank-Paul?«

Das Zaumzeug wär verheddert.

Sie sieht, daß das nicht stimmt. Einfach eine Lüge! Alles sitzt, wie's sich gehört, alles glänzt und blinkert.

Endlich steigt er auf und läßt die Ponys traben. Aber schweigsam bleibt er auf dem Weg. Hat er Sorgen auf der Schule? Er tippt die Ponys mit der Peitsche an. Das bringt sie nicht in Fahrt und Feuer. Da muß er schon die Lippen spitzen, einen Pfeifton fahren lassen. Dann stiebt die Fuhre los. Doch Wilm versucht es nicht!

Er ist mit den Gedanken ganz woanders!

Wenn der Beinstumpf brennt, wenn der Schlaf nicht kommen will, denkt er oft: Hätte Hannes Edwin nicht getroffen, kurz vor Moskau – vieles würde anders sein. Nun fährt er hin zum Gutssohn, als wäre nichts geschehn …

»Wilm«, sagt Alma; denn sie ahnt, was ihm die ganze Zeit zu schaffen macht. »Früher haste gesagt: an einem Menschenschicksal flickt ein Mann wie Sichler nicht herum. Das nimmt er an und lebt damit!«

»Das mach ich jeden Tag, doch nicht jeden Tag kommt man über seinen Schatten!«

Nun spitzt er doch die Lippen. Frank-Paul spielt mit den Lauschern. Wilm will die Stute schonen. Für eine flotte Fahrt fehlt ihm die rechte Lust.

»Manchmal denk ich, der Landauer ist nicht mehr da, aber der lange Schatten bleibt, ist so viel verbunden mit dem Spiel der Pferdebeine, so viel Böses!« Auch Alma denkt an ferne Zeiten.

Da läßt er doch die Peitsche knallen, hält aber seinen Hengst zurück und meint zu Alma: »Manches Gute auch, laß man sein! Ich mag das Spiel der Pferdebeine. Wir holen uns den Lutz!« Einen leichten Trab kann sich die Stute leisten. Nur übertreiben darf man nicht!

Als sie in Rehfeld landen, steht die Sonne matt und kraftlos überm See. Aber Lutz erwartet schon die Ponys. Ist mehr als eine Sonne, die nicht wärmt.

6.

Ulrike starrt durchs Fenster. Es fällt der erste Schnee. Es scheint ein schwerer, nasser Schnee zu sein. Wo er niedersinkt, zerläuft er gleich zu Wasser. Die Erde ist noch nicht ganz abgekühlt, den Rasen vor dem Fenster hat kein Frost berührt.

Rikes Bett steht an der Fensterwand, noch eine Kranke liegt im Zimmer, ein leichter Fall von Ischias, das dritte Bett ist leer.

Olga hat sich angemeldet. Freut sich Rike auf Besuch? Nein! Sie möchte lieber ihre Augen schließen. Sie möchte schlafen. Sollte sie noch einmal munter werden, dann nur gesund, auf beiden Füßen stehend und nicht in diesem Zimmer, in dem es beklemmend riecht; zu Hause will sie sein, nicht den dumpfen Atem spüren müssen, der das Zimmer wie in eine graue, unbegreiflich schwere Wolke hüllt.

Alles will sie können – tanzen, lachen, gut und lieb zu Edwin sein, Lutz umarmen, die ganze weite Welt. Sie möchte weiter leben wie bisher. Rücksichtslos bewegen will sie sich! Weil das nicht geht, weil sie fürchten muß – es könnte nie mehr gehn, will sie lieber schlafen, und falls sie noch mal aufwacht, dann eben kerngesund, sonst hat das Leben seinen Sinn verloren. Soweit ist Rike nun ...

Dann klopft es. Olga streichelt Rikes bleiche Wangen, steckt die Nelken in die Vase. So sinnlos ist das alles!

Sie muß die Nelken wieder aus der Vase holen, weil noch Wasser fehlt.

»Was machst du nur, Ulrike!«

Das sagt der Mensch, wenn die rechten Worte fehlen. Dann sagt er eben: »Was machst du nur!« – Austauschbare Sätze überall.

»Hast nicht aufgepaßt!«
»Hast du nicht gemerkt, daß was nicht stimmt?«
»Hättest früher kommen müssen!«
»Mit der Gesundheit spaßt man nicht!« ...

Olga ist um einen sachten Ton bemüht. Sie wird Ulrike nicht mit Allerweltsgedanken plagen, fast sachlich sagt sie: »Hannes kommt, sobald er kann!«

Das ist ein Satz, mit dem man leben kann ... »Sobald er kann ...« Das hilft ihr übern Berg ...

»Schmerzen?«

Die Spritzen wirken gut. Sie schwebt dahin und kann sich nicht beklagen!

Weihnachten werd ich lieber hier verleben! Wer braucht mich noch? Ich bin zu einer Last geworden! ...

Hat Ulrike das gedacht? Hat sie das gesagt? Sie muß gemurmelt haben; denn Olga fällt drauf rein und schimpft: »Was redest du? Wirst wieder laufen können, dich bewegen. Nur schwer heben darfst du nicht!«

Nun weint Ulrike doch. Weinen kann ein großer Segen sein!

»Ich spür nichts, die Beine nicht, das Becken, bis zum Nabel — alles taub. Die Nerven sind gequetscht!«

»Sie werden sich erholen. Du darfst die Hoffnung nicht verlieren!«

Daß Ulrike nun geschwätzig wird, ein wenig, kann auch von höchstem Nutzen sein. »Mit Strom behandeln sie mich jetzt!«

»Hat alles seinen Sinn. Sei tapfer, halte durch!«

Olga drückt Ulrike ab und flüstert: »Lach doch mal! ... Lutz wartet, Edwin, wir alle warten. Zu Weihnachten kriegste Urlaub, paß mal auf! Im Frühjahr gehn wir schon spazieren!«

Darf Rike daran glauben? Sie schluckt die Tränen. »Wenn du meinst?«

Der Arzt, der mürrische, kommt laut herein, hat mit Olga einen Pakt geschlossen! Er bleibt vor Rike stehn und sagt im barschen Ton: »Frau Zahn, nächste Woche beginnen wir mit Sport. Sie werden sich bewegen. Die Beine müssen wieder Leben kriegen. Genug gefaulenzt!«

Und er geht.

»Nein«, sagt Ulrike, »nein!«

»Doch«, sagt Olga, »hab Vertrauen ... Vertraue diesem Mann!«

7.

Bis Mittag riß der Zug nicht ab. Blumensträuße, Händeschütteln, kurze Reden, lange auch, selbst ein Orden wurde nicht vergessen; denn Dreibrot wurde sechzig Jahre alt.

Nun verlaufen sich die Gäste, kehrt allmählich Ruhe ein.

Blumen über Blumen, ganze Eimer voll, und das am elften Elften. Wo haben sie die Rosen her? Die Nelken? Den kleinen Frauenschuh? Er ist samtgrün, mit vielen braunen Tupfern.

Die blassen Astern wundern Dreibrot nicht, Astern, die der Frost bald würgt!

Am Abend endlich sitzen sie bei Dreibrots und feiern noch im engsten Freundeskreis. Hannes klopft ans Glas und sagt: »Auf den Orden, Wilhelm. Auf die schweren, schönen Jahre. Auf die besseren, die kommen müssen. Sechzig liegen hinter dir, hundert sollste werden!«

Heut trinken sie nicht Hagebuttenwein, heute gibt es Wodka! Dreibrot hat die Wirkung unterschätzt, springt auf und muß sich schnell bei Käte stützen. Dann kann er seine Rede halten.

Lang wird sie ganz gewiß; denn der Wodka, dieser Zauberkünstler, löst die Zunge und bewirkt, daß ein großer Schweiger am Ende noch zum Redeteufel wird!

»Vor zehn Jahren stand Käte da mit ihren Astern und zwang mich glattweg runter von dem ollen Rad. Sie hatte es auf einer Liste gefunden, das Datum: achtzehnhunderteinundneunzig, elfter, Elfter ... Wie kann ein Mensch an solchem Tag geboren werden? Aber ihr seht – man kann. Ich bin der lebende Beweis ...«

Er blickt verliebt auf seine junge Frau und fährt dann fort:

»Dann viel Glück, hat sie gesagt. Es wär zu brauchen. Es war die schwerste Zeit, einundvierzig. Kurz vor Moskau standen sie ... Ich werde die Astern auf den Gepäckständer binden, sagte ich. Wenn's schon so ist und wenn's nichts ausmacht, hab ich noch gesagt, hab ich einen Hagebuttenwein und eine Stube, die warm ist ... So hat's begonnen! ... Und wie ich fuhr auf dem Postrad, Güterlohe zu, da dacht ich immer: Was wird einundfünfzig sein? Nun denk ich: Was wird einundsechzig sein? ... Ich will sagen: Diese Jahre jetzt, die zählen doppelt. Weil's unsre sind und weil sie sind, wie wir sie machen. Jedenfalls versuchen wir's!«

Dreibrot blickt die Gäste an, nimmt sich Zeit, geht reihum mit seinen Blicken.

Vor Edwin werden seine Augen groß und still. Dann sagt er und das feine Zucken ist um seinen Mund: »Das Glas jetzt trinken wir auf Rike. Ist zäh! Früher dachte ich, verwöhnt, nur für schönes Wetter gut. Welche Wege mußte Rike gehn!«

Hannes möchte, daß sich Dreibrot setzt. Er schwankte ihm zu stark, so wie ein Halm im Wind, und das Zucken um den Mund verrät, daß den Landrat bald die Rührung übermannt, eine Stimmung, die der Schnaps bewirkt. Darum ruft er laut: »Wir nicht? Mach's mal halblang. Waren unsre Wege etwa glatt? Denk mal richtig nach!«

So kriegt er Dreibrot nicht vom Reden weg, nun taut er erstmal auf, macht sich stark, wird mobil und sagt: »Wir sind Kummer gewöhnt, Hannes. Wir sind durch dick und dünn gegangen. Wir hatten keine Wahl. Aber schaff's mal, wenn du aus dem goldnen Käfig kommst. Rikchen mußte durch, verlassen von allen!«

Olga hatte nichts getrunken. Sie konnte jeden Augenblick gerufen werden, weil sie in dieser Woche Bereitschaftsdienst versah. »Verlassen von allen?« Sie schaut sich Dreibrot an. Sonst war der so genau mit seinen Worten, geizig geradezu, plötzlich spricht er schneller, als er denkt. Sie muß ihm widersprechen!

»Sie ist nicht verlassen von allen! Von ihren feinen Schwestern, ihrer Mutter. Das stimmt! Die muß sie vergessen. Sie kann das, weil sie liebt!«

Sie blickt nun zu Edwin und sagt zurückhaltend, doch bestimmt: »Ihr werdet das Lächeln in ihr Gesicht zurückholen, du und Lutz!«

Olga hat den rechten Ton gefunden. Den findet auch der Landrat angemessen.

»Was du gesagt hast, Olga, soll der Trinkspruch sein!«

Doch es bleibt zum Atemholen wenig Zeit; denn Alma kräht dazwischen: »An Wilm denkt nicht ein Mensch!«

Also, müssen sie auf Sichler trinken, der auf der Schule völlig trocken stehen muß; denn der kurzgebaute, ungewöhnlich stramme Lehrgangsleiter duldet keinen Schnaps.

»Ich hoffe sehr, der macht uns keine Schande«, ruft Hannes in den Lärm. Ein wenig schwankt er auch und findet, sie sollten langsam auseinandergehn.

Das beste Pulver haben sie verschossen, was bleibt, ist nur ein müder Rest!

8.

Auf der Schule wird die Frage scharf gestellt!

Willi mit der Locke ist der Mann, der Wilm das Fürchten lehrt. »Was höre ich: du hast dein Pensum schon geschafft?«

»Hab ich. Ich erhole mich ein bißchen bei der Pony-Zucht. Meine Stute wird ein Fohlen haben. Alma schreibt: es zappelt schon im Bauch!«

Willis Locke folgt dem Daumendruck: »Wie willst du unsrer Sache dienen, wenn du dein Herz an Pony-Stuten hängst? Das sagt dir ein Prolet, der seine Axt besitzt und nichts mehr sonst!«

Willis Locke stürzt aufs Auge, doch das linke funkelt Wilm gefährlich an. »Ich höre!«

»Ich werde weiter züchten! Ponys gehen geradeaus und finden selbst ihr Futter!«

Die Locke folgt dem Daumendruck. Nun kann der Zimmermann auf beiden Augen sehen und wird noch prinzipieller: »Reiß dir die Ponys aus dem Leibe; denn sie sind ein Relikt!«

»Was sind die Ponys?«

»Ein Überbleibsel der Vergangenheit!«

Erstaunlich, daß die Locke nicht aufs rechte Auge stürzt.

Erstaunlich auch, daß Wilm gelassen sagt: »Meschugge biste, Mensch!«

Was Willis Locke aushält, ist nicht mehr zu glauben, fällt nicht aufs Auge, schwebt im freien Raum und unterliegt der Schwerkraft nicht.

»Steck deine Nase in das ›Kapital‹!«

Wilm schnauzt schon, ohne daß er's will: »Von Ponys steht was drin?«

»Schaff sie ab, ich rat es dir im guten; schaff die Rudimente ab!«

Zu Mittag gibt es Frikassee!

Vielleicht von Gärtners Hühnern!

Vielleicht sind alle seine stolzen Hähne tot!

Mein Gott, das Zeug soll Sichler munden?

Langzahnig kaut er, schmeckt ihm nicht!

Doch Willi ist seit je ein starker Esser! Weil im Frikassee das Hühnerfleisch zu groß geschnitten ist, muß Wilm dem Willi kleine Stückchen schneiden, damit der Liebe fleißig schlucken kann. Willi fehlt – das ist bekannt – der linke Arm! Nicht auszudenken, wenn er sich allein behelfen muß bei diesem Batzen Fleisch …

9.

Rike ist wie umgewandelt und treibt zäh und beharrlich Gymnastik. Sie glüht und ist schweißnaß, hangelt am Barren hin und her, gibt sich völlig aus.

»Machen Sie 'ne Pause, Frau Zahn. Übertreiben Sie nicht!« sagt die Schwester, eine große Frau, die zwei schwere blonde Zöpfe überm Rücken trägt. »Es reicht!«

»Es geht noch. Müde bin ich nicht!«

Rike geht vom Barren auf die Matte. Die Füße haben keinen Halt. Sie schleppt sie nach. Sie läßt sich auf die Matte sinken, ist nun erschöpft, und, ohne daß sie's will, schlägt ihr Herz beklommen: Werd ich wieder laufen lernen?

»Die Füße sind wie Blei!«

»Aber nein!« Die Schwester hilft, daß sich Rike auf der Matte strecken kann. »Geht schon sehr gut! Vergleichen Sie nur, wie schlecht es ging und wieviel besser es geworden ist.

Darm und Blase reagieren schon. Verzweifelt müssen Sie nicht sein!«

Ulrike trocknet sich mit einem Handtuch Gesicht und Haare ab. Sie möchte zuversichtlich sein, möchte glauben, daß sie eines Tages wieder laufen kann, daß alles gut wird. Sie sagt zur Schwester: »Weihnachten möchte ich nach Hause!«

»Auf Urlaub ganz bestimmt!«

Still hat sie gelegen auf der Matte, hat tief geatmet, hat alle ihre Leibeskräfte aufgestaut in sich, nun versucht sie, ihre Beine anzuheben; ihr scheint – wenn's gelänge jetzt –, das wäre ungeheuer viel.

Und die Beine heben sich, einen Zentimeter, zwei, drei ... es ist, als wollte sie beweisen: ich gebe mich nicht auf!

Die Schwester ruft erfreut: »Und wie das geht! Vor Wochen war nicht dran zu denken!«

Erschöpft, gelöst, ganz still liegt Rike auf der Matte. Sie hat die Hände hinterm Kopf gefaltet. Sie atmet tief und ruhig. Nein, die Hoffnung hat sie nicht verlassen!

10.

Alma hat sich in den Kopf gesetzt, Wilm zu einem Märchen aufzuhetzen. Sie hat für Lutz ein Bettchen aufgestellt. Fein gewaschen, für die Nacht zurecht gemacht, sitzt der Bengel auf dem Bett und sagt zu Wilm, der kurzen Urlaub hat: »Tante Alma sagt, du kennst ein schönes Märchen!«

»Hab ich dir nicht manche vorerzählt?«

»Das vom Putenhahn noch nicht!«

Unwillkürlich prallen Wilms und Almas Blicke aufeinander.

Bist du noch zu retten, Weib! Was du jetzt verlangst, das geht zu weit! Janneks Märchen ist es. Ihm gehört es ganz allein! ... Du hast geheult, du hast dich gehenlassen damals, wie von Sinnen warst du, Weib; als sie Janne holten und den Weihmann. Ich mußte was erfinden für den Jungen; denn von dir war keine Hilfe zu erwarten. Hast den Jannek angesteckt mit deinen Tränen. Ich mußte ran und mußte durch. Mir war's genau so elend wie dir selber ...

»Bitte, Onkel Wilm!«

»Das geht nicht, Lutz. Das ging nur in der Kutscherkammer!«

»Wo ist die Kutscherkammer, Onkel Wilm?«

»Gibt's nicht mehr, ist weg. Jetzt hausen die Kaninchen drin!« Wieder prallen ihre Blicke aufeinander!

Was sich Alma in den Kopf setzt, treibt ihr keiner aus. »Hier geht's auch, und noch viel besser. Zeig ihm, wie du kollern kannst. Oder willste sagen: Lutz verdient das schönste Märchen nicht? Willste sowas sagen!«

»Bitte, bitte, Onkel Wilm!«

Was soll er tun? Sie wird nicht locker lassen! Er nimmt tief Luft. Ein Krampf schnürt ihm die Kehle zu.

Was kann der Lutz dafür? Sieglinde Zahn ist schuld, nicht Lutz, ihr Enkelsohn …

Schimmert nicht verräterisch ein wenig Naß in Almas Augen, als sich Wilm selbst übertrifft und — stockend erst — beginnt mit seinem Märchen:

»Paß auf, ein Galgenvogel, dieser Putenhahn … kollert, der Mistvogel, kollert …«

Alma hört sich das Gestammel an und sagt abfällig: »Das soll kollern sein? Das reinste Mäuscpicpen!«

Wilm kann sich nicht länger lumpen lassen. Er steigert sich in einen Rausch hinein, schon wackeln die Gardinen, schon hält der Lutz sein Deckbett fest.

»Prima, Onkel Wilm!« Er will auch kollern wie ein Putenhahn, aber seine Brust ist noch zu schmal. Es will noch nicht recht kollern in seiner Knabenbrust.

»Lassen wir das, Lutz … Er kollert nämlich nicht mehr. Er hat den Fuchs eräugt. Kommt angeschnürt, der alte Rotschwanz, kommt durchs Zaunloch und will dem Putenhahn direkt an die Schwanzfedern … Hat nämlich Hunger, der Bandit. Jedenfalls, wenn's noch schlimmer kommt, bekleckert sich der Putenhahn die Schwanzfedern vor Angst … Aber wer kommt angezwitschert? … Eine Meise …«

Lutz ist begeistert; denn Onkel Wilm kann zwitschern, daß das ganze Meisenvolk in Sichlers Garten kommt. »Jawohl, eine Blaumeise … Zwitscherili … riii … riii … riii …«

Lutz versucht es auch mit Zwitschern, weil es aber nicht gelingt, geht die Geschichte unverzüglich weiter: »Ein regelrechter Tausendsassa, fliegt immer um Herrn Rotschwanz' spitze Nas herum … Fliegt rechts, fliegt links, fliegt tief, fliegt hoch. Herr Fuchs bleibt taumlig auf dem Fleck, fällt, plauz, ins schwarze Jauchenfaß, und hat nicht mal gebellt vor Schreck … Nun, da er weggesunken ist, hat auch der Truthahn wieder Mut. Er kollert tapfer auf dem Mist, und vorn, sein Latz, ist rot wie Blut …«

Nun wächst Wilm noch über sich hinaus, schleudert einen Vers durchs Fenster. Der gehört dem Lutz allein:

Dann, mein lieber Lutz,
haut er auf den Putz,
schlägt ein Rad mit seinem Schwanz,
und es staunen Huhn und Gans!

Lutz träumt mit großen Augen. Er kuschelt sich zufrieden in die Kissen und sagt schon müde: »Erzähl ich Mutti, wenn sie kommt!«

Als Wilm und Alma aus dem Zimmer gehn, schläft Lutz bereits.

»Ich dachte, du bringst's nicht übers Herz. Nun hast du noch dazugedichtet. Ich bin froh, Wilm, sehr, sehr froh!«

Damit sie nicht denkt, er wär dem Heulen nahe, brummt er vor sich hin: »Ein Vers ist leichter als ein Sack Kartoffeln!« Und geht zu seinen Ponys.

11.

Die Ponys schnuppern an ihm rum, lauschen seiner Stimme, einer Stimme, die vertraut klingt und Frank-Paul zum Wiehern zwingt.

Was soll nun werden? Hat der Zimmermann vielleicht doch recht? Oder will er Wilm nur foppen? … Überbleibsel der Vergangenheit! … Dieser Korinthenkacker! Mit der Leitung an der Schule wird er sprechen. Er ist und bleibt ein Pferdenarr. Ist er deshalb nicht ergeben? …

Alma hat sich eine Decke umgehängt. »Was machste denn im Stall?«

Er blickt sie an und meint versonnen: »Es geht mehr um revolutionäre Leidenschaften. Davon verstehst du nichts, Alma. Solche Sachen sind dir fremd, und das ist gut so!«

Alma zittert. Warum sie zittert, weiß selbst Wilm nicht recht; denn im Ponystall ist's warm. Sie schmiegt sich an bei Wilm und sagt mit einer Stimme, die seltsam dunkel klingt: »Das sag nicht, Wilm. Mit vielen Leidenschaften hatten wir's zu tun. Denk mal nach!«

»Revolutionäre, Alma. Die hat man oder hat sie nicht!«

»Du hast sie!«

»Nicht genug, wie mein Freund, der Zimmermann, bemerkt!«

Was Alma heute zittern muß, noch fester zieht sie ihre Decke um die Schultern.

»Dann kennt dein Zimmermann dich halb so gut wie ich. Bis heute biste mir ein Berg von Leidenschaften!«

Wilm seufzt auf und weiß nicht, wie er's seinem Weib erklären soll: »Alma, du denkst nur ans Naheliegende. Zwei Ponys sind zuviel. Sie könnten mich abhalten, fürs Große, Ganze zu streben. Rudimente schlepp ich mit mir rum. Reste der Vergangenheit!«

»Das behauptet dieser Zimmermann?«

»Macht er!«

»Dann sag ihm, daß er spinnt!«

Sie küßt ihn! Der Kuß ist so, daß Wilm allmählich weich und mürbe wird.

Wenn Alma ehrlich ist, findet sie den Platz im Stroh überhaupt nicht unausstehlich.

12.

Edwin holt Ulrike aus dem Krankenhaus. Er hat dafür den Pferdeschlitten hergerichtet; denn es liegt viel Schnee, wahrscheinlich wird es weiter schneien, die Luft riecht stark nach Frost. Ein harter Winter wartet.

Er hat Ulrike eingepackt in warme Decken. Die rote Sonne

hängt in den verfransten Wäldern, und lautlos stiebt der Schlitten übern Schnee. Nur die Braunen schnauben hin und wieder. Die Pferdehäupter sind mit Reif bedeckt. Verhalten klirren Ketten durch den Wald.

»Ich bin aufgeregt! Ich wollte nicht, daß Lutz mich sieht, hilflos, wie ich war! Geht's ihm gut?«

»Sehr gut, Ulrike!«

Vorm Gutshof halten sie, und Lutz stürzt aus dem Haus, noch ohne Mantel, ohne Mütze auch: »Mutti, Mutti, fahren wir nach Haus?«

Alma muß sich sputen und dem Bengel in die Sachen helfen. »Willste dich erkälten. Willste Weihnachten im Bette liegen, willste das vielleicht!«

Wie soll Rike Almas Mühe lohnen? Prächtig sieht der Junge aus, rote Backen hat er. »Alma, wie soll ich dir nur danken?«

»Werd gesund, das ist der beste Dank für alle!«

»Im Mai kann ich nach Haus!«

Nun stakt auch Wilm die vielen Stufen runter, hat sich in Dampf gehüllt, hat eine Feiertagszigarre angebrannt, die den ganzen Morgen reichen wird, hat Rikes letzten Satz gehört und meint: »Der Mai ist eine gute Zeit. Die Nachtigallen schluchzen, der Flieder blüht ...«

Der Dichter geht mit Sichler durch!

Nur Edwin fragt besorgt: »Wird's euch nicht zuviel mit Lutz?«

Wilm hebt den Bengel in den Schlitten. Er darf sich an die Mutti schmiegen, darf unter ihre Decken kriechen, und Wilm fragt Lutz: »Verstehn wir uns, mein Junge?«

»Prima, Onkel Wilm!«

Und er kräht den Vers, der ihm gehört:

Dann, mein lieber Lutz,
haut er auf den Putz,
schlägt ein Rad mit seinem Schwanz,
und es staunen Huhn und Gans!

Edwin muß da lächeln: »Wer macht das?«

»Der Putenhahn — ein Märchen!«

Zu Hause wird es Lutz genau erzählen.

Nun macht euch endlich fort und feiert schön. Der Schlitten stiebt davon, ist bald in eine Wolke von leichtem Schnee gehüllt.

»Neujahr ist er wieder hier«, sagt Alma, winkt immer noch, obwohl sie nichts mehr sieht von einem Pferdeschlitten, nur Kettenläuten hört sie noch, wird aber ferner, leiser …

»Ist er wieder hier«, brummt Wilm, »ich fahr auf meine Schule! Mein Kopf hält's leichter aus als mein Hintern, Alma, sag ich frei heraus!«

Er ist in Qualm gehüllt, der aber schnell verfliegt in der klaren, scharfen Winterluft.

13.

Was geht in Edwin vor?

Eigentlich hat Rike nichts gesagt, nicht den leisesten Gedanken ausgesprochen. Sie hat ihn nur ein paarmal angeblickt, als wollte sie ihm Selbstvertrauen schenken: Wag es doch, vielleicht kann Hannes helfen? …

Das ist bekannt: Menschen, die sich nahe sind, entdecken oft, daß sie Gleiches denken, wünschen, daß sie unabhängig voneinander sagen: Genau das wollt ich sagen, nimmst mir das Wort vom Mund …

Nur so ist es erklärbar, daß Edwin plötzlich seinen Mantel schnappt, noch einmal in den Schlitten steigt und den Braunen tüchtig einen überzieht, damit sie wissen, wer im Schlitten sitzt: Ihr Herr und ihr Gebieter …

Olga mustert Edwin, als er kommt. Sie hilft ihm, seinen Mantel auszuziehn. Er fragt: »Mußt du wieder weg?«

»Ja, ich habe Nachtdienst. Silvester ebenfalls, auch Hannes muß noch weg!«

»Dann komm ich sicher ungelegen!«

»Kommst du nicht«, ruft Hannes aus der Stube und hat die Stimme längst erkannt.

Olga trägt dem Mann noch auf, daß er morgen Frühstück machen muß, damit sie dann die Kinder holen können, die bei Dreibrots sind und den Weihnachtsabend dort verbringen.

»Grüß Ulrike!« Olga geht und wundert sich, daß vorm Haus der Schlitten wartet und Edwin seine Braunen ohne warme Decken stehen ließ. Der muß ziemlich durcheinander sein; denn die Gäule sind geschwitzt …

»Was treibt dich durch den Schnee?« Hannes will ihm nicht gleich zeigen, daß er schon in Eile ist.

Dann, als Edwin spricht, reißt Hannes weit die Augen auf, hört sich aber Edwins Sache an, eine so verquere Sache, daß ihm beinah übel wird.

Ihm, Edwin wäre das nicht eingefallen. Aber Rikchen und Lutz, die würden drängen. Nun bereut er's selber fast. Sicher wär es auch zu spät. Müßte man schon früher äußern, Wünsche dieser Art. Alles brauche seine Zeiten, Fristen, Wege …

Hannes schließt die Aktentasche. Ein scharfer Blick trifft Edwin im Gesicht. Der Blick bewirkt, daß Edwin jetzt errötet. »Draußen geht ein scharfer Wind«, sagt Hannes. »Bis Rehfeld biste wieder klar!«

Er begleitet Edwin in den Flur. »Rührseligkeiten! … Du hast kein Recht, sie mitzumachen! Bei Rike kann ich es verstehn. Sie hat viel hinter sich. Wer baut mal nicht am Ufer, wo das Wasser fließt? Die Abmachungen waren: dreimal im Jahr, je eine Viertelstunde. Dabei müssen wir's belassen. Du hast selber einen Kopf!«

Edwins rechter Arm kann das Ärmelloch im Mantel noch nicht finden. Hannes hilft ein bißchen nach. Dann sagt er noch: »Für alle frohe Feiertage!«

Leichter Schnee fällt dicht zur Erde. So war's vor Moskau. Nur Riesenmengen Schnee. Und Edwin war – das weiß man – tausend Jahre müd. Dann war ihm wohl. Und als ihm wohl war, wie noch nie, hat Hannes ihn geschüttelt, geohrfeigt auch. Er hat gewollt, daß Edwin lebt!

Trostheim kann alles, auch Tote weckt er auf. Aber Besuch befürwortet er nur dreimal im Jahr für eine Viertelstunde. Er ist hart und gerecht und wünscht uns allen frohe Feiertage … Edwin treibt die Pferde in die Düsterkeit.

In Rehfeld ist die Tanne schon geschmückt, nur die Kerzen sind noch kalt und ohne Glanz. Rikchen sitzt im Rollstuhl.

Lutz weicht nicht von ihrer Seite, will nicht mal ein Märchen hören, will nur immer mit der Mutti schmusen.

Hat sie lange nicht gehabt!

Dann kommt der Vater in die Stube und bringt den ganzen Frost mit rein, sogar ein bißchen Weihnachtsschnee.

»Wo warst du denn die ganze Zeit?« fragt Lutz.

Er nimmt den Jungen hoch, sagt nicht ein Wort, beginnt, die Kerzen anzuzünden.

Später, als Lutz auf seinem Schaukelpferdchen turnt, erzählt er Rike leise, was es gab, bleibt aber von der Wahrheit weit entfernt. »Ich hab's mir überlegt, Rikchen, bin wieder umgekehrt. Es war ein dummer Einfall, rührselig wie nur irgendwas. Besuch ist erst im Frühling möglich!«

»Das reicht doch auch! Im Frühling bin ich ganz zurück!«

»Natürlich ... Man kann auch mal verdreht sein, Rikchen. Aber die Tatsachen bleiben! Man muß sich an sie halten!«

Sie weiß genau, er hat's für sie getan! Sie ist so froh, daß sie zu Haus ist, Edwin hat, Lutz und die Hoffnung, die schon fast verloren schien.

Drittes Kapitel

1.

Wo befindet sich Wilm Sichler?

Auf der Landesparteischule!

Was treibt er da?

Ernste Studien!

Welche Probleme hat er heut beim Wickel?

Knallharte, Genossen!

Marx über das Geld, das Treue in Untreue, Liebe in Haß, Laster in Tugend, Verstand in Blödsinn verkehren kann!

Er studiert und begreift, wie das Geld eine verdrehte Welt schafft, wo's vorn und hinten nicht mehr stimmt!

Während Wilm befaßt ist mit dem ›Kapital‹, kommt der breitgebaute, ungewöhnlich stramme Lehrgangsleiter leise auf ihn zu und flüstert ihm ins Ohr:

»Mit der Pony-Stute geht was schief!«

Wilm muß denken: Ihn hat sein eigner Hengst getreten!

Noch dichter kommt der Stramme mit dem Mund an Sichlers Ohr: »Ein Anruf. Der Hengst hat sie getreten – oder was. Liegt in Wehen, sagt die Frau!«

Verzweifelt greift sich Wilm mit beiden Händen an den Kopf. »Dann wird's 'ne Totgeburt!«

Angespannt hat Locken-Willi mitgelauscht und ruft von hinten: »Bei Ponys gilt ein Sonderurlaub nicht!«

Das wär zuviel verlangt, denkt Wilm, bei engsten Angehörigen wär sicher Sonderurlaub drin. Eine Pony-Stute soll mal sehen, wo sie bleibt. Das Leben ist gerecht!

Doch der stramme Lehrgangsleiter hat ein Herz und bringt es fertig, Sichler einen heißen Tip zu geben, haucht den Tip in Sichlers offnes Ohr, haucht so leis, damit der Locken-Willi keinen Wind bekommt. »Wir hören heute früher auf. Morgen biste pünktlich wieder da!«

Mit schnellen Schritten geht der Stramme aus dem Raum.

»Was haste vor?« fragt Willi mit der Locke.

»Das Hemde!«

Locken-Willi kann ihm mal den Buckel kratzen.

So weit ist Wilm nun in seiner Herzenspein.

2.

Die Pony-Stute liegt im Stroh und hebt das Haupt, als Sichler näher tritt. Es ist schon später Abend. Alma braucht die halbe Kittelschürze, um die Tränen abzuwischen, und klagt sich selber an: »Hätt ich doch den Fuchshengst abgesperrt. Aber kann ich ahnen, daß er voller Tollheit steckt? Nun kann er sich im Ziegenstall vergnügen! Das hat er sich verdient!«

Es ist der Strafe höchstes Maß; denn im Ziegenstall stinkt es nach Bock!

Wilm nimmt Almas Züchtigung ohne Widerspruch entgegen. Sie muß wissen, was sie tut!

»War's ein Fohlenhengst?«

»Stramm schon, aber ohne Leben. Bei den Rosen ist das Grab. Jürgen Gärtner hat es eingebuddelt. Sei froh, daß uns die Stute bleibt!«

»Weiß nicht, ob das gut ist, weiß ich wirklich nicht!«

»Was willste damit sagen, Wilm?«

»Dies und das. Der Kopf muß frei sein für die Prüfung!«

»Willste nicht Frank-Paul begrüßen?«

Wilm dreht sich um, geht aus dem Stall, Frank-Paul soll bleiben, wo der Pfeffer wächst!

Wilm muß auf ernste Fragen kommen und fragt direkt: »Schlägt der Gärtner-Junge ein? Ist er eine Stütze oder nicht?«

Sie bleiben vor der Treppe stehn. Der Mond nimmt zu. Wahrscheinlich wird es frieren. Auch Almas Mund ist kalt und riecht nach Wind und Frost. Sie sagt, was sie von Jürgen Gärtner hält. »Ist der Alte noch einmal, eckig, forsch und ziemlich emsig bei den Weibern. Das ist im Dorf bekannt!«

»Und sonst?« Wilm möchte mehr erfahren. Er hat sich lange nicht ums Dorf gekümmert. Er ist ein Bücherwurm geworden. Nun rücken ihm die Alltagssorgen auf den Leib. »Macht er uns das Dorf rebellisch?«

»Macht er nicht. Mit Dudei hat er Krach!«

»Großen?«

»Sticheleien, Wilm. Du fehlst an allen Enden. Ist Zeit, daß Frühling wird und du nach Hause kommst. Der Junge hat die Zügel fest, die Peitsche aber locker!«

Wilm empfindet zum ersten Mal, daß die Monate im Flug vergangen sind. Es wird Zeit, daß er wieder nach dem Rechten sieht und die Amtsgeschäfte selber führt; wer sich auf andere verläßt, wird bald verlassen sein!

Wilms Augen funkeln lebhaft. Er freut sich auf die Heimkehr! Daß er den Tod des Fohlens schnell vergessen kann, wundert Alma doch, und daß er nicht den Hengst besucht, hält Alma für ein schlimmes Zeichen.

3.

Auf einem Krankenbett, schweißgebadet, kreidebleich, wird Hanni Schütze auf den Flur gefahren, und Olga wischt ihr noch die Tränen ab. Sie kann das alles nicht begreifen. Das Bett wird durch den Flur gerollt.

Olga starrt auf ihre Hände. Sind die Hände schuld?

Betretne Stille herrscht im Flur.

Olga hatte alles um sich her vergessen. Auch den grünen Frühlingstag da draußen sieht sie nicht, das Jubilieren in den Büschen hört sie nicht, interessenlos blickt sie ins Leere.

»Nun kommen Sie mal rein!« Der Mürrische holt Olga in sein Zimmer, zwingt sie auf den Stuhl und nuschelt unzufrieden vor sich hin: »Damit muß man leben. Totgeburten kommen vor. Wenn Sie älter sind, gewöhnen Sie sich dran!«

»So sinnlos! Sie hat es so gewünscht!«

»Manche wünschen's nicht. Dann lebt's! Etwas, was wir nicht verändern können!«

Plötzlich fährt sie ihren Chefarzt an: »Sie reden klug und wissen nichts! Die Nabelschnur wie eine Schlinge um den Hals!«

»Gehn Sie mal nach Hause – und ruhen Sie sich aus. Rumstänkern kann ich selber!«

Olga duckt sich unwillkürlich, schaut den Chef mit schrägen Blicken an und murmelt: »Lesen Sie das Krankenblatt. Hanni Schütze. Für Sie ist es ein Name, für mich ein Schicksal ...«

Er fährt ihr schroff ins Wort: »Sind meist Schicksale. Hat mit dem Beruf zu tun ...«

Er steht auf, und, wie schon einmal, öffnet er ein Fenster und scheint den Büschen, die das frische Grün des jungen Jahres tragen, eine Wahrheit zu eröffnen: »Ich kenne auch den Mann, Frau Trostheim. Wie er heimkam, weiß ich, und sein Nest besetzt fand, besetzt von einem fremden Hahn. Hat seine Zeit gedauert, hat lange nicht zur Frau zurückgefunden. Ich hab den Mann behandelt, mit Worten und mit Pillen auch. Nun freuten sie sich auf das Kind ... Er wird's verwinden, seine Hanni auch. Werden's neu versuchen. Was denken Sie, was der Mensch verwinden kann und muß!« Dann schließt er schnell das Fenster und nuschelt noch: »Grüßen Sie den Herrn Gemahl. Die Genossen kümmern sich um uns. Das Dach ist dicht, es regnet nicht mehr durch. Reden nicht nur, tun auch was!«

Als Olga wie benommen aus dem Zimmer geht, den langen Flur hinunter hastet, führt sie wohl ein Selbstgespräch; denn ihre Lippen formen rasche Worte: Dachte immer: Gefühllos ist er wie ein Pflasterstein. Dabei ist er ein Mensch. Auch Hannes wird verwundert sein. Er wird mir neu beweisen wolln, daß sich der Mensch vom äußren Schein nicht täuschen lassen darf!

4.

Wilm hatte die Prüfungen bestanden, alle Fragen erschöpfend beantwortet und konnte guter Dinge sein.

Willi mit der Locke hatte ihn aufs Glatteis führen wollen mit der Frage nach der historischen Mission der internationalen Arbeiterklasse. Doch Wilm hatte überzeugend nachgewiesen, daß die Welt erst eine menschliche sein wird, wenn die Ausbeutung des Menschen durch den Menschen beendet ist.

Dann schoß Willi mit der Locke die allerletzte Frage ab und die galt den Ponys.

Doch Wilm war nicht bereit, auf so Privates einzugehn, und nannte Willi eine Nervensäge, das Wort ›Korinthen-Kacker‹ verkniff er sich im letzten Augenblick.

Er wisse schon, wie er sich in Zukunft zu verhalten habe, spurlos war die Schule nicht an ihm vorbeigegangen, sechs Monate auf seinem Hintern sitzen, das war kein Pappenstiel gewesen …

Alma fliegt ihm geradezu entgegen, als er mit dem Koffer kommt. »Wie hast du abgeschnitten auf der Schule?«

Wilm stellt den Koffer ab. Die Sonne wärmt. Die Schwalben sind zugange, die Hummeln summen in den Fliederbüschen, weit in der Feldmark schmettern Kraniche, trompeten, daß die Erde bebt. Er lauscht den vielen Tönen nach, die er solang vermissen mußte. Er sagt bescheiden: »Es muß reichen, Alma – befriedigend hat dein Mann und Gatte abgeschnitten, befriedigend und besser!«

Alma streichelt seinen Arm und ist rundum zufrieden: »Da sieht man gleich, was ein heller Kopf bewirkt, auch wenn er langsam grau geworden ist. Geh zu deinen Ponys, die Stute ist gedeckt!«

»Mit den Ponys eilt es nicht. Vorderhand bin ich nur müde!«

»Müde! … Ich bin blitzmunter, auch Lutz erwartet dich!«

»Zum Märchen reicht es heute nicht!«

»Leg dich hin und schlaf dich aus!«

Sie nimmt den Koffer auf, der wenig wiegt. Er hat den Sieg gefeiert auf der Schule, die Augen sind gerötet, sieht sie jetzt.

Er lächelt schuldbewußt. Es war ein Viertelliterchen zuviel! Zum Abschluß hat der breitgebaute, ungewöhnlich stramme Lehrgangsleiter die Wodkaflaschen kreisen lassen und sein Prinzip verletzt!

5.

Frühling! Alles treibt. Ein jäher Blühdrang hat die Welt verwandelt. Im Landauer, eingeklemmt zwischen den Eltern, sitzt Lutz und darf die lange Peitsche schwingen.

Ulrike, die sich staunend umschaut und nicht müde wird, sich zu wundern und zu freuen, sagt: »Nun bin ich endlich heimgekehrt!«

Lutz, der die Braunen mit der Peitsche kitzelt, kräht: »Von allen Stunden nur noch frohe, das wünschen die aus Güterlohe!«

Ulrike preßt den Jungen ungestüm an ihre Brust: »Wer ist der Dichter von dem Vers?«

»Onkel Wilm, der Liebe!«

»Wolln wir hoffen, daß Onkel Wilm die Wahrheit sagt!«

Vor dem Herrenhaus zügelt Edwin forsch die Braunen. Die peitschen mit den Schweifen und jagen alle Bremsen weg.

Lutz nimmt die Mutti an die Hand, führt sie vorsichtig den breiten Stufen zu und sagt: »Du läufst wie früher, Mutti!«

»Nicht ganz, Lutz, aber schön, daß du's sagst ... Ein bißchen bang ist mir vor dem, was kommt. Viel kann ich euch nicht helfen!«

Edwin, der schweigend zugehört hat, dem das Herz vor Freude heftig klopft, meint zu Lutz: »Sind wir froh, daß Mutti wieder bei uns ist?«

Und wie sie froh sind – alle drei!

Behutsam führen sie die Mutter in das Haus. Das Treppensteigen fällt Ulrike schwer.

Doch sie erholt sich zusehends, ihre Beine kräftigen sich, die Schultern werden runder, die Wangen auch. Bald hantiert sie am Herd, doch sie gibt acht, daß sie keine schweren Töpfe hebt.

6.

Wilm macht es wahr und trennt sich von den Tieren. Alma hat nicht die geringste Macht. Sie kann betteln, jammern, heulen. Wilm setzt vor Alma seinen Willen durch.

»Es muß sein. Solln den Kindern eine Freude sein. Mich halten sie nur ab.«

»Von was, Wilm?«

»Von dem, was wichtig ist!«

»Genügt mir nicht, die Antwort, Wilm!«

Eine Minute, nicht länger, bleibt er schweigend stehn, dann fährt er Alma an: »Spielzeug! Araber waren Pferde. Das hier ist nur Pusselkram ... Mit der Gutsfrau bin ich noch kutschiert ... Peitschenwind! ... Die Dinger sind zu klein für einen Mann!«

Er tippt die Ponys an und fährt vom Hof!

Alma denkt: Den Floh hat ihm der Zimmermann ins Ohr gesetzt. Sie schluckt krampfhaft und blickt sich nicht mehr nach den Ponys um ...

Wilm läßt die Ponys ruhig traben. Frank-Paul ist wohl der frühe Tag zu schwül. Er hat noch nicht gehaart, trägt bis zum Mai das krause Winterfell und ist wahrscheinlich träg gestimmt. Wilm führt das Kutschgespann durch eine tiefe Schlucht, die rechts und links von Ginsterbüschen dicht bewachsen ist. Der strenge Frost hat Schaden angerichtet. Die Büsche stehen schwarz, nur wenig Grün schlägt durch; doch einen findet Wilm, der steht schon in der Blüte, prahlt mit seinen gelben Glocken und hat den langen Winter überlebt.

Als Wilm die Schlucht genommen hat, sieht er Oskar Grünfutter mähen mit der Sense, Futterroggen für das Vieh.

Oskar steckt die Sense in den Haufen, kommt langsam auf die Kutsche zu. »Nun biste ein studierter Mensch. Ich drücke dir die Hand!«

Wilm lächelt spöttisch. »Der Mensch tut, was er kann. Ein Zuckerlecken ist es nicht gewesen!«

Lange muß nun Oskar Sichlers Ponys loben, muß sie tätscheln, und Frank-Paul wird das zuviel, schnappt kurz nach Oskars Hemd und kneift ihn unsanft in den Unterarm.

»Das haste nun davon«, sagt Wilm, »Undank ist der Welten Lohn. Ich bin entschlossen, diese Biester wegzugeben!«

»Die Ponys – biste noch bei Troste, Mensch?«

Doch Wilm hat alle seine Sinne beieinander, ist wach und ganz der Zukunft zugewandt. Er greift in Oskars Tabakbeutel und hofft, daß Gärtners Tabak hält, was er verspricht.

Dann holt er aus – man kennt die Geste! – übern Kopf hinaus führt seine Hand. Das bedeutet viel.

»Versteh mal richtig, Oskar ... Die Sache ist die: Wer – wenn nicht wir – sind in der Lage, alles über Bord zu werfen, was uns hindert, frei zu sein. Ich stoß die Ponys über Bord. Bildlich – mußte das verstehn!«

Oskar ist von Sichlers Wortgewalt gelähmt und flüstert bang: »Kommen Ponys aus der Mode?«

Mit Schwung nimmt Sichler seine Pfeife aus dem Mund, stellt fest, daß Oskars Kunst, den Tabak zu veredeln, übern harten Winter nicht gelitten hat. Er sagt im Ernst und mit Bedacht: »Kommen sicher nicht. Nur wir hängen unsre Herzen nicht an kleine Dinge. Wir müssen an die großen denken! Wir sind die Vorhut, Oskar. Das ist viel!«

Kann die Auskunft Oskars Kopf erhellen? Kann sie helfen, daß er des Lebens tiefen Sinn begreift, das ungeheure Ausmaß der Epoche in sich aufnimmt, damit er unverlierbar bleibt als sein Besitz?

Gewiß ist nur: allerhand Gedanken wälzen sich durch Oskars Kopf!

Die Männer geben sich noch gegenseitig Feuer.

Frank-Paul ist voller Unmut. Er wiehert ohne Anteilnahme, wie es Oskar plötzlich scheint!

7.

Als Oskar wach wird, schmettern seine Hähne. Und als er vor die Tür tritt, im weißen Nachthemd noch, ohne Schlappen an den Füßen, barfuß also, den Himmel sieht, blank, rein wie der Zylinder der Petroleumfunzel, den Irma jeden Sonntag putzt, als er den feuchten Tau an seinen Füßen spürt und hört, wie sich die Hähne gegenseitig überschrein, weiß er endlich, daß er nun entscheiden muß!

Er blickt noch einmal kurz zurück und sieht, daß Irma ruhig weiterschläft. Die Tür ist gut geölt. Sie läßt sich lautlos schließen. Im Schuppen steht die Axt geschärft bereit.

Genosse Sichler, gib mir ab von deiner Kraft und Stärke! Er öffnet rasch die Tür zum Hühnerstall und zuckt zurück. Soll er barfuß durch den Hühnermist marschiern? Wie er es bedenkt, das Hühnervolk nach draußen drängt, wild krakeelt, fährt Irma aus dem Schlaf und schreit: »Oskar, der Marder ist im Stall!« Sie sieht: Der Platz an ihrer Seite ist verwaist. Draußen schwingt ihr Mann die Axt. Irma wird behende: »Was machste denn für Unfug, Mann?«

Ihr Mann treibt keinen Unfug! Er klagt sich selber an: Wilm, mir fehlt noch eine Spur Bewußtsein, ich bin noch nicht so weit wie du ...

Nun hat sie ihm die Axt entwendet. »Wolltest du die Hähne schlachten?«

Möglich wär's gewesen, er war schon nahe dran!

Er erklärt ihr, barfuß auf dem Hof, im weißen Nachthemd noch, daß Wilm die Ponys über Bord geworfen hat.

»Über Bord?«

»Bildlich, Irma, bildlich mußte das verstehn. Er hat sie abgeschafft – und das mit vollem Recht. Nur mir fehlt Kraft und Stärke. Ich hänge weit zurück!«

Wen trifft die Schuld?

Wer hat sich diesen Unfug ausgedacht?

Für Irma gibt es keinen Zweifel mehr – an allem Unfug ist nur Sichler schuld. Der hat sich – was geschehen soll zuweilen! – verrückt studiert und stiftet andre an!

8.

Das ist in all den Jahren nicht geschehn!

Wilm sitzt im Saal, der Saal ist proppenvoll, Menschen über Menschen, und der Bürgermeister steht allein, fast, muß man dazu sagen!

Jürgen Gärtner führt das große Wort. Der junge Mann hat sich ein Bärtchen zugelegt. Das bezupft er voller Eifer. Seine Blicke sprühen vor Besessenheit. »Wilm Sichler will den Fortschritt, doch nicht vor seiner Tür!« Zu seinen Worten schlägt die Faust den Takt. Die ist ein Hämmerchen – nicht mehr!

Die Schlange hat er an der Brust genährt!

Wilm schwankt auf seinem Holzbein. Alma kann ihm keine Stütze sein. Sie gibt im Herzen diesem Jungen recht, der sich als Hecht im Karpfenteich erweist.

»Bleib doch sitzen, Wilm!«

Will sie mir den Mund verbieten?

Von keinem läßt sich Sichler mundtot machen, vom eignen Weibe nie!

»Was soll die MAS auf meinem Hof? Bau sie in die Fichten, da kann sie stehn und in die Breite gehn!«

»Besser ist der Platz, den Jürgen Gärtner nennt. Gelaß genug, Scheunen, Stallungen, nichts würde unter freiem Himmel stehn!«

Das geht nicht mehr mit rechten Dingen zu!

Der Rotkopf drängelt sich ins Rampenlicht. Der Mann, der mal ein Bordfunker gewesen war – mit Kreuzen da und dort! Auch den hat Wilm gefördert und gestützt!

Wie dankt er es? Wie zeigt er sich erkenntlich?

Die kalte Wut springt Sichler an!

Der Mann gehört zur christlichen Partei, stützt den Kirchenchor mit seinem dunklen Baß. Kein Weibchen würde in die Kirche gehn, wenn seine Stimme nicht so brubbeln könnte! ... Was Gott tut, das ist wohlgetan, es bleibt gerecht sein Wille ... Der Rotkopf singt's als Solonummer. Das Weibsvolk hört ihm zu! ... Zugegeben: ein braver Handwerksmeister mag er sein, von Staatsgeschäften hat er keine Ahnung ...

Wilm ruft, und Stille herrscht im Saal: »Ich bin dagegen!«

»Dann geht's zur Kampfabstimmung!« kräht der junge Hahn, der Grenzer außer Dienst, Wilms Vize kräht es laut, bis ihn Bauer Schuster überschreit: »Wir brauchen keinen MAS-Stützpunkt, wozu?«

In jedem Frühling springen Schusters Pfirsichbäckchen wie Blütenblätter auf und jucken, daß er sich kaum halten kann.

»Wir brauchen überhaupt nicht solch ein Zeugs!« Mit seinen schwarzen Fingernägeln kratzt er sich die Backen wund.

Wie soll sich Wilm in diesem Fall verhalten?

Aus Bauer Schuster spricht der Feind, zumindest spricht aus ihm die blanke Fortschrittsangst. Seit Schuster mit dem Bulldog auf die Nase fiel, sein Junge hinter Gitter gehen mußte, ist diesem Mann ›Das Neue‹ nicht geheuer. Er sträubt sich, wo er kann. Wahrscheinlich denkt er: heute kannste mal dem Fortschritt beide Beine stellen. »Ich bin – wie Sichler – strikt dagegen!«

»Nee, nee ...« Die Hand von Sichler geht übern Kopf hinaus, greift ins Leere, zuckt leicht noch in den Fingerspitzen, fällt dann nach unten, wird zur harten Faust: »So war das nicht gemeint und nicht gewollt. Wir brauchen eine MAS, doch – wo, das ist die Frage!«

Wilm fühlt sich eingesperrt in diesem Saal, mag nicht die vielen Spottgesichter sehn. Wilm kann in Mienen und Gesichtern lesen, sie sind ihm wie ein aufgeschlagnes Buch.

Nun wird's dem Bürgermeister mal gezeigt – erzählen ihm die Blicke! Nun liegt er auf dem Rücken und zeigt dem Volk den weißen Bauch wie eine grüne Tümpelkröte ... Der Zorn schwillt an, der Jähzorn macht ihn blind. An allem Unheil ist der Gärtner-Bengel schuld, und den nimmt Sichler Maß: »Mach dich nicht zu meinem Feind, ich warne dich vor allen Leuten! Klemm dich hinter die Parteibeschlüsse. Alles mit den Menschen, anders geht das nicht!«

Im Saal riecht es nach Rauch. Sie haben, ohne abzuwarten, die Pfeifen angesteckt. Nun zieht der Qualm als trübe Wolke durch den Saal.

Jürgen, der den Tabaksdunst verachtet, drängt zur Eile, ruft forsch und ohne Scheu: »Wer für den Gutshof ist, der hebe seine Hand!« Und sein Fäustchen hämmert sehr gekonnt.

Es geschieht, was all die Jahre nicht geschehen ist: es heben sich die Hände. Unten bleibt die Hand von Wilm, die Hand von Schuster auch.

Almas Hand, das ist das stärkste Stück, geht zögernd noch nach oben, als sich der Fingerwald schon langsam senkt. Als sich der Saal geleert hat, das Trappen und das Schlurfen sich entfernt, Alma noch bei Wilm geblieben ist, fragt sie leise an, ob sie nicht nach Hause gehen möchten – wie die andern auch.

Doch Wilm sitzt auf der leeren Saalbank, starrt vor sich hin und schweigt!

Gleich wird der Schankwirt auch die letzten Lampen löschen. Dann sehn sie sich im Dunkel stehn.

Als Alma denkt: Sie wird die Flucht ergreifen, und sich erhebt, kommt Sichler mit.

Die Nacht ist hell und schwül. Die Nachtigallen schluchzen in den Büschen, das Käuzchen ruft im Park, die Fledermäuse sind auf Fang und schweben lautlos durch die Dämmerung ...

Klack, bumm, klack, bumm ... so klingt's, wenn Sichler hundemüde ist, dann setzt er seine Füße so. Da kennt sich Alma aus. Soll sie reden oder warten? Sie tippt ihn leise an: »Was machst du nun? ... Oder redest du nicht mehr mit mir, weil ich gegen dich gestimmt hab, Wilm? Soviel Freiheit mußte mir erlauben oder nicht? Hast mir immer abgefordert, meinen eignen Weg zu gehen; mich auf meinen Kopf zu verlassen, haste mir ans Herz gelegt. Soll das plötzlich nicht mehr richtig sein?«

Sie redet sich die Zunge wund, warum, wozu?

»Ich denke nach«, brummt er.

Der Mensch wünscht nicht gestört zu werden, wenn er sinnt und denkt ...

Alma malt sich aus, was sie erwartet: Wenn's wenig wird, dann ist's 'ne schlechte Nacht. Er wälzt sich rum, springt allenthalben auf. Er trinkt viel kühles Brunnenwasser, weil ihm die Kehle trocken ist, die Brust, weil er ausgedörrt ist nach der Niederlage, die ihn schmerzt! ...

Alma sieht der Nacht gefaßt entgegen!

9.

Trübe Nächte, trübe Tage, obwohl der Himmel ausgeglichen ist, keine Launen zeigt das Wetter, Wärme ist genug zum Wachsen, Schwüle auch genug, man darf auf reichen Erntesegen hoffen.

Um Sichler ist es nicht so gut bestellt. Man muß sich Folgendes begreifbar machen: Wilm hatte sich, als alle Flüchtlinge das Haus verlassen hatten, als wieder Ordnung herrschte, auch in Güterlohe das Leben vorwärts eilte, was dem Bürgermeister mit zu danken war, eine stille Ecke ausgesucht. Sie befand sich auf der Hofseite, wo die Freitreppe ihr Ende nahm und die breite Tür zur Diele führte. Es war die Südseite des Hauses, die Sonne kam von links, und erst am späten Nachmittag verlor sie sich in dunklen Wäldern.

Wenn also Sonnenwetter war, kramte Wilm die Gartenmöbel vor, ließ selbst eine Markise nähen und empfing die Freunde und die Bürger, trank mit Alma Kaffee und erholte sich im Schatten der Markise.

Diese Stunden liebte er besonders: Still war's, die Tauben gurrten oder stritten sich, die Hühner badeten im warmen Sand, später wieherte Frank-Paul und lud den Herrn zu einer Kutschfahrt ein. Unvergleichlich stille Stunden haben sie verbracht im Schatten der Markise.

Alma lügt, wenn sie nun sagt: »Mich stört sie nicht, die MAS auf unserm Hof!«

Das erste, was Wilm fertigbrachte, war leicht getan: Er trug die Gartenmöbel in den Keller.

Solln sie rosten und verderben!

Dann wurde es schon schwieriger: Er schraubte die Markise ab, zersägte mit der Eisensäge das Gestänge und warf es auf den Schrott!

Am Ende schaffte er das Taubenhaus vom Hof, verlor viel Schweiß dabei, vielleicht sogar zwei Tränen!

Nun hatte Jürgen Gärtner freie Hand!

Das erste, was der konnte, war — ein großes Schild zu malen: MAS-Stützpunkt von Güterlohe. Auf weißem Hintergrund prangten rote Worte.

Wilm Sichler fragte sich, was Wilhelm Pieck, der Präsident, der in einem Schlosse residierte, wohl empfinden würde, käme einer auf die Schnapsidee, den Park vom Schloß in einen Ort von Dieselöl und einem Mordsradau zu machen? …

Natürlich ist Genosse Sichler nicht der Präsident! Doch ein

Mensch ist Sichler auch. Als solcher tut er, was er kann. Wenn er das getan hat, bitte sehr!, will seine Ruhe haben und nicht das Stampfen der Traktoren hören müssen bis in die späte Nacht ...

Seine Ponys haben hell gewiehert. Das waren liebliche Geräusche. Wie soll der Landmann noch die Vögel singen hören, wenn diese Teufel übern Acker ziehn. Die Erde wird erstickt von all den Lasten. Verliert die Fruchtbarkeit. Es wächst kein Korn mehr und kein Gras ...

Gelüftet wird sie, weil die Schare tiefer greifen und die Eggen, meint der junge Dachs ...

Wilm glaubt den faulen Zauber nicht. Kann sein, die Rechnung kommt uns später auf den Tisch. Aber es soll keiner sagen können: Wilm Sichler hat sich quergestellt!

Seinen Segen hat der junge Dachs, auch wenn er Wilm die letzte Ruhe raubt ...

Dem wird er sowieso noch manches sagen müssen. Er hat den jungen Dachs, obwohl doch Wilm im Saal geladen war, genau fixiert und hat gesehn, wie Jürgen seine kleine Faust benutzt – zuck, zuck, zuck! Sobald dem Kerl das Mundwerk wackelt, geht das Fäustchen auf und ab, nicht in großer Geste, wie's bei Thälmann war, nicht von Kraft und Leidenschaft kann da die Rede sein, mehr an einen Liliput muß Sichler denken, wenn Jürgen seine Faust gebraucht ...

Nun hängt das Schild, und jeder kann es sehn!

Jürgen dreht die letzte Schraube fest. Die Leiter hält ein dralles Weib, das Birke heißt.

Wem fallen solche Namen ein?

Wilm kann sich da nur wundern! Und wundern muß er sich, weil Birke, prall im Busen, rund geformt von Kopf bis Fuß, die Leiter fester hält als ihr bißchen Leben, damit der Sperling nicht vom Dache fällt.

Die Birke ist, nur grob geschätzt, zehn Jahre älter als der Spatz und hält die Leiter fest, als ging's ums Ganze.

Die späte Liebe eines Weibes wird zur Feuersbrunst. Anders kann man sich das nicht erklären!

Birke hat auch einen Sohn, einen Schlauberger, der sich an Evchen Heidrich hängt.

Eine reine Kinderliebe.

Beide sind im zehnten Jahr. Er zeigt ihr, wie die Böcke durch die Wiesen preschen, wie sie plätzen, wie die Ricke ihre Hexenkreise zieht im reifen Korn und wie sie fiept, wenn der Sechserbock sie treibt. Wo der Bussard seinen Horst bewohnt, weiß der Junge auch.

Sie sind ein allerliebstes Pärchen, unzertrennlich, gehen Hand in Hand. Im Schreiben hat der Junge seine Schwächen, sonst aber ist er aufgeweckt, im Geiste rege. Wildkaninchen fängt er mit dem Netz, die Bachforelle greift er mit der bloßen Hand, wenn sie still in ihrem Laichloch steht.

Birke kann sich nicht beklagen übern Sohn. Seinen Vater kennt der Junge nicht. Der hat das Kind gemacht und ist verschwunden. Birke weint ihm keine Träne nach.

Sie hat sich jetzt bei Jürgen festgebissen; engt seinen Freiraum ein, läßt ihn nicht nach andern Mädchen schielen, hält die Leine kurz. Man sagt, sie wär ein Teufelsweib, die ihre Liebeskunst beherrscht. Speck wird er nicht ansetzen, sagt man auch.

»Haste richtig nachgedacht, Genosse Bürgermeister!« piepst der Spatz vom Dach. »Die Zeit nimmt deutlich neue Züge an!«

»Komm mal runter«, fleht die dralle Birke und schwitzt vor Angst. »Lange kann ich nicht mehr halten!«

Der Spatz kehrt in den Hof zurück. Birke sind die straffen Arme lahm.

»Der Sommer zweiundfünfzig«, piepst der Spatz, »hat's in sich! Spürst du's nicht im Beinstumpf, Wilm?«

Vieles hätte Sichler auf dem Herzen. Doch er sagt dem jungen Dachs: »Im Koppe spür ich's. Im Stummel ist kein Grips!«

Er läßt ihn vor der Leiter stehn, die dralle Birke auch und ist beileibe kein geknickter Mann. Wilm hat andre Niederlagen weggesteckt und nicht gejammert und geklagt ...

10.

»Schälst und schälst«, sagt er zu Alma. »Köchin einer MAS!« Der letzte Satz klingt nicht sehr freundlich. Zur Zeit kann Sichler noch nicht freundlich sein. »Schälst dir alle Finger wund!«

»Die Leute wollen essen!«

»Und wo bleib ich? Wer kocht mir nun die Suppe?«

»Du ißt — wie alle — aus dem großen Topf!«

»Ich werd vom Fleische fallen. Haste das im Sinn?«

Almas Messer zielt auf Sichlers Brust. »Mir gefällt der Trubel. Du kommst schon nicht zu kurz!«

Mit großer Geste schiebt er Almas Messer weg, steht vorm Gurkenfaß, greift rein, und Alma schreit: »Nicht mit den Fingern, Mann!«

Wilm macht es mit den Fingern, würde selbst den lieben Gott nicht fragen, beißt die Gurke an, verzieht leicht das Gesicht und brummt: »Keine Würze! Massenware!«

Damit — denkt Wilm voll Rachedurst! — hab ich sie ins Herz getroffen, Massenware kann sie nicht verknusen, da wird sie bleich und fällt gleich um!

Weil er sich nicht umschaut, als er geht, entgeht ihm auch, was Alma sich erlaubt. Sie tippt den Zeigefinger an die Stirn. Was das bedeutet, ist bekannt!

Viertes Kapitel

1.

In punkto Soll kann sich Edwin sehen lassen!

Ein Viehtransport geht auf die Reise, diesmal reines Borstenvieh. Beim Verladen war Getös gewesen, nun sind die Tiere still, liegen dicht an dicht und ahnen nicht, was sie erwartet.

Vorm Schlachthof dann kommt die Erregung in die Tiere, drängen sie sich in die Ecken, beißen sie sich gegenseitig, fällt einer übern andern her. Sie wissen nichts, doch die Instinkte sind erwacht, die fremde Witterung ermahnt die Tiere.

Sie möchten von der Ladefläche springen, vielleicht zurück zum Stall, zurück in die Natur, in die Wälder und die Wasserlöcher, wo sie suhlen können, dorthin, wo sie hergekommen sind.

Wie lange ist das her?

Der Mensch will Fleisch, nicht jeder, aber viele. Der Bauer liefert Fleisch, je mehr, um so besser, um so angesehner ist der Bauer, um so reicher auch …

Edwin unterschreibt den Lieferschein.

»Gute Fahrt!«

Es ist ein schwüler Junitag. Was nun geschieht, ist nicht mehr Edwins Sache.

Wenn ein Hitzschlag in die Tiere fährt?

Edwin hat die Fracht quittiert, die – ›Lebend-Fracht‹ – wie's heißt, eine Fracht, die nicht mehr lang zu leben hat! … Hannes hat dabei gestanden. Nun fährt der Viehtransport dem

Uferweg entgegen. Die Freunde haben Zeit, und Edwin fragt: »Kommst du auf Besuch? Führst du mehr im Schilde?«

Die Sache ist die: Im Juni neunzehnhundertzweiundfünfzig wurde im Kreise Seelow – das Dörfchen heißt Worin – die erste LPG gegründet. Ein Tag, ein Ort – morgen wird's Geschichte sein, in fünfzig Jahren werden Kinder in der Schule lesen: Im Dorf Worin ...

In dieser Gegend haben wir uns umgeschaut, Edwin!

April! Fünfundvierzig ist's gewesen!

Wir hockten beide in einer zerschossnen Autogarage. Wir zählten die Minuten. Um fünf Uhr sollte der Feuerüberfall auf die deutschen Stellungen beginnen. Es wurden einhundertvierzig Scheinwerfer in Richtung des Feindes eingeschaltet.

So begann der Sturmangriff auf die Seelower Höhen. Der Schock war ungeheuer für die Deutschen. Geblendet von der geballten Strahlungskraft, brach Panik aus. Es folgte der letzte blutige Kampf um Berlin ... Und wir waren dabei, Edwin – weißt du noch? ...

Heute, an einem drückendschwülen Tag im Monat Juni, sagt Genosse Hannes Trostheim zu seinem Freund und Weggefährten Edwin Zahn: »Ich würde wünschen, du ziehst nach, läßt die Woriner nicht allein!«

»Noch gibt es kein Gesetz!«

»Haben die Woriner ein Gesetz? In vierzehn Tagen sind wir in Berlin. Zweite Parteikonferenz. Sie wird so ein Gesetz empfehlen!«

»Vierzehn Tage sind nicht viel!«

Warum schwankst du? Warum sprichst du nicht zur Sache? Benagst die Unterlippe!

Hast du etwa Angst, ich könnte dich in eine falsche Richtung schicken?

Er lächelt Edwin an. »Der Kompaß zeigt auf Sozialismus. Die hundert Hektar, die du hier betreust, sind Keim und neue Saat!«

Sie sind ein Weilchen hingeschlendert. Sie hatten noch kein Ziel.

Nun steht vor beiden eine graue Miete, von Wind und Wetter ausgebleicht, gepackt aus vorjährigem Haferstroh.

Schade drum! Zum Füttern taugt's nicht mehr. Den Nährwert hat der lange Winter ausgelaugt.

Edwin sucht sich einen Platz im Schatten dieser Miete, lädt Hannes ein, sich auch zu setzen. »Findest Worte – wie ein Verseschmied: Keim und neue Saat ... Ist ein Zug an dir, der war mir bisher fremd!«

Beide sitzen nun im Schatten. Die Lerchen steigen auf aus ihren Furchennestern, senden ihre Lieder in die Lüfte. Immer sind sie leicht und unbeschwert. Nie klingt das Lerchenlied betrübt.

Es geschieht, daß es kurze Zeit verstummt, wenn dunkle Wolken drohn, ein Gewitter naht. Aber wird es hell, ist der Regen weg, klingt es froher als zuvor, scheint es, daß die Lerchen nachzuholen suchen, was sie versäumen mußten, als die Wetter tobten.

Man darf sich auf das Lerchenlied verlassen ...

Nach der Hochzeit mit Ulrike – was hat er da gesagt, der Gutssohn Edwin Zahn?

»Macht Kolchose wie in Rußland!«

Hat er gesagt, der Edwin Zahn. Aber Hannes Trostheim hat gesagt: »Du bist verrückt im Kopp. Ohne Beistand wirst du sitzenbleiben!«

Hat Trostheim gesagt, gerade sieben Jahre ist das her ... Hannes dachte damals: Der Gutssohn spielt sich auf ... Wenn er schreit: Habt die Kraft und geht den ganzen Schritt, nicht nur den halben – dann spielt er sich ganz einfach auf! Dann hat er nichts begriffen. Dann wagt er eine Flucht nach vorn und weiß nicht, wo er landen wird. In Sachsen – hatte er gedacht – wär der Gutssohn besser aufgehoben ...

Beide hängen den Gedanken nach, beide denken wohl das gleiche; denn unvermittelt, ohne Übergang, meint Hannes: »Wie's auch aussah in dir, ob du's ernst gemeint hast oder nicht, ich sage heute: Das halbe Dutzend Jahre haben wir gebraucht. Nun gehen wir den ganzen Schritt, und du marschierst vorweg!«

Es wär schon recht und billig, sie gäben sich die Hand. Doch auf Gesten sind sie beide nicht bedacht. Sie hörn die Lerchen jubilieren.

Viel liegt hinter diesen Männern; viel noch vor den beiden. Es wäre gut, den Männern Glück zu wünschen auf dem Weg, weil sie Glück gebrauchen können, Glück und Kraft …

»Bange machen – gilt nicht, Partisan!«

Tief in der Brust löst sich bei Edwin ein befreites Lachen.

»Ich weiß, das Schlußwort steht dir zu! Ich halte meinen Mund!«

Sie sitzen noch lange so, fast bis zum Abend.

Man könnte glauben: Zwei Männer machen Urlaub in der Sommerfrische, hörn den Lerchen zu, drohn, wenn Elstern in den Feldgehölzen schackern, und sammeln sich die Halme von den Hosen ab, als Edwin auf die Uhr schaut: »Ein bißchen Tagwerk bleibt uns noch zu tun!«

2.

An die Scheune, die Bauer Heidrich bauen ließ, als ihn das Pech ereilte mit der Räucherkammer, ist mit Kreideschrift geschmiert: In fünfzig Jahren ist alles vorbei! ›Jahre‹ hat er ohne ›h‹ geschrieben.

Das soll dem Dummkopf noch verziehn sein!

Doch was ihm Sichler nie verzeihen kann und wird, ist die Wahrheit, daß Heidrich über Nacht verduftet ist.

»Republikflucht«, sagt der Bürgermeister, »Frau und Tochter Evchen hat er mit!«

Wilm, was selten noch geschieht, spuckt aus. Er wendet seinen Rücken ab von dieser Schrift … Wie wird der Junge von der drallen Birke heulen, untröstlich wird der Bengel sein. Der erste heiße Nadelstich in einer schmalen Knabenbrust … Noch einmal spuckt Wilm Sichler aus!

Die Kühe sind seit Sonntag nicht gemolken, die Schweine sind im Koben toll. Nur das Federvieh stolziert umher.

Wilm Sichler ruft nach Jürgen Gärtner. Der verkündet, als er alles weiß: »Nichts wird vorbei sein. Jetzt geht es richtig los!«

Die Menschen drängen in den Hof. »Republikflucht!« – welch ein Wort! …

Müssen wir in Zukunft leben mit dem Wort? Wird das nun in Schwange kommen? Dann werden unsre Dörfer leer. Dann wird es kommen wie im Dreißigjährigen Krieg. Da wurden auch die Dörfer leergefegt!

Steht nicht da wie angewurzelt. Das Milchvieh muß gemolken werden, sonst steigt das Fieber in die Euter. Versorgt die Pferde und die Schweine, und laßt uns alles Inventar, das lebende und tote, gewissenhaft erfassen.

Gegen Mittag taucht der Landrat auf. Er geht mit Sichler durch das Haus. Sie haben nicht viel mitgenommen, ein bißchen Silber, wenig Kleider, Wäsche kaum. Sie rechnen fest auf eine Flüchtlingshilfe.

»Die wird ihm auch gewährt, dem Heidrich, und nicht so knapp. Sie greifen locker in die Tasche, wenn's gegen unsre Sache geht!« Dreibrots Borstenbrauen sind ergraut und zukken vor Erregung. »Falls das um sich greift, dann gnade Gott! Leere Dörfer wär ihr größter Wunsch da drüben!«

Wilm gefällt der Landrat nicht, angewelkte, eingefallne Wangen, wie gebeugt schleicht er durchs Haus, tippt die Standuhr an, die die volle Stunde meldet – elf Uhr ...

»Willste sagen, ich bin schuld?« fährt Wilm aus seinem Grübeln auf. »Ich hab ihn maßgenommen, weil er uns betrog. Soll ich jetzt die Zügel schleifen lassen? Dann reißt was ein!«

»Ich will sagen: Langsam, mit Bedacht. Mitnehmen, nicht abstoßen sollste die Menschen!«

»Der war feindlich gegen uns vom ersten Tage an. Hat dem Feind geglaubt, nicht uns. Hat gehofft, gewünscht – die Republik geht Pleite. Jetzt hat ihn die Geduld verlassen, und er hat sich abgesetzt! Ich weine Heidrich keine Träne nach!«

Warum ist Dreibrot nur so müde? Warum setzt er sich in diese fremde Stube, sitzt da wie einer, der bestellt ist und nicht abgeholt. Worte sagt er, vage Worte: »Jeder Fall liegt anders, Wilm. Heidrich war ein grober Klotz, da war ein grober Keil schon richtig. Bei Schuster sieht das anders aus. Wenn dieser Mann das Weite sucht ...«

Verzweifelt schiebt sich Sichler seine Mütze in den Nacken. »Soll ich betteln gehn von Hof zu Hof? Bitte, eine kleine Spende für den Staat? Solln wir so verfahren neuerdings? ...

Kommste heute nicht, dann kommste morgen?! ... Soll das Linie werden und Gesetz?«

Nun drückt er seine Mütze in die Stirn. Von den Augen ist nichts mehr zu sehn. »Dann geh ich lieber Flöhe hüten! Ich bin an Klassenkampf gewöhnt. Als Predger taugen andre besser. Auch Bauer Schuster blas ich noch den Marsch. Den linken, paß mal auf!«

Bedrückt sitzt Dreibrot da, ohne rechten Schwung und ziemlich kleinlaut meint er nur: »Du wirst schon Ton und Mittel finden!«

Wieder hat Wilm Sichler eine schlechte Nacht.

Alma hat es gleich gemerkt. Wenn er schon zur Kelle greift, auf einem Bein zur Küche hüpft, aus dem Eimer Brunnenwasser trinkt, zurück hüpft auf dem heilen Bein und der rechte Stummel hilflos zuckt, weiß Alma, was in Wilm zugange ist.

»Soll ich dir nicht Wasser bringen, Wilm?«

»Jeder Gang macht schlank«, poltert er.

Er hüpft auch noch nach Mitternacht auf einem Bein zur Küche und zurück.

Es ist besser, wenn sie schweigt, wenn sie tut, als schliefe sie!

Wie kann sie aber schlafen, wenn ihn solche Sorgen plagen? Auch wenn der Heidrich nichts getaugt hat! Wenn er nur ein Windhund war! Drüben wird er ganz und gar zum Schurken, wird er einer, der uns Pest und Pocken wünscht, der uns an die nächste Fichte knüpfen würde, hätte er die Macht!

Ein Feind, mit dem man rechnen muß. Das weiß auch Wilm genau.

3.

Dudeis Schreibmaschine klappert aufgeregt, als Jürgen Gärtner in die Diele tritt und nach Sichler fragt. Seit Jürgen Vize war bei Wilm, sind sich Dudei und der Junge nicht mehr grün.

»Können Sie mir keine Antwort geben?«

»Haben Sie gefragt?«

»Wo steckt der Bürgermeister?«

Noch erregter klappert die Maschine. Dudei läßt sich nicht

von jedem aus der Arbeit reißen. Er hat sein Pensum, das er schaffen will.

»Donnerwetter!«

Donnre, wie du willst!

Dudei spannt die neue Seite ein und sagt beiläufig: »Unterwegs ist unser Bürgermeister. Er meldet sich nicht ab bei seinem Sekretär. Das hat der Mann nicht nötig!«

Bitte, das Großmaul hat die Antwort, die es braucht!

Jürgen Gärtner wird sein Glück auf eigne Faust versuchen!

Er hat sich etwas ausgedacht. Er hat Bauer Schuster mit der Sense laufen sehn, dem Buchengrund entgegen. Der liegt vom Buchenwald umgeben, eine Wiese, zwei, drei Morgen groß. Bestes Gras seit langem, keine Spur von sauer.

Kleegras!

Schuster bringt die fettste Milch zur Rampe.

Jürgens Plan ist einfach. Falls er ihm gelingt, hat er was gekonnt, hat er was bewirkt, was Nutzen stiften kann.

Er hängt dem Traktor eine Mähmaschine an. Es ist die Traktortype ›Pionier‹. Er tuckert hin zum Buchengrund, wo Schuster weit die Sense schwingt und bis zum Bauch im feuchten Grase steht. Also steht das Gras in halber Mannesgröße. In Güterlohe gibt's das nicht noch mal!

Jürgen stoppt sein Ungestüm, hofft, ein leichtes Spiel zu haben. Schusters harter Rücken schuftet schwer. Das Hemd glänzt schwarz von Schweiß.

Jürgen stellt den Traktor ab, geht durchs hohe Gras auf Schuster zu, lächelt auch gewinnend, durch und durch ein strahlendjunger Held. Der beste Bauernkenner, den es gibt!

»Sind spät dran mit dem Juniheu! Wir sind im Juli, den zehnten Juli haben wir bereits!«

Schuster wetzt die Sense kurz, schon wieder seufzt das Gras zur Seite. »Mir reicht der Juli!«

»Ich mäh den Schlag! Inzwischen schaun Sie zu. Sie erleben, was die Technik kann!«

Schuster schneidet tief ins Gras hinein. Für ihn ist dieser Großprotz Luft!

»Man sagt: Sie haben fünfundvierzig einen Bulldog aufgebaut. Dann flog er in die Luft!«

Jürgen war sehr nahe an den Mann getreten. Plötzlich läßt der Mann die Sense einen Halbkreis schwingen. Jürgen muß zur Seite springen, will er nicht den Fuß riskieren.

Und Schuster schreit den Jungen an: »Ist mein Land, ist meine Wiese. Was in Berlin beschlossen wird, gilt für Schuster nicht!« Noch einmal läßt er seine Sense durch die Lüfte pfeifen.

Noch weiter weicht der Traktorist zurück.

»Mir drückst du nicht die Kehle zu, du nicht! Ich bin kein Heidrich! Ich bin ein wirtschaftsstarker Mittelbauer – wie's heißt in eurem Sprachgebrauch. Ich stehe fest auf meinem Grund und Boden. Die Verfassung schützt mich, lies mal nach!«

Schuster fährt mit seinem Wetzstein übers Sensenblatt, wendet sich von Jürgen Gärtner ab. Er läßt die Sense durch die Wiese kreisen, daß es nur so seufzt und glitscht …

Eine Schlappe, die den Jungen schmerzt! Als Obermeister der ›VAUPE‹ konnte er befehlen, bei Schuster kann er's nicht!

Den mußte überzeugen. Das mach mal, wenn du kannst!

Die Säge klemmt!

Auch im Privaten geht es nicht mehr rund!

Die dralle Birke hat den Sohn, den lieben Peter, nach Haus gebracht. Zu Hause heißt – nach Hundeluft! Das liegt im Fläming, keine hundert Kilometer weg von Güterlohe. Da soll der Junge seinen Schmerz bei Oma kühlen. Evchen Heidrich hat ihm nicht Lebwohl gesagt. Das machen die, die unser Land verraten, in der Regel nie! Jürgen hat das auch erfahren müssen.

Zu Birkes Sohn hat Jürgen ein Verhältnis wie die Maus zur Katze hat. Eigensinnig ist der Bengel, achtet den ›Erziehungsvater‹ kaum. Vielleicht besinnt er sich in Hundeluft und kehrt geheilt zurück!

Peter wird erst wiederkommen, wenn er schon ein Jüngling ist, wenn die Oma auf dem Friedhof liegt, kehrt er wieder heim …

Inzwischen schreibt ihm Evchen Heidrich Sehnsuchtsbriefe, und Peter schreibt zurück. Die schlimmen Fehler störn das

Evchen kaum. Sie schätzt die schöne Gabe, daß er bildhaft zu erzählen weiß! Alles sieht sie vor sich: Den roten Bock, der treibt, den Fuchs, der sich am Federvieh vergreift, die Krähennester, die er ausnimmt übern Mai, den Hecht, den er im März im Mühlbach spießt mit einem Stock, der eine Eisenspitze trägt, die wilden Wespen, die er aus den Waben holt, und wie ihn dann ein Keiler schlug mit seinen Waffen, fast hätte ihm der Keiler eins gewischt …

Solche Briefe schreibt er unentwegt. Und Evchen, in der großen Stadt am Rhein, erwartet sehnsuchtsvoll die Briefe, die ein wenig Heimatluft zu atmen scheinen. Wie soll es anders sein?

Im Augenblick ist Jürgen froh, daß Peter sich in Hundeluft vergnügt. So hat er seine Birke ganz allein. Überdruß und Langeweile empfindet er bei Birke nie! Das Weib beschert ihm immer neue Wonnen, als hätte ihr's der Gott der Liebe beigebracht. Alle, die er vorher hatte, warn die reinsten Eisbehälter. Seine dralle Birke aber hat die großen, roten Waldameisen unterm Rock!

4.

»Hätte mir die Beine weggehauen!«

Sichler zweifelt nicht an Jürgens Worten.

Betroffen sitzt er da, der junge Dachs, der Held, der schlaue Bauernfänger, der stets das große Wort im Munde führt … Jetzt schaut er sich die nackten Zehen an und ist wohl froh, daß ihm die Zehen heilgeblieben sind …

Jürgen möchte Sichler etwas fragen. Etwas von enormem Wert! Bis jetzt sind's nur Gedanken, die er hat, keine klaren Worte und nichts, was nach Befehlen klingt! Mehr geheime Wünsche sind's, die ungestüm durch Jürgens Seele stürmen!

Sollten wir nicht Ernst machen? Den Schlag führen? Die Ersten sein im Land? Schneller sein als Rehfeld und mein Vater, schneller noch als Edwin Zahn, noch schneller sein als Hannes Trostheim, der in der Hauptstadt sitzt und im Hintern Hummeln hat!

Die Sache wird beschlossen dort. Das geht als roter Faden

durch die Konferenz! Doch Sichler sitzt am Ufer, stippt ein bißchen mit der Angel, holt die dritte Plötze raus und wird nicht eine davon essen, weil Plötzengräten unausstehlich sind.

Der Kuckuck ruft, der liebestolle, ruft sich heiser überm Wald. Bald wird er aber schweigen. Zur Gerstenmahd ist seine Liebeszeit vorbei.

Immer wieder schielt der Junge Sichler von der Seite an. Will er sich mit Robinson vergleichen, der versteckt auf seiner Insel haust?

Sichler kann doch nicht im Traume glauben, daß es ein Dagegen gibt!

Das glaubt selbst Birke nicht, die selten über ihren prallen Busen blickt, die mehr mit sich zu tun hat als mit allem Machtgerangel dieser Welt. Auch Birke, diese mollige Person, sieht mehr, als Sichler sehen will!

Die Genossen oben meinen's ernst!

Doch Sichler trägt die Hände in den Taschen!

Ist dem Mann das ganze Feuer ausgegangen? Hat ihn der Aktenstaub erstickt?

Dabei hat Jürgen einen Namen, der seiner Birke gleich gefiel. »Thomas Müntzer« heißt die LPG. Tausend Hektar sind kein schwacher Start. Tausend kriegen sie zusammen. Tausend folgen nach. Er wird ein Stall- und Feldmarschall!

Sichler zieht die sechste Plötze raus, guter Fraß für Almas Katzen. Wenn er wenigstens den Aal erwischt, den Hecht, doch bei Nudelteig am Haken, beißen nur die Plötzen an.

»Wilm«, sagt Jürgen Gärtner, »so zaghaft warste früher nie!«

»Als Staatsmacht hat man Für und Wider abzuwägen. Ich presche nicht mehr vor. Ein Heidrich reicht mir. Wenn sie beschließen in Berlin, das Gesetz verfügen, werd ich nicht der Letzte sein! Bis dahin halt ich mich zurück ... Wir stehn Gewehr bei Fuß!« Der junge Dachs, der Stürmer und der Dränger, verläßt den Bach, die Plötzen, die verachtungswürdig sind, watet barfuß durch das dichte Ufergras.

Wo er geht, bleibt eine Spur zurück. Es richtet sich das Gras nicht wieder auf.

5.

Sieh, wie forsch sich unser Land entwickelt, wie flott es sich nach vorn bewegt! Der blanke Stolz schaut Oskar aus den Augen …

Sie haben sich im Arbeitsraum versammelt. Es ist der langgestreckte Raum, der mal dem Fock gehörte. Da saß er, las und rechnete und gab Befehle aus im Stall und auf dem Feld.

Nun sitzen sie in diesem Raum!

Es hat sich nichts verändert. Alle Möbel sind noch da. Schwere Möbel, altes, festes Holz — aus Eiche, reich verziert mit Schnitzereien aller Art. Selbst Schnepfen, fast lebendig anzuschaun, sitzen auf den Lehnen. Sind Stühle, die ein Heidengeld gekostet haben.

So hat der Herr gelebt, gewohnt! Gerecht ist es nach allen Seiten hin, daß wir die Stühle in Beschlag genommen haben. Auch unser Hintern ist es wert, auf rotem Samt zu sitzen!

Es treten nun die letzten ein, sie klopfen mit den Fäusten auf die Tische: Wir sind da, heißt das, wir grüßen euch, wir gehn nicht erst reihum, wir klopfen auf die Tische, und fertig ist der Husten, bitte sehr!

Es sind, wenn Oskar richtig zählt, dreiunddreißig Leute hier. Zuerst wird strikt ein Rauchverbot beschlossen — solang die Tagung währt. Das trifft vor allem Oskar Gärtner hart! Er ist der Mann, der die Versammlung leitet, und als solcher hat er Vorbildwirkung auszustrahln. Er wird, wenn ihn die Rauchgier packt, auf seiner kalten Pfeife knappern müssen.

Es kann nicht Oskars Sache sein, jeden einzeln vorzustelln. Das kostet Zeit, und alle, die hier sitzen, kennen sich.

Er sagt, daß er sich freut, weil über dreißig hergefunden haben. Das kann man erstmal als Erfolg verbuchen. Dann übergibt er Edwin Zahn das Wort.

Doch Edwin ist kein großer Redner nicht, der hält es mit der Kürze: »Der Betrieb, den ich seit Jahren leite, könnte — wenn ihr wollt — der Anfang sein von einer LPG, einer landwirtschaftlichen Produktionsgenossenschaft, der ich den Namen ›Thomas Müntzer‹ geben würde!«

Plauz, sitzt er wieder auf dem roten Samt, und Rike nickt

ihm zu: Hast du hübsch gemacht, mein Liebster, kurz und bündig, das ist immer gut!

Schlimm ist nur, daß sie mit den Stühlen knarren, mit den Füßen scharren, einer sich die Nase putzt, einer sich den Nakken kratzt, eine Flotte sich die Jacke lüftet, weil es langsam hitzig wird im Raum, alles mögliche an Gesten und Gebärden, Geräuschen und Geflüster nimmt man wahr, aber reden, laut, aus vollem Hals, reiner Seele, dafür ist keiner mannsgenug.

Das ist für Oskar kompliziert. »Habt ihr nichts zu sagen?« Er schaut sich seine Pappenheimer an. »Oder wolln wir gleich beschließen, damit man draußen rauchen kann?«

Endlich meldet sich ein Mann, ein kleiner, leichtgebeugter Mensch, der eine leise Stimme hat, was alle zwingt, gehörig aufzupassen. »In Berlin wird noch getagt. Die Genossen sind noch nicht am Ende, wenn ich's richtig seh. Warten halte ich für klüger!«

»Willste warten, bis du krumm und bucklig bist?« Oskar geht zum Angriff vor. Das hält er stets fürs beste, ran und drauf und nicht viel fackeln. »Die Zeit ist reif! Manche Märchen hab ich euch erzählt, hab die Zukunft in den Saal geholt, nun – sag ich! – werden alle Märchen wahr!«

Weil sie sich nicht mucksen, wenn Oskar zum Propheten wird, wenn er aus frischgeschlüpften Kücken ausgewachsene Legehennen macht, von stolzen Hähnen ganz zu schweigen, wenn er also so die Menschen packt, darf er auch noch sagen: »Ich schlage vor: Edwin übernimmt die Leitung. Schlagt ihr andre Leiter vor?«

Sie werden keinen andern nennen, sind froh, wenn's Edwin macht. Wir leben noch in Zeiten, da keiner sich nach Posten sehnt in Rehfeld und Umgebung. Der Zahn hat es bewiesen, daß er leiten kann. Schule hat er, Bildung, Partisan war er, die ›Bauernhilfe‹ hat er unterstützt. Er steht sich gut mit Trostheim und mit Dreibrot. Wenn's schief geht, geht's im ganzen Lande schief. Er soll der Leiter sein, der Edwin Zahn, Vorsitzender der LPG. Es kann jetzt nur noch besser werden!

Als die Frage als erledigt gilt, ruft eine helle Frauenstimme durch den Raum: »Was wird mit unsern Hähnen?« Sie kichert frech mit vorgehaltner Hand.

»Wer Hähne nötig hat, der soll sie haben. Ich behalte meine auch!«

Oskar läßt sich nicht ins Bockshorn jagen. Wenn sie nach den Ziegenböcken fragen – vor Zeiten standen Rüstige in Oskars Stall, von allen Ecken kamen Ziegendamen angetanzt und ließen sich bedecken –, sollten sie nach diesen Biestern fragen, wird er auch 'ne Antwort finden; denn auf den Kopf gefallen war er nie! Doch die Attacke auf die Ziegenböcke findet gar nicht statt. Sie wollen wissen, wer das Geld verwalten wird; denn künftig wird der Rubel rollen, hofft man doch!

Auch da muß Oskar nicht viel überlegen. »Ulrike! Sie kommt aus reichem Haus. Sie wird das Geld zusammenhalten und mehren, was sehr wichtig ist!«

Will sie der Finanzchef sein?

Sie will! Diese Arbeit würde gehn. In Feld und Stall wäre Rike keine Hilfe. Doch das Geld verwalten – kann sie unbedingt. Sie war – was keiner von sich sagen kann – auf einer höhren Töchterschule. Sie hat an Weisheit mehr zu bieten, als sie täglich braucht.

Oskar sagt zufrieden: »Weiß man das Geld in sichrer Hand, ist man aus der Klemme. Wer für den Eintritt ist – der hebe seine Hand!«

Die gekommen sind, haben keinen Grund, nicht abzustimmen. Klammheimlich muß es auch nicht sein. Kabinen sind nicht nötig oder Urnen. Das machen die da drüben, und trotzdem wird das Volk barbiert im schönen Bonn am Rhein.

Wir wählen frei und offen!

Sie gründen ihre LPG, weil sie im großen, ganzen einig sind. Daß der Teufel in den Einzelheiten steckt, hat das Leben sie gelehrt. Sie werden manchen Strauß noch auszufechten haben. Jetzt haben sie sich erstmal festgelegt!

Warum steht Edwin Zahn noch einmal auf? Man hat sich seine Pfeife längst verdient!

Was verkündet dieser Partisan? Sie sollten in Berlin erfahren, was sie soeben hier beschlossen haben?

Wir schicken an die Konferenz ein kleines Telegramm!

Donnerwetter!

Text: Genossenschaft ›Thomas Müntzer‹ gegründet zu Ehren der Zweiten Parteikonferenz …

»An wen willste denn das schicken?« So verdutzt war Oskar lange nicht. »Da sitzen Hunderte von Menschen!«

»An Wilhelm Pieck. Das kommt schon an!«

Da hat er recht, der rote Partisan! Das Telegramm kommt an! Und keiner ist im Raum, der nicht von Herzen wünscht, daß sich die Post mit diesem Ding beeilt!

Bei Dreibrot, weiß man, wär das garantiert, hoffen wir, daß Käte, seine Frau, sorgt, daß es auf schnellstem Wege in die Hauptstadt kommt.

Lange brennt bei Zahns noch Licht, Edwin spricht leise, vorsichtig und überlegt sich jedes Wort. Etwa solche Worte findet er: »Hast du je geglaubt, daß es kommt wie jetzt? Sitzt im Arbeitsraum, zwischen Möbeln, die dir, seit du sehen, denken kannst, vertraut sind, hast den Vater von den Büchern weggeholt – sicher oft! Du hattest immer deinen eignen Kopf. Er mußte mit dir spielen, bestimmt hast du gesungen … Dornröschen war ein schönes Kind … Und er mußte in die Hände klatschen, und zornig warst du, wenn er an der falschen Stelle klatschte … Es kam ein schöner Prinz daher … Da mußte er besonders kräftig klatschen … Er küßte das Dornröschen wach … Da durfte er nicht klatschen, glaube ich. Erst wenn du dann gesungen hast … Dann feiern sie das Hochzeitsfest … Da mußte er sich mit dir drehen, bis ihm taumlig war …«

»Wie du mich kennst«, sagt sie leise, »hab ich dir das mal erzählt oder hast du es geträumt? Warum kommt es dir heute in den Sinn?«

»Weiß nicht, Rike … Ich weiß nur, es war ein ganz besondrer Tag. Sie haben dich, Ulrike Zahn, die Tochter von dem Fock, in ihre Reihen aufgenommen. Eines Tages wirst du's schätzen lernen!«

»Ich bin schon heute froh darüber!«

»Ach Ulrike, wart ein bißchen ab. Sei nicht so voreilig. Aber vielleicht kommt noch der Tag, da du sagen darfst: Verloren hab ich manches, gewonnen aber mehr … Soll die Zeit entscheiden, greifen wir nicht vor!«

Ulrike, obwohl ihr Gang ein wenig schleppend bleibt, ist wieder seine Frau, hat alle Angst verloren, alle Scheu, gibt sich dem Manne hin, den sie liebt. Sie nimmt mit allen Sinnen wahr, daß sie genesen ist. Und als er längst schon schläft, weint die Frau vor Glück.

6.

Lange war er nicht bei ihr gewesen. Nun ist er da, sieht müde aus, hat nicht viel schlafen können in Berlin, war viel Trubel und Bewegung. Die Keuner-Mutter weiß, was es bedeutet, eine Konferenz von diesem Ausmaß zu bestreiten.

Jupp, ihr Junge, hat davon erzählt. Die Jugend plante damals schon ihr erstes Parlament in Hohenburg. Es fand dann statt nach seinem frühen Tod, doch vorbereitet hat er noch das erste Parlament, daran kann sie sich erinnern.

Sie hat das Stubenfenster auf, weil's stickig, kaum zu atmen ist. Es zieht wohl ein Gewitter auf. Die Gewitter über Hohenburg sind heftig, hat mit den Seen zu tun und mit der Havel ...

Ballen sich zusammen, die Gewitter, bleiben überm Wasser stehn und kommen nicht voran. Bang wird's einem in der Brust, beklommen schlägt das Herz. Früher hat sie das nicht so gespürt, nun wird sie alt und merkt schon vorher, was sich da zusammenzieht am Himmel. Dem Wetter sind wir ausgeliefert. Doch davon will sie jetzt nicht reden.

»Daß du kommst, ist schön«, sagt sie zu Hannes Trostheim. »Daß du heute kommst und an die Keuners denkst, das paßt zu dir!«

Sie küßt ihn ab und glüht vor Freude und Erregung.

Hannes hat für sie ein Schultertuch gekauft. Es paßt schlecht, daß heute eine regelrechte Saunahitze herrscht. Doch das Schultertuch ist wirklich schön, rote Rosen ranken sich auf braunem, weichem Grund, ein handgewebtes Schultertuch. »Damit dir warm ist, wenn der Winter kommt!«

Sie bringt es fertig, legt das Tuch gleich um. So ist sie aufgeregt, gerührt.

Nein, Hannes zeigt es nur, sie muß es mal betasten und

muß sich an den Farben freuen, dann legt er es aufs Vertiko: »Es ist wirklich für den Winter gut!«

»Tee, Hannes – oder etwas Kühles?«

»Sitzenbleiben, Keuner-Mutter. Von vielen soll ich grüßen!«

Er muß sie in den Sessel zwingen, sonst läuft sie nur umher, ist wie ein kleiner Wind im Zimmer; und achten muß er, daß die Zugluft sie nicht trifft.

»Hast du ihm die Hand gegeben? Dem Genossen Pieck?«

»Unterhalten hab ich mich mit ihm, auch von Jupp erzählt!«

Es tröstet sie, daß ihr Junge nicht vergessen ist. Sie sitzt versonnen da. Lebte er, er würde tüchtig helfen, würde an der Spitze sein. Die Berge hat er sehr geliebt, steil bergan, das war sein Leben. Ihr schafft es auch, nicht schlechter als mein Jupp. Ihr seid kräftig und gesund. Sie hat da keine Bange ...

Hat sie jetzt geträumt? War sie kurz mal abgetreten? Es ist die Freude, die ihr so zu schaffen macht. Wie ein Schmerz kann eine jähe Freude sein ...

Sie lächelt Hannes an. »Die Schattenmorellen reifen schon. Da müßt ihr alle kommen ... Spuckkuchen, weißt du noch? Einen halben Meter hat der Wilm geschafft!«

»Schafft der immer noch, einen halben Meter putzt der weg!«

Er verließ die Keuner-Mutter bald; denn in Panitz warteten die Seinen ...

Die Keuner-Mutter sitzt am offnen Fenster und atmet schwer, sitzt lange da, schüttelt schweigend ihren Kopf und blickt hinunter in die Stadt.

Schwarze Wolken schieben sich zusammen, türmen sich zu Haufen auf. Erste Blitze fahren zischend nieder.

Da schließt sie schnell das Fenster.

Langsam wird sie ruhiger, spürt sie, wie das Herz gedämpfter schlägt. Sie holt sich noch einmal das Schultertuch, streichelt es und seufzt: Nicht vergessen sein – ist schön! ... Wie oft hat sie das schon gesagt, wie oft wird sie's noch sagen?

7.

Wo bleibt er nur, hat Olga sich gefragt. Bestimmt liegt er mit einer Panne auf der Straße, Reifenschaden – oder so. Als sie dann das Auto hört, fliegt sie ihm entgegen, durch den Pladderregen stürzt sie auf ihn zu, achtet nicht auf ihre Haare – wo sie sonst so eitel ist! – heute ist ihr alles gleich.

Als sie dann erfährt, welchen Umweg er gewagt hat bei dem Wetter, küßt sie ihn noch einmal ab und sagt: »So bist du, Hannes – das ist gut!«

Natürlich schlafen deine Kinder schon. Es ist doch kurz vor Mitternacht. Was denkst du dir! Ein Kind braucht seinen Schlaf. Du bist ein Nachtschwärmer geworden. Du sitzt noch weit nach Mitternacht. Du willst dir das erobern, was dir verwehrt geblieben ist in jungen Jahren, alles Wissen willst du dir erobern, alle Bücher, die dir wert sind, willst du lesen. Wirst es niemals schaffen, Mann! Kommt immer neues Wissen auf uns zu. Und jeden Tag mußt du erleben – wie wenig man doch weiß!

Heute seh ich, bist du müd, passe ich nicht auf, schläfst du gleich im Sessel ein. Ich brüh uns einen starken Tee, mein Liebster. Dann mußt du mir erzählen, inzwischen nickst du mal ein bißchen ab. Ich weiß, daß du das kannst. Oft genügen dir Minuten. Dann bist du wieder frisch.

Flottschick ist auch die braune Baskenmütze, die du mir mitgebracht hast. Und die Tubenfarben für den Jannek sind sehr schön, die Taucherflossen für die Halka. Wo hast du das nur alles hergekriegt?

Berlin ist besser dran als die Provinz.

Ich weiß, du schimpfst, wenn ich das sage: Provinz! Kannst du überhaupt nicht leiden – dieses Wort. Sind ein Land, sind eine Republik. Die da oben und die unten – kannst du auch nicht leiden – den Vergleich. Sind eine Einheit, sagst du immer, jeder tut an seinem Platze, was er kann.

Weißt du, daß ich jeden Abend vor dem Radio saß? Das Telegramm aus Rehfeld wurde dreimal vorgelesen ...

Jetzt wirst du wieder sagen: Doppelt hält besser. Nachrichten, wenn sie wichtig sind und von großer Tragweite, sind keine einfachen Wiederholungen, die atmen auch Geschichte. Fast immer weiß ich, was du sagen wirst! …

Olga hat den Tee gebrüht. Und sieh, der Mann hat abgenickt. Jetzt reibt er sich die Augen. Jetzt ist er wieder da und ansprechbar.

Wie wird's mit unserm Sommerurlaub werden?

Den werden wir verschieben müssen. Nun geht's mit Volldampf in die Dörfer. Fahren wir im Winter in die Berge.

Mit diesem Kerl von Mann kann man niemals planen.

Sie schaut ihn freundlich an, verliebt. Soll sie ihn verdammen? Ihm, der rackert, eine dumme Szene machen?

Ich will den Urlaub haben?

Das brächte Käte Dreibrot fertig.

Sie, Olga, kann ihm keine Szene machen. Er ist ein Arbeitstier!

Was für ein dummes, dummes Wort: Arbeit – ja! Doch Tier? Das paßt doch nicht zusammen. Was er auf seinen Schultern trägt, hat er sich alleine aufgeladen. Keiner steht dahinter, der die Peitsche schwingt. Aus freien Stücken, einer Notwendigkeit gehorchend, geht er seinen schweren Weg.

Das schätzt sie an dem Mann, respektiert sie, auch wenn's zuweilen schmerzt und Olga Opfer bringen muß …

Es werden Zeiten kommen, da der Feind erzählt: Die Russenzone hat sich gut entwickelt, weil Deutsche fleißige Leute sind, Deutschen sei das angeboren, sind die Fleißigsten der Welt! Sie haben es trotz der Partei geschafft …

Jeder dreht es so, wie er's gerne braucht!

Olga weiß es besser. Sie ist klug genug, erfahren. Solche Lüge zu durchschauen, fällt ihr leicht. Und das nicht nur, weil sie Trostheims Frau geworden ist. Nur ein Beispiel reicht. Was wäre achtundvierzig aus dem Fock-Besitz geworden? Sie hätten sich in Rehfeld auf das Land gestürzt, das Vieh an sich gerissen, nach allem hätten sie gegrapscht, auch wenn sie dran gestorben wärn!

Immer her! Hätten sich in ihrer Gier verfeindet, gegenseitig sich den Tod gewünscht!

Aber was macht er, ihr Mann? Er sieht ein Stückchen Zukunft näherrücken. Verbündet sich mit Dreibrot, hilft Edwin auf die Sprünge, beweist durch seine Tat, wohin das Leben sich entwickeln muß.

Aus dieser hohen Warte leitet er den Kreis! Soll sie nicht ein bißchen Stolz empfinden?

Fühlt sich im Volk geborgen, ist selber Teil von ihm und nimmt die Menschen mit auf seinen Wegen, die zu gehn und zu erforschen sind. Er sagt: Ich nehme die Verantwortung auf mich, ich nehm sie wahr und mache keine große Brühe draus.

Sie denkt: Er drängelt sich mit seinen breiten Schultern ins große Weltgeschehn, mischt mit, ist kein Zaungast auf der Bühne dieser Welt. Sie liebt ihn deshalb um so mehr!

Was sagt er? – Sie war nach diesem Ausflug, den ihr der rege Geist gestattet hat, zu ihm zurückgekehrt? – Was hat er jetzt gesagt? Im Herbst gründen sie Bezirke. Wieder etwas Neues. Dreibrot wird dann nicht mehr Landrat sein, sondern Vorsitzender des Rates des Kreises …

»Sag mal, Olga – was war im Kreißsaal los?«

»Zwei Geburten warn. Zwei Jungen, beide sind gesund. Bald wird es Mädchenmangel geben. Schlimme Aussicht für die Tochter, Mann!«

Daran glaubt er nicht. Halka findet einen Mann.

»Hast doch auch den Mann gefunden!«

»Leider – ja!« Sie kichert. »Leider, leider hab ich ihn gefunden. Hätt ich nur geahnt, was alles kommt, ich hätte ihn alleine radeln lassen nach Güterlohe und zurück. Aber da mußte diese dumme Panne kommen, der Schlauch mußte platzen …«

»Laß dich scheiden, Olga!«

Mit verklärtem Blick steht Olga auf. »Komm – und laß uns schlafen!«

Er folgt ihr willig, bringt keinen Einwand vor, weiß nur, daß er sich wohl fühlt, daß alles so ist, wie er es gewünscht hat und gehofft.

Es ist merkwürdig, zumeist schläft sie zuerst, und er wälzt sich herum. Heute hatte er das letzte Bein noch nicht im Bett, schon war er eingeschlummert.

Hat sich erfüllt, was sie erhoffte?

Ja!

Sie kann sich nicht beklagen. Verlust ist auch gewesen. Verlust, Gewinn – das ist im Leben so. Wo Licht ist, ist ein Schatten. Soviel weiß sie und weiß noch mehr. Nicht alle Blütenträume reifen …

Weiberweisheit! Sprüche – die sie von der Mutter kennt!

Sie liegt in Güterlohe begraben. Fremde Erde, wie der Vater sagt. Die Heimat ist es nicht, sagt er. Nun verkriecht er sich vorm Leben. Was Olga schmerzt. Hat von Böhmen her nie auf ein Meer geschaut, kennt keine großen Schiffe, aber pusselt dran, kleine Segelschiffe in dicke grüne Flaschenbäuche einzuführen. Baut keine Schlitten mehr, paßt keinem Rad mehr Speichen ein. Ist Stellmacher nun außer Dienst.

Er läßt sich nicht belehren!

Sie scheut sich schon, ihn zu besuchen. Er schnauzt herum, und Jähzorn packt ihn oft, lebt mit der Zeit auf Kriegsfuß. Die Heimat ist es nicht, sagt er. Schon macht er Schluß und ist am Ende …

Kinder stoßen sich von ihren Eltern ab, wenn sie sich nichts mehr zu sagen haben.

Ist das undankbar?

Muß man dankbar sein, weil die und die uns auf diese Erde brachten? Das ist doch kein Verdienst und ist kein Grund, vor Demut alles hinzunehmen?

Die Heimat ist es nicht, sagt er!

Sind wir schuld, ist Hannes schuld, daß ihm die Heimat nicht geblieben ist, daß er sich mit dieser Güterloher Erde abzufinden hat?

Wenn er das nicht kann – und er kann es nicht! –, wird er sinken wie ein welkes Blatt im Herbst. Manchmal kann sie das zum Trübsinn führen …

Nun aber hört sie ihren Hannes ruhig atmen, nicht den geringsten Schnarchlaut nimmt sie wahr, nur ein feines, leichtes Pfiffeln fährt aus seinem Mund.

Es hat sich viel erfüllt, was sie erhoffte.

8.

Nach Hannes' Meinung haben sie den rechten Ort gewählt. Der Raum ist groß und hell. Der Blick geht weit ins Land, der See ist auch zu sehn.

Die Reichen wußten, wo's sich leben ließ.

Vor dem Fenster nicken ernst die alten Bäume, die Rosen stehn in voller Blütenpracht, die Wege sind geharkt und sind mit Kies bestreut, kein Unkraut drängt ans Licht.

»Ja, mir gefällt es, wie ihr wohnt! Ein schöner Arbeitsraum. Sie werden nicht mit schmutzgen Stiefeln kommen, sie treten sich die Füße ab, und das ist gut, Genossen!«

Er wandert an den Wänden lang, Ulrike, Edwin, Oskar Gärtner folgen Hannes' Weg mit Blicken. Er entdeckt die eingelassenen Schränke, in denen früher Waffen standen und nun die Akten aufgeschichtet sind. Er blickt auf Rike und fragt verschmitzt: »Wirst du mit den Männern fertig? Lassen sie dir Luft zum Atmen?«

»Wer das Geld verwaltet, hat die Macht. Fein tanzen sie nach meiner Pfeife!«

»Und du, Genosse Gärtner?«

»Die Tierzucht hab ich fest im Griff!«

»Und die Partei?«

Oskar knabbert auf der kalten Pfeife rum. Im Büro bleibt striktes Rauchverbot.

»Entwickelt sich. Sechs. Wir bleiben da nicht stehn! Mein Weib sagt: Der Pfirsich rötet sich auch ohne die Partei. Ein anderer hat Angst, den Platz im Himmel zu verlieren. Sind Wachstumsschwierigkeiten, Hannes! Die werd'n im Vormarsch korrigiert!«

Nein, Oskar Gärtner gibt nicht auf! Der Mann hat große Pläne und ist in vollem Schwung.

Edwin hat bis jetzt geschwiegen. Er wollte gerade etwas sagen, als Hannes unvermittelt meint: »Euer Telegramm war wie ein Paukenschlag im Saal. Auch andre trafen ein. Wir saßen in Berlin und merkten – man hatte uns verstanden, überall im Land!«

Edwin mustert Hannes schweigend. Ulrike wundert sich,

warum ihr Mann nichts sagt. Auch Oskar knabbert hörbar auf der kalten Pfeife.

Es war ein Brief gewesen! Edwin hatte ihn gewünscht, hatte Hannes aufgefordert, eine Lebensbotschaft abzusenden: Wir leben, sind nicht tot – Mutter, warte! ... Janne – hab Geduld! ... Es war der Brief aus Breslau, der später schlimme Folgen hatte. Hannes' erste Frau und Pfarrer Weihmann mußten sterben, weil Edwin diesen Brief gefordert hat. Hannes schwankte hin und her: Darf man eine Botschaft senden, darf man nicht! ... Er hatte schließlich Edwins Drängen nachgegeben. Der Brief erreichte Güterlohe. Dreibrot gab ihn Weihmann in die Hand. Furchtbares Gewitter war gewesen! Beide haben sich beraten. Weihmann hegte keinen Zweifel, Dreibrot nicht. Solche Briefe denkt man sich nicht aus! ... Hannes Trostheim und der Gutssohn sind nicht tot ...

Noch schweigt Edwin. Dann sagt er, und die Stimme ist belegt: »Ich dachte mir: wenn du jetzt schreibst, dann muß es Nutzen bringen. Das macht die Toten nicht lebendig, die alte Schuld nicht kleiner, aber ...«

Hannes hat die Sätze aufgenommen, fühlte sich betroffen, hatte solche Worte nicht erwartet, wehrte sich dagegen, die Erinnerungen wachzurufen, und meint: »Warum sagst du das in dieser Stunde?«

»Weil ich's sagen mußte, hier und jetzt!«

»Denk an das, was kommt. Die Geschichten, die uns nun erwarten, werden auch nicht ohne sein!«

Es darf uns nicht ein ganzes Leben lang im Wege stehn, denkt Hannes noch. Einmal muß doch Schluß sein. »Ulrike!« sagt er munter, »Edwin, Oskar, habt ihr einen Schnaps? Habt ihr einen, laßt uns trinken, randvoll das Glas – und wehe, einer zittert mit der Hand!«

Doch zum scharfen Trinken fehlt den Männern das Verlangen, sie nippen nur an ihren Gläsern.

Rike rührt es gar nicht an ...

9.

Sie kommen übern Mühlenberg. Links steht der meterhohe angekohlte Akazienstubben, der glotzt in seiner Düsterkeit. Sie sehn das Dorf in eine wolkenlose Helligkeit getaucht. Da wirkt es größer und scheint nicht ängstlich hingekauert wie in Zeiten, da das Jahr zu Ende geht.

Es ist hoher Sommer überm Land, sie prüfen schon den Reifegrad der Gerste.

Die Bauern stehen auf dem Sprung und sind begierig, ihre Ernte unter Dach und Fach zu bringen. Sie schlafen in den kurzen Sommernächten wenig. Erst im Winter holt der Bauer das Versäumte nach.

Alma hat sich eingehakt bei Hannes. Wilm stakt unzufrieden neben Hannes her, schimpft auch, halblaut aber nur: »Wir waren drauf und dran, den Vogel abzuschießen. Doch Dreibrots Zögern hat mich glatt gelähmt. Womöglich lag ihm einer in den Ohren! Aus Westberlin, der Dicke!« Er bleibt vor Hannes stehn: »Kennst du den?«

»Dem Namen nach!« Hannes ist gezwungen, haltzumachen. Sichler läßt ihn nicht vorbei: »Vor einer neuen Hürde bockt auch mal ein zugerittner Gaul ... Dreibrot faßt schon wieder Tritt!«

Mit einem langen Blick verfolgt er Hannes, der sich wieder einhakt und zu Alma sagt: »Kannst du ihn nicht an die Leine nehmen?«

Mich meint er, mich! Der kann klug schnacken!

Wilm stakt vorneweg und schimpft im Gehen weiter: »Telegramme schicken, das kann jeder! Mich hätt' die Lust nach einem Reim gepackt! Ein Vers wär euch ins Haus geflattert. Ein Vers mit allem Drum und Dran!«

Er dreht sich um und funkelt Hannes an: »Der ›Bundschuh‹ ... Das waren Müntzers beste Haufen!«

»Stimmt!«

»Ganze Kerle, doch gesiegt hat Müntzer nicht!«

»Die konnten nicht, wir können ... Der erste, den du kriegen mußt, ist Schuster!«

Alma – was Wilm zur Weißglut bringen kann – redet

nach, was Hannes sagt: »Mußte, Wilm. Ich gebe Hannes recht!«

Krieg ich nicht. Wilm möchte sich jetzt in die Büsche schlagen. Krieg ich nicht! Eher mach ich der Jungfrau ein Kind, ohne daß sie dabei ist!

Ahnt Hannes, was sein Bürgermeister denkt?

»Den mußte aber kriegen, Wilm ... Schwups, gehn die andern hinterher!«

Wilm könnte sich die Haare raufen ... Schwups, sagt der schlaue Mann ... Schwups war die Hand der Mama wieder da ... Pustekuchen! ... Keine Hand ist da! ... Sichler steht allein!

Kein Mitleid zeigt die Frau, die Wilm verehrt, mit der er Bett und Brötchen teilt, voller Spott blickt sie ihn an, wagt auch noch zu sagen: »Einen schönen Bürgermeister hat das Dorf. Steht da und läßt den Kopf hängen!«

Kann unter einer Schädeldecke ein Bienenschwarm zugange sein? Kann sicher nicht!

Irgendwas von dieser Art hat Wilm soeben heimgesucht; denn er schreit: »Ich – den Kopf hängen lassen? Sichler läßt nischt hängen und nischt baumeln, Sichler bläst zum Sturm!«

Daß cr's nun sehr eilig hat, läßt sich denken!

Hannes folgt ihm nicht, Alma hat auch keine Lust, dem verrückten Menschen nachzulaufen. Sie lächelt Hannes an und sagt: »So war er lange nicht in Fahrt!«

Sie wandern geruhsam vorbei an Feldern, die reifen, an Wiesen, die dem Grummetschnitt entgegenwachsen, an Kartoffelschlägen, die noch in Blüte stehn.

Da hat Wilm Sichler schon das Dorf erreicht!

VIERTER TEIL

Erstes Kapitel

1.

Bauer Schuster und seine Frau Lieschen hatten nicht fest geschlafen in der Nacht, hatten viel erzählt und sich manches ausgemalt von dem, was sie nun erwartet.

Nur kurz vor Sonnenaufgang war Schuster doch in tiefen Schlaf gesunken, und Lieschen mußte ihn wachrütteln: »Mann, wir kommen noch zu spät!«

Er versorgte seine Pferde, sie melkte ihre Kühe ab, schleppte schwere Futtereimer in die Schweinetröge.

Sie ist ein wenig größer als ihr Mann, geht langsam auf die Fünfzig zu, fühlt sich aber unverbraucht, steht dem Mann in keiner Weise nach.

Der Bauer glaubt: Er wär der Herr des Hofes. Lieschen, die selten lamentiert, läßt ihn getrost in seinem Glauben. Sie hat zwei große, rauhe Hände. Den Händen traut man manches zu. Doch daß sie auch imstande sind, den Mann mit zärtlicher Gewalt dahin zu bringen, wo es für ihn günstig ist, vermuten viele nicht.

Weil sich immer zeigt, daß sie den Mann nie falsch berät, fühlt er sich bestärkt in seiner Meinung: Noch ist das hellste Stückchen ihres Lebens nicht vorbei. Mit diesem Weib, das stark ist in den Gliedern und volle Brüste hat, ist noch manches anzustellen, ist das beste Pulver nicht verschossen …

Nach einem flüchtigen Frühstück waschen sie sich gründlich, legen ihre bunte Sommerkleidung an und fahren mit dem

Plattenwagen, der vier weiche Gummireifen hat, der Kreisstadt Panitz zu.

Über den Winter hinweg haben sie die Tage gezählt. Zu Silvester rührte Lieschen Mohn in die Schüssel und ließ ihn quellen.

Wer am letzten Tag des Jahres Mohn ißt, wird im neuen nicht an Hunger sterben!

Sie tranken ihren Glühwein um zwölf, und Schuster meinte zur Frau: »Nun ist dreiundfünfzig, nun kommt der Junge raus!«

»Kommt er. Im Juni kommt er raus!«

Sie haben dann empfunden, wie schleichend doch die Zeit vergeht! Sonst hatten sie immer Furcht gehabt, der Tag könnte nicht ausreichen, um alle Pflichten zu erfüllen. Plötzlich sollte der Tag schneller zu Ende gehen, die Woche, der Monat. Aber rüstig und fleißig waren sie beide. Alles war wohlbestellt in Haus und Hof, in Stall und Feld. Nun mußte nur ihr Junge kommen ...

Als Schuster den Wagen abstellt, den Pferden die grauleinenen Futterbeutel über die Lauscher streift, muß Lieschen schon zum Bahnsteig hasten, die vielen Stufen hoch und wieder runter – wie eine Junge.

Kann sein, der Zug fährt ein, und der Junge guckt sich die Augen nach den Eltern aus.

Sind nicht da, haben ihn vergessen!

Das wär ein derber Schlag für ihren Sohn. Sieben Jahre hat er abgesessen, ein halbes wurde ihm geschenkt.

Gute Führung!

Er hat sich gut geführt, hat gelernt, begriffen, sich nichts zuschulden kommen lassen, was für den neuen Lebensabschnitt wichtig ist ...

Dann müssen sie lange warten, sind viel zu früh in Panitz eingetroffen.

Aber früher da sein, ist besser, als zu spät zu kommen. Warten soll der Junge nicht auf seine Eltern. Das wolln sie ihm ersparen!

Das meint auch Schuster. Er raucht sich noch die zweite Pfeife an. Es ist der erste Juni, der Internationale Kindertag.

Im Kiosk hängen bunte Bilder. In der Zeitung steht, daß der Feind versucht, Menschen abzuwerben.

Abwerben heißt: solln sich nach Westberlin begeben; wie Heidrich Haus und Hof verlassen. Das fiele Schuster niemals ein …

Endlich rollt der Zug heran!

Die Schienen zittern schon, bevor der Zug zu sehen ist. Es steigen nicht viele aus. Doch der Junge ist dabei mit seinem kleinen Koffer. Das Hemd ist ihm zu eng, spannt überall. Die Hose paßt ihm nicht. Ein Glück, daß Sommer ist! Viel zu kurz die Hose, hat sie einfach umgekrempelt. Die Jacke, müßte er sie tragen, würde aus den Nähten platzen. Sieht Schuster gleich mit einem Blick!

Egon kommt den Eltern rasch entgegen, dann aber stockt er, verhält er seinen Schritt. Er spürt, wie seine Lippen trokken werden, und sein Kopf, denkt er, schwillt an!

Die Mutter drückt ihn ab, dem Vater gibt er kurz die Hand, ein fester Händedruck, wie es sich gehört!

Ein junger Mann ist er geworden, bißchen bleich, stille, blaue Augen. Schuster würde sie sich lebhaft wünschen; das sind sie aber nicht, sind scheue, blaue Augen.

Das wird sich ändern, denkt der Vater, der seine eigne Jugend wiederfindet in diesem jungen Mann: So sah er selber aus vor dreißig Jahren, hielt sich gerade, wie der Junge hier, war in den Schultern breit und in den Hütten schlank. Nun ist man mehr in sich hineingesunken, noch nicht krumm, nicht alt, doch die Last der Jahre drückt.

»Hattest du einen guten Platz, Egon, einen am Fenster?« Aus den Augenwinkeln nimmt er wahr, daß die Mutter ohne Taschentuch nicht leben kann. Muß die Nase putzen, sich die Augen wischen. Er reicht ihr gleich sein Buntkariertes hin.

»Stand die ganze Zeit im Gang!«

»Warum im Gang?«

»Wollte allein sein, wollte alles sehn da draußen!«

Der Zug ist abgefahren. Sie haben es nicht wahrgenommen. Sie stehn zu dritt am Bahnsteig.

Wolln sie Wurzeln schlagen hier?

»Hört mal«, sagt die Mutter und wischt sich noch die Augen aus, »wollt ihr anwachsen? Es gibt Hammelbraten!«

Egon lächelt scheu. Er läßt nicht zu, daß der Vater seinen kleinen Koffer trägt.

Sie steigen die Treppen hinunter. Der Tunnel atmet Kühle aus. Draußen wieder, auf der Straße, weht ein warmer Wind.

Schuster war für leichte Kost gewesen, Grießbrei mit Erdbeeren. Doch die Frau war nicht abzubringen: Hammelbraten und grüne Bohnen mußten sein.

Das verträgt der Junge nicht, fette Sachen hat er nicht gehabt in sieben Jahren!

Aber red mal mit der Frau. Wassersuppe, Brot — wenn's hoch kam. Das hat er jeden Tag gehabt ...

Sie stehen vor dem Plattenwagen. Die Braunen spielen mit den Lauschern.

Ist es die fremde Stimme, die die Tiere lauschen läßt, voller Andacht, wie es scheint?

Als Egon ging, warn die Braunen noch nicht da. Starke Pferde, glatt und wohlgenährt. Die machen ihre Sache!

»Freuste dich auf Hammelbraten?« fragt die Mutter, hat das feuchte Taschentuch endlich weggesteckt. Braucht es nicht mehr! Ist geradezu beschwingt. »Nee nee, es ist nicht mehr wie früher. Nur Brot und Salz und Wasser noch — das gibt's auch hinter Gittern nicht!« Sie zwinkert ihren Jungen an, merkt, daß er verlegen seine Augen niederschlägt, und sagt schnell: »Wolln darüber nicht mehr reden. Du bist zurück! Dem Vater wirste eine Hilfe sein!«

Als sie die Stadt verlassen haben, den Wiesen zu, den wallenden Getreidefeldern, und den stumpfen Staub des Sommerweges schmecken, sagt der Vater: »Willste nicht die Zügel greifen. Kutschiere, Junge, das haste nicht verlernt!«

»Wenn du meinst?«

Der Vater rückt zur Seite, lehnt die Schulter an die Frau, hat den Jungen fest im Blick und sieht, wie feucht die Augen seines Sohnes glänzen.

Hat ihm sehr gefehlt, der scharfe Duft von Pferdeschweiß, das ruhelose Spiel der Läufe, der Staub, der von den Hufen stiebt, das Patschen durch die Pfützen. Ist ein Bauernsohn und liebt die Freiheit, braucht den Wind, das Wetter, den Himmel über sich, kann die Gitterstäbe, die den Blick zerschneiden, nicht auf Dauer schadlos überstehn!

Das weiß der Vater nun und wird sich mühen, daß der Junge wieder heimisch wird …

»Junge«, sagt er, »die haben Pfeffer unterm Schwanz. Schon sie nicht, sie halten manches aus!«

Dann haben sie das Dorf erreicht.

»Kopf auf, mein Junge! Flott fahren wir in unsern Hof. Und abends gehn wir eine Molle trinken. Laß sie reden, was sie wolln!«

Egon muß erstmal zur Ruhe kommen. Er kann nicht – haste, was kannste – ins Dorf mit Peitschenknall kutschieren, als wäre nichts geschehn, als käme er vom Schweinemarkt und hat den angekörten Eber mitgebracht!

Er steckt den Stiel der Peitsche in den Halter, mit schlaffen Zügeln fährt er seinem Vaterhaus entgegen. Er sieht die vielen Menschen auf der Straße. Doch sein Blick wird unstet und verwischt. Er kann die Leute nicht erkennen, springt vom Bock und hakt das Hoftor auf, das frisch geteert ist und berauschend riecht. Er spürt, wie seine Knie zittern. Er ist erst froh, als der Wagen übers Pflaster rattert. Dann zieht er rasch die Flügel zu und hakt sie wieder ein und weiß: das Tor ist hoch, selbst der längste Mann des Dorfes kann nicht drüber schaun …

»Hat ihn gleich kutschieren lassen. Sind sich wieder grün«, sagt Opa Gustav. Der hat den Schnauzbart auch geteert, aber nur mit Priem. Er zieht erstaunt die Brauen hoch. Er blickt sich zu den andern um. Weil die schweigen, nichts zu sagen haben, klopft Gustav kräftig auf mit seinem Stock. Er hat die Zunge nicht verschluckt. »Solln sie sich nicht grün sein? Er hat Jupp Keuner nicht getötet. Heine Keller bleibt der Schubiack!«

Erneut zieht er die Brauen hoch. »Der hat die Minen aufbewahrt und hat das halbe Kind verführt. Hat genug gebrummt, der Junge! Soll er ewig nun den Schwanz einklemmen?« Und ist nun dem Schimpfen nahe. »Selbst einem Alten fällt das schwer!«

Es reicht! Die Frauen laufen auseinander. Die Männer folgen auch. Man wird sehen, wird erleben, wie sich der Junge ins neugewonnene Leben fitzt. Ob er wieder Halt gewinnt?

Die meisten kannten ihn als wilden Paddler. Sie möchten hoffen, daß er endlich schwimmen lernt!

2.

Wenn's Dreibrots Zeit erlaubt, schwingt er sich aufs Rad und strampelt seine Tour herunter. Sie führt zum Findling und zurück.

Wenn er in die Pedalen tritt, fühlt er sich zurückversetzt in eine ferne Zeit. Er ist wieder bei der Deutschen Post gelandet, hat fünf Dörfer zu versorgen mit allen Paket- und Briefsachen, die es geben kann. Bei jedem Wind und Wetter fährt er mit dem gelben Postrad seine fünfundzwanzig Kilometer. Seine Wadenmuskeln und die Schenkel sind knupplig geworden und eisenhart … Sind sie längst nicht mehr, denkt Dreibrot! Die Luft wird knapp beim Strampeln. Leider ist es so. Die Haare sind nun bleich, die Brauen. Doch verbissen geht er gegens Alter an. Hat eine junge Frau, die darf er nicht enttäuschen, auch Katrin, seine Tochter, nicht.

Die Genossen fallen ihm am Ende ein. Die hat er ja den ganzen Tag um sich, nicht selten bis nach Mitternacht!

Was würden die Genossen sagen, wenn Dreibrot sagt: Sucht euch einen neuen, ich will nicht mehr, bin alt!

Er will sich nicht aus seiner Pflicht entlassen. Er denkt nicht dran. Kräftig tritt er die Pedalen. Heute fühlt er sich nicht schlecht. Heute ist die Luft im Buchenwald nicht feucht wie oft, leicht ist sie, er leidet nicht an Atemnot.

Am Findling dreht er um. Plötzlich steht der Dicke da, in Jägerkluft, ohne Fernglas, doch der Gamsbart wippt am Hut.

Will er mir den Weg versperren?

Dreibrot muß vom Rad. Ist Juni! Da röhrn die Hirsche nicht!

Kernmeier lacht sein sattes Lachen, das aus einem tiefen

Faß zu kommen scheint. Er lüftet forsch den Hut: »Spricht sich rum, wo Dreibrot seine Runden dreht. Wolln Sie hundert Jahre werden?«

Dreibrot atmet schwer: »Wenn's sich machen läßt. Mir gefällt die Zeit. Mir gefällt nur nicht, daß Sie mich belauern, abpassen, schon das zweite Mal!«

»Ich passe Sie nicht ab, Dreibrot. Ich häng an euch, an Land und Leuten. War ich hier zu Hause oder nicht!«

Er lüftet wieder seinen Jägerhut, wischt mit dem Taschentuch das Schweißband ab und sagt besorgt: »Es liegt was in der Luft!«

Ein bißchen Zeit zum Atemholen hat Dreibrot noch gebraucht.

Ein warmer nach Moder riechender Westwind streift unerwartet übern Findling weg. Fernes Grollen ist zu hören. Mükkenschwärme tanzen übern Stein.

Zieht ein Gewitter hoch? Die Buche — suche, vor der Eiche — weiche! ...

Warum die ängstlichen Gedanken? Ängstliche Gedanken sind jetzt nicht am Platz!

»Allerdings«, sagt er, »allerhand liegt in der Luft!« Er blickt den Dicken prüfend an. Ist fülliger geworden, ist ein feister Sack. Leben drüben satt in ihrem Wirtschaftswunder. Haben sich die rechten Freunde angelacht, die Auskenner! Wie arm sind wir dagegen? Mussen immer noch auf Lebensmittelmarken leben.

Man müßte diesen Fettsack in den Hintern treten! Selten, daß den Landrat solche Wut ergreift, daß er solche Worte denkt.

Schlimm genug für diesen stillen Mann. Er fährt den Dikken an: »Aus der Zone — für die Zone! Kübel von Schmutz — jeden Tag auf uns ... Lug und Trug — jeden Tag!«

Der Dicke schwitzt und reißt den Hut vom Kopfe, geht furchtlos dichte Mückenschwärme an mit seinem Jägerhut. Er sagt gedehnt: »Dreibrot, ich warne Sie: Roll-back — ein Wort — dahinter ein Programm ...«

Dreibrot kennt die Pläne und Programme ganz genau. Erst hatten sie das Ziel, den Sozialismus einzudämmen. Das reicht nun nicht mehr aus. Befreien wolln sie uns! Befreien! Uns! Kehrt vor eurer Tür, da habt ihr Dreck genug! ...

Neulich abend, spät im RIAS – eine Meldung: Paule Giering – Thälmann-Straße neun – Panitz. Meister in den Möbelwerken. Vertrauensmann. Schrebergartenbesitzer! Seine Frau kauft ihre Milch bei Käse-Hohmann ein. Frauen reden allerhand, wenn sie in der Schlange stehn, wenn sie Unkraut jäten, Tomaten pflanzen, die ersten Erdbeeren ernten im Schrebergarten. Machen keine Knoten in die Zunge, reden frei, und so, wie sie's verstehn. Er wird abgeholt! Der Rias hat's gesagt. Weil er gegen neue Normen ist, weil er wettert gegen Sesselfurzer und entsetzlich schielt in seiner Wut. Selbst der Sabber läuft ihm aus dem Maul, wenn ihn so die Ohnmacht packt. Darum wird er hinter Gittern sitzen.

Der Rias sagt die Wahrheit ... Macht uns fort, es eilt!

Paule Giering kam zu Trostheim, schimpfte weiter auf die Sesselfurzer, läßt sich aber nicht beirren. Bleibt in Panitz, wo er sich geborgen fühlt. Hat die Möbelwerke aufgebaut. War von Anfang an dabei.

Soll er sie im Stiche lassen?

Sie haben sich den Falschen ausgesucht!

Käse-Hohmanns heiße Tips gehen selten auf!

Nicht lange und Paule Giering wird mit Trostheim ein Huhn zu rupfen haben. Da wird sich zeigen, was in Gierings schwerem Schädel steckt!

Dreibrot packt den Lenker seines Fahrrads fester. »Fies, Kernmeier. Menschenfang! Pfui Teufel! Eure Rechnung geht nicht auf!«

Kernmeier scheucht die Mückenplage weg mit seinem Hut. Er schwitzt zu arg. An seinem Schweiß erlaben sich die Mükken. »Brummen, das ist alles, was ihr könnt ... Habt den Mund zu voll genommen. ›Tag X‹ steht vor der Tür. Wir haben diesmal vorgesorgt, Freunde an der Seite, Verbündete, auf die man sich verlassen kann. Eure Macht wird liquidiert!«

Dreibrot sieht nicht ohne Staunen, wie sich dieser Mensch entblößt. »Zum ersten Male sind Sie wirklich ehrlich!«

Er schwingt sich auf das Rad, blickt sich noch mal um und ruft zurück: »Beißt ihr zu, euch fallen alle Zähne aus!«

Kräftig tritt er die Pedalen.

Er ist gewarnt, gewappnet auch. Doch Furcht empfindet Dreibrot nicht!

Er will die Wohnung vor dem Guß erreichen. Er strampelt sich die Seele aus dem Leib.

3.

Warm und windstill ist der Sonntag. Wie früher bäckt die Keuner-Mutter Kartoffelpuffer vor der Laube. Die ganze Trostheim-Sippschaft hat die Keuner-Mutter heimgesucht: Olga, Hannes, Jannek und die Tochter Halka, die in den Erdbeerreihen rote Früchte pflückt.

Jannek malt den alten Apfelbaum. Boskoop. Der Junge hat im Duden nachgeschaut. Ein Ort in Holland, in den Niederlanden. Da kommt die Apfelsorte her.

Im Jahre dreißig haben Keuners diesen Garten übernommen. Nun will die Alte ihn verkaufen. Schafft's nicht mehr, das Graben, Beetemachen, das Säen und das Unkrautjäten. Sie ist zu müd geworden nun.

Sind soviel Erinnerungen geknüpft an dieses Stückchen Land, das an der Havel liegt und fetten Boden hat. Die Bäume hat der Mann gepflanzt. Bei der Laube hat ihr Jupp geholfen. Akkurat nur einmal, Onkel Jupp. Salut! So haben sie sich stets begrüßt:

Salut, Jannek; Salut, Onkel Jupp.

Der Vater des Jupp, ein Stahlwerkmensch und Boxer, setzte die Pfosten für die Laube und brauchte keine Wasserwaage. Onkel Jupp brauchte sie. Wenn sich der Vater wegdrehte, hat Onkel Jupp die Pfosten gerichtet. Der hat Dächer gedeckt, die stehn heute noch, kein Tropfen Regen dringt durchs Dach.

Das erzählt die Keuner-Mutter ganz ausführlich. Sie ist noch heute auf den Jungen stolz!

Jannek, der den Boskoop-Baum auf die Leinwand bannt in satten Farben, hört mit halbem Ohre zu.

Die Keuner-Mutter ist geschwätzig geworden. Macht das

Alter und die Einsamkeit. Selten, daß mal einer kommt. Vergessen sein – ist schlimm! So barmt sie vor sich hin.

Olga muß auf Halka schimpfen: »Wie siehst du aus! Bist ganz beschmiert mit Erdbeersaft. Knirschen nicht die Zähne?«

Halka hat es dicke hintern Ohren. »Sand reinigt den Magen«, sagt sie dreist und ist wohl mehr ein Hühnchen als ein Mensch.

Olga-Mutti zieht sie leicht am Ohr. Sie wäscht die Tochter unterm Pumpenkran und geht nicht sanft mit Halka um.

Wer soll die vielen Puffer essen? Auf jedem Teller liegt ein Berg. Der Keuner-Mutter reicht es nicht. Und Vater muß noch Spiritus auf den alten Kocher gießen. Dann spritzt es weiter, zischt und qualmt …

Jannek hört, wie Vater leise mit der Keuner-Mutter spricht.

»Der Schuster-Junge, der die Mine in den Acker grub, ist auf freiem Fuß. Lebt bei seinen Eltern, scheint still und arbeitsam zu sein!«

Jannek kann sich an den Tag erinnern. Zwei Tage vorher hatte Wilm den Mord begangen an dem Putenhahn; und er, Jannek, hatte durch die Schuppentür geluchst. War dann vor Kummer eingeschlummert auf der Küchenbank, und Tante Alma hat ihn eingepackt mit warmen Decken. Dann war es wie im Krieg. Zweimal hat's gebumst im Dorf …

Er will sich nicht erinnern! Er hat den Vater weinen sehn vor dem Urnengrab von Onkel Jupp. Will lieber diesen Boskoop-Baum und diese Laube malen, damit die Keuner-Mutter etwas in die Stube hängen kann …

Er hört, wie sie zu Vater sagt: »War ein halbes Kind, der Schuster-Junge, und war verblendet!«

Was ist verblendet? Ist wie blind! So ähnlich wohl!

Blind sein – das ist schlimm! Für Jannek wär es fürchterlich! Blinde Maler gibt es nicht. Tischler ohne Hände kann es auch nicht geben!

»An die Puffer, Kinder!« ruft die Keuner-Mutter.

Alle kommen an den Tisch. Von der Havel tönt Sirenenruf, ein zweiter Schlepper meldet sich. Sie haben sich getroffen und begrüßt.

Als wieder Stille herrscht, fragt Keuner-Mutter: »Ist das Bild fertig, Jannek?«

»Nicht ganz!«

»Wann darf ich's sehn?«

»Wenn's fertig ist!«

Kein Schuster zeigt den halbbesohlten Schuh, kein Künstler, was noch unvollendet ist.

»Bald hast du die Laube und den Boskoop-Baum für immer in der Stube!«

»Für immer? Du sagst schon was, mein Junge. Bin nicht mal sicher, ob die Sterne ewig sind, der Mond, die Sonne ... Kannst du denn das Bild auch rahmen?«

»Einen weißen Rahmen kriegt das Bild!«

Die Keuner-Mutter geht schon über siebzig Jahre auf dieser Erde umher.

»Greift zu. Überbleiben darf nichts!« Dann hat sie doch den Kaffee vergessen, wieselt noch mal in die Laube zurück und schimpft vor sich her: »Immer hat der Jupp gesagt – ohne Kaffee schmeckt der Puffer nicht!«

Immerfort muß sie den Sohn erwähnen. Über den Mann redet sie wenig. Der ist schon ewig tot, zwanzig Jahre schon. Dreiunddreißig wurde er erschlagen. Vor seiner Haustür, in der Straße der Arbeiter, am ersten Mai dreiunddreißig. Und sein Mörder hieß Grauling, Heinrich ...

Sosehr sich Jannek auch bemuht, er kann sich an den Mann nicht mehr erinnern. Sicher war er damals noch zu klein. Doch die Geschichten um die Keuners sind allen Trostheims wohl bekannt.

Jannek wird die Keuner-Mutter nicht enttäuschen mit dem neuen Bild. Sie soll, solange sie noch lebt, die Laube und den Boskoop-Baum im weißen Rahmen in der Stube haben.

4.

Egon Schuster hat Futter gemäht, Steinklee für die Sauen. Die Gummiräder rollen lautlos durch den Sand. Leise klirrn die Stränge von den Braunen, die den nahen Stall schon wittern.

Es ist ein stiller Abend überm Dorf.

Dudei will den Schuster-Jungen abpassen vor den Hagebuttenhecken. Er wollte eigentlich in aller Heimlichkeit zu Schusters gehn und einen Besuch abstatten. Hat aber gedacht: Sicher will der Junge keinen sehn. Seinen gewesenen Lehrer sowieso nicht.

Was hab ich meinen Schülern beigebracht? Die Treue ist das Mark der Ehre! Kurze Haare, koppelbreit über den Ohren, alles andre ist weibisch! Wir Deutschen fürchten Gott, sonst nichts auf der Welt! …

Das hab ich meinen Schülern beigebracht! …

Mein Gott, das war wenig!

Dann hat er mich bespuckt. Ich hab es abgewischt und hab geschwiegen … Dieses Schweigen war verkehrt! …

Nun wartet er und sieht den Jungen kommen. War ein Jüngling, als er ging, ist ein Mann geworden.

»Ich grüße dich«, sagte Dudei. Er kann nicht sicher sein, ob der Junge halten wird. »Ich will dir in die Augen blicken!«

Egon zügelt seine Braunen, steigt vom Bock, stößt die Sense tiefer in den Klee – eine Geste der Vergangenheit! »Können Sie«, sagt Egon. »Ich bin zurück. Die Arbeit macht mir Freude!«

»Warn dunkle Jahre! Nicht die Jugend hatte Schuld. Wir haben euch die Welt verkehrt erklärt! Wir tragen alle Schuld!«

Alle diese Worte helfen Egon nicht. Er will nicht mehr nach hinten schaun. »Ich muß weiter«, sagt er. Er steigt auf seinen Kutscherbock zurück.

»Fahr mal! Ich spüre, du bist ohne Bitterkeit, ohne Vorwurf, andern gegenüber. Werde heimisch!«

Noch einen Augenblick bleibt Egon unschlüssig stehn, dann ruft er seine Braunen an und fährt davon.

5.

»War er heftig zu dir, so wie früher?« fragt Dudeis Frau. Sie zieht ihn auf die Gartenbank.

Es scheint, sie hat den Kampf beendet gegens Alter, ist keine blonde Schönheit mehr, ist grau geworden nun, nur selten noch schminkt sie die Lippen und die Wangen rot, färbt sie sich die Brauen schwarz. Dann riecht sie nach Parfüm.

Wenn das geschieht, steigt Unrast auf in Dudei. Nie weiß er, was nun folgt!

Er sieht: sie hat sich angemalt, und ein fremder Duft geht von ihr aus!

Er hatte Furcht gehabt vor dem Wiedersehen mit Egon Schuster. Nun ist ihm leichter. Er könnte jetzt den Antrag schreiben. Sie stellen frühre Lehrer wieder ein.

Frau Klara wünscht, daß er ihn schreibt!

Aber ihn hat der Mut verlassen. Er will bleiben, was er ist: Sekretär in Güterlohe! Das Lehrersein hat ihm kein Glück gebracht. Seine Lebenszeit war nicht die beste.

Als Dudei in der Blüte stand, als der Krieg begann, dachte er: Die Welt liegt mir zu Füßen. Wir sind die Auserwählten, wir werden allen unsern Willen aufdiktieren. Am deutschen Wesen – wird die Welt genesen.

Rückblickend denkt er: Ein Trostheim und ein Sichler, die hatten nicht studiert, hatten aber mehr Klarheit im Kopf als ich! »Klara«, sagt er auf der Gartenbank, hört die Kraniche im Luch trompeten, »ich schreib den Antrag nicht!«

Gleich wird sie hitzig und versprüht ihr Zungengift. »Das alles summt dir Sichler in die Ohren. Der will nicht, daß du wieder Lehrer wirst!«

Er schüttelt nur den Kopf. Er hat 'ne feste Meinung in der Sache. »Nein, Klara, daß ich einmal so blind war, so wenig von der Welt verstand, das kann man nicht verzeihen. Hier hab ich gelebt, geirrt, mich endlich ehrlich gemacht. Hier will ich auch begraben sein!«

»Leben sollste und nicht sterben ...«

Klara Dudei hat das Leben noch nicht ausgekostet bis zum Grund. Sie will, daß ihr Mann nicht länger ein Stück Dreck ist. Sie kennt die Käse-Hohmanns gut in Panitz. Warn beide bei der Frauenschaft aktiv, beide Frauen und bekannt im ganzen Gau. Von Zeit zu Zeit taucht sie bei Hohmanns auf und läßt sich auch beraten.

Hat ihr Mann studiert oder nicht? Drüben kriegt er tausend Mark und mehr. Klara lockt das Wirtschaftswunder. Neu sind Strümpfe ohne Naht. Salamander-Schuhe, alles könnten sie sich leisten.

»Kernmeier hilft uns weiter«, sagt sie leis.

»Kernmeier?«

»Entweder kommst du mit oder bleibst hier!«

»Nee – Klara, ich habe viel gelernt in diesen Jahren!«

»Die letzten achte kannste glatt vergessen. Die andern aber wiegen schwer!« Sie will genießen, wieder etwas sein. Sie sagt beschwörend: »Wir kriegen Flüchtlingshilfe. Kredite sicher auch. Die Koffer sind gepackt ... Wehe, wenn du schwankst!«

Immer war er weich wie Wachs, wird er endlich fest und gerade? ...

6.

Wilm Sichler steht vor dem Schreibtisch, überfliegt ein paar Zeilen und ruft: »Alma! Wo steckst du, wenn ich dich mal brauch!«

Es scheint ihm, er hätte laut genug gebrüllt. Aber es reicht nicht aus. Alma sitzt wohl auf den Ohren. »Weib, ich brauch dich dringend!«

»Schreist wie am Spieß. Was haste denn?«

Er geht auf sie zu und sagt vieldeutig: »Jetzt mußte tippen lernen!«

Aber die Frau begreift nichts, schläft noch mit offnen Augen. Er zeigt Alma an, was auf sie zukommen könnte, und hackt schwarze Buchstaben ins weiße Schreibpapier. Die Typen auf der Schreibmaschine verheddern sich; denn man weiß: Sein Finger ist zu steif und dick. Beim Tippen hat der Wilm kein Glück ... Er läßt das Tippen sein.

»Mir wurde über Nacht die rechte Hand gestohlen!«

Der Mann spinnt. Ist doch alles dran!

»Mein spätes Mädchen, merkst du nichts?« Er reicht Alma den Briefzettel hin, sie liest halblaut vor: »Ich muß dringend etwas ordnen – komme aber wieder. Gruß – Josef Dudei ...«

»Ich Esel dachte: Den haste übern Berg. Der hat begriffen – wo der Hammer hängt. Nischt hat der Mann begriffen, nischt, Alma, nischt!« Wilms Holzbein klackt.

Ein heißer Schreck hat Alma auch durchfahren. »War sie, die Donna Klara. Die hat das ausgekocht!«

»Bin ich sicher. Der Mann ist schwach und kommt nicht wieder!« Er zeigt ein letztes Mal auf die Maschine. »Bist du das Weib, das mir aus der Patsche hilft!«

»Wo denkste hin. Ich werde Melkerin und keine Tippse!«

Gut! Er wird sich was zum Tippen suchen, zum Liebeln auch. Knackfrisches muß es sein.

Zum Tippen – ja, zum Liebeln – nie! Alma hat ihre festen Grundsätze. »Als Chef hast du der Chef zu sein!«

»Haste auch wieder recht!«

Dudei weint er keine Träne nach! Auch in diesem Punkte denkt sie anders als ihr Wilm. »Nicht um jeden ist es schade, doch um Dudei ist es, Wilm. Drüben wird er wieder – wie er war!«

Kann es Sichler ändern?

Er haut mit der Faust auf den Tisch. Der Tisch hält's aus, die Faust nicht, sie schmerzt. »Kann ich's ändern«, schreit er laut.

»Kannste nicht, kann keiner ...« Alma muß zur Weide. Sie macht den Facharbeiter, und heute ist das Leistungsmelken dran. Melken kann sie schon von Kindesbeinen an. Doch heute wird in Leistung gemolken. Da wird das Euter gerüstet, jeder Strich einzeln gefettet. Almas Melkerstern geht auf!

Sie wird noch hoch zu Ehren kommen...

Wilm blickt ihr nach, tiefsinnig und betrübt. Er könnte dringend Beistand brauchen. Doch von keiner Seite rollt der Beistand an!

Wilm hatte sich an Dudei gewöhnt, hat ihn schätzen gelernt, seine Zuverlässigkeit, seine stille Art gemocht.

Sie warn fast ein Gespann!

Was sie hinderte, es ganz zu sein, war Sichlers Hitzigkeit und Dudeis Sanftmut; doch man weiß: auch der Pferdehändler spannt nicht zwei Hitzköpfe zusammen, einer reicht, der zweite muß besonnen sein.

Nun sitzt Sichler da und grämt sich um die rechte Hand. Er verdammt das Weib Klara, die verblichene Blondine.

Sie hat den Mann zum krummen Hund gemacht!

7.

Dudei findet Kernmeiers Haus in Schlachtensee. Er kann sofort begreifen, warum der Mann nicht nach Panitz zurückkam nach dem Krieg. Wer solch ein Anwesen hat, ein Stück Villa im Grünen, der kommt nicht mehr zurück.

Alles wie geleckt: englischer Rasen wohl, keine Güterloher Wiese, Eibenhecken, Marmorplatten auf den Wegen, Geländer, handgeschmiedet, glänzen schwarz im Junilicht.

Ein armer Mann wohnt nicht in einer Villa!

Er klingelt, und die Klingel ist ein Gong, der eine tiefe, satte Stimme hat.

Da kommt der Herr des Hauses, trägt eine Morgenjacke, schwerer, brauner Samt. Die Zigarre ist in Brand.

»Na also, Dudei. Nun haben Sie's geschafft.«

Der Mann ist wohlgelaunt, ist kerngesund, das sieht man gleich, bringt hundert Kilo auf die Waage, wenn das reicht, legt die Zigarre ab auf einem Rauchergrill und schüttelt Dudei freundschaftlich die Hand. »Ich bring Sie in das Lager, draußen vor der Stadt!«

Dudei ist verlegen und enttäuscht.

»Ist sie nicht hier?« Er hält die Klampfe fest umklammert.

Warum der Lehrer mit der Klampfe kommt? Dem Dicken wird's ein Rätsel bleiben! Er muß ziemlich laut lachen. Das Lachen trifft den zagen Dudei wie ein Hammerschlag. »Ich dachte, sie wär hier!«

»Wo denken Sie hin, Mann. Dann wär mein Haus ein Notquartier, alle Räume voll belegt. Das ging zu weit ... Ich mach mich fertig, dann geht's los!«

Dudei weiß, das läßt er sich nicht antun von dem Mann, der die Zigarre wieder an sich nimmt und schmatzend zieht.

Ein bißchen Stolz hat Dudei noch im Leibe – nein, den hat er sich durch harte Mühen wieder angeschafft, nicht ohne Sichlers Hilfe. »Ich find mich schon zurecht!«

Er geht davon, geht ohne Gruß.

Der Dicke weiß nicht, was er davon halten soll.

Ganz weltfremd ist Herr Dudei nicht geworden. Er fragt sich durch und landet dann am Lagertor von Marienfelde. Er schaut sich wenig um. Er trägt die Klampfe und die Aktentasche. Er verlangt, daß seine Frau gerufen wird. Er hätte wenig Zeit. Er wär auch nicht bereit, das Lager zu betreten. Er würde nur die Klampfe der Besitzerin übergeben, ein kleines Bild und wenig Schmuck. Sonst weiter nichts.

Er dreht dem Lagertor den Rücken zu. So sieht er sie nicht kommen.

»Endlich bist du da«, sagt sie. »Komm doch rein. Eine kurze Quarantäne läßt sich nicht umgehn!«

»Ich fahre gleich zurück!«

»Hier bleibste, Josef, fest an meiner Seite, wie das halbe Leben schon!«

Oft wußte Dudei nicht, was er wollte, war er schlaff und müde. Heute weiß er, was er will. Er gibt die Klampfe ab. Dann holt er aus der Aktentasche eine kleine Schmuckschatulle. »Damit nun alles seine Ordnung hat. Der Schmuck gehört dir auch!«

Sie schluckt in einem fort und ist schon käsebleich. Der vor ihr steht, hat sich verändert über Nacht. Sie kennt den Mann nicht wieder.

»Da ist noch was, Klara. Ein Bild!« Er holt es umständlich aus der Brieftasche.

Zittern seine Hände nicht?

Er hält ihr das Bild hin. Er hat es aufgenommen, als vor den Häusern schwarze Fahnen hingen und Kinder stehn in schwarzen Kleidern da. Das war, als Güterlohe sich beschützte, indem es jenen Typhusplan ersann und unversehrt dem Kriege widerstand.

Dies Wagnis mußte sein. Das nimmt Herr Dudei nicht zurück!

»Lebwohl, Klara – leb, wie du's für richtig hältst!«

Und er geht seinen Weg immer geradeaus.

Eine lebenswilde Angst ergreift die Frau. Sie läuft ihm hinterher. Sie muß ihn zurückzerren und wird es nicht schaffen. Sie weiß: ohne ihn ist sie ein Nichts und ohne Bleibe. Hier könnten sie was sein: Herr Lehrer und Frau Lehrerin …

Man hat ihn ihr genommen? Hat das der Wilm geschafft?

Sie geht ihm nach, eine Traumwandlerin. Die Klampfe klimpert, wenn sie schneller läuft, und sputen muß sie sich; denn der Mann ist ihr vorweg.

8.

Wilm Sichler wischt sich die Stirn ab und stakt zwischen den Schweinehütten umher. Schwerer, beklemmender Dunst wölkt um die Hütten. Er deutet auf andres Wetter hin.

Wilm sucht Jürgen Gärtner. Er prallt auf die dralle Birke und findet, daß sie aufgeht wie eine Glucke im Heidesand, kraus und üppig.

»Wo steckt dein Hübscher?« Er mustert sie und muß noch fragen: »Warum holst du den Jungen nicht zurück?« Eigentlich ist das nicht Sichlers Sache, aber sagen muß er doch: »Es ist dein Kind! Das Kind gehört zur Mutter, so ist es eingerichtet in der Welt!«

Geht das wirklich Sichler etwas an? Mischt sich ein und hat kein Recht! Birke wird schon ihre Gründe haben!

Sie wirkt unwirsch, ist gereizt: »Hat in Hundeluft nichts auszustehn. Meine Mutter braucht ein bißchen Wärme. Der Junge gibt sie ihr!« – Fertig ist sie mit der Angelegenheit, wischt sie glatt vom Tisch. Sie blickt sich um. »Da ist mein Hübscher«, sagt sie noch.

Jürgen kommt von den Eberbuchten her. Die Eber liegen im heißen Sand, ihre Schwarten glänzen rosarot, es sieht aus, als hätten die Tiere einen Sonnenbrand erwischt. Doch das täuscht wohl.

Jürgen ist abgekommen wie ein Gaul in der Ernte, nur noch Haut und Knochen, und sein Bärtchen wackelt müd.

Wer trägt die Schuld? Die Birke?

Sie geht davon und läßt ihre braunen, festen Waden leuchten.

Jürgen blickt ihr bewundernd nach und wendet sich dann gebieterisch an Wilm: »Zwischen den Hütten wird Steinklee eingesät. Bester Fraß für Muttersauen!«

Eigentlich kam Wilm, um Jürgen zu sagen, daß er aufhören müsse, in Lebensfragen zu schludern. Heiraten mußte, mit der man das Bett teilt, die heiratet man. Das ist im Dorf so Sitte!

Nun sagt er allerdings: »Vielleicht soll Alma den Rasen, wo sie die Wäsche bleicht, wieder umgraben, weil im Land der Sozialismus siegt!«

Für Scherze dieser Art hat der junge Mensch kein Ohr. »Wir brauchen was zum Zufüttern. Und die Tierverluste liegen hoch. Früher hat der Bauer den Neugebornen Buchenteer auf den Nabel geschmiert, als Schutz vor Krankheiten!«

Der Gärtner-Junge macht das Treiben verrückt! Wer soll tausend Ferkel teeren? Mach mal einen Punkt. Erst soll der Tierarzt seine Kunst beweisen.

Aber Jürgen Gärtner zupft am blonden Bärtchen — das wird kein dichter Bart! — und wettert weiter: »Jeder, der schuldhaft eine Kreatur zu Tode bringt, wird verdonnert. Mein Vater führt in Rehfeld die Methode ein!«

Wilm muß aus dem Dunstkreis der Hütten; denn ihm fällt das Atmen schwer. Er bekommt von diesem Mief Durst wie eine Zicke. Unauffällig führt er Jürgen von den Hütten weg und meint vorsichtig: »Verluste werden immer sein!«

Jürgen ist nicht abzubringen von seinen Gedanken und Vorstellungen. Er entwirft ein strenges Reglement: »Haste keine Verluste an Tier und Maschinen, winkt dir die Prämie. Haste aber Verluste, bleibt deine Brieftasche flach. Materielle Sanktionen wie in Rehfeld!«

Langsam mit den jungen Pferden, denkt Wilm besorgt. Erst muß der Bauer Wurzeln fassen. Schießt man gleich aus allen Rohren, laufen sie uns weg!

Aber Jürgen Gärtner bleibt unbeirrt bei seiner Meinung: »Schluderei wird nicht belohnt, die wird bestraft. Da bin ich mit dem Vater einig!«

Er bleibt stehn, rundum ein scharfer Chef, schlägt leicht auf Sichlers Schulter und sagt rasch: »So werden wir verfahren!«

Er steuert auf die Rinderställe zu. Den Weg geht Sichler nicht mehr mit.

Soll er sich den Wolf laufen in der Hitze, womöglich den Beinstumpf wundreiben?

Es wär nicht das erste Mal bei solchem Wetter! Am Ende müßte Alma wieder mit Vaseline nachhelfen.

Jürgen, der junge Mensch, bringt wenig Verständnis auf für andere Menschen. Für einen Leiter nicht die beste Eigenschaft.

9.

Wilm hatte ausführlich die Zeitung gelesen. Er freut sich, daß Alma eine Kanne Kaffee bringt und sich die Zeit nimmt, mit Wilm zu tafeln. Sie hat sogar ein paar Waffeln gebacken aus Biestmilch.

Die gab's zu Zeiten der Gutsfrau. Die wollte von der ersten Milch nach dem Kalben stets Waffeln haben, weil in der Biestmilch Kräfte stecken, Vitamine, die der Mensch zum Leben braucht.

So aufmerksam ist Alma selten. Aber sie hat ihren Facharbeiter als Rinderpflegerin mit sehr gut bestanden, Grund genug, in Ruhe zu sitzen und zu schwatzen.

Doch der Mensch redet über das, was ihn bewegt; was er an Gedanken mit sich herumträgt, das spricht er aus.

»In Rehfeld macht der Oskar Dampf, in Güterlohe — Jürgen!« Sie hat die Tasse gefüllt und setzt sich nun zu Wilm. »Was wurde denn beraten und beschlossen in Berlin, haste keine Ahnung, Wilm?«

Natürlich hat er eine Ahnung, hat die Zeitung studiert und erklärt Alma mit seinen Worten, wie man die neuen Beschlüsse zu deuten hat: »Um sozialistische Gesetzlichkeit geht's, um enge Bindung zwischen Staat, Partei und Volk. Alles mit den Menschen, und besser soll's uns gehn. Die sich mühen, sollen spüren, daß sich ihre Mühe lohnt. Das ist der neue Kurs!«

Alma hat aufmerksam gelauscht und meint aus ihren Gedanken heraus: »Und der Feind guckt zu, Wilm?«

»Der guckt nicht zu! Seine Sorge ist, er kommt zu spät. Wer so laut bellt wie der in diesen Tagen, den hat es schwer getroffen mit dem neuen Kurs!«

Alma fröstelt und sagt leise: »Was wir brauchen in der Arbeit, das ist Ruhe! Auch ein Jürgen Gärtner darf nicht durch die Wand. Sein Kopf ist dicker noch als der von seinem Vater!«

»Ich will, daß Jürgen seßhaft wird!«

»Ist er doch!«

»Ist er mir zu wenig. Ist ein Luftikus!«

Alma fröstelt noch mehr. »Der hatte seinen Spaß mit vielen, nun ist er seiner Birke treu. Sind jung, wir werden älter! Was kommt dann? Wie lange, und wir haben alles hinter uns. Er hat's gut, er wird gewärmt!«

»Du nicht?«

Sie blickt ihn an: »Könnte manchmal wärmer sein mit dir!«

Da greift er sprachlos nach der Pfeife, stopft sie schweigend, sagt viel später: »Das sind die ersten Klagen, die ich hör!«

Doch bevor Alma noch antworten kann, geht die Tür auf, und Dudei, so, als wäre nichts geschehn, erscheint und geht rüstig auf seinen alten Platz zu. »Ich bin zurück, Herr Bürgermeister!«

Die Standuhr schlägt achtmal. Wilm und Alma wechseln rasche Blicke. Sie denken wohl: ein Totgeglaubter lebt, ist da ...

»Und Donna Klara?« fragt Wilm verdattert.

Über Dudeis Gesicht huscht ein verlegenes Lächeln: »Sie pflückt die Erdbeeren ab. Dieses Jahr sind viele dran. Auch der Mohnschlag ist schon rot ... Und was die Stunden anbetrifft – die hol ich alle nach!«

Endlich hat sich Sichler wieder in der Hand. »Wär auch gelacht, Dudei. Ordnung ist das halbe Leben!«

Während Dudei sich schon über seine Listen setzt, beugt sich Wilm zu Alma und flüstert ihr ins Ohr: »Ich nehm was Wichtiges zurück. Keine Memme ist der Dudei. Dudei wird ein Kerl!«

Alma lächelt in sich hinein und trägt das Geschirr nach unten.

Als die Männer unter sich sind, geht Wilm auf Dudei zu und legt ihm eine Zeitung auf den Platz. »Studiern Sie mal, es gibt 'nen neuen Kurs!«

Dudei weiß mehr, als Sichler glauben kann. »Ich hab's gehört – im Radio!« Er wirft einen Blick in die Zeitung und stützt nachdenklich den Kopf in die Hand.

Sichler indes kneift das linke Auge zusammen. Es sieht aus, als ziele er auf Dudei, aber nicht feindselig, sondern erstaunt.

Dudei möchte seinen Bürgermeister etwas fragen; etwa in folgender Richtung: Wir sind wohl abgeglitten und fast ins Unglück rein? Darum müssen sie nun einen neuen Kurs steuern!

Aber Dudei, hol's der Teufel, hat nicht gemerkt, ob ein Abgleiten vor sich ging. Er hat seine Arbeit getan wie jeden Tag, kannte keine unerfüllten Wünsche, litt nicht an Begierden besonderer Art. Wenn's keine Bananen gibt, kann man keine essen, gibt's kein Kalbfleisch, kauft man Rindfleisch bei dem Schlächter ein. Brot ist da und Grieß und Graupen, Haferflokken schnattern schon die Enten weg. Der Staat soll uns die Wahrheit sagen. Wir ziehn den Gurt auch enger, wenn's der Sache dient, dem Frieden, wohlgemerkt!

Kann Sichler neuerdings schon die Gedanken andrer Leute lesen? Er zielt auf Dudei mit dem rechten Auge und kneift das linke weiter zu.

»Wenn ein neuer Kurs notwendig wird«, sagt Dudei bedächtig, »muß am alten etwas nicht gestimmt haben. Seh ich das richtig?« Er wartet ein Weilchen, doch Sichler schweigt, nur die Standuhr gongt und zeigt die halbe Stunde an. »Sehen Sie«, fährt Dudei fort, »ich habe nicht gelitten unterm alten, ich werd nicht stöhnen übern neuen Kurs. Mir ist wichtig, daß wir, die nicht gesegnet sind mit Schätzen, wieder an das Leben glauben dürfen. Ich hoffe nicht, daß neuer Kurs und alter so grundverschieden sind. Ich glaube vielmehr: was sich als neuer Kurs ausgibt, ist die Summe von Erfahrungen, guten und weniger guten aus dem alten. Wir nehmen mit, was sich bewährt und trennen uns von dem, was uns gehindert hat. Seh ich das richtig?«

Was soll Wilm Sichler antworten?

Dudei gibt von sich, was Sichler selber denkt!

Daran war vor Jahren nicht zu denken. Der Mensch ist bestrebt, etwas zu bewirken. Hat Sichler bewirkt, daß Dudei allmählich ausheilte? Das könnte sein, und es würde Sichler sogar schmeicheln, wenn's so wär …

»Sie werden mir immer verständlicher, Dudei«, sagt Wilm, sagt aber nicht: Sie werden mir immer ähnlicher. Nein, das sagt Sichler nicht, weil das eine Anmaßung wär. Das Entscheidende muß der Mensch selber vollbringen, Hilfestellungen allerdings sind erlaubt!

Zweites Kapitel

1.

Kuno Kietz ist ein Schweinepfleger in Rehfeld, ein kurzer, schwerer Mensch. Er hat Alimente zu zahlen für zwei. Wenn der Zahlungstag naht, ist seine Madame nicht zu genießen. Dabei wußte sie vor der Ehe, daß er zahlen muß. Sie geht grollend durchs Haus und kann sich nicht lassen.

»Oller Bock!«

Er macht dann, daß er Land gewinnt. Zumeist betrinkt er sich, und die Sache wird nicht leichter.

Dabei war er nicht besonders leichtsinnig gewesen als junger Mensch. Sie hausten auf einem entlegnen Hof, einsam wie die Klosterbrüder, drei Jungs und zwei Mädchen.

Der Alte, der Vater, ließ Kietz nur dreimal im Jahr unter Menschen. Dabei passierte es jedesmal. Als es dem Alten zu bunt wurde, verheiratete er Jung-Kuno und schob die Brautleute weit von sich weg. Sie landeten in Rehfeld, und – wie gesagt – drei Wochen leben sie friedlich, in der vierten bricht das Donnerwetter los. Gemeinsam haben sie auch zwei Kinder, ein Mädchen und einen Knaben, Kuno-junior.

Was soll in der Brieftasche bleiben, wenn soviele Ausgaben sind? Und dann der Krach in jeder vierten Woche, der geht auch ins Geld; denn der Krach bewirkt, daß Kietz durstig wird.

Bei Kietzes ist von Wohlstand keine Spur, gemütlich ist es in der Kneipe, wenn zu Haus die Küche qualmt.

Nach so einer Kneipnacht torkelt Kietz zwischen den Muttersauen umher und würde sich lieber im Stroh verkriechen. Er hat sensible Haarwurzeln nach der Zechnacht und das Gefühl, daß sein Körper mit Bleiresten ringt.

»Jedenfalls«, betet er, »wenn kein Segen drauf ruht, dann ist es ein Unglück!«

Er redet krauses Zeug zusammen. Was soll auch aus den Gehirnwindungen kommen am frühen Morgen?

»Wenn kein Segen drauf ruht, dann ist und bleibt es ein Unglück!«

Falls Kietz nicht macht, daß er weiterkommt, fressen ihn die Muttersauen an. Er würde nicht das erste Mal gebissen!

Liegt die Ferkelsterblichkeit in seinem Stall am Segen, der fehlt? Ferkel, muß er bekennen, sterben nicht nur bei ihm. Doch die dreißig, vierzig Prozent, die bei ihm sterben, liegen am Segen, der fehlt!

Oskar Gärtner hatte Kietz das allerletzte Mal verwarnt. »Biste wieder unter Strom, kannste deine Mütze nehmen!«

Dann hatte er Kietz die Gurgel geputzt und scharf rangenommen. »Mir brauchste kein Theater vorzuspielen. Wenn die Frauen beim Schlächter anstehn in der Stadt, bist du vorbeigegangen und hast gesagt: Ich hab's geahnt, ich hab's schon lange kommen sehn. Hast nur Glück gehabt, daß du noch nicht an eine geraten bist, die dich beim Schlafittchen nimmt und dich in den Stall dirigiert; denn hier werden die Schlangen gemacht, die nachher beim Schlächter anstehn. Willste das begreifen oder nicht?«

Kietz ist der Meinung, daß er sich nicht aussprechen kann mit Gärtner. Der fährt den Menschen übers Maul – und fertig ist er!

Kuno Kietz' Stimmung ist schon lange auf dem Nullpunkt angelangt! Er hat kein Vertrauen, ist dem Sozialismus nicht gewogen und würde ihn abschaffen, wenn er könnte.

Wenn Kietz etwas von der Art und Güte losläßt, meist unter Strom natürlich, stellt ihn Oskar Gärtner scharf zur Rede und meint: »Verlier den Stall nicht aus den Augen. Da wird die Politik gemacht. Du machst eine miese, Kietz! Du denkst: der Sozialismus hat ein breites Kreuz. Da geht die Ferkelsterblichkeit drauf, die schlechte Milchleistung bei Kühen, die Legefaulheit der Hühner. Wenn dem Kietz die Ferkel wie die Fliegen eingehn – was kann der Kietz dafür? Die Kommunisten sind schuld ...«

Nach Kietz' Meinung begeht Gärtner einen entscheidenden Denkfehler. Der glaubt nämlich: eines Tages müßte jeder so denken wie er!

Aber die Gedanken hat der Mensch für sich allein, Gott sei Dank!

Bei Kietz braucht Oskar Gärtner kein besonderer Hellseher zu sein, um zu wissen, was der denkt. Deshalb wird er ihn feuern, falls er wieder durch die Ställe torkelt!

Wer ums Verrecken nicht einsehen will, daß es richtig ist, was wir wollen, wer auf was andres wartet, der soll warten, bis er schwarz wird. Mit diesem verdrehten Kopf kann man ihm nicht länger einen Stall anvertraun. Mit solch einem verdrehten Kopf kann er nicht mal ein ordentlicher Nachtwächter sein. Dieser verdrehte Kopf ist dem Menschen überall im Wege. So liegen die Dinge! ...

So geschieht's, daß Oskar Gärtner den Kietz abermals erwischt, sich auf keine weiteren Worte mehr einläßt, seinen Zorn nicht beherrschen kann – und Kietz in den Hintern tritt mit aller Wucht.

Von Stund an hat Oskar Gärtner einen Feind, der nach Rache sinnt, einen Menschen, in dem niedrige Instinkte überhandnehmen, der vergiftet ist von Haß.

Baumeln sollst du, Gärtner, baumeln!

2.

Es ist noch nicht sieben Uhr, ist noch früh am Tage, da fährt ein BMW neunundvierzig vor die Freitreppe, und Dreibrot steigt aus. Er läßt die Jacke im Auto liegen und gestattet dem Fahrer einen kurzen Ausflug in die nahen Kiefernschonungen, weil feuchtes, schwüles Wetter ist und die Pfifferlinge sicher durch die Nadeln schimmern. »Paß auf, in den Schonungen sind die Wurfkessel der Sauen. Sie suchen sie immer wieder heim. Komm ihnen nicht zu nahe. Mit führenden Sauen ist nicht zu spaßen!«

Der Fahrer, ein rüstiger Sechziger, ist ein furchtloser Mann. Er wird die Sau beim Bürzel packen, wie's im Jägerliede heißt. Dreibrot lächelt verstohlen in sich hinein.

Wilm begrüßt Dreibrot in alter Herzlichkeit. Er kann sich an Dreibrots neuen Titel nicht gewöhnen. Für ihn bleibt er Landrat. Vorsitzender des Rates des Kreises, das ist Wilm zu umständlich. Landrat, das ist ein Wort nach Wilms Geschmack, schlicht und doch gediegen.

»Bei uns herrscht Ruhe«, erklärt Wilm kurz und bündig.

Doch der Landrat meint, daß sich das verändern könnte. Sie bewegen sich auf den Kieswegen im Garten. Alles ist üppig und in voller Blüte. Das Gemäuer ist mit grünem Weinlaub bedeckt.

In Berlin und anderswo sei schon der Teufel los. Augen auf! Alle Stallungen beschützen, die Maschinen! Auf Aufruhr setzt der Feind. Bekämpft ihn, wo er unsre Macht bedroht. Die Zentrale sitzt in Westberlin. Die Berater schickt das ›Weiße Haus‹. Natürlich kann er nur aufs Ganze gehn, der Feind, wenn im eignen Land, bei uns, die Menschen schwanken, wenn sie auf die Straße laufen, sich vom Feinde irremachen lassen. Damit rechnen sie in Westberlin …

Schon ist Sichler aufgeregt, ist erfüllt von Sorgen und von Taten und meint: »Die kommen nicht durch, Dreibrot. Ist nicht das erste Mal, daß wir das Dorf vorm Untergang bewahren. Damals haste Eierhandgranaten mitgebracht, vom Volkssturm, weißte noch, die eiserne Ration. Was bringste heute mit?«

Ein nachsichtiges Lächeln zuckt um Dreibrots Lippen. »Ihr sollt nicht schießen, ihr sollt wachsam sein!«

»Eine kleine Feuerwaffe wär mir lieber. Die Sache muß verteidigt werden, sagt Genosse Lenin und hat recht!«

»Kritisch ist die Lage. Von unsrer Umsicht hängt viel ab!«

»Willste sagen: Nebel läge überm Land?«

Dreibrot bückt sich über Erdbeerreihen, sieht viele rote Früchte leuchten unter sattem Staudengrün und pflückt sich eine Frucht. Er schiebt sie ohne abzuputzen einfach in den Mund.

»Wie denken die Menschen? Was sagen sie? Was sagt der feste Kern?«

»Der feste Kern sagt: Wenn's bunt kommt, schwingen wir die Sensen. Und Flegel haben wir genug. Damit klopfen wir sie mürb. Schutzlos werden wir nicht sein, Genosse Landrat!«

Dreibrot pflückt die zweite Frucht, die erste war wie Zukker. »Tut immer wohl, mit dir zu reden. Ich fahr beruhigt weiter, Wilm! Trostheim steckt in den Betrieben, mir bleibt das flache Land. Ich melde mich, sobald ich kann!«

Der Fahrer war im Wagen geblieben, hatte keine Pfifferlinge gesucht.

Hatte er etwa Angst vor Sauen, der furchtlose Mann?

Alma ist ungehalten. Sie hat den Frühstückstisch gedeckt, und der Landrat fährt davon.

Unsern Schinken hat er immer sehr geschätzt. Der Kukkuck ruft seit Mai, da hat der Schinken seine Würze!

»Dreibrot ist in Eile. Der Mann hat anderes im Sinn als unsern Schinken!« Wilm säbelt sich ein Stück vom Schinken ab, hält den Kopf ein wenig schief, kaut versonnen. Er muß die Würze loben. »Ganz famos, Alma, ganz famos!« Dann wischt er sich die Lippen ab. Er meint nachdrücklich: »Wir müssen auf der Hut sein. In manchen Städten brodelt es!«

»Krieg? Wie in Korea! Denkst du gleich das Schlimmste, Wilm?«

»Ich denke, wir sind Manns genug!«

So stakt er dahin, ein Wächter, ungebrochen, auf allerhand gefaßt.

Das Land durchfährt ein Schüttelfrost. Sinn und Zweck unserer Anstrengungen sind zufriedene Menschen!

Unfug, denkt Wilm. Zufriedenheit ist lähmend. Informierte Menschen braucht das Land, die den Sinn der Zeit begreifen, den Kampf des Alten gegen alles, was sich aufwärts quält ... Quält, denkt Wilm. Es ist ein hartes Ringen in der Welt. Wer wird gewinnen?

Wir!

So hat er es gelernt auf seiner Schule, und tief in seinem Innern glaubt er dran. Auch wenn er sieht und das nicht selten, daß Altes sich wie Queckengras vermehrt, sich breitmacht überall und überhandnimmt oft.

Wir sind die Sieger der Geschichte, sagt er sich!

Die Herren haben lang genug regiert und Unheil übers Volk gebracht. Wir regieren kurze Zeit in diesem Stückchen Land. Wir sind nicht jeden Tag in bester Form. Doch ehrlich meinten wir's vom ersten Tage an. Wir müssen nur gescheiter werden, das Für und Wider sorgsamer beachten, keine Sprünge machen, sondern feste Schritte gehen. Die Dinge sehen, wie sie sind.

Mit scharfem Blick, denkt Wilm! Nicht das Wunschgebilde schon als eine Wahrheit rühmen, nicht den Morgen vor dem Abend loben, sagen, wie die Lage wirklich ist!

Was wir erstreben, ist noch nicht erreicht, denkt Wilm. Wenn wir glauben, endlich ist's geschafft, kommt Neues auf uns zu. Es treibt uns weiter atemlos voran!

Das hat er längst begriffen, mit dieser Überzeugung geht er unerschrocken seine Tage an. Er hofft, daß seine Puste lange reicht. Etwas weiß er ganz genau: Besserwisser gibt's genug, Korinthenkacker mehr, als gut ist. Zeitungsschreiber sind dabei, das Dasein emsig glattzulecken!

Manche lieben ihren Sessel mehr als unser Leben, sagen ja, wenn ›nein‹ geboten wär!

Selbst in Büchern findet Wilm Gestalten, die sind nicht Fisch, nicht Fleisch, sind Helden ohne Fehl und Tadel, doch an die Nieren gehn sie Sichler nicht.

Wilms Blut kommt schnell in Wallung, sobald er merkt, daß er belehrt werden soll über Dinge, die er selber besser kennt …

Es ist schon ungewöhnlich, daß Wilm so lange nachgedacht hat jetzt.

Es muß die Sorge sein, die ihn dazu treibt, die Last der Verantwortung, die auf seinen Schultern drückt, seit Dreibrot weggefahren ist …

3.

Kuno Kietz braucht keine Anleitung zum Handeln. Er ist durch und durch ein handlungsfähiger Mensch, wenn er seine Promille hat. Er wächst über sich hinaus und trümmert Fensterscheiben ein, wenn's sein muß. Er besteigt auch einen Telefonmast und schneidet beide Drähte durch. Das ist für ihn ein Klacks und eine Bewegung wie aus dem Handgelenk.

Dann wartet er geduldig in einem Feldgehölz; denn er weiß, daß Oskar Gärtner auf dem Fahrrad Richtung Güterlohe fährt, um sich in Sachen ›Juni-Putsch‹ zu konsultieren. Solche Worte hat er drauf, wenn der Eichstrich stimmt bei Kietz.

Weil Warten seine Zeit erfordert, trägt er eine Taschenflasche unterm Hemd, einen kleinen ›Flachmann‹, gefüllt mit reinem Korn. Der vertreibt ihm schön die Langeweile.

An dem Junitag hat Kietz nichts auszusetzen. Der hat Sonne, Wolken, wechselhaftes Wetter, aber warm.

Im Feldgehölz beeifern sich die Elstern. Sie finden sich gestört durch Kuno Kietz. Ein Mohnfeld breitet sich vor Kuno aus, ist voll erblüht und blutet in der Sonne. Daneben steht der Gummiwagen von den Schusters. Die Braunen dösen, gelassen peitschen ihre Schwänze und wehrn die vielen Dasselfliegen ab.

Die Schusters, alle drei, sind im nahen Rübenfeld zugange und vereinzeln ihre jungen Rübenpflanzen, damit sie Luft bekommen und gedeihn. Daß die Schusters miteinander reden, wird dem Kietz bewußt. Doch die Worte schluckt das Blattgeflüster im Gehölz; denn die Erlen sind ein aufgeregtes Volk, sind geschwätzig wie die Pappeln, und im Reich der Bäume spielen sie die Rolle, die sein Weib zu Hause spielt: hecheln, giften, tratschen …

Die Schusters ahnen nichts vom Gast im Feldgehölz. Der Bauer reckt sich kurz und schimpft: »Da haben sie den Leuten erst das Land gegeben – und nun? … Erst rein in die Kartoffeln, dann raus aus den Kartoffeln! Erst die Liebe geweckt – und nun? … So kann man nicht umspringen mit den Menschen. Das sag ich jedem ins Gesicht!«

Auch Egon reckt sich mal ein bißchen und hält die Hacke

locker in der Hand. »Ich saß mit einem, der hatte einfach Pech. Ein schlauer Kopf, ihm sind zwei Trecker in der Mergelwiese abgesoffen. Er wollte den einen mit dem andern rausziehen. Soffen ab. Sabotage! Ab in den Kahn für ihn paar Jahre!«

Nun reckt sich Lieschen auch, die Mutter, und meint: »So happig sind die Strafen? Übertreibst du nicht!«

»Zaghaft sind sie nicht. Brummen dir was auf. Wie sollste dich denn wehren? Aber der, den ich meine, sagt auch im Knast: Sie holn mich wieder raus. Eines Tages werde ich Stratege für die Großraumwirtschaft sein!«

»Was wird er sein?« fragt Vater Schuster ganz verwirrt.

»Großraumstratege. Solche Leute gibt's in Rußland auch. Lieben Riesenflächen. Keine Bäume gibt's und keine Hecken. Davon träumt der Mensch, obwohl er doch im Kittchen sitzt!«

»Verrückter Traum«, meint Schuster.

»Merkwürdig ist er schon«, pflichtet Lieschen Schuster bei und findet, daß man Frühstück machen soll.

»Der ist nicht so verrückt, der Traum! Es kommt, nicht heute gleich, doch morgen – die Zeit der Großmaschinen. Dann wird – da glaubt er fest daran – die Bauernarbeit revolutioniert!«

Schuster trinkt erstmal ein Schlückchen kalten Kaffee, bevor er in die Stulle beißt. »Weeßte«, sagt er dann, »ein Spinner ist dein Kumpel hinter Gittern, ein Spinner! Ein wahres Glück, daß solche Spinner sitzen!«

Dann sieht Schuster Oskar Gärtner kommen auf dem Rad und ruft ihm zu: »Setz dir eine Mütze auf, die Sonne sticht!«

Oskar ist in großer Eile und kann nicht verweilen. »Andre Sorgen haste nicht? Die Telefone schweigen in den Dörfern!«

Was gehen Schuster Telefone an. Er braucht kein Telefon. Er ist mit Rübenpflanzen beschäftigt. Das reicht ihm aus! Während er noch vor sich hinsinniert, vernehmen alle drei Schusters einen tierhaften Schrei und fahren entsetzt herum.

Sie sehen Oskar Gärtner neben seinem umgekippten Fahrrad liegen und bemerken im letzten Augenblick, wie Kuno Kietz im Feldgehölz verschwindet.

Egon stürzt übern Schlag, mitten durch den blühenden Mohn, kniet vor Gärtner hin und sieht das Blut über die Stirn sickern. Instinktiv greift er nach Oskars Handgelenk und mißt den Puls.

Ohnmächtig ist er, tot aber nicht!

Neben Gärtner liegt ein Jochnagel, der mit Haaren und Blut beschmiert ist.

Das Tatwerkzeug!

Nun hasten auch die beiden andern Schusters heran, und Lieschen fragt leise: »Wer war der Kerl?«

Kennt sie ihn nicht? Kuno Kietz, die olle Schnapsdrossel, den Schluckspecht?

Alle kennen ihn in dieser Gegend!

Fieberhaft denkt Egon nach. Er blickt noch einmal sorgenvoll in Gärtners totenbleiches, blutendes Gesicht und sagt dann:

»Güterlohe ist wohl näher!«

Auf dem Gummiwagen liegt Heu für die Braunen. Darauf wird Oskar Gärtner gebettet. Lieschen läßt sich nicht abweisen von ihrem Sohn. Sie klettert auf den Wagen und muß Oskar Gärtner bewachen im Heu.

Egon darf die Braunen nun nicht schonen. Ein Glück, daß der Plattenwagen Gummiräder hat. Die federn leicht durch alle Löcher und dämpfen jeden Schlag.

»Treib die Gäule nicht zuschanden!« ruft Schuster laut. Doch wer hört noch den besorgten Ruf?

Schusters heißblütige Braunen preschen davon, in eine Wolke von Staub und Pferdeschweiß gehüllt.

4.

Egon Schuster hat die Gäule nicht geschont. Noch während der rasenden Fahrt ist Oskar Gärtner aufgewacht und fragt benommen: »Wo bin ich?«

Er möchte sich aufrichten, doch Lieschen Schuster ist beherzt genug und läßt es nicht zu. »Bleib liegen, Oskar, Güterlohe ist nicht weit!«

Unstillbar sickert Blut aus Oskars Stirnwunde. Sein Gesicht schimmert gelblich. Sein Schädel brummt, die Ohren sausen.

Kuno Kietz wird über alle Berge sein. Oskar hat ihn unterschätzt!

Lieschen Schuster dreht sich immer so, daß Oskar nicht die Sonne in den Augen hat. Die Wunde muß genäht werden, denkt sie. Hoffentlich kommt bald ein Arzt!

Oskar denkt: Der hat mich niedergeschlagen von hinten. Von vorne hat er's nicht gewagt, der feige Sack! Mit was Schwerem hat er zugewichst ...

Wie aus Nebel tauchen die Gedanken auf. Edwin hat ihn losgeschickt, weil das Telefon nicht ging, plötzlich war das Zeichen weg, kein Ton mehr in der Leitung. Es hieß im Dorf, das Gefängnis wär gestürmt in Hohenburg. Durch die Straßen wälzen sich die Massen, Läden gehn in Flammen auf, geplündert würde auch ...

Lieschen merkt, wie sich Oskars Hände jäh mit kaltem Schweiß bedecken, wahrscheinlich ist der ganze Körper schon mit kaltem Schweiß bedeckt. Die Braunen gehn in einem scharfen Trab. Doch Lieschen scheint's, sie traben nur so hin. Wenn er stirbt, was dann?

Oskar müht sich krampfhaft – wach zu bleiben ... Was tut das Stahlwerk, denkt er, das Rückgrat, die Arbeiterklasse, was tut sie? Die lassen keinen Fremden auf die Ofenbühne. Die werden jeden, der die Arbeit stören will, in den Ofen werfen. Da herrschen tausend Grad und mehr. Die Hitze hält kein Ruhestörer aus ...

Mit steigender Unruhe nimmt Lieschen Schuster wahr, daß Oskar wieder abgetreten ist. Sie stößt Egon mit der Faust in den Rücken und ruft mit schriller Stimme: »Fahr schneller, Junge!«

Egon treibt die Gäule weiter an. Der Peitschenwind macht sie besessen. Die Stränge klirren hell.

Der Wagen schwankt. Erneut wacht Oskar auf ...

Liegt er schon im Fieberwahn? ... Die Freunde greifen ein ... Es wird das Volk das zweite Mal befreit! ... Er hört die Panzerketten rasseln ... Es sind die Stränge, die wie Ketten dröhn ... Wird hohe Zeit, denkt Oskar noch, dann stürzt er wieder in ein tiefes, schwarzes Loch. Da krabbelt er sich nicht mehr raus ...

Es hat sich dann viel Volk versammelt vor dem Gut. Sie tragen Oskar vorsichtig die Freitreppe hoch und legen ihn in Wilms Amtsstube. Es muß ein Arzt gerufen und Jürgen Gärtner geholt werden. Da dachten wir: Hier kommt der Putsch nicht her.

»Mordanschlag«, kräht Gustav, der Wächter in der Nacht. »Ist wieder so, wie damals, als wir den Typhus-Plan beschlossen und unser Dorf gerettet haben!« Kräftig bumst der Alte auf mit seinem Stock. Er ist in eine Kampfstimmung geraten und kann sich nicht mehr bremsen.

»War er nicht zu schnappen?« fragt Wilm. Er steht vor Egon Schuster, der seine Braunen trocken reibt. Sie sind mit Schaum bedeckt.

»Schlug zu und war weg!«

Von oben ruft Lieschen Schuster entsetzt: »Ihm ist schlecht, er bricht ständig. Sehen kann er auch nichts mehr!«

Alma scheint, etwas Fremdes geht von Gärtner aus, so, als wolle er sich für ewig verabschieden von der Erde.

»Warum tut ihr nichts«, kreischt sie; denn Oskar liegt gleichgültig in Almas Armen, hat die bleiche Wange an ihre Brust gelegt und atmet nur flach.

Dann, endlich, taucht der Rotkopf auf, der Handwerksmeister und bietet sich an, den Doktor zu holen.

»Mit dem Motorrad kommt er durch«, sagt Wilm erleichtert zu Jürgen, der taumelnd die Stufen der Freitreppe nimmt. Er starrt ins Gesicht des Vaters. Beklommen schlägt sein Herz. Sind die Fingernägel nicht schon blau, stirbt er nicht schon ab?

5.

Die Panitzer Möbelwerke liegen am Rande der Stadt. Mitte der zwanziger Jahre hatte ein gewisser Hagen mit fünf Arbeitern begonnen, Parkettstäbe zu fertigen aus Eichenholz. Das Geschäft hatte sich gelohnt. Hagen wurde reich.

In den dreißiger Jahren wurden nur noch Munitionskisten

zugeschnitten und genagelt. Auch das hat sich rentiert für Hagen!

Kurz vorm Schluß des Krieges ging Hagen fort von Panitz und hatte Grund. Auf seinem Fabrikgelände hat man Zwangsarbeiter mißhandelt und erschossen. Er hätte es verhindern können, hat es aber nicht gewollt.

In den ersten Jahren nach dem Krieg schoß die Melde hoch, Disteln samten aus, die Brennesseln; in den leeren Hallen spielten Kinder Suche, auch Jannek war dabei.

Als Trostheim in Panitz Fuß gefaßt hatte, Dreibrot an seiner Seite war, wendeten sie viel Mühe auf, der Fabrik, die in Besitz des Volkes überging, frisches Leben einzuhauchen.

Es wurden Maschinen angeschafft und Tischler aus der Gegend herbeigeholt.

Hatten sie anfangs nur Fensterrahmen und Türen hergestellt, so gingen sie Ende der vierziger Jahre dazu über, Möbel zu bauen: Tische, Stühle und geschmackvolle Glasvitrinen, mit Schnitzereien sogar.

Ein paar Arbeiter waren reine Künstler und Schnitzmeister.

Edwin Zahn fühlte sich nicht zu gering dafür, die Holzschnitzer in sein Haus einzuladen. Sie konnten an Ort und Stelle alte Möbel betrachten und guckten sich manches ab, was der eignen Produktion zugute kam.

Nun aber, am frühen Junimorgen des Jahres dreiundfünfzig, da ein Aufruhr durch die Gegend tobt, steht Hannes Trostheim, der Stellmacher von einst, der alte Holzwurm, in der Halle der Möbelfabrik ›7. Oktober‹.

Die Maschinen schweigen, Menschen drängen sich, und Hannes sagt, was er denkt, wettert auf die Bläker, die im RIAS sitzen, nimmt kein Blatt vorn Mund und meint: »Wir haben selber einen Kopf zum Denken. Auf den Ratschlag aus der Hetzzentrale pfeifen wir!«

Dagegen ist nichts einzuwenden!

Die meisten stimmen Hannes zu. Er ist kein seltner Gast in diesen Räumen, das ist schon von Belang.

Saure Wochen, frohe Feste — alles haben sie geteilt!

Was die Möbelwerke sind, sind sie auch dank dieses ersten Sekretärs der Kreisleitung Panitz!

»Mich juckt der RIAS nicht«, sagt Paule Giering. Er knotet sich die lange, blaue Schürze auf, legt den gelben Zollstock auf die Hobelbank, ein Mann schon an die fünfzig, der furchtbar schielt, wenn der Jähzorn ihn befällt, selbst zu sabbern fängt er an. Die Spucke läuft ihm aus dem Mund. »Was mit dem Plan geschieht, das will ich wissen. Man kann nicht Pläne machen, ohne die zu fragen, die den Plan erfüllen solln! Wo kommen wir dann hin? ... Dahin, wo wir hergekommen sind! Wie bei den Ausbeutern! Wir haben nichts zu sagen, alles wird diktiert. Bei Marx und Lenin steht es anders!«

Eine Sprache, die Genosse Trostheim schätzt, das klare Wort der Klasse!

Wie kann's geschehn, daß über Köpfe weg entschieden, am grünen Tisch verhandelt wird, was in Arbeitskollektiven ausgehandelt werden muß!

War Hannes Trostheim blind gewesen? Hat er nicht bemerkt, daß die Linie der Partei verbogen wurde, Befehle gegeben wurden, wo es Pflicht gewesen wär, geduldig zu erklären?

Nein, er war nicht blind gewesen, hatte manches kommen sehn und hat sich auch gestemmt dagegen. Doch er wurde überrollt.

Auch alte Füchse gehn zuweilen in die Falle!

Er will sich nicht besser machen, als er ist. Ein bißchen Druck, der Wunsch, das Leben schneller noch in Gang zu setzen, alles gleichzeitig zu tun — das ist ein redlicher Wunsch! Du willst die Früchte deiner Mühen pflücken, alle Düfte riechen, in Gärten wandeln, die voll Blühdrang sind, alles berühren, festhalten, bewahren. Sagen willst du, wenn die Stunde schlägt: Es hat sich gelohnt, es war nicht umsonst! ... Doch man kann nicht ungestraft den zweiten Schritt vorm ersten wagen, sonst erreicht man nur das Gegenteil. Genau an diesem Punkte sind wir angelangt!

Eine Lehre!

Beherzigen wir sie!

Auch du, Genosse Trostheim ... Wehe dir, du schlägst die ernste Lehre in den Wind!

Die Zeit läßt sich nicht überholen. Es geht das Leben seinen Gang. Alles muß durch die Köpfe der Menschen hindurch. Anders geht das nicht! ...

Hannes neigt das Haupt ein wenig. Als er sich gesammelt hat, sagt er leise in das Schweigen: »Wir haben den Plan korrigiert. Wir sind nicht zu feige, einen Fehler beim Namen zu nennen. Das hat die Feinde aufgescheucht. Nun setzen sie aufs Ganze, schüren den Aufruhr und hoffen, daß ihr auf die Straße geht!«

Paule Giering interessiert die Straße erst nach Feierabend, der Schrebergarten und die Bienenzucht! Hier interessieren ihn die Normen, die man nicht willkürlich festlegen darf, ohne mit denen zu reden, die sie schaffen müssen. Davon läßt sich der Graukopf nicht abbringen!

»Wo sich zeigt, wir haben überspitzt, werden sie zurückgenommen!«

Hannes hat die alte, feste Stimme wieder.

»Das ist keine Antwort, Genosse Trostheim«, ruft einer von hinten. Er ist kurzgeraten und versteckt sich hinter einem, der größer ist. »Man kann überhaupt keine Normen festlegen von oben!«

»Haste recht«, sagt Hannes, »wird nicht mehr geduldet werden. Aber die Wahrheit ist auch: nur hohes Wachstumstempo schafft das beßre Leben, das wir alle wünschen. Wer im Sozialismus streikt, streikt immer gegen sich!«

Es ist von Bedeutung, wenn die miteinander reden, die von der Sache was verstehn!

Käme einer, der nie Kiengeruch geschnuppert hat, der achtlos durch die Späne tappt, den feinen Duft von Sägemehl nicht kennt, er würde wirken wie die Lunte am gefüllten Pulverfaß. Was sie Trostheim abnehmen, dürfte sich ein anderer nicht wagen.

»Es wird gestreikt«, ruft der Kurze wieder. »Es wird – in Hohenburg und anderswo!«

»Es wird, leider haste recht. Trotzdem sage ich: Bewacht, was euch gehört. Laßt keinen Fremden in die Hallen! Erteilt dem Feind durch Ruhe und Besonnenheit die scharfe Abfuhr, die er braucht!«

Abermals drängelt sich Paule Giering nach vorn, hat das

Band von seiner langen blauen Schürze wieder festgeknotet überm Bauch, den gelben Zollstock in den Latz gesteckt und sagt besonnen, schielt nicht mehr: »Ich stecke meine Nase nicht in alles Mögliche, aber wie es mit uns weitergehen soll, das liegt mir am Herzen. Wir wollen arbeiten, aber gibt es Garantien, daß uns der Feind nicht an die Wand drückt? Werden die Freunde eingreifen? Und dann: Wenn der Feind das Haupt erhebt, braucht die Klasse Waffen!«

Das wird notwendig werden in Zukunft, denkt Hannes hitzig. Mit nackten Händen ist der Feind nicht zu besiegen.

»Überall, wo Ruhe herrscht, hat der Gegner ausgespielt«, ruft er unbeirrt. Seine Wangen glühen vor Erregung.

Er empfindet trotz aller Sorge eine stille Genugtuung. Er kann sich lange nicht von diesen Menschen trennen, die ihm nahe sind, begreifbar und vertraut ...

6.

Noch hat Dreibrot gedacht: Panitz ist nicht Hohenburg. Er hat das Autofenster runtergeleiert beim BMW und sich heimisch gefühlt in seiner Stadt, wie in seinen besten Jahren.

Dann wehte der Fahrtwind die Gedanken weg, sah er, um eine Ecke biegend, einen dunklen Haufen Menschen übern Marktplatz quellen, genau auf seinen Wagen zu.

Der Fahrer bremste scharf, sonst wär er glatt hineingefahren in den schwarzen Pulk.

Dann fliegt ein Pflasterstein, trifft auf die Scheibe. Das Glas zersplittert hell. Die Splitter schneiden Wunden in die rechte Hand des Fahrers.

Jähe, wütende Tränen schießen in Dreibrots Augen. Er rüttelt an der Autotür, hat sie endlich aufgedrückt, zieht den Kopf leicht ein, damit er sich nicht stößt, und steht den Menschen gegenüber, bleich vor Wut und Scham.

»Abtreten!« gellt ein Ruf. »Der rote Landrat soll verschwinden!«

Das Gesicht des Schreiers wird Dreibrot nie vergessen.

Käse-Hohmanns-Junge hat geschrien, hat den zweiten Pflasterstein gepackt.

»Abtreten!«

Dreibrot denkt: Ich gehe auf ihn los. Blitzschnell hat er den Plan gefaßt. Ich gehe auf ihn los und stelle ihn zur Rede! Schon stürmt er vor und schreit voll Zorn: »Ihr habt mich gewählt. Also hört auf mich!« Er starrt den Hohmann-Jungen zwingend an. »Steine sind kein Argument!«

Der schwarze Pulk bröckelt auseinander, wie es scheint.

Dreibrot, nahe vor dem Hohmann nun, sagt mit heisrer Stimme:

»Wenn ich euch nicht passe, wählt mich ab. Jetzt aber befehle ich — räumt die Straße!« Er denkt: Das hat gewirkt!

Da trifft ihn voll der Pflasterstein, trifft die linke Schläfe! Der Schlag reißt Dreibrot beide Beine weg.

Er liegt nicht lange auf dem Pflaster.

Am Abend, nachdem der Arzt ihn untersucht hat, ist er wieder in der Wohnung, hat sich auf das alte Sofa ausgestreckt und starrt düster auf die Zimmerdecke.

Käte hat die Kinder rausgeschickt, das Kino-Mädchen Uschi, die Tochter Katrin auch. »Laßt uns mal alleine! Vater geht's nicht gut!«

Seit langem hat Käte gewünscht, daß sie neue Möbel kaufen. Sie kann die alten nicht mehr sehn, das Vertiko, den Spiegel mit dem schwarzen Rahmen, fast ein Stückchen Ebenholz. Sie hat sich den alten Plunder übergesehn!

Das gibt's!

Doch Dreibrot ist gegen Neuanschaffungen, obwohl sie manches auf der hohen Kante haben. Er bleibt ein Konservativer, ein unbeweglicher, sturer, halsstarriger Mensch.

Wenn er tot wär, da könnte sie alles aus dem Fenster schmeißen, sich einen neuen, jungen Mann anlachen und recht flott leben …

Wenn er solche Dinge sagt — und er sagt sie hin und wieder —, haßt sie ihn beinah, muß sie denken: Der verknöchert langsam und wird alt.

Heute spürt sie, daß er sich quält. Sie möchte ihn aufmuntern.

»Es waren schwere Stunden, Dreibrot. Das wissen wir alle!«

Wie in den Tagen ihres Findens, sagt sie ›Dreibrot‹ zu ihm, nie Wilhelm oder Liebster, einfach ›Dreibrot‹, das klingt zärtlich und aufrichtig – ›mein Dreibrot!‹

Er starrt weiter an die Zimmerdecke, als wäre da was zu finden. Da sind ein paar alte Risse in der Decke. Mit ihren scharfen, grauen Spottaugen entdeckt sie Spinnweben. Sie wird sie beim Saubermachen am Sonntag mit dem Stubenbesen runterholen. Sie haben immer wieder Spinnen in der Wohnung. Käte kann Spinnen nicht ausstehn, besonders morgens nicht – Spinne am Morgen, Kummer und Sorgen ... Abergläubisch ist sie auch, die Postvorsteherin aus Panitz, die Genossin Käte Dreibrot. Sonst ist sie aber flott und quirlig, fast ohne jede Furcht!

Wenn sie ihn nicht auftaut mit freundlichen Worten, wird er die ganze Nacht liegen, starren, nichts finden, nichts sagen.

»Martin Leichner sagt: Du hättest nicht alleine fahren dürfen. Aber ich hab ihm geantwortet: Da kennst du meinen Dreibrot schlecht, der verkriecht sich nicht in seiner Stadt und braucht auch keine Wache ...«

Nun hat sie erreicht, daß er nicht mehr an die Decke starrt. Doch was sie jetzt hört aus seinem Mund, hat sie nicht erwartet und gewünscht. Es wäre besser gewesen, er hätte weiter gestarrt ...

»Ich glaube«, sagt er, »meine Zeit ist um!« Seine angegrauten Borstenbrauen zucken, seine farblosen Lippen sind noch schmaler als sonst, harte Striche. »Ist so, Käte!«

»Red dir nichts ein, Dreibrot!« Sie versteckt die Hände unterm Tisch und will ihm nicht zeigen, daß sie die Hände ringt wie eine, die nach Hilfe sucht. Sie findet das dumm von den Händen, kann's aber nicht ändern. Die Hände machen, was sie wolln. »In Panitz geht das Leben seinen Gang«, sagt sie. »Der Hohmann-Junge wurde eingesperrt. Er kam nicht weit, dann hatten sie ihn fest!«

»Nee, nee – Käte. Dreibrots Zeit ist um. Ich gehe auf die Rente zu. Ich muß mich um was andres kümmern!

»Das kannste doch nicht ernsthaft meinen!«

»Nie war ich ernsthafter als jetzt. Jeder Mensch hat seine Grenzen. Ich hab sie nun erreicht!«

Am liebsten würde sie ihn anfauchen. Bist du denn verrückt geworden! Es waren schwere Stunden. Das wissen wir alle, es hätte noch viel schlimmer kommen können. Hast dich gut geschlagen, bist nicht feige ausgerückt, was es auch gegeben hat, auch bei Leuten, die sonst die große Klappe haben. Du warst, wie immer, ein gestandner Mann! Beherrscht und ohne Angst! ...

Sie steht auf und geht zu ihm und sagt sanft: »Es reicht, Dreibrot. Morgen siehste das schon anders!« Es hätte keinen Sinn, jetzt auf ihn einzuschlagen mit Worten, die wieder nur wie Pflastersteine sind.

Doch Dreibrot, der wortkarge, immer nachdenkliche Mensch, läßt sich nicht von seinen Gedanken abbringen. »Schlimm sind die dran, die ihre Grenzen nicht erkennen!«

»Nein und nein, laß uns morgen drüber reden!«

»Stunden gibt's — da spürt man, man wird alt!«

»Grade über sechzig biste, Mann!« Das wollte sie sich eigentlich verkneifen. Das war ihr nur so rausgerutscht. »Die Jahre sieht dir keiner an«, sagt sie mild und überlegt, wann sie diese Worte schon mal gesagt hat? Natürlich! Nach der Geschichte beim Findling. Als ihr Dreibrot diesen Dicken maßgenommen hat. Diesen Kernmeier, der verwandt ist mit Käse-Hohmanns. Der Junge ist Kernmeiers Neffe, ist ein Putschbruder und Klamottenschmeißer! ...

Sie muß Dreibrot endlich zum Schlafen bringen. Aber wie?

»Die Jüngren sind jetzt dran«, sagt er. »Ich trete in die zweite Reihe!«

»Ich mach dir einen Schlaftrunk, und du schläfst!«

»Kannste mir geben, einen Trunk, Käte, einen scharfen, damit ich wie ein Hammer in die tiefsten Gründe stürze!«

Er verfolgt sie mit den Blicken bis zur Küche und denkt eigensinnig: Was gesagt ist, bleibt gesagt. Dreibrot gibt den Posten ab. Er hat getan, was er konnte, besser wird er nicht ... Dann beugt sie sich über sein Gesicht. Sie täuscht sich nicht: Wie angewelkt ist seine Haut, zerfallen sieht er aus. Sie hebt seinen Kopf leicht an und gibt ihm den Schlaftrunk. Sie merkt bald, daß der Trunk wirkt. Sie atmet erleichtert auf und löscht das Licht …

Es ist nicht selten, daß sie allein schläft, weil er schnarcht in der Nacht. Sie schnappt dann Kissen und Bettdecke und verschwindet. Er wundert sich morgens, warum das Bett neben ihm leersteht …

Auch heute wird sie allein schlafen; denn sie will ihn nicht mehr umbetten. Wichtig ist, daß er erstmal schläft!

7.

Wo findet sie eine Bleibe, wenn das Zuchthaus geräumt wird, die Zellentüren offen sind und ein Hasten ist über die eisernen Treppen, wenn alles durcheinanderhetzt und wimmelt, Zivilisten und Gefangne, ein wirrer Haufen Menschen?

Es war still und geordnet hier.

Sie zerren Sieglinde nach draußen, und sie will eigentlich gar nicht mit. Sie hat eine Strafe abzubüßen. Da kann sie nicht einfach auf eine Straße gehn, die dröhnt und bebt und auf der immer mehr Menschen angeschwemmt werden.

Keiner ist darunter, den Sieglinde kennt!

Wenn wenigstens Edwin käme oder Wilm!

Sie hat das Gefühl, das Pflaster klirrt. Daß es nach Rauch riecht, war ihr gleich bewußt, schon als sie nach draußen kam. Rauch wie von Kartoffelfeuern im Herbst!

Sicher ist sie draußen, weil das Zuchthaus brennt. Das leuchtet ihr jetzt ein. Ein Brand im Zuchthaus, und die Gefangenen werden evakuiert. Das gibt einen Sinn.

Aber warum dann der Tumult, das Stoßen, Hasten, Johlen, Kreischen, und eben das Klirren des Pflasters? Dafür hat sie ein feines Gespür, aber keine Erklärung!

Dann packt sie einer. Er hat eine gezackte, schwere Narbe auf dem rechten Jochbein. Die Narbe glüht und hat die Gesichtshaut so verkürzt, daß das rechte Auge unnatürlich groß erscheint. Die Pupille ist verschwommen, die Bindehaut von roten Fäserchen durchzogen.

Sie fährt zurück. Sie kennt ihn nicht, aber weiß von ihm. Es hängt mit Edwin zusammen und dem, was sie falsch gemacht hatte, mit ihrer Schuld, weswegen sie eigentlich sitzt; denn der Mann — nur der kann es sein! — hat Edwin an die Front geschickt, damit er stirbt. Aber Trostheim hat Edwin nicht sterben lassen. Sie, Sieglinde, hat aus Dank Janne und Weihmann an Grauling ausgeliefert. Hätte sie geschwiegen vor Grauling, wär es nicht passiert.

Es gibt Begegnungen, die denkt man sich nicht aus, die finden unerwartet statt!

Sieglinde muß sich entscheiden. Es bleibt ihr wenig Zeit. Sie reißt sich von dem Mann los. Das gelingt ihr nur, weil alles durcheinanderwogt und das Pflaster der Straße immer bedrohlicher klirrt. Sie geht nun die Wege, die sie lange schon kennt.

Weil niemand sie anhält, kein Mensch, kein Posten, kein Hindernis, kommt sie voran, gerät ins Hasten, zwingt sich später, ruhiger zu laufen, um Kraft zu sparen.

Sie hat ein festes Ziel!

Sie muß Edwin sagen, wen sie getroffen hat, wer sie gepackt hat am Arm und wegschaffen wollte, irgendwohin …

Als sie die Havelwiesen schon hinter sich hat, dem Findling nahe kommt, überlegt sie, welche Richtung sie einschlagen soll — erst nach Güterlohe, dann nach Rehfeld — oder umgekehrt?

Sie ist schweißgebadet. Ihr Atem geht schwer. Ihr Herzschlag hämmert in den Ohren. Sie hat auch Furcht, es nicht zu schaffen. Sie besinnt sich aber auf ihre gerühmte Zähigkeit. Sie lächelt sogar: Zäh war ich immer und nicht totzukriegen, wir sind ein zäher Menschenschlag!

Das muß sie vor sich hinsagen, weil ihr das weiterhilft. Ihr wachsen frische Kräfte zu, wenn sie solche Worte und Gedanken hat.

Am Findling weiß sie, daß sie erst nach Güterlohe muß!

Da wird sie sich frischmachen. Sicher sind noch Kleider in den Schränken, vielleicht sogar das erikafarbne mit dem langen Reißverschluß hinten und dem kleinen Stehkragen, der den Hals eng umschließt. Er verdeckt die schwabbligen Falten, die sich eingestellt haben mit den Jahren. Bei dem Reißverschluß mußte Grauling fummeln, den hat er selten aufgekriegt!

Meine Kleider hat Alma nicht benutzt. Da könnte sie Gift

draufnehmen. Da ist Alma viel zu eigen und stolz. Auch ein kräftiger Menschenschlag, Alma und Wilm, schade, daß sie keine Kinder haben. Da bin ich schuld, mitschuldig ... Wehe, wenn du mir ein Balg bringst, deine Hände brauch ich, deine Kinder nicht ... War 'ne harte, gnadenlose Zeit. Ich hab sie mir nicht ausgesucht.

Verzeiht mir, wenn ich war, wie ich sein mußte! ...

Mit letzter Kraft erreicht sie den Hof, schleppt sich mühsam die Freitreppe hoch und klopft.

Almas Augen sind vor Schreck geweitet, die Hand verschließt den Mund, wär's nicht so, sie müßte gellend schreien ...

»Ich bin's, Alma«, sagt Sieglinde Zahn, schwankt und sucht nach einem Halt. »Gib mir einen Schluck Wasser. Ich bin wie ausgedörrt. Und ruf den Wilm!«

Wilm kommt, als sie schon gierig das Glas Wasser getrunken hat und nach dem zweiten verlangt.

Er muß denken, die gestreifte Vogelscheuche hast du mal gekannt! Das liegt weit zurück. Hatte einen Mittelscheitel. War ein braunes, volles Haar.

Was Wilm sofort erzürnt, ist Almas Mitleidigkeit, die alte, dämliche Rührseligkeit einer Frau, die nichts gelernt hat und der Vogelscheuche einen Stuhl hinschiebt! ...

Sitzend sagt die Gestreifte zu Wilm: »Bin unsre alten Wege gegangen, Wilm. Die sind mir alle noch vertraut!«

Er zieht das Telefon heran, hebt den Hörer ab, ist aber kein Zeichen drin!

Sie sind wie abgeschnitten von der Welt. Auch Oskar Gärtner wurde noch nicht versorgt! Kann nicht leben, kann nicht sterben. Der Rotkopf, der Bordfunker, war auf halbem Wege umgekehrt. Panzer hatten ihm den Weg versperrt. Die dralle Birke macht dem Oskar Wadenwickel. Das Krankenauto sei schon unterwegs. Das war vor sieben Stunden. Es muß drunter und drüber gehn in Panitz und in Hohenburg. Das hat die Vogelscheuche ausgenutzt. Er schielt sie böse an.

Gleich fällt sie um und rutscht vom Stuhl ...

»Mach ihr ein Lager«, sagt Wilm zu Alma. Er greift schon wieder zum Telefon. Die Leitung ist tot.

Kann er nichts anderes, als am Telefon spielen: Ist er wieder zum Kind geworden vor Schreck?

»Sie schläft schon«, sagt Alma. »Wollte sich nicht auskleiden, nicht waschen. Wollte nur schlafen!«

Heftig rückt Wilm den Stuhl zurück, stakt durch den Raum. Die Deckelvase aus Amsterdam schwankt. Der Gong der alten Standuhr bebt und hallt leise nach.

»Rührseligkeiten sind nicht am Platz«, schreit er außer sich. »Wie ist sie hergekommen?«

»Schrei nicht! Ich weiß es nicht!« Sie weiß nur so viel, daß Sieglinde dringend Edwin braucht, aber nicht mehr die Kraft hat, selber hinzulaufen.

Wär genug getippelt!

»Ich sollte wenigstens Edwin holen!« Sie würde das Rad nehmen. Mondlicht ist ja!

Wilm schnauzt schon wieder und merkt es nicht, ist fuchtig, als hätte ihn ein wilder Ziegenbock geboxt. »Es gibt Tatsachen, gegen die sperrt man sich generell!«

»Welche Tatsachen meinste denn, Wilm?« fragt Alma geduldig.

Einer muß den kühlen Kopf bewahren!

»Daß sie hier ist, plötzlich auftaucht hier, dagegen sperr ich mich. Soll sich dahin zurückscheren, wo sie hergekommen ist, zurück in ihren Knast!«

»Die geht schon wieder zurück! Aber vorher muß ich Edwin holn. Das ist ihr Wunsch!«

»Es ist Ausnahmezustand, ab achtzehn Uhr darf keiner auf die Straße. Ich hab das selbst verfügt! Hab's auf meine Kappe genommen, weil kein Durchkommen ist nach draußen!«

Kennt Alma alle Wege oder nicht?

»In unsrer Gegend ist doch alles still«, sagt sie. »Wirf ein Auge auf sie, verschwinden wird sie nicht!«

Wilm knurrt vor sich hin. Er läßt Alma ihren Willen.

Als sie weg ist, fummelt er wieder am Telefon. Er kommt nicht mit der Welt in Verbindung, das macht ihn meschugge, ganz ratlos.

Daß die sich nicht schämt, denkt er. Kreuzt hier auf. Weeß der Deibel, was in Hohenburg geschehen ist. Wahrscheinlich alles kurz und klein gewichst. Und die nutzt die Notlage schamlos aus.

Er lauscht an der Tür. Die stöhnt, als plage sie ein schlimmer Traum. Er denkt nicht dran, die Tür zu öffnen. Soll sie ihre schlimmen Träume haben!

Jeder wie er es verdient ...

8.

»Wie hat sie das geschafft?« fragt Edwin. »Sind mehr als zwanzig Kilometer. Das Laufen ist sie nicht gewöhnt!«

»Zäh war sie immer. Sie will etwas loswerden. Darum wär sie losgelaufen, sagt sie!«

Alma und Edwin radeln durch die Mondnacht. Alma fährt von der Spitze weg, Edwin hinter her.

Dreimal im Jahr hab ich sie besucht, denkt Edwin. Es war Zeit zum Reden, aber nie ein Wort. Was wird sie mir zu sagen haben?

Will sie, daß der Prozeß wieder aufgerollt wird?

Das darf sie nicht wollen!

Er strampelt hinter Alma her. Da muß ich sie enttäuschen, denkt er. Ich mache keinen Finger krumm. Sie darf nicht auf mich rechnen! Ulrike war wie gelähmt vor Schreck, wie vor Jahren. Wird nun sitzen und warten und Schmerzen haben. Die Zeit ist aus den Fugen geraten, Recht und Ordnung sind bedroht ...

Alma hat Sieglinde wachgerüttelt, ihr ein Handtuch gegeben, damit sie sich abtrocknen kann, denn sie war klitschnaß nach dem Traum ...

»Hast du Edwin mitgebracht?«

Alma gibt ihr noch einen Kamm, ein bißchen Duftstoff zum Frischmachen.

»Sie müssen nicht sparen, Gutsfrau!«

»Laß das dumme Wort, Alma. Haste alle meine Kleider noch?«

Alma nickt abwesend, sieht aber mit Bestürzung, daß Sieglinde schlohweiß geworden ist. Hat sie vorhin nicht bemerkt. Früher hat Alma gedacht: die greift das Alter nicht an, die bleibt immer eine stattliche Frau, was auch geschieht.

»Haste das erikafarbne auch noch?«

Auch jetzt nickt Alma nur.

»Ich würde es anziehn, hab aber keine Zeit!«

Es würde schön schlampen, denkt Alma, schön zippeln an allen Seiten. Daß ihr das nicht selber bewußt wird? Früher war sie eitel wie ein Pfau. Nur Goldsachen trug sie nie ... Paßt nicht zu mir, hat sie gesagt!

»Führ mich zu meinem Sohn«, sagt Sieglinde.

Den Ton kennt Alma! Den kann sie nicht ausstehn, konnte sie früher kaum, heute schon gar nicht.

»Dann machen Sie mal, daß Sie zu Ihrem Sohn kommen!«

Sieglinde fährt leicht zusammen. Sie ist feinfühlig genug. Sie weiß, was sie angerichtet hat mit ihrem Ton. Er kam aus ihr heraus, von ihr nicht gerufen.

Was ist noch in mir? Viel von dem, was ich mal war?

»Ach, Edwin«, sagt sie in der Amtsstube, »ich mach euch Ungelegenheiten mit meinem Kurzurlaub. Die Umstände haben es gestattet. Wilm und Alma warn so freundlich und haben mich ein wenig schlafen lassen. Jetzt bringst du mich zurück. Es muß alles seine Ordnung haben. Auf Ordnung haben wir stets gesehn auf Güterlohe. Stimmt's, Wilm? Ordnung mußte sein!«

Wilms Nasenflügel beben vor Wut. Auch Edwin blickt finster. Plötzlich steht Wilm auf, verläßt den Raum, und Alma folgt ihm auch.

»Was willst du, Mutter?« fragt Edwin. Er hat sich hingesetzt, bückt sich und streift die Hosenklammern von den Beinlingen, schiebt sie zusammen. Das klickt.

Als er dann erfährt, wen sie getroffen hat, wer sie mitnehmen wollte, erbleicht er bis zu den Haarwurzeln, und sein Herz krampft sich zusammen. Er blickt auf die Mutter und fragt tonlos: »Du wolltest nicht mit?«

»Mit dem, Edwin, mit dem sollte ich mit? Mit Kulisch? So heißt er doch?«

Er weiß nicht, ob das Sinn hat, was er jetzt tut, aber er versucht es. Er hebt den Hörer ab. Es ist ein Zeichen in der Leitung. Es meldet sich Olga. Sie scheint am Telefon gesessen zu haben. Hannes soll sich melden, sobald er kann ...

Edwin rührt sich nicht vom Schreibtisch weg. Die Mutter fragt: »Rike geht's gut? Ist richtig wieder deine Frau? Wär schlimm in deinem Alter – eine kranke Frau wär schlimm. Ich war immer unverwüstlich, Wilm und Alma wissen das ... Warum kommen sie nicht rein? Es gibt doch keine Heimlichkeiten zwischen uns!«

»Sicher haben sie sich hingelegt!«

»Kann sein – ja!«

In später Nacht ruft Trostheim an. Er hört sich Edwins kurzen Bericht an und entscheidet am Ende: »Ich schicke meinen Wagen morgen früh. Bring sie nach Hohenburg zurück!«

Während Sieglinde im Sessel eingedämmert, im Haus alles still ist, nur plötzlich Hundegebell einsetzt im Dorf, weil endlich ein Krankenwagen kommt und Oskar Gärtner in die Stadt bringt, blickt Edwin auf die Mutter und denkt: Das Leben ist aus dem Leim geraten. Ich bereite dem Freund Schwierigkeiten. Hannes wird sich eines Tages verantworten müssen. Sie werden nicht fein umgehn mit ihm und sagen: Du hältst schützend die Hand über den Klassenfeind. Schickst einen Wagen, der der Partei gehört, und läßt eine Faschistin, eine, die schuld hat am Tod deiner ersten Frau, wie eine Gräfin in die Stadt kutschieren ...

Edwin sieht das kommen und verflucht die Stunden, den irren Junitag, den Feind und die Blöße, die wir uns gegeben haben; denn ohne diese Blöße, unser Unvermögen hätte dieser Putsch nicht funktioniert.

Edwin kann aus seiner Warte nicht das ganze Land im Blicke haben, weiß nicht, was im Vogtland, in Mecklenburg, in Halle, Magdeburg geschehen ist. Er weiß nur: froh können wir sein, heilfroh, wenn wir mit blauem Auge davongekommen sind!

Um so widersinniger ist es für ihn, daß er nun Hannes bemühen muß, ihn erneut zu einem Freundesdienst zwingt, der weit übers übliche Maß hinausgeht.

Mutter, was hast du mir alles angetan, soll das niemals enden?

Er stützt nachdenklich den Kopf in die Hand, blickt sie unentwegt an.

Sie schläft!

Der Gong der Standuhr schlägt die zweite volle Nachmitternachtsstunde ein. Auch das hört sie nicht. Als hätte sie das ruhigste Gewissen der Welt!

Ein ruhiges Gewissen ist ein sanftes Ruhekissen!

Welch ein Widersinn!

Er muß dann auch noch ein bißchen geschlafen haben, einen Fingerhut voll ...

9.

Inzwischen hatte der Krankenwagen die Havelbrücke erreicht, sie ist nun von sowjetischen Posten besetzt. Jürgen Gärtner springt aus dem Wagen und geht auf den Posten zu. Er trägt sein Parteidokument in einem Brustbeutel am Hals, holt es hervor und sagt: »Kommunist! Mein Vater wurde überfallen. Wir haben Zeit verloren!«

Es ist eine helle Mondnacht, wie gesagt. Der Offizier, der für die Kontrolle verantwortlich ist, braucht keine Taschenlampe. Er kann lesen bei diesem Licht. Jürgen Gärtner steht wie auf glühenden Kohlen. Das Parteidokument trägt die Unterschrift von Hannes Trostheim. Der Name Trostheim ist dem Offizier bekannt. »Bitte, fahren Sie«, sagt er.

Der mürrische Arzt aus dem Panitzer Kreiskrankenhaus hat vierundzwanzig Stunden nicht geschlafen, rund um die Uhr gearbeitet. Er wirkt störrisch und ungehalten. Seine Augen sind rot umrandet, als hätte er viel scharfes Zeug getrunken.

Er hat Oskar Gärtner kurz untersucht und sagt nun zu Jürgen:

»Ihr Vater muß hierbleiben. Ich denke – für längere Zeit!«

»Und sonst?«

Der Arzt setzt sich auf einen Stuhl, der im Krankenhausflur steht. Die Hände liegen lasch auf seinem Schenkel, als wollten sie abruhen. Er atmet hörbar aus und sagt dann: »Schwer zu sagen. Der Blutdruck fällt rapide. Deutet auf Gehirnverletzung hin. Der Schlag war mit einem stumpfen Gegenstand geführt. Eisenbolzen – oder so. Wir müssen das Gehirn durchleuchten.«

»Kann man das?«

»Wir ziehen Gehirnwasser ab. Dann wird durchs Rückgrat

Luft ins Gehirn gepumpt. Wir bekommen klare Röntgenbilder!«

Jürgen schüttelt ratlos den Kopf. »Das hält der Mensch aus?« Sein blondes Bärtchen wackelt traurig auf der Oberlippe.

Ein spöttisches Lächeln überhuscht das Gesicht des Arztes: »Der Mensch hält mehr aus, junger Mann. Wir werden auch die Halsschlagader öffnen und Kontrastmittel ins Gehirn spritzen. Dann sind wir ganz sicher!«

Über Jürgens Rücken geht eine Gänsehaut. Er muß das Schlimmste für den Vater fürchten.

Der Arzt steht auf. »Legen Sie sich in mein Dienstzimmer. Noch einmal kommen Sie nicht über die Havelbrücke. Oder Sie müßten durch die Havel schwimmen. Gefährlich ist das auch. Ist eben Ausnahmezustand. Ist fast wie Krieg!«

Jürgen fährt aus seinem Grübeln auf und meint: »Den haben wir grade verhindert, den Krieg!«

Er denkt, während der Arzt ihn zum ersten Mal prüfend anschaut: Jetzt gehn die Melker in die Ställe, zum Melkstand zieht das Milchvieh aus den Koppeln.

Der Arzt öffnet die Tür zu seinem Dienstzimmer. Dort steht eine Liege. »Decken sind da. Schlafen Sie!«

»Und Sie?«

»Das lassen Sie meine Sorge sein!«

Sehr vertrauenerweckend sieht er nicht aus, denkt Gärtner Jürgen. Rasiert hat er sich tagelang nicht, bis zu den Wangen hoch ein dichter Stoppelrasen, um das Kinn sind die Stoppeln wie mit Mehl bestreut. Wie wird Irma Gärtner, die Mutter, fertig werden mit dem Unglück?

Ich muß ihr's behutsam beibringen, mit aller Vorsicht ...

10.

Um sieben Uhr steht Trostheims Wagen vor der Freitreppe. Alma hat für Sieglinde einen leichten, hellen Staubmantel herausgesucht aus den Schränken. Der Mantel riecht stark nach Quitten. Auch den Tisch hat Alma gedeckt. Spiegeleier, für Edwin Kaffee, für Sieglinde schwarzer Tee. Wilm hat sich nicht blicken lassen. Er wird wieder auftauchen, wenn die Teufelsfuhre verschwunden ist.

Beim Frühstück reden sie kein Wort. Zum Abschied gibt Alma der Gutsfrau die Hand. Es bleibt ungewiß, ob's Sieglinde gewagt hätte, Alma die Hand zu geben.

»Alles Gute«, konnte Alma schlecht sagen. »Bleiben Sie gesund«, sagt sie wenigstens.

Froh ist sie allemal, als der Wagen aus dem Dorf fährt. Sie blickt sich nicht mehr um.

Die Mutter und Edwin sitzen hinten im Wagen. Es will sich kein Gespräch entwickeln. Nur einmal fragt Sieglinde: »Das Auto kommt von Trostheim?«

»Ich mußte doch sagen, wo du bist!«

Die Posten auf der Havelbrücke scheinen informiert.

Hannes hat an alles gedacht.

Edwin bringt sie bis zum Tor.

Das Tor ist wieder dicht, die Seitenpforte auch. Das Gelände liegt ruhig da, Taugefunkel auf den Gräsern. Die Türme sind besetzt. Fast verschlafen sieht die Gegend aus im frühen Licht, so, als wäre nichts gewesen, keine Stunde Panik oder Angst ...

Sie küßt ihn auf die Stirn. Sie fragt leise: »Bist du mir nicht böse, Edwin, oder bist du's doch?«

»Warum denn?«

»Ich meine, ich wär nicht davongelaufen, hätt der Kerl mich nicht gepackt!«

»Es war schon richtig!«

Sagt der das nur so dahin?

Sie hat keine Zeit mehr, ihn zu fragen. Sie wird schon erwartet. Sie geht gerade aufgerichtet durch die Seitenpforte. Den leichten, hellen Staubmantel hat sie anbehalten.

Bei Alma herrschte immer Ordnung, in Haus und Stall. Sie riecht den starken Quittenduft. Den hat sie stets gemocht ...

Drittes Kapitel

1.

Als in der Kreisleitung Panitz Ende Juni eine Sekretariatssitzung stattfindet, hat sich Dreibrot gewissenhaft vorbereitet und fühlt sich Herr der Lage.

Hannes Trostheim erteilt ihm das Wort, die Genossen blikken erwartungsvoll. Martin Leichner hängt geradezu an Dreibrots Lippen, will sich kein Wort entgehen lassen und wirft flüchtige Notizen aufs Papier, während Dreibrot ruhig und besonnen spricht. Es sei noch gesagt, daß ein sonnensatter Tag in den Scheiben der Fenster blitzt, die Fenster aber geschlossen bleiben; denn durch Panitz rollt der gewohnte Verkehr.

»Besser werd ich nicht, Genossen!« Damit beginnt er, kommt gleich auf den Kern zu sprechen und schleicht nicht wie die Katze um den heißen Brei. »Ich weiß: Euch paßt das nicht. Ihr denkt: Der hat das Kreuz, die feste Hand ... Ich kenne mich genauer. Ich habe geholfen nach Kräften. Die Kräfte lassen nach. Ich will nicht, daß es eines Tages heißt: Dreibrot schafft die Sache nicht ... Zu sagen zur rechten Zeit: Seht euch nach einem andern um, gehört genauso zum Recht des Genossen, wie zu sagen: Ich diene euch mit aller Kraft. Das hab ich gesagt, als ich Landrat wurde, jetzt, da ich scheide, wiederhole ich: Meine besten Jahre liegen hinter mir, gestattet, daß ich nun verschnaufe!«

Hannes Trostheim hatte gewollt, daß diese Sitzung verschoben wird. Er fand, es wär zu früh, darüber zu entscheiden. Genosse Dreibrot geht auf Kur. Dann ist er wieder flott und guter Dinge.

Hannes' Stirn und Halsadern schwillen leicht an, als er sagt: »Du kannst nicht einfach gehn, Wilhelm ... Weißt du, wir lassen das noch nicht zu!«

»Müßt ihr aber, Genossen!« Noch bleibt Dreibrot zuvorkommend. »Jedes Wort ist durchdacht!«

Daran zweifelt keiner. Bevor ein Dreibrot redet, hat er die Sache x-mal hin und her gewendet. Trotzdem ermahnen ihn die Genossen, aufs Kollektiv zu hören. Er solle zur Kur gehn, dann würde man entscheiden, auch einen Arzt zu Rate ziehn. Käte sollte mit zur Kur!

Zum ersten Mal erhebt sich Dreibrot, läßt aber den Stuhl in seinem Rücken stehen und sagt: »Ich wiederhole mich. Das war nie meine Art. Aber ihr zwingt mich dazu. Ich hab mit euch ein Stückchen Weg geebnet. Es waren gute Jahre. Nun läßt die Puste nach. Das ist normal. Wär ich jünger, würd ich sagen: Laßt mich auf die Schule gehn. Ich muß auftanken! Doch mit dreiundsechzig ist die Schultür zu. Also muß ich sagen, wenn ich ehrlich bin: Wer im eignen Safte schmort, muß aufhören!«

Hannes will unbedingt, daß sie an diesem Punkt abbrechen. Er fängt einen wütenden Blick von Martin Leichner auf und fragt verwirrt: »Gibt's andre Meinungen?« Eine jähe Unruhe hatte Hannes gepackt. »Du willst was sagen, Genosse Leichner?« Und unterdrückt, schon im Zorn: »Willst du unbedingt reden? Warte die Zeit ab, in Wochen sind wir klüger!«

Leichners trockne, bartlose Wangen zucken nervös. Trostheim will, daß ich schweige. Will einen Halbgewalkten streicheln, einen, der sich vor der Pflicht verkriecht, der die Hosen voll hat, der Angst hat: Der Putsch ist nicht vorbei. Nun will er sich verdrücken. Die alten SPD-Manieren. Nischt hat der Kerl gelernt ...

Leichner steht fest auf seinen Beinen, streift Trostheim kurz mit einem kühlen Blick ... Von keinem laß ich mir das Wort entziehen. Für mich seid ihr Grünschnäbel, heurige Hasen! Er wird aus allen Rohren schießen: »Dreibrots Eigensinn ist ohne Grenzen. Ich gehe noch weiter! Ich sage: Feigheit ist im

Spiel. Er will untertauchen. Paßt zu ihm! War ihm zu windig geworden – der Juni! Denkt – das Gewitter kommt zurück. Glaubt an die Sache nicht und daß wir siegen!«

Lähmendes Entsetzen lastet im Raum, kaum einer wagt sich zu rühren. Selbst Hannes Trostheim schluckt, hockt leicht gekrümmt und sprachlos da.

Hol der Teufel diesen Leichner!

In Dreibrots Augen sprühen plötzlich Funken auf. Er schnellt auf wie der Pfeil von der Sehne. Es ist von Hinfälligkeit keine Spur! Wie eine Zornflamme steht er da und sagt mit erstickter Stimme: »Du hast acht Jahre Einzelhaft ausgehalten, ich keine Stunde. Ich bin nicht du, du bist nicht ich!« Dann senkt er erschöpft das Haupt, greift nach hinten mit der Hand und sucht lange nach dem Stuhl.

»So geht das nicht!« Hannes ist entrüstet. »Du bringst Mißtöne ins Gespräch, Genosse Leichner!« Er muß sich angesichts der bedrückten Stimmung nicht zwingen, einfach und voller Wärme zu sprechen. »Alle Genossen schweigen, denken nach. Warum? Weil – was Wilhelm Dreibrot ausspricht – von großem Ernst ist, uns alle angeht, früher oder später jeden einzelnen von uns betreffen kann. Nur – meine Meinung bleibt! – Das letzte Wort in dieser Sache wird nicht heut gesprochen – sondern später ... Ich danke euch, Genossen!«

Er blickt noch einmal von einem zum andern. Nur Martin Leichner übersieht er absichtlich, gegen ihn hegt er einen tiefen Groll.

Zum ersten Mal taucht bei Hannes der Gedanke auf, sich von diesem Mann zu trennen. Wenn nicht anders, wird er ihn wegloben, ihn vorschlagen für eine andre Funktion, warum nicht auf Bezirksebne? Verdienste hat er, Kampferfahrungen genug! Hier will er ihn nicht mehr behalten. Das Maß ist voll! ...

Wegloben? Obwohl das Hannes' Wesen, seinen eignen Ansichten widerspricht, ist er zum äußersten entschlossen.

Noch am gleichen Tage hat Trostheim allen Grund, seinen Entschluß wahrzumachen, denn unangemeldet, auf die Sekretärin nicht achtend, dringt Leichner in Hannes' Arbeitszimmer vor und beschimpft ihn, kanzelt ihn ab wie einen dummen Jungen.

Wer hat seine Haut zu Markte getragen, die besten Jahre im Kerker verbracht. Wer? ... Soeben, zufällig, hätte er, Genosse Martin Leichner, erfahren müssen, welche Eigenmächtigkeiten sich der Erste leiste. Seien das etwa seine Schlußfolgerungen aus dem versuchten Juniputsch? Will er wahrhaftig die Feinde des Volkes in Watte packen, mit Glacéhandschuhen anfassen neuerdings? »Hast du«, schreit er, »die Zahn abholen lassen mit deinem Wagen? Stimmt das, Genosse erster Sekretär?«

Seit der zweiten Parteikonferenz trägt er diesen Titel, Erster Sekretär!

Sonderbarerweise bleibt Hannes still und aufmerksam, fährt Leichner nicht ins Wort, läßt ihn toben. Er denkt: Das war alles schon da. Der gleiche Krach, die gleiche Art. Damals stand Leichner vor Jupp Keuner, hatte das Notizbuch aufgeschlagen, seine pedantischen Ausführungen mit den bestürzenden Rechtschreibfehlern vor sich und schoß den Vogel mit den Worten ab: »Trostheim unterwandert die Reform wissentlich und schanzt seinem Freund Zahn den Fock-Besitz zu!« ... Da wurde Jupp Keuner noch einen Schein gelber im Gesicht, hielt sich nur mühsam aufrecht und fragte gepreßt: »Was stimmt?« ... Es hatte nichts gestimmt, alles waren reine Gerüchte gewesen. Leichner hatte sich entschuldigen müssen. Sie hatten dann weiter gemeinsam gearbeitet. Hannes hatte sich alle Mühe gegeben, um das Verhältnis im Rahmen zu halten ...

Auch jetzt schweigt er und läßt Leichner weiter wettern: »In einem parteieignen Wagen! Wie willst du das rechtfertigen? Eine Nazisse, eine mit Blut an den Händen ... Das wird ein Nachspiel geben. Die Parteikontrolle hat das letzte Wort!«

»Setz dich hin«, sagt Hannes ruhig, »nimm endlich Platz!« Hannes' Erstaunen ist groß, als er sieht, daß Leichner augenblicklich die Aufforderung befolgt.

Das hatte er auf keinen Fall erwartet!

»Was hätte ich tun müssen?« fragt Hannes leise.

»Mit der Peitsche zurück«, krächzt Leichner, »mit dem Ochsenziemer, immer über die Wiesen weg!«

»Sicher wär das gegangen«, murmelt Hannes, »hätte aber

Zeit gefordert und einen Menschen gefordert, der die Peitsche schwingt. Beides hatte ich nicht, keine Zeit und keinen Menschen!« Er wartet sekundenlang. Als Leichner verstockt schweigt, fährt Hannes fort: »Sie ist verurteilt nach Recht und Gesetz. Unser Recht schließt die Prügelstrafe aus!«

Da will Leichner dem Ersten ins Wort fallen, doch Trostheim hält scharf dagegen: »Jetzt rede ich! Unser Gesetz verbietet die Prügelstrafe! Ich hoffe, wir halten uns daran, überall im Land. Hat mit dem neuen Kurs zu tun ... Erstens! ... Zweitens: Die Zahn kam nach Güterlohe, um ihrem Sohn zu sagen, wer sich an sie gehängt hat und mit welcher Absicht – wahrscheinlich. Sie nach drüben zu schleusen – war die Absicht. Der Zeitpunkt war günstig gewählt. Leider! Wir waren handlungsunfähig! Das waren wir kurze Zeit, zumindest in Hohenburg! Ob uns das paßt oder nicht! Willst du die Augen auflassen oder sie schließen, Genosse Leichner? Die Panzer haben die Sache geklärt in Hohenburg und anderswo. Nicht wir haben sie geklärt – die Freunde, die sowjetischen Panzer! Oder siehst du das anders? Hast du womöglich einen andern 17. Juni erlebt als ich ... Jetzt kannste weiterreden!«

»Sind alles keine Argumente!«

»Für dich sind das keine Argumente, aber für mich. Die Partei hat Schlußfolgerungen gezogen und wird weitere ziehn. Weil das notwendig ist, weil unser Wohl und Wehe davon abhängt, Genosse Leichner. Die Schwitzkur muß uns eine Lehre sein!«

»Opportunismus – was du treibst!«

»Das hab ich nicht gehört!«

»Dann sag ich noch mal: Du weichst zurück, wo du angreifen mußt!«

Auch jetzt hat sich Trostheim fest in der Hand, bleibt sachlich und bestimmt. Er läßt sich nicht vor Leichner gehn. »Ich habe dafür gesorgt, daß sie schnell dahin zurückkehrt, wo sie hingehört. Nun stör mich nicht länger. Ich habe zu arbeiten!«

Grollend verzog sich Leichner, fertigte keinen Bericht an, ließ alles auf sich beruhen, verfolgte aber Trostheim mit argwöhnischen Blicken und bewachte alle Schritte, die der Erste ging.

Hannes war sich bewußt, daß man aus Ereignissen unterschiedliche Schlußfolgerungen ziehen kann, es hängt vom Charakter ab, von den Erfahrungen, vom Wissen natürlich.

Mancher wird gekocht, bleibt aber zähe!

Hannes verschweigt auch vor Olga den Auftritt mit Leichner, läßt in der Kreisleitung kein Wort fallen, informiert die Bezirksleitung nicht, weiß aber genau, daß er auf lange Sicht hin eine Kaderentscheidung treffen muß; denn Treue zur Sache darf sich nicht ins Gegenteil verkehrn. Bei Leichner ist der Fall eingetreten: er dient der Sache treu und fügt ihr trotzdem Schaden zu!

2.

Als sich Hannes am Sonntagabend die Haare wäscht und Olga ihm zur Hand geht, erzählt er ihr nur soviel: Martin Leichner spreche von Feigheit. Er, Hannes, meine aber, daß bei Dreibrot Ehrlichkeit im Spiele sei, viel Ehrlichkeit uns gegenüber, auch wenn's ihm, Hannes, nicht in seine Pläne passe ...

»Vielleicht spürt er was im Körper«, meint Olga und rubbelt Hannes ab. Er läßt sich alles gefallen und fühlt sich pudelwohl. »Ein Unwohlsein«, sagt Olga. »Signale, die ihn stutzig machen. Furcht vor einer ernsten Krankheit!«

Hannes entkorkt eine Flasche Riesling von der Unstrut, herber, leichter Wein.

»Schwer zu sagen! Meine Forderung an mich und meine Genossen war immer: Wenn man abstumpft – muß man gehn! ... Dreibrot ist nicht abgestumpft ... Wenn man sich nicht mehr erregen kann, einen Gleichgültigkeit befällt, ist es hohe Zeit, die Zügel aus der Hand zu legen! ... Dreibrot ist beides nicht, nicht gleichgültig, nicht kalt ... Ein bißchen müde wird er sein! ... Müdesein ist auch verboten! Aber menschlich ist es schon!«

Ihre Gläser klingen auf. Sie sind allein. Die Kinder schlafen längst. Das Radio ist abgestellt. »Wer mürbe ist, muß ausspannen. Der Groschen muß bei Käte Dreibrot fallen! Sie muß das jetzt begreifen und für ihn dasein. Nichts ist wichtiger als Dreibrots Zustand!«

»Das mach ihr mal begreiflich. Käte hat sich sehr verändert. Ein Berg von Emanzipation!«

Sie küßt ihn schnell. »Das hab ich nicht gehört, Genosse erster Sekretär!«

»Hör einfach weg. In seinen eignen Wänden kann man sagen, was man denkt!«

»Draußen nicht?«

»Nicht so unumwunden, nicht so pur, wie ich's meine. Frauen gibt's, die fordern unentwegt. An die Spitze der Regierung wollen sie!«

»Und du bist dagegen?«

»Ich bin dagegen, wenn sie Funktionen übernehmen, nur, weil sie Frauen sind. Wenn sie das Zeug haben, bitte, aber wenn's nur wegen der Statistik ist, dann hol die Zahlenhascherei der Teufel!«

»Bleib mal bei Käte Dreibrot und verlier dich nicht. Ist über zwanzig Jahre jünger, das macht sich nun bemerkbar – denkst du nicht?«

»Das sicher auch!«

Dann wird er plötzlich schweigsam, scheint er verstimmt zu sein, aus heitrem Himmel finster.

»Paßt dir was nicht?«

»Sprich mit ihr, Olga, von Frau zu Frau, ganz mit der Ruhe!«

3.

Eigentlich wollte es Olga so einrichten, daß sie sich mit Käte Dreibrot im Buchenwald trifft. Da ist Ruhe. Die Spechte hämmern, die Amseln singen, die Pirole haben ihre schönste Zeit, flöten wie besessen und rufen zwischendurch mal kurz nach Bier, aber nur die Hähne rufen. Das sind die Lebemänner in den Wipfeln ...

Wenn man Glück hat und Geduld, kann man in der Mittagszeit – in der ›Faulen Pirsch‹, wie's der Weidmann nennt – Damwild ziehen sehn auf den begrünten Schneisen; denn Äsung ist genug ...

Doch Käte hatte immer wieder abgesagt, Ausflüchte gesucht

und gefunden. Schließlich wurde es Olga zu bunt. Sie ging ins Postamt und ließ sich nicht mehr abweisen.

»Laß uns reden, Käte!«

»Willste einen Kaffee?«

Olga verneint. Das hält nur ab.

Dienstzimmer von Frauen haben ihren eignen Geruch, ihre besondre Farbigkeit. Bei Käte hängen überall Kletterpflanzen. Possierliche Stricktierchen, die ein Textilzirkel der Stadt gebastelt hat, sitzen oder hängen auch da, wo eigentlich kein Platz vorhanden ist.

Ein bißchen überladen, denkt Olga und vergleicht es mit der strengen Gradlinigkeit ihrer Krankenhausbleibe.

Dann wird es ein quälendes Gespräch. Erschreckend, auch schmerzhaft wird Olga bewußt, wie wenig Einsicht Käte zeigt.

»Mein Gott, ich halte das nicht aus! Dreibrot will aufgeben, weil er keinen Mumm mehr hat. Wo ich hinkomme – scheele Blicke. Überall – Gemunkel ...«

Dabei stimmt das alles nicht, denkt Olga, alles aus der Luft gegriffen. Nichts ist entschieden. Alles ist vertagt! ... »Erst geht ihr mal zur Kur!«

Fühlt sich Käte Dreibrot neuerdings verfolgt? Abschieben will euch Hannes? Bist du noch gescheit? Er schickt mich her, und du verdächtigst ihn? Wenn ihr weg seid, will Hannes ihn ablösen. Du bist nicht mehr normal! Du leidest wirklich an Verfolgungswahn!

Olga richtet sich im Sessel auf. »Dreibrot muß ausspannen. Du fährst mit. So lautet der Beschluß!«

»Mich kriegste hier nicht weg. Hier ist meine Arbeit bei der Post. Hier ist die Tanzgruppe, die ich leite. Ich brauche keine Kur. Wenn er eine braucht, soll er fahren. Ich leg ihm keine Steine in den Weg!«

Das kommt alles wie angelernt aus ihrem Mund, ihre krausen Haare scheinen zu knistern, ihre spöttischen Grauaugen blicken angestrengt in eine entfernte Ecke des Zimmers, wo besonders viele possierliche Stricktierchen baumeln.

Sie weicht mir aus, denkt Olga, nicht nur ihre Blicke weichen mir aus, der ganze Mensch will sich nicht öffnen, ist zugeknöpft bis oben hin.

Wenn Olga jetzt aufgibt und den Raum unverrichteter Dinge verläßt, hat Käte erreicht, was sie wollte, hat sie sich den Plagegeist vom Hals geschafft.

Doch Olga lächelt sie gewinnend an. Sie muß und will Kätes inneren Widerstand brechen. Sie redet mit Engelszungen auf die fast gleichaltrige Frau ein. »Für ihn dasein mußte, Käte. Wärme muß er spüren. Laß mal alles weg, was dir sonst die Tage füllt. Kannst du alles nachholen. In unserm Alter guckt man nicht zur Uhr. Du hast nur eine Aufgabe – Dreibrot nicht im Stich zu lassen. Hast ihn doch geliebt!«

Olga schaut Käte an. Kätes Augen weichen ihr nicht mehr aus, sind ernst auf Olga gerichtet, sind ehrliche Augen, denkt Olga und entdeckt Tränen, jedenfalls einen feinen Schleier von sicherlich beißendem Naß.

»Früher hat er mir gefallen, alles hat mir gefallen. Der ist zuverlässig – war mein erster Eindruck ...«

»Das ist er noch. Nimm ihn bei der Hand und hilf ihm übern Graben, dann haste viel geschafft, Käte, für uns alle viel geschafft!«

Dann sagt Käte etwas, das sich tief einprägt bei Olga, was sie nie vergessen kann, sie begleiten wird ein Leben lang ... »Ich habe Angst«, sagt Käte. Aus dem leichten Tränenschleier sind schwere, runde, gelbliche Tränen geworden, die ungestört über ihre Wangen laufen. »Ich habe Angst – er steigt die Leiter runter!«

Erst wollte Olga zornig aufspringen und schimpfen: »Mehr haste nicht im Sinn!« Dann war ihr Hals wie zu, die Zungenspitze wie gelähmt. Sie nahm sich zusammen und flüsterte: »Hilf ihm übern Berg!«

Ziellos läuft sie durch die vertraute Stadt, flüchtet vor den Menschen, vor dem Trubel auf dem Markt. Sie strebt dem Buchenwald entgegen. Da findet sie, was sie braucht: Ruhe, Besinnung, Nachdenken. Sie findet auch nachsichtige Worte für Käte Dreibrot. Sie nimmt sie in ihren Gedanken sogar in Schutz.

Wie ist das möglich?

Sie wird ihre Gedanken keinem Fremden anvertraun. Sie wird bemüht sein, die Gedanken am Leben zu überprüfen.

Sie wird zuweilen feststellen müssen: so unbegründet ist die Angst von Käte nicht! ...

Die Leiter hoch, die Leiter runter ... Was steckt in diesem Bild? Abstieg und Aufstieg, leere Taschen, pralle Taschen, Ansehen und Namenlosigkeit ...

Das, denkt Olga, darf nicht Maßstab sein im Leben, nicht Sinn und Inhalt – nein!!! ...

Sie möchte schrein! ...

Sie fleht im stillen Käte Dreibrot an. Käte, ich bitte dich: Er hat seine Arbeit getan, die Kräfte nicht geschont, wenn er nun verbraucht ist, bleibt er trotzdem, was er war: Wilhelm Dreibrot, der zuverlässige Mensch ...

Wenn Hannes gehen muß – gleich aus welchen Gründen –, bleibt er Hannes Trostheim, der Mutige, Selbstlose, der beide Augen offen hat! ...

Sich klammern an Titel und Ränge, ist schon der erste Schritt zur Selbstaufgabe! ...

Wer ihn eingeht, diesen Teufelspakt, der plant – ob er's wahrhaben will oder nicht! – die Lüge ein und alle Folgen, die die Lüge mit sich bringt ...

Darüber wird zu reden sein, denkt sie, nur mit einem, mit Hannes. Das ist wichtig für uns, vielleicht gibt's nichts Wichtigeres als das!

Daß es ihr bewußt wurde durch Käte Dreibrot, mag ein Zufall sein, daß es ihr überhaupt bewußt wurde und zur rechten Zeit, ist von weitreichender Bedeutung für Hannes, sie und ihre Kinder!

4.

Brütende Mittagshitze liegt über Panitz. Die Sonne hat den Zenit erreicht. Dreibrot blickt durchs Küchenfenster und sieht im engen Hof die verwaisten Kaninchenbuchten im Schatten stehn.

Wenn er ausscheidet, wird er wieder blaue Wiener züchten, wird das Gras von den Wegerändern sicheln und von Wilm Sichler Runkelrüben holen für den Winter. Auch ein bißchen Mais wird er hergeben, Maiskolben, unterm Wetterdach getrocknet! Da wird sich Wilm nicht lumpen lassen. Für seinen alten Landbriefträger und gewesnen Landrat schleppt Wilm noch andre Sachen an.

Wenn Dreibrot nicht achtgibt, brennt ihm der Schweinebraten in der Backröhre an. Er muß ihn beschöpfen mit Wasser! Eine Hitze wallt durch die Küche, wenn die Bratröhre geöffnet ist!

Dreibrot müßte Durchzug machen, doch Käte bügelt seine Hemden. Öffnet er die Fenster, zieht's womöglich. Sie kriegt einen Hexenschuß; jammern muß sie schon tagelang übers Kreuz.

Er schielt zu Käte hin. Sie ist schweigsam, raschelt nur leise mit der Wäsche wie die Maus im Haferstroh.

Er möchte ein Gespräch beginnen. Er schnuppert den Bratenduft und findet den Faden zu einem Gespräch.

»Noch haben wir's nicht dicke, Käte. Doch die Hungerjahre sind vorbei!« Er wäscht die Kartoffeln ein, gibt Salz in den Topf, wenig, weil Salz nicht gut ist für den Körper. Aber Käte hört nur mit halbem Ohre zu. Das kann sie, wenn sie brummig ist, mit halbem Ohr hinhören und mit den Gedanken woanders sein!

Er will beharrlich bleiben. Uschi ist über Land gefahren mit dem Rad, Katrin ist mit Jannek schwimmen. Die werden sich nicht über, sind unzertrennlich, sind dreizehn beide, doch noch reine Kinder, wie es scheint.

»Acht Jahre sind ein Tropfen, Käte, nicht mal ein Blitzschlag in der Weltgeschichte, ein kleiner Windseufzer, nicht mehr, leicht wie Löwenzahnpollen, die schnell verwehn!«

Wenn er so malt mit seinen Worten, so bildhaft wird — kann's gleich wegrutschen und peinlich sein! Manchmal hat er die Platte drauf, denkt Käte. Meist plagen ihn dann Skrupel. Drückt ihm etwas die Kehle zu. Sie hört nun mit beiden Ohren zu und besprengt seine Hemden mit Wasser, weil sie trokken sind wie Herbstblätter.

»Für uns waren's Aufbaujahre, Hoffnungsjahre nach dem schlimmen Krieg. Keine Stunde dieser Jahre will ich missen!«

Das ist wieder der Abschiedsgesang, das Ade-sagen.

Ein Mann setzt sich zur Ruhe!

Sie blickt ihn funkelnd an. Sie kann den Spott in ihren Augen nicht verbergen.

Er schaut unwillkürlich nach unten, spricht aber weiter: »Paßt dir nicht, was ich erzähle? Meinst wohl, der olle Kerl quatscht schneller, als er denkt. Stimmt nicht. Viel geht im Kopfe rum. Vor der Leere, die nun eintritt in mein Leben, hab ich jetzt schon Angst!«

Sie faltet die Hemden zusammen und sagt kurzangebunden: »Man ist so jung, wie man sich fühlt!«

Das stammt aus einem Schnulzenlied, paßt aber immer, stimmt in jeder Lebenslage. Käte sieht keinen Grund, besonders wählerisch zu sein mit ihren Worten. Sie wirft ihm den Satz hin, die nichtssagende Verszeile.

»Alles Sprüche«, sagt er nur, »stimmen manchmal, manchmal nicht!«

Sie ist unbemerkt zu ihm getreten, auf weichen Pfoten, wohl nach Katzenart, umklammert ihn von hinten.

Ihn durchfährt ein heißer Schreck!

Sie ist hitzig und locker und summt ihm ins Ohr: »Kennst du einen ollen Kerl? Ich nicht!« Sie knüpft rasch die Schürze ab (war nicht irgendwas mit ihrem Kreuz?) – und sie zieht ihn mit sich.

Es könnte sein, der Braten brennt an, die Salzkartoffeln kochen über, der Schmorkohl setzt an.

Keine Kühlung, kein frischer Luftzug ist mehr zu erwarten … Später denkt er: Sie schafft es jedesmal, möbelt mich auf, verkehrt ist das nicht und schaden tut's auch nichts! … Sie will nicht mehr hören, daß er mürbe ist und krank.

An der Spitze ist sein Platz, nicht in der zweiten Reihe. Da hat sie auch wieder recht …

Sie will keinen, der die Leiter runtersteigt. Das sagt sie unumwunden. Sie ist gewöhnt, die Frau des Vorsitzenden zu sein, die Frau des Landrats, was ihr bis heute mehr gefällt. Die Frau eines Frührentners will sie nicht sein!

Wilhelm Pieck ist viel älter und denkt nicht dran, den Präsidenten abzugeben.

Man stirbt in der Funktion!

Das sagt sie nicht, das summt sie nicht in Dreibrots Ohr. Gedanken über den Tod schiebt sie weg.

Da hat sie auch ihren eignen Spruch: Der Tod kommt früh genug! Also läßt sie ihn beiseite, kalkuliert ihn gar nicht ein …

Dreibrot ist in der Stimmung, wo er ein Tuch mit fünf und mehr Zipfeln packen könnte!

Er weiß nicht, wann seine Frau mal nicht recht hatte! Wahrscheinlich hat sie immer hundertprozentig recht.

5.

Natürlich ist Trostheim überrascht, als sich Dreibrot zur Stelle meldet.

War er Soldat im ersten Weltkrieg oder nicht! Ein Soldat meldet sich zur Stelle. Dreibrot ist ein Soldat der Revolution, war kurz auf Genesungsurlaub, nun wieder guter Dinge, munter wie immer! Es kann weitergehn!

»Denk nicht, ich mach mich stärker, als ich bin. Mach ich nicht!« Er stellt seine Aktentasche ab. »Bis zum September ist es nicht mehr weit. Dann wird abgeschaltet, und Käte fährt mit!«

»Na, also«, murmelt Hannes. »Hat sich's überlegt!« Er denkt: Olgas Mühe war doch nicht vergebens …

»Käte freut sich wie ein junger Dachs!« Er stützt sich mit dem Rücken am Geländer der Treppe ab.

Über die Flure des Landratsamts steppen Damenabsätze ihren eigenwilligen Takt.

»Manchmal erlebt der Mensch noch mal, was er schon verloren glaubte. Ein Ruck geht durch den Körper!« Dreibrots stille, ehrliche Augen schimmern verheißungsvoll. »Dir muß ich nichts vormachen!«

»Mir mußte nichts erzählen! Ich freu mich, daß du wieder munter bist!« Er boxt Dreibrot leicht gegen die Brust. Er sagt schmunzelnd: »Ganz von gestern bin ich nicht!«

Beide lachen verhalten vor sich hin. Jeder geht in sein Zimmer, jeder seiner Arbeit nach.

6.

»Er wurde also eingesperrt«, sagt die Frau von Kuno Kietz und putzt der Jüngsten, einem rotbäckigen Mädchen mit gelben Strippenhaaren, die Nase mit dem Schürzenzipfel ab. »Scher dich raus!« Dann blickt sie Edwin Zahn mit runden, aufmerksamen Augen an und fährt gleichgültig fort: »Daß er mal sitzen wird, wußte ich immer!«

»Mit ein paar Jahren müssen Sie rechnen.« Er schaut sich in der Küche um. »Hat Oskar Gärtner schwer verletzt!«

Sie müßte dem Vorsitzenden der Genossenschaft, dem feinen Menschen Edwin Zahn, einen Stuhl anbieten, aber alle Stühle sind belegt mit Sachen und Wäsche und Spielzeug. Das Sofa ist in einem Zustand, daß es auch keinen Menschen aushält. Hat ausgedient wie ein alter Klepper. Durch den Möbelstoff starrn die Sprungfedern …

»Zu mehr hat's bei uns nie gereicht«, sagt die Frau. Sie bleibt auch stehn in der Küche, die runden Arme verschränkt unterm Busen, der mopsig ist, rund und voll.

»Die Alimente«, sagt sie, »und der Suff«, sagt sie. »Ein bißchen bin ich auch schuld. Hätte ihn leiten müssen. Eine Decke übern Tisch, eine Vase drauf mit Blumen. Aber ich war zu gleichgültig. Und dann hat er's auch nicht verdient. Tagelang besäuft er sich, will – wie früher – alle Roten an den Galgen bringen und überfällt den Gärtner, der ihm nichts getan hat. Soll er sitzen, bis er schwarz wird, ich heul ihm keine Träne nach!«

Ihre Verbitterung klingt nur in ihren Worten nach, in ihren Augen ist sie nicht zu finden. Die blicken zutraulich auf Edwin Zahn, große, braune Tieraugen. Wenn sie sich umdreht, weiß man nicht, was sie anstellt, denkt Edwin Zahn. Eine rätselhafte Frau für ihn. Man will ihr was Gutes tun, und sie beißt womöglich, schnappt einfach zu. Den Augen ist viel zuzutrauen …

»Was wollen Sie tun?« fragt Edwin Zahn.

»Arbeiten muß ich – was sonst?« Sie kann die Kinder nicht verhungern lassen. Sie hat keine Zeit, durch die Weltgeschichte zu reisen. Was sie braucht, ist Geld auf die Hand.

Durch Arbeit kommt sie zu Geld. Arbeitet sie nicht, geht ihr und den Kindern die Luft aus.

»Arbeit gibt's genug«, sagt er noch und macht sich dann davon. Er denkt über die Frau nach, über ihre Augen, gierig sind sie nicht – aber hungrig.

Das ist ein Unterschied!

Sie hat sich selten sattessen können in ihrem freudearmen Leben. Dann werden Augen so. Edwin meint mit sattessen nicht nur das Brot.

7.

Müssen etwas locker machen für die Kuno-Sippschaft. Ein kleiner Vorschuß muß sein, eine einmalige Unterstützung, ein Start für die Frau. Edwin ist entschlossen.

Ulrike ist eine geizige Buchhalterin, eine eifersüchtige Glucke auf dem Geldnest.

Der langgestreckte Arbeitsraum des gewesenen Fock ist kühl und schattig, und die Fenster zur Parkseite sind geöffnet. »Immerfort fliegt dir dein großes Herz weg«, sagt sie zu Edwin, dem die Sommersonne die Brauen ausgeblichen hat, seine Wangen sind ledern geworden und glänzen dunkelbraun, nur am Stirnansatz, wo gewöhnlich die Mütze sitzt, sieht man einen weißen Strich. »Zu verschenken haben wir nichts!«

Sie müßte kühl und gelassen sein, doch dem Mann, den sie liebt, kann sie schwerlich etwas abschlagen. »An welche Summen denkst du?«

»Fünfhundert Mark!«

»Geschenkt??«

»Geschenkt, Rikchen, guck dir die Wänster an, die Wohnung. Ich fror im Rücken, als ich's sah!«

»Irma Gärtner wird Gift und Galle spucken!«

»Ich denk an die Frau, an die beiden Kinder!«

»Sie kriegt die Summe in bar!«

Er lächelt sie dankbar an. So ist sie, eine Seele von Mensch. Er will seine Mütze, die er auf den Schreibtisch abgelegt hatte, schon aufsetzen. Er muß sich um den Raps kümmern, der kurz vorm Mähen steht. Doch Ulrike hält ihn noch zurück.

»Bleib ein bißchen. Hab zu wenig von dir!«

Sommermühen!

Das Jahr ist hochschwanger, kommt nun in die Wehen und zeigt, wie fruchtbar es war …

»Vom Gericht noch nichts?« fragt Ulrike und bittet, daß er sich zu ihr setzt, in die Kaminecke. Den Platz mag sie vor allem.

Welches Gericht meint sie?

Sie hat sich das Haar kurz schneiden lassen, trägt eine Schüttelfrisur – wie man heute sagen würde –, die sie jünger macht. An ihre Jugendzeit erinnert die Frisur, an die Tage, da sie sich heimlich trafen, auf der Insel der wilden Schwäne …

»Sie müßte begnadigt werden. Ich habe lange darüber nachgedacht, Edwin. Red mit Hannes Trostheim!«

Er steht abwartend vor ihr, er schluckt unwillkürlich, und sein Adamsapfel ruckt unruhig. »Wie kommst du darauf!«

»Sie hat die Hälfte hinter sich. Die zweite Hälfte sollte ihr erlassen werden! Gründe gibt's genug. Gute Führung. Sie hat die Möglichkeit zur Flucht gehabt … aber …« Ulrike stockt.

»Was noch?« Er hat sich leicht verfärbt.

»Die Zeit war schuld!«

Wieder Schweigen von seiner Seite und der Versuch von Ulrike, ihn umzustimmen. »Soviel Schuld hatte fast jeder in diesem Land. Ich habe hier gelebt. Das halbe Volk mindestens hatte soviel Schuld … Sie hatte gesagt, daß du lebst und daß sie dem Pfarrer Weihmann glaubt. Der Grauling hat daraus das Furchtbare inszeniert!«

»Hat den Orden angenommen, das Kriegsverdienstkreuz Erster Klasse!«

»Sie hat sich geschämt. Daß sie auf Wilm losging mit der Peitsche – geschah aus Scham!«

»Woher weißt du, daß sie mit der Peitsche auf Wilm …«

»Von Alma. Ich hab sie ausgefragt, weil's mir keine Ruhe läßt. Deine Mutter hat den Grauling gehaßt, sagen wir – eine Haßliebe war's gewesen. Als ihr Wilm das Lied vorsang: Die Gutsfrau hat Weihmann verraten, dem Jannek die Mutter gestohln – hat sie, sagt Alma, noch einmal versucht, Grauling anzurufen. Es gelang ihr nicht! Vielleicht hätte sie sich dann wirklich schuldig gemacht, hätte Wilm aus dem Wege geräumt, die russischen Kriegsgefangenen, die Rita Keller – aus Angst, sie könnten sie eines Tages belangen. Aber sie hat es nicht getan, Edwin! Alma wird dir nichts andres sagen können. Frauen täuschen sich in diesen Dingen nicht. Sie hat mit dafür gesorgt, daß kein Verbrechen mehr geschah in Güterlohe, hat auch Heine Keller gezwungen, ruhig zu sein. Das ist alles erwiesen. Sie hat die Hälfte abgebüßt. Das sollte nun reichen – – Sprich mit Hannes Trostheim, ich bitte dich!«

Edwin fühlt sich wie vor den Kopf geschlagen. Wieder denkt er, was er oftmals denkt: Soll das nie enden? Soll uns das Vergangne immer wieder einholen, unser Leben beschatten?

Er fühlt das alte Brennen in der Brust. Sein Gaumen wird trocken. Er schluckt den bittren Speichel herunter und sagt: »Ich kann nicht zu Trostheim gehn. Ich bin auch nicht gewillt. Ich kann's nicht!«

Ulrike und Edwins Blicke begegnen sich. Er weiß, daß sie ihn nicht in Ruhe läßt, weil sie mit dem Herzen denkt, nicht mit dem Verstand.

Wie unterschiedlich Menschen Tatbestände bewerten? Es hängt von Erfahrungen ab, die der Mensch gemacht hat. Er möchte seine Frau begreifen, doch es klafft eine Kluft. Seine Erfahrungen sind andere!

Daß er nun hinausläuft, seine Mütze vergißt, gleicht beinahe einer Flucht, einer Flucht vor allen Fragen und Zweifeln …

8.

Draußen summt der Sommer, wolkenloser Himmel ist!

Oskar Gärtner sitzt in seinem Krankenbett und hat die Fenster weit geöffnet. Er müßte sonst ersticken hier!

Die dicke Frau, die er schon kennt, besucht den dürren Mann, der sicher nicht mehr lang zu leben hat. Der trinkt ein wenig aus der Schnabeltasse und schläft gleich wieder ein.

Die Dicke schwitzt. Sie hat sich abgewöhnt, den Mann zu wecken. Sie gluckt am Bett. Ihr Gesäß quillt über die Sitzfläche des Stuhls, der aufächzt, wenn sie sich bewegt.

So wird sie auch vor seinem Grabe glucken, und die Friedhofsbank wird ächzen, wenn sie sich bewegt.

Der schläft, und sie sind sich in allen Fragen einig. Die Stelle haben sie sich ausgesucht, bevor er unters Messer kam. Ein hübscher Platz im Grünen, unter Tannen. Als der Dürre noch mit Oskar sprach, hat er das vom Doppelgrab erzählt. Ein stilles Eckchen für die Ewigkeit.

Nun spricht er längst nicht mehr; denn alles ist gesagt.

Erst kommen Jürgen und die dralle Birke. Wie kann man Birke heißen, wenn man so gewachsen ist, mehr eine Knuppelweide als ein Birkenstamm.

Oskar fand die Frau von Anfang an patent. Die steht mit ihren strammen Beinen auf der Erde.

Jürgen muß erzählen, was es draußen gibt.

»Der Raps steht kurz vorm Schnitt. Der Mohnschlag hat schon abgeblüht. Der erste Wiesenschnitt war gut … Wie lange wirst du liegen müssen?«

»Das Schlimmste ist vorbei. Aber die Weißkittel sind Quälgeister!«

»Wichtig sind sie auch. Sie haben bald herausgefunden, was mit deinem Kopf geschah, aber mußten dich ein bißchen quälen … Wirst du deine Arbeit wieder machen können?«

»Ganz aus Pappmaché ist Vaters Schädel nicht«, sagt Birke und hat den rechten Ton gefunden.

Die Dicke steht nun auf und geht davon, behutsam tritt sie auf. Wie kann sie so geräuschlos laufen bei den Pfunden, die sie schleppt? …

Nun taucht auch Irma Gärtner auf, hat Veilchen mitgebracht und schimpft gleich los: »Was mich wurmt, ist Edwins Weichheit. Hat der Kuno-Sippschaft einen halben Tausendmarkschein hingeblättert!«

»Sind arme Teufel! Kunos Hals war ewig trocken. Werden besser leben ohne Vater. Und die Frau scheut keine Arbeit, wie es heißt!«

»Du nimmst sie noch in Schutz?«

»Kuno nicht, den Wänstern muß man helfen!«

Oskar schielt in Birkes Einkaufskorb. Sie hat die ersten neuen sauren Gurken mitgebracht.

»Gurken kannste einlegen, Birke. Was kannste noch? Schmalz auslassen, echtes Griebenschmalz?«

Kneiper gibt's, die sind ihr bester Gast!

Was ist Birke?

Sie kocht gut und ißt gut, nur an Jürgens Rippen kommt nichts ran, doch daran ist er selber schuld ...

»Kannst du haben, echtes Griebenschmalz. Wir dachten, sie hätten dich voll auf Diät gesetzt!«

Würden sie nicht wagen! Oskar würde Stuhl und Tisch zerwichsen.

Birke streicht das Griebenschmalz auf eine Stulle. Der Dürre ist kurz aufgewacht, riecht das Schmalz und dreht sich ab, schon der Geruch schnürt ihm den Magen zu.

Obwohl Oskar sorgenvoll zum Dürren schielt, kann sein Mitgefühl nicht so weit gehn, daß er keinen Hunger spürt. Er ist dem Leben wieder zugetan, der Dürre hat es abgebucht, den Vertrag gebrochen mit dem Leben! ...

»Daran haste nicht gedacht, Irma! Meintest wohl, dein Gatte wird von Veilchen satt!«

Irma ist böse, aufgebracht und beleidigt. Sie hatte andre Sorgen. An einen Rollstuhl hat sie schon gedacht. Solche schwarzen Ängste haben sie geplagt. Und der schlingt, daß man sich schämen muß vor einer fast fremden Frau, die ihr Sohn aufs Lager schleppt.

Sie muß deutlich werden vor der fremden Frau!

Hören Sie mal, junge Frau. Zahlt denn der Vater des Sohnes Alimente?

Oskar könnte sich ins Knie beißen. Seine Irma hat soviel Takt wie eine Urwaldtrommel ... Bumm, bumm, bumm ... Immer auf das Schlimme!

Er räuspert sich bemerkbar. »Das sind Birkes Angelegenheiten. Die gehn uns nichts an ... Noch eine«, bittet Oskar flott, »aber dick bestrichen mit dem Griebenschmalz. Die Krankenkost ist zum ...«

»Benimm dich, Oskar!« faucht ihn Irma an.

»... hab ich nicht gesagt, haste wohl gedacht!«

Gewiß ist: Oskar Gärtner kommt übern Berg, die kahlen Stellen auf dem Schädel wachsen zu. Wenn sie nicht zuwachsen, dann hat er was, das andern fehlt, was andre nicht zu bieten haben.

9.

Birke bleibt verstimmt. Jürgen kann abends an ihr rumwundern, wie er will, sie blickt kühl. Ein Zustand, der unbegreiflich ist – Birke und kühl. Der Glühofen – ohne Glut! Wann hat's das mal gegeben?

Sie hat sich im Krankenhaus angesteckt, eine schlimme Krankheit aufgeladen?

Bazillen, die den dürren Mann umwehn?

Birke wärmt Jürgen heute nicht. Am Ende schläft er ein.

Birke findet keinen Schlaf. Man hatte sie betrogen. Zwei Kerle haben Birke reingelegt. Sie weiß nicht, wer der Vater ist von ihrem Sohn!

Im Kriegsjahr vierzig war sie zwanzig und noch unschuldig wie ein Kind, aber immer aufgelegt zum Schäkern, zum Streicheln und Küssen – sonst war nichts!

War einer frech, griff hin, wo er nichts zu suchen hatte, wußte sie sich ihrer Haut zu wehren. Zwei aus Glau, das liegt nicht weit von Güterlohe, zwei mit schwarzen Runen, graue Waffen-SS, brachten das Kunststückchen fertig, mischten ihr was in den Wein, irgendein Zeugs. Sie ließ sich herumspazieren von den Kerls, war dann ausgelassner als sonst, war dann in einen Dämmerzustand geraten, auf der Wiese war's im Buchengrund. Sie war – wenn sie's beschreiben soll – mehr als dröselich, benommen. Als sie sich wieder auf der Erde fand, standen die beiden über ihr, hatten ihre Röcke weggeschoben und warn schon fertig mit allem, die Mannssäue!

Sie hat sie später gesucht, doch nie aufgespürt.

Sie hielt sich auch danach sauber und wacker, brachte ihren Sohn zur Welt, ihren Schlauberger und konnte das Mannsvolk nicht mehr anschaun, ohne speien zu müssen.

Erst als Jürgen Gärtner kam, der blonde Kindskopf, der

über alle Hühnerhöfe stolzieren mußte und sich als rechter Hahn im Korbe erwies, verdampfte ihre Rache auf die Kerls!

Das Hähnchen pack ich, das will ich nackend haben!

Sie hat ihn nicht mehr losgelassen …

Hätt Irma Gärtner nichts gesagt von Alimenten, Birke wüßte fast nicht mehr, daß mal eine Sünde war, eine ohne Absicht, mehr eine Unvorsichtigkeit in den Wirren des Krieges – würde sie sagen –, eine Schweinerei von zwei Kerls; denen die Rute abfaulen soll, wenn sie noch leben. Aber sicher ist's nicht, daß sie noch leben.

Birke wird Jürgen nicht eröffnen, wie's wirklich war. So mitteilsam ist sie nicht in diesen Fragen.

Jürgen war nicht selten erstaunt über Birkes Liebeskünste. Die Scham über ihre Schändung ließ sie vor Jürgen zur Zauberin werden. Inzwischen liebt sie den verfransten Blondbart wirklich und bewacht ihn mit eifersüchtigen Blicken. Ließe er sich was zuschulden kommen, sie würde ihm die Haut vom Leibe ziehen. Da glaubt sie sich zu kennen. Ihre Rache wäre fürchterlich.

Ihr zerfranster Blondbart pfiffelt im Schlaf. Sie küßt ihn auf den Mund. Er verschluckt sich und wird gleich wieder wach.

Auch ein sonderbarer Menschenweg, auf dem die beiden wandern.

10.

Die Frau des Kuno Kietz will unbemerkt an Edwin Zahn vorbei, aber er hält sie auf und denkt, indem er sie betrachtet: Wenn sie auf sich hält, ist sie eine ansehnliche Frau. Doch er sieht auch, daß ihre Backe leicht geschwollen ist. »Ist was mit der Backe … Öfter Ärger mit den Zähnen?«

Sonst nicht, aber jetzt! Es klagen schon verschiedene, überall wird geknabbert, beim Rübenverziehen, beim Kartoffelnhacken, jeden Tag bringt eine andere eine Tüte mit aufs Feld. Am Ende werden alle schwarze Zähne haben.

Ein herzliches, warmes Lachen löst sich in Edwins Brust. Er streicht unwillkürlich über die Wange der Frau und sagt: »Kann sein, die Zähne gewöhnen sich daran!«

Er geht zufrieden weiter, ist der drahtige, schlanke Edwin Zahn, der erfreut ist über das sonnige Wetter, das alles zum raschen Reifen bringt.

Abends wartet Ulrike auf ein Zeichen von ihm, auf eine Bemerkung, die ihr zeigt, daß er über seine Mutter nachdenkt, über die Möglichkeit, ihr endlich zu helfen.

Er ist gleichbleibend aufmerksam zu ihr, doch was sie erhofft, erfüllt sich nicht.

Viertes Kapitel

1.

»Du machst mir direkt angst«, murmelt Dreibrot vor sich hin. Er sieht erschöpft aus, wandert langsam durch den Buchenwald, bleibt allenthalben stehn und lauscht dem Specht, der ohne Pause klopft. »Gönn dir eine Pause, Specht!«

Das klingt wie ein Befehl. Dreibrot möchte in aller Gemütsruhe seinen Feierabend genießen. Ein flüchtiges Lächeln umzuckt seine Lippen. Nimmst mir noch die Ruhe, Specht. Das Gewissen plagt mich, wenn du klopfst, während ich ganz müßig bin!

Er steuert eine grüngestrichene Waldbank an. Er hat die Aktentasche untern rechten Arm geklemmt.

Manches im Leben ist wie ein Brief, der unvollendet bleibt, eine Botschaft, mitten im Satz abgebrochen, ein Gedanke, der nicht zu Ende gedacht wird. Es fehlte an Zeit – Lebenszeit …

Dreibrot hatte gerade gedacht: Ich habe dem Trostheim nicht die ganze Wahrheit gesagt, habe verschwiegen, daß ich schlecht schlafe und morgens den Eindruck habe, ich hätte die Nacht durchgezecht, was ewig nicht geschehen ist. Durst peinigt mich. Der Kopf schmerzt. Unterm Brustbein ist ein Druck von ein paar Zentnern …

Doch er hat Käte versprochen – sie fahren im Herbst, da kann er nicht im frühen Sommer fahren wollen.

Eigentlich ist ihm das ganze Thema zuwider, lästig schon lange. Lauscht er in sich hinein, ist er geschüttelt von widersprüchlichen Empfindungen. Manchmal glaubt er, er bilde sich alles nur ein: die Schmerzen hier, die Schmerzen dort und die Schlaffheit in den Gliedern …

Er will sich nun auf die Bank setzen und erschrickt vor einem Schatten, einem schlürfenden Geräusch. Er schaut verwundert auf.

Das darf doch nicht wahr sein! Bin ich verhext, seh ich Gespenster?

»Ich ahnte, wo ich Sie zu finden hab, Dreibrot!«

Heute hat Kernmeier einen Strohhut auf, einen aus Panama, leicht und luftdurchlässig. Den nimmt er nicht ab, den schiebt er in den feisten Nacken und rollt mit seiner mutwilligen Stimme … (Gibt's das? Eine mutwillige Stimme? Für Dreibrot gibt es sie!) Die Stimme rollt dahin: »Darf ich Sie begleiten – Dreibrot?«

»Begleiten – wohin?«

»Ein bißchen begleiten, Dreibrot. Mir geht's um meinen Neffen!«

Sieh an, der Mann ist mutig und geht die Sache zügig an. »Ich soll für ihn ein gutes Wort einlegen. Tipp ich richtig?«

»Genau, Genosse Dreibrot!«

»Meinen Einfluß soll ich geltend machen?«

»Ihren ganzen, Dreibrot … Ein junger Mann – verwirrt, verblendet! Den Eltern schreibt er – bitter tut's ihm leid!«

Beide warten vor der Waldbank, keiner setzt sich hin. Dreibrot preßt die Aktentasche fester an die Brust.

Kernmeier scheint es peinlich zu sein, auf Dreibrot weiter einzureden. Er wirkt vorsichtig, scheint unsicher zu sein …

Ist er sich der Sache plötzlich nicht mehr sicher?

Er kennt Dreibrot als einen umgänglichen, fast schüchternen Mann. Er hat ihn manchmal hart bedrängt, vor Wochen alle Karten aufgedeckt vor ihm, sich nicht verstellt wie sonst … Tag X steht vor der Tür! …

Der Tag begann verheißungsvoll. Doch am Abend war der Putsch vorbei, die Zone nicht befreit, war die Aussicht hin, sich ein Stückchen von dem Kuchen abzuschneiden – vielleicht das alte Jagdgebiet zurückzuholen, den Sessel auf dem Landratsamt … Was darf er von dem Dreibrot noch erwarten?

Unverhofft blickt Dreibrot auf, aus seinen Gedanken heraus

sagt er: »Wie kann der Neffe schreiben? Wer erlaubt denn das?«

Wo zielt die Frage hin?

»Wissen Sie, Dreibrot, das ist doch bekannt: auch aus dikken Mauern dringt ein Laut!«

Das leuchtet Dreibrot ein. Sie haben Helfershelfer, Lauscher überall. Agenten, Leute, die für Geld das Land verraten. Wir müssen damit leben, noch lange, sicherlich ...

»Wissen Sie«, sagt Dreibrot, »ich hab's mir überlegt. Ich werde mich um diesen Jungen kümmern. Ist Sonnabendnachmittag, aber kommen Sie mit, Kernmeier. Ich sorge heute noch, daß was geschieht!« Und als er das sagt, ganz ruhig, spürt er, wie der Herzschlag stockt, der Rhythmus stolpert, seine Sinne sich verdüstern. Er holt weit aus und schlägt dem Dicken die Aktentasche ins Gesicht, so unverhofft, daß Kernmeier nicht ausweichen kann.

»Sitzen wirste«, schreit Dreibrot, »haste lang verdient. Lebenslänglich haste dir verdient ... Du Stück Dreck, du Wolf im Schafpelz ...« Er sackt auf die Knie. Wolf im Schafpelz. Das ist ihm ein annehmbares Bild.

Er kann die Waldbank nicht erreichen, flüstert erstickt und preßt die Hand auf seine linke Brustseite. »Dreibrot hat dich längst durchschaut!«

Da ist Kernmeier schon verschwunden, hat die Schneise verlassen und hastet durch den Buchenbestand, gelangt auf Umwegen zu Hohmanns und rät ihnen, Panitz zu verlassen. Auf Dreibrots Hilfe müsse man verzichten. Den Neffen würde man vom Westen her befrein ...

Dreibrot indes kann sich nicht vom Flecke rühren.

Zuweilen versucht er, mit der Hand die Latten der Waldbank zu fassen, und spürt, daß er es nicht schaffen wird.

Die Hände beben wie bei einem Greis, das Herz zuckt wild, schmerzt im Krampf, immer wieder setzt der Rhythmus aus. Er preßt die Lippen fest zusammen.

Ist das schon der Tod, das Ende aller Wege, der endgültige Schluß?

Kalter, klebriger Schweiß dringt aus allen Poren.

Da hatte man gedacht, das wäre leicht und ginge schneller,

mit weniger Angst, hat man gedacht. Man schwingt sich auf, einem starken Vogel gleich, verläßt den Erdenweg und schwebt davon. Man blickt sich nicht mehr um, hat es vollbracht …

Er wünschte, Käte wäre in der Nähe, käme jetzt oder Katrin, Trostheim, ein vertrauter Mensch, aber nichts.

Nur der Specht klopft unentwegt …

2.

In der Abenddämmerung, als der Specht längst schweigt, hat Dreibrot wohl das Schlimmste überstanden. Er sitzt auf der Bank und staubt die Aktentasche ab. Er denkt: ein bißchen ruhen noch, die Kräfte sammeln, tief ein- und ausatmen, das Herz braucht Sauerstoff …

Das Leben hat ihn wieder. War 'ne kleine Herzattacke. Ein Fingerzeig – treib's nicht zu weit! Halt deine Nerven fest im Zaume. Und laß dich nicht mit Feinden ein; nicht mit diesem Dicken!

Bist du naiv! Schlägst ihm die Aktentasche um die Ohren. Bist doch noch zu retten, Mann? Mit der Aktentasche! Das darfst du niemand sagen. Die lachen dich glatt aus …

Die Knie haben wieder Halt, schlackern nicht mehr so wie vorher. Er wird bedachtsam laufen, Pausen einlegen. Käte kommt heut spät. Die proben noch für Güterlohe. Er wollte mit ins Dorf. Nun wird er's bleiben lassen. Wird länger schlafen morgen, sich von seinem Schreck erholen, am Montag wieder an die Arbeit gehn.

Er brauchte über eine Stunde länger als sonst. Katrin sah ihn sonderbar an. Sie wollte etwas sagen; aber er ging sofort ins Schlafzimmer und kehrte nicht zurück.

Als Käte mit Uschi kam, es war kurz vor Mitternacht, war alles dunkel, alles schlief. Später schnappte sich Käte das Bettdeck, die Kissen und verzog sich aus dem Schlafzimmer, weil sich Dreibrot hin- und herwälzte und wahrscheinlich schlimmste Träume hatte; denn er stöhnte und redete wirr …

Als er endlich ins Bad darf am Morgen, sich rasiert, mit

dem Messer, wie immer, schneidet er sich, und sofort färbt sich der Seifenschaum, wird rosa, später dunkelrot. Abermals beben seine Finger wie bei einem Greis. Er kann es nicht verhindern.

Käte entdeckt ihn in seiner Hinfälligkeit und fährt ihn ärgerlich an. »Kannst du nicht aufpassen?«

Sie wischt ihm die Wange ab, klebt ein Pflaster auf die Schnittwunde, rührt das Messer nicht an und schimpft verhalten weiter, damit die Kinder es nicht hörn. »Heute nacht hab ich wieder mal mein Bett geschnappt. Es war nicht auszuhalten, gestöhnt haste, geschnarcht, geröhrelt ... War dir nicht gut?«

Er hört ihr gar nicht zu, er nimmt sie fast nicht wahr. Er setzt sich auf den Badewannenrand und muß aufpassen, daß er nicht umsinkt, ins Bodenlose stürzt.

Es ist wie gestern abend – der kalte Schweiß, die knappe Luft, nur wenger Angst jetzt, so, als hätte er sich dran gewöhnt.

Als es ihm später möglich ist, auf Geräusche zu achten, hört er, daß sie schon die Hackenschuhe trägt. Sie trommeln ihren Takt durch alle Zimmer ...

Katrin hat sich zu Trostheims geflüchtet, Uschi, das Kino-Mädchen, wartet unten auf den Lastwagen, der alle ins Dorf bringen soll. Sie werden Rüben verziehen und abends ein Fest feiern. Ein Kulturprogramm wird sein, reichliches Essen und Tanz – bis zur Polizeistunde um null Uhr.

Uschi trägt einen glatten dunkelblauen Baumwollrock und die FDJ-Bluse. Daß sie unten wartet, sich der Morgenkühle aussetzt ohne ausreichende Kleidung, hängt mit den Spannungen zwischen den Dreibrots zusammen.

Als Uschi und Katrin das Bad noch besetzt hielten, hörten sie, wie Dreibrot sagte: »Mußt du fahren, Käte? Ist doch Sonntag!«

»In Güterlohe warten sie, und eigentlich wolltest du mit. Hast aber wieder keine Lust, wie's scheint!«

Er versuchte es noch mal. »Kannste wirklich nicht zu Hause bleiben?«

»Sag mal, heute abend ist Kulturprogramm!«

So kam's, daß sie nicht mal gemeinsam frühstückten, keine Tasse Kaffee tranken, Katrin zu Trostheims flüchtete — wie gesagt — und Uschi lieber im kühlen Morgenwind stand, als da oben hören zu müssen, was sich Dreibrots für eigentümliche Freundlichkeiten zu sagen haben am frühen Morgen …

Oben ordnet Käte ihr Haar vor dem Spiegel, den sie nicht mehr ausstehen kann. Den kann sie putzen, wie sie will, der bleibt blind. Aber Dreibrot hängt an den alten Klamotten, als wären sie ein Stück von ihm.

Die Tür zum Bad steht offen. Dreibrot sitzt nach wie vor auf dem Badewannenrand. Das Pflaster auf seinem Kinn ist durchgeblutet. Käte reißt es ab und klebt ein neues drauf. »In der Speisekammer steht dein Essen. Heute abend wird es spät. Warte nicht auf uns!«

Sie vergißt, ihm einen Kuß zu geben. Sie denkt nur: das Licht im Bad ist gräßlich, wir sehen alle wie die Leichen aus!

Auch das stinkt sie seit langem an. Am Stadtrand stehen schmucke Häuschen, immer wieder werden welche frei. Der Mittelstand verzieht sich nach dem Westen. Sie hat schon leise angeklopft. »Willste nicht, daß wir uns verändern?«

Keine Aussicht, er bleibt stur.

»Trostheims tragen sich mit dem Gedanken!«

Von Dreibrot nicht ein Wort. Soll er seinen dicken Kopf behalten …

Von der Straße dringt Motorgeräusch. Der Wagen kommt. Gesang erklingt. Das Lied der ›Blauen Fahnen‹ … Laßt uns in der Reihe gehn …

Käte macht sich davon. Wenn sie wiederkommt, wird alles anders sein.

3.

»Hebt die Fahnen, laßt sie schweben, singt ein neues Fahnenlied …« Die Sänger sitzen auf der Ladefläche des Lastwagens. Ihnen genügen die Fahnen im Liede nicht, sie haben auch welche mitgebracht. Die stärksten Burschen unter den Sängern müssen viel Kraft aufbringen, um sie in den Fahrtwind zu stemmen.

Nach einer raschen Fahrt von etwa vierzig Minuten erblikken sie einen großen Rübenschlag, an dessen Rand schon Wilm und Jürgen Gärtner warten. Sie haben dreißig Hacken bei sich, Milchkannen voll gesüßtem Tee und Packen von dickbelegten Stullen.

Der Lastwagen hält, die Jungen räumen die Ladefläche. Aus dem Führerhaus klettert Käte Dreibrot, drückt Wilm ab und sagt: »Wie versprochen, wir sind vollzählig da!«

Wilm blickt Käte bewundernd an. »Wie machst du's, daß du ewig jung bleibst, Käte?«

»Mit den Jungen leben!«

Verstohlen schielt er auf ihr Schuhwerk. Feine Stöckelschuhe. Manierlich sind sie, zierlich, aber unpassend in dieser Gegend; denn es hatte viel geregnet, Pfützen glänzen überall, und der Acker ist wie Knete. Schwerer Zuckerrübenboden, fetter Lehm.

Käte scheint das nicht zu stören. Sie stöckelt durch den Morast, daß die Hacken ihrer Stöckelschuhe schmatzen, und ruft munter: »Schaffen wir den Schlag?«

»Schaffen wir!«

Sie haben ihre Fahnen aufgepflanzt am Rain, nehmen ihre Hacken in Empfang.

Sie werden sauber hacken und verziehn.

Die Sonne prahlt vom Himmel. Auch Uschi friert nicht mehr. Bald werden sie sich mehr und mehr entkleiden. Sie haben vorgesorgt und als Unterkleidung schon das Turnzeug an.

Wilm muß, bevor die Hacken klicken, mit einer fetten Prämie locken. »Abends gibt es Frikassee. Alma schwitzt schon Blut und Wasser! Auch an Getränke ist gedacht. Wir lassen uns nicht lumpen!«

Mit allem Nachdruck stakt er hitzig hin und her!

Jürgen Gärtner ist schon abgemeldet. Er ist ein Nichts, der Bürgermeister alles. »An die Arbeit und mit Schwung!«

Dann schwillt der Singsang auf, der von den Hacken kommt und sich entfernt und langsam leiser wird.

»Was treibt Dreibrot?« fragt Wilm, »geht's ihm gut?« Sie haben sich in den Schatten des LKW gesetzt und verfolgen, mit welchem Eifer die Jungen zugange sind. Junge Menschen geben sich voll aus, stacheln sich gegenseitig an, spüren die Schwüle nicht, den Nadelstich der Sonne, sind unverbraucht und nicht zu halten.

Jürgen Gärtner kam sich überflüssig vor und war mit dem Motorrad davongerattert. Heute abend wird er Sichler ausstechen und eine Begrüßungsansprache halten. Er wird zeigen, daß er Herr der Lage ist. Seine dralle Birke sagt nicht selten: Laß dich nicht vom Fenster drängeln. Sichler ist drauf aus ... Er wird beweisen, wer er ist: ein Mann mit Bart, auch wenn sein Bärtchen nicht zum Fürchten ist! ...

Wilm hat den Eindruck, daß Käte ein wenig leichtfertig dahinschwatzt. »Dreibrot geht's wie immer. Heute morgen hat er sich geschnitten. Wurde plötzlich kreidebleich. Kann das Licht gewesen sein im Bad, ein gräßliches Licht!« Sie denkt kurz nach, meint dann herablassend: »Ich wußte gar nicht, daß mein Dreibrot Blut nicht sehen kann!«

»Blut konnte Dreibrot sehn. Hat die Kaninchen selber geschlachtet. Weißte das nicht?« Er blickt sie prüfend an. Sie zuckt mit den Schultern. Wilm hat recht! Hat den Rammler abgemurkst. Daß ihr das entgangen ist heut morgen? Durch den Schnitt kam die Schwäche nicht über den Mann.

Lästige Gedanken, wenn die Sonne strahlt und prahlt, die Junghasen vom ersten Wurf des Jahres ihre Haken durch die Rübenweite schlagen und die Rübenhacker narren ... Heute abend wird sie Dreibrot fragen, warum er käsebleich geworden ist ...

»Hannes sagt, ihr sollt verreisen. Urlaub machen, Kur!« Wilm will alles wissen. Was Dreibrot anbetrifft, ist Wilm die Neugier in Person!

»Im September!« Sie drängt sich an Sichlers Ohr und kichert: »Mach ich ihm zuliebe, Wilm! Ich brauche keine Kur. Ich bin gesund und munter!«

Wilm hat sie immer sehr gemocht, die Käte Dreibrot, besonders ihre grauen Spottaugen! Stets war sie geradezu gewesen, offen und ehrlich, was Sichler schätzt am Menschen.

Warum ihm plötzlich der Gedanke kommt, Käte hätte sich verändert, etwas Leichtfertiges ginge von ihr aus, kann er sich selber nicht erklären!

Er brummt nur noch: »Verwöhn ihn mal ein bißchen. Er hat's verdient! Das Leben hat ihn nicht verwöhnt!«

Er steht auf und wirkt schwerfälliger als sonst.

4.

Aus Gärtners Begrüßungsansprache ist nicht viel geworden. Meint Birke auch. Ein kleiner Hahnenschrei in später Stunde. Der rechte Hahn ist in der Frühe rege und schmettert hell sein Morgenlied.

Jürgen dagegen möchte sich als Spaßvogel versuchen, und es gelingt ihm nicht. Arbeiter- und Bauernmacht hieße nicht, daß der Arbeiter dem Bauern die Arbeit mache, doch gegen Helfer aus der Stadt wäre gar nichts einzuwenden. Mit Helfern dieser Art brächten sie die Ernte ein, auch ohne Gott und Sonnenschein ...

Birke war so geladen, daß sie die halbe Nacht mit dem stärksten Fahnenträger tanzte, einem Burschen aus den Möbelwerken, der dazu noch eine Gesangsstimme hatte, eine so tiefe und volle, daß selbst Alma kurz die Augen verdrehte ... Der liebe Gott kommt durch den Wald, auf der Chaussee ist's ihm zu kalt ... Das war eine Parodie auf ein russisches Volkslied und wurde zu einem heftigen Streitpunkt.

So darf man die Kunst nicht verhunzen, meinten die einen! Bekleckert euch nicht, die andren!

Da hatten sie längst das Frikassee weggeputzt und die dritte Vierteltonne Bier angesteckt auf Staatskosten.

Wilm schlichtete den Kunststreit, indem er sagte: »Die Melodie ist annehmbar. Den Text muß man verbessern!«

In Kunstfragen hat sich Wilm einen siebten Sinn bewahrt. Er haut selten daneben – wie gewisse andre Leute; Alma nicht ausgenommen ... Und da frag ich das Schicksal, warum nur, warum ... Das hat ihr mal gefallen! ...

Da ist Wilm der liebe Gott, der durch den Wald kommt,

noch erträglicher ... Kultur und Kunstfragen bleiben ein heißes Eisen. Tanzmusik ist was Reelles. ... Meine Rosa, Rosa, Rosa ist aus Böhmen ... Selbst das Holzbein zuckt bei Wilm. Er dreht die Extratour mit Alma. Es geht wie geleckt ...

5.

Katrin findet den Vater im Bad. Er war vom Badewannenrand auf die Fliesen gestürzt, mit dem Gesicht voran. Als sie ihn umdrehen wollte, begriff sie, daß er tot war. Sie flüchtete aus der Wohnung, ließ alle Türen offen und war nicht mehr zu bewegen, mit Trostheim in die Wohnung zurückzukehren.

Wer versuchte, sie zu trösten, ließ es sofort sein; denn sie starrte mit so großen, leeren, trocknen Augen vor sich hin, daß selbst Jannek nicht wagte, sie anzusprechen.

Er wich betroffen zurück.

Trostheim ging durch die Straßen, ohne sich zu beeilen. Er war nicht sonderlich aufgeregt. Das Leid brach bei ihm noch nicht durch, hatte sich tief eingenistet und schwelte unter der Oberfläche dahin. Er dachte nur: Vorbei. Ein Mensch ist tot, der mir lieb und teuer war ... Hätte er's verhindern können?

Ansonsten war er beschäftigt mit notwendig werdenden Entscheidungen. Der Tote muß auf schnellstem Wege aus dem Haus. Käte muß geholt werden. Das mache ich selbst. Olga hat Nachtdienst. Besser, ich ruf sie nicht an ...

Hannes dreht den Leichnam um. Die Augen lassen sich nicht mehr schließen, der Unterkiefer bleibt heruntergeklappt. Die Totenstarre ist vor vielen Stunden eingetreten.

Er holt ein weißes Bettlaken aus dem Wäscheschrank und breitet es über Dreibrot hin. Sonst verändert er im Bad nichts, selbst das Rasiermesser rührt er nicht an. Aber das Licht löscht er und schließt die Wohnungstür ab.

Er holt den BMW vom Hof der Kreisleitung, den Fahrer ruft er nicht an. Er fährt selbst.

Im Dorf ist das Fest auf dem Höhepunkt, alles singt und tanzt, und Alma brät Buletten, weil das Tanzen hungrig macht. Sie entdeckt Hannes zuerst und winkt ihn freudig heran.

Er hatte den Wagen absichtlich vor der Freitreppe abgestellt, war die zweihundert Meter zur Festwiese gelaufen, sogar kurz auf das Käuzchen hat er gelauscht. Es blieb rege trotz des vielen Lärms! Er ging dann zügig weiter, wie immer, nur die letzten paar Meter fielen ihm schwer.

Die Musik zerrte an seinen Nerven, rissen sie wund. Der Geruch der bratenden Buletten legte sich beklemmend auf seine Brust.

Plötzlich war das Leid in ihm kein Schwelbrand mehr, es loderte auf und ließ ihn taumeln.

»Was haste denn, Hannes? Und Olga bringste gar nicht mit!«

Sie will ihm eine Bulette geben, ein Bier, aber irgendwas hindert sie daran, eine seltsame Scheu. Sie sucht mit ängstlichen Augen nach Wilm. Der hält sich am Bierglas fest und schwankt beträchtlich. »Soll ich ihn holen?«

Als er dann vor Hannes steht und mottig werden will, redewütig, sagt Hannes wie erstickt: »Laß sie feiern, Wilm. Dreibrot würde sagen — laß den Menschen ihre Freude ...« Er schluchzt bitter auf, er wendet sich ab und sein harter Rücken zuckt wie im Krampf.

Es sieht aus, als wär Wilm vor Schreck gealtert.

Aber tot ist er nicht, denkt Wilm und schließt die furchtbare Wahrheit aus, will sie nicht annehmen. Er ist nun völlig nüchtern, wie weggeblasen der Rausch. Er irrt zwischen den Tanzenden umher, findet endlich Käte Dreibrot bei Jürgen Gärtner und zieht sie wortlos mit sich fort. Er schickt sie zur Freitreppe und sagt: »Du mußt gleich zurück!«

Hannes bleibt stumm, auf der Rückfahrt sagt er kein Wort. Er ist nicht in der Lage, Kätes Arm zu berühren. Sie ist ihm unheimlich und fremd. Er weiß nicht, ob er ihr je verzeihen kann!

Sie ahnt während der ganzen Fahrt, was geschehen ist. Sie weiß mit Sicherheit, daß Dreibrot gestorben ist. Bis jetzt weiß es ihr Kopf. Wenn's das Herz erst weiß, wird sie Trauer empfinden, Scham, Reue. Ein Gefühl lastender Schuld wird sie plagen. Lange wird es so sein!

6.

»... Laßt den Menschen ihre Freude ...« Das hat sich festgesetzt bei Wilm. Das ist wie ein Gesetz, das man befolgen muß. »Frag nicht, Alma ... Ich sag kein Wort!«

Doch irgendwas muß doch gewesen sein! Ein neuer Putsch, ein Unglück andrer Art? Dann würde Wilm den Tanz beenden, sofort Schluß machen und alle nach Hause schikken!

Wilm stakt davon, so rasch, wie er's vermag. Wenn ihn einer anredet, spricht er mit schwerer Zunge. »Nutzt die Zeit, bald wird der Zapfenstreich geblasen!«

Na, der Bürgermeister hat ein Glas zuviel!

Ach, Menschen, wo denkt ihr hin. Der Mann ist stocknüchtern und wund inwendig, todwund. So war er, als Janne ging und Weihmann folgen mußte ... Doch er hält durch bis zur Polizeistunde und läßt den Menschen ihre Freude ...

7.

Sie hat ihm gleich gefallen. Er war schüchtern gewesen, sie aber resolut. Hat ihn bei der Damenwahl geholt, geschnappt, hat sofort gespürt, daß er ein ungeübter Tänzer war, hat ihn aber geführt, seine Verkrampftheit gemildert und ihn immer wieder geholt.

Er wird ein flotter Tänzer werden!

Dann ist eine Tanzpause. Nachtmahl mit Buletten.

»Zeig mir den Bach!«

Im Bach spiegelt sich der abnehmende Mond. Uschi hat die blaue Bluse ein Stückchen aufgeknöpft. Da hatte Egon Schuster schon den ersten Hintergedanken.

Eine üppige Stadtpflanze mit einem Rock, der locker sitzt!

Bei seinen flüchtigen Begegnungen mit Mädchen hat immer der Zufall eine Rolle gespielt. Zwei-, dreimal, und man war sich fremd.

Karnickelliebe, Hundezeit!

Er hatte keinen Grund, besondere Erinnerungen an Gewesenes zu verschwenden. Es waren immer Erlebnisse, die diesem Wort hohnsprechen …

Er sagt: »Was machst du, wenn du nicht singst und nicht tanzt?«

»Postfacharbeiter. Käte Dreibrot hat mich angelernt. Sind gut zu mir, auch Dreibrot, wie ein Vater!«

»Haste keine Eltern?«

»Mutter ist tot. Vater blieb vermißt. Wir hatten das Kino am Marktplatz!«

Durch die nächtliche Stille dringt Gelächter von der Festwiese her. Es scheint ein Auto abzufahren. Egon verfolgt die Schweinwerfer, die sich durch die Wiesen tasten.

Er hat noch die leichte Sommerjacke über die Schultern gehängt. Die nimmt er nun ab, breitet sie aus. »Setz dich drauf … Im Kino war ich früher oft … Jud Süß … Feinde … Goldne Stadt … Ohm Krüger … alles gesehn. Dich hab ich nie gesehn!«

»Hast eben nicht aufgepaßt. Bist du Bauer?«

Sie hat sich auf die Jacke gesetzt. Er soll nun das gleiche tun, sich neben sie setzen … Und dann?

»Wir sind starke Einzelbauern«, sagt er. »Vater, Mutter und ich. Genossenschaft ist für Vater nicht drin!«

»Und für dich?«

»Das Sagen hat der Vater!« Ein schmerzliches, verwirrtes Lächeln gleitet über seine Lippen. Er möchte ihr alles sagen, nichts verschweigen.

Woher das Verlangen kommt, einem fremden Mädchen zu beichten, prüft er nicht nach. »Bin ein gebranntes Kind … Hab eingesessen, sieben Jahre lang!«

Während er das sagt, beobachtet er sie genau.

Zuckt sie zusammen?

Nein, sie sitzt, ohne sich zu rühren, weicht nicht zurück.

Er hat manches erlebt und gesehen, doch so ein beherztes Mädchen noch nicht. Ein blondes Wunder – oder so …

»Warst du unschuldig?«

»Schuldig!«

»Was war's?«

Nun wird sie sich trennen von mir, denkt er. Er kennt das schon. Sie wird nichts mehr wissen wollen von seiner jähen Zuneigung zu ihr. Sie wird sich abwenden, er wird ihr zuwider sein. Alles wie gehabt. Aber er beichtet alles.

»Es zittern die morschen Knochen ... Wildgänse rauschen durch die Nacht ... Das war meine Welt ... Eine Mine, die ich eingrub, brachte einen Menschen um ... Jupp Keuner!«

Sieht er Kummerfältchen um ihren Mund?

Hat sie die Augen niedergeschlagen?

Bleibt sie stumm?

Knüllt sie das Taschentuch zwischen den Fingern? ...

Vielleicht ist sie eine komische Nudel; denn sie tut nicht das, was man erwarten müßte. Sie sagt: »Wie heißt du eigentlich?«

»Egon Schuster!«

Plötzlich hallen Rufe bis zum Bach. »Uschi – wo steckst du?«

Egon senkt den Kopf und schweigt. Er würde mit dem rechten Arm ihre weichen Schultern umspannen und sie nicht weggehen lassen. Obwohl er einen Abstand hält zu ihr, spürt er die Wärme ihres Körpers, atmet er den Duft ihres Haares ein. Er fragt leise: »Willst du nicht gehn?«

»Warum?« flüstert sie kaum hörbar.

»Was willst du dann?«

»Hier sitzen, bei dir. Alle Sterne zählen.«

Sie will, daß er sie nun küßt, sie fest umarmt und, wenn's geht, nie wieder losläßt.

Sie hören, wie der Lastwagen davonfährt. Sie hören die Jungen singen ... Hoch auf dem gelben Wagen ...

Er sagt dann: »Sie werden dir sehr böse sein, Kino-Mädchen!«

Sie zieht seinen Kopf an ihre Brust. »Ich denke, es war gut, daß wir uns trafen. Es war die richtige Stunde, der richtige Tag!«

Daß er sie vor kurzem eine ›komische Nudel‹ nannte in seinen Gedanken, kann er sich kaum verzeihen. Er wird ihr das mal erzählen, aber nicht gleich ... Komische Nudel ... War er wirklich blind? Und wofür verdient er soviel Glück?

Er hebt sacht ihren Kopf an und lächelt ihr zu. »Ich danke dir!«

»Wofür denn?«

»Für alles!«

»Es ist doch noch nichts geschehn!« Sie hält ihm den Mund hin …

Als sie sich trennen, kommt schon die Morgendämmerung herangeschlichen. Das Frührot über den dunklen Wäldern sieht verwaschen aus, doch das will noch nicht viel bedeuten.

8.

Was hat Dreibrots Leben so verkürzt, so jäh enden lassen? Darüber wird zu reden sein, denkt Hannes, der die schwere Pflicht hat, Worte des Gedenkens zu sprechen.

Er blickt in die vielen vertrauten Gesichter, sieht Wilm, Alma, die Dreibrots in tiefem Schwarz: Käte, Katrin, Uschi … Die Seinen sieht er: Olga, Jannek, Halka …

Die Buchen rauschen im sanften Wind … Unsterbliche Opfer … Der Weg führt bergan. Vor dem Urnengrab bilden sie einen Halbkreis. Es stellen sich keine Bilder ein bei Hannes, keine Erinnerungen tauchen auf, er fühlt sich matt und wie ausgelaugt.

Er streift Käte Dreibrot mit einem prüfenden Blick. Der Tod hat ihr einen derben Stoß versetzt. Das sieht man nun. Sie kann sich nicht verstellen!

Sie wagt nicht, Katrin und Uschi einzuhaken. Sie steht wie ein Pfahl da, reglos und schwarz, ein schwarzer Pfahl auf einer Wegscheide!

Er reißt sich von ihrem Anblick los, tritt vor und sagt mit belegter Stimme, hört seine eignen Worte hallen im Ohr. »Lieber Wilhelm Dreibrot. Wir werden ohne dich nicht allein sein, das nicht. Aber du wirst uns fehlen. Du, der Landbriefträger, der Schicksalsbote, der erste Landrat nach dem Mai, der Mensch an unsrer Seite, der Kommunist — nach einem langen, langen Weg. Wir danken dir für alles …«

Er hätte nicht mehr sagen dürfen. Es war das Maß, das

Dreibrot zustand, dem Schweigsamen, dem Gefährten ... Später, unter den rauschenden Buchen, bemerkt er, wie Jannek Katrins Hand krampfhaft festhält.

Da wurde Hannes abermals bewußt, was das Wort bedeutet: Vorbei ... Er geht auf die Kinder zu, umfaßt ihre schmalen Körper mit beiden Armen und sagt, obwohl er's genauer weiß: »Er lebt weiter!«

Nein, vorbei ist vorbei, kein Laut dringt zu ihm, kein Lied, nicht das Rauschen der Buchen. Mach den Kindern nichts vor. Laß sie weinen und vermeide es, sie zu trösten!

Wir werden eine Straße nach ihm benennen, eine Schule, einen Platz vielleicht. Wir werden oft von ihm erzählen, aber er ist tot!

Später, wenn wir nicht mehr sind, werden die Straße, die Schule, der Platz immer noch seinen Namen tragen; aber es werden immer weniger wissen, wer Dreibrot war: Ein Landbriefträger und der erste rote Landrat nach unserm Mai.

Sag nicht: Er lebt weiter! Lüg die Kinder nicht an!

Hannes sucht nach Olga, die er dringend braucht. Er findet sie bei Wilm und Alma. Er versucht sogar zu lächeln!

Fünftes Kapitel

1.

Als sie Wilhelm Dreibrot die letzte Ehre erwiesen, stand Martin Leichner in der hintersten Reihe, und niemand sah, daß über seine hageren, bartlosen Wangen ein paar Tränen liefen. Er hat sich dann der Tränen geschämt, hat sie zornig abgewischt mit dem Taschentuch und war, als die letzten Takte der ›Internationale‹ verklangen, sofort davongegangen mit den gewohnt auftrumpfenden Schritten.

Er hatte in seiner kleinen Junggesellenwohnung, die nur aus Küche und Stube bestand, kein Bad besaß, der Abort stand hinten auf dem Hof, nach seiner Vermieterin gerufen, einer stadtbekannten, fraglichen Schönheit, und hat sie gebeten, daß sie ihm Gesellschaft leiste. Es wär ihm nach einem Schnaps und einem Bier …

Luise, so heißt die Hübsche, die tadelsfreie Waden besitzt und einen Busen, den man schwerlich übersehen kann, muß denken: Es hat sich einer abgekehrt von seinem Glauben.

Doch sie ist bereitwillig und opferbereit. Er gibt ihr Geld, und sie schafft ran. Doch zeigt sich bald, daß Martin Leichner wenig Stehvermögen hat. Schon nach der dritten Runde nickt er ein.

Mönche sollten lieber Wasser trinken, meint Luise, nimmt mit, was noch geblieben ist, und holt sich lustige Gesellschaft in das Haus.

Martin wundert sich morgens nur, daß ihm Luise keinen

Kaffee kocht; denn das hat sie stets getan. Da war sie zuverlässig wie nur irgendwas, auch über seine Wäsche konnte er sich nicht beklagen, die Hemden bügelte sie einwandfrei, selbst die Schlipse suchte sie ihm aus.

Heute morgen allerdings ist sie die reinste Schlampe!

Er klopft nicht an die Wohnungstür. Er wird ihr heute abend seine Meinung sagen. Kaffee ist im Mietspreis einbegriffen. Ordnung sollte sein, schöne Frau Luise!

Manchmal wird Martin Leichner bewußt, daß er ein freudeloses Leben führt. Beim genaueren Hinsehn begreift er, daß er nur noch in der Arbeit die Erfüllung findet. Sein Platz ist an der Klassenfront. (Bei den andern etwa nicht?) ...

Hat es in seinem Leben überhaupt etwas wie Glück gegeben?

Die Frau hatte sich scheiden lassen, als er im Zuchthaus saß, im vierten Jahr seiner Einzelhaft. Da hatte sie es nicht mehr ausgehalten. Es dauerte keine zehn Minuten, und sie war frei. Sie war auch so eine Luise gewesen. Ein mannstolles Weib.

Sie hatten einen Sohn, und Martin zweifelt daran, ob es auch der seine sei. Er hat sich nie wieder nach diesem Sohn erkundigt. Er muß fast annehmen, sie hat ihm den Bengel untergeschoben!

Ein fremder Vogel im Nest.

Hatte er diese Luise begehrt? Wenig, fast kaum! Er hätte gut und gerne ohne sie leben können. Aber sie hatte eben auch seine Hemden gewaschen, seine verschwitzten Socken und die blauen Schlosseranzüge geflickt. Denn da war er genau: blaue Schlosseranzüge mit Dreiangeln und Löchern, Peinlicheres konnte sich Leichner kaum vorstellen.

Sie steppte akkurate Flicken auf seine blauen Schlosseranzüge.

Sonst bezog er sie nicht ein in sein sonstiges Leben, das Kampf war, Streik, rasender Haß gegen die Ausbeuter, die verfluchten Geldsäcke. Er hätte ihnen allen die Hälse umdrehen können.

Wenn ihm die Genossen sagten: du mußt lernen, Martin, unsere Strategie und Taktik begreifen, wurde er fuchsteufelswild und schrie sie an: »Das Leben ist mir Schule genug, der Feind steht rechts, ich stehe links!«

Er war dann auch für illegale Arbeit kaum zu gebrauchen. Er flog bald auf. Er durchlitt schreckliche Qualen unter der Folter. Aber er schwieg. Verriet nichts und keinen. Er hätte sich die Zunge selber aus dem Mund gerissen. Er spürte immer genauer, wie ihm der unbändige Haß einen festen Panzer verlieh. Er wurde unverwundbar in seinem Haß.

Reicht aber Haß aus?

Darüber legte sich Leichner keine Rechenschaft ab. Daß der Mensch auch lieben muß, wenn er nicht verdorren soll, würde er sofort in Frage stellen. Das würde er abtun als eine unerquickliche Rührseligkeit, eine Sache unter seiner Würde ...

2.

Um neun Uhr findet in der Kreisleitung Panitz eine Sekretariatssitzung statt. Hannes Trostheim eröffnet und spricht als erster. »Dreibrots Tod hat uns getroffen. War er abwendbar, Genossen? ... Warn wir sorglos? Haben wir Dreibrots Worte ernst genug genommen? ... Das ZK versandte einen Brief an alle Bezirks- und Kreisleitungen. Um den Schutz der Kader geht's. Es wird gewarnt vor barbarischem Verhalten gegenüber der eigenen Gesundheit ...«

Unerwartet für alle steht urplötzlich Martin Leichner auf und sagt: »Ich bin schuld, Genossen. Ich hab ihn in den Tod getrieben!«

Warum klagt er sich so maßlos an? ... In den Tod getrieben! ... Hannes blickt grimmig vor sich hin. Ich werde ihm das Wort entziehen ...

»Du hast jetzt nicht das Wort, Genosse Leichner, kannst dich später melden und zur Sache sprechen ...« Dann fährt er unbeirrt fort: »Wir alle dulden dieses barbarische Verhalten, an uns, an anderen. Wir lassen zu, daß Dreibrot über seine Kräfte lebt, ohne Ruhepause, immer in den Sielen. Wir waren disziplinlos wie nur irgendwas ... Wir glauben, wir müssen uns aufopfern. Das müssen wir auch, Genossen. Aber wir müssen auch leben, alt werden, sonst sind wir vor dem Ziel am Ende. Wir müssen besonnener werden. Es ist einfach Zeit, daß wir ruhiger nachdenken ... Das wollte ich sagen. Das sind wir Wilhelm Dreibrot schuldig ... Solchen Dreibrots vor allem ...«

Nach dieser für ihn unannehmbaren Ansprache verspürt Martin Leichner kein Verlangen mehr, das Wort zu ergreifen. Wie ein Pastor, dieser Erste, fehlt nur, daß er sagt: wir müssen uns hinterm Ofen verkriechen, die Filzlatschen anziehn und auf besseres Wetter warten. Schön alt müssen wir werden und unsre Kräfte schonen. Inzwischen dreht uns der Klassenfeind die Hälse rum. Macht man so weiter! ...

Er verließ sofort den Raum. Es hätte geschehen können, daß er sich vergißt und eine Parteistrafe fängt, die sich gewaschen hat ... Dreibrots Tod warf allerhand Schatten voraus. Die Partei zog Lehren. Für Leichner aber – wie gesagt – unannehmbare ...

Nach dem Sommerurlaub, den Martin Leichner höchst überflüssig fand und den er doch nehmen mußte, weil die neuen Vorschriften so lauteten, kehrte er nicht nach Panitz zurück. Er hatte gebeten, in Hohenburg eingesetzt zu werden, weil er – wie er schrieb – mit dem Ersten in Panitz nicht mehr arbeiten konnte.

Die Partei entsprach seinem Wunsch. Er wurde kurze Zeit Mitglied der Bezirksparteikontrollkommission, später leitete er das Parteiarchiv der Bezirksleitung. Dann verlor Hannes ihn für lange Zeit aus den Augen. Es hieß, er wäre krank, hätte sich völlig abgekapselt und ließe sich von keinem betreuen, belehren schon gar nicht ... Ende der sechziger Jahre aber wird Hannes Trostheim noch einmal auf Leichner treffen. Es wird ihre letzte Begegnung sein.

3.

Lieschen Schuster ist voller Ungeduld, sie stellt Becher mit Milch auf den Küchentisch, Kaffeetassen, Eßbestecke und kann sich nicht lassen vor Unmut. Ihr Mann und Gatte ist ein

Schlappschwanz, kratzt sich den Bart ab und hat kein Kreuz, keinen Hintern in der Hose. Warum schlägt er nicht mit der Faust auf den Tisch?

»Ohne Kirche, ohne Fete. Wir haben nur den einen. Zu mehr hat's nicht gereicht bei dir. Ich hätte fünfe haben können!«

»Nicht so laut, sie schlafen noch!«

Leise soll sie sein. Allen Essig soll sie schlucken. Sie denkt nicht dran.

Sie war immer eine beherzte Person, ist einen halben Kopf größer als er, ihr Mann, und hat mindestens soviel zu sagen wie er. »Legen sich zusammen, fragen nicht. Zeiten sind das! Wir haben's auch probiert und haben's auch gekonnt. Aber wie die schamlos sind! Hat er die im Knast gelernt, die wilden Sitten? Bei uns hat er das nicht gelernt!«

Durch den Spiegel sieht er sie hantieren. Ehrlich gesagt: Sie nervt ihn!

Er möchte seine Ruhe haben, sie aber hat den großen Rand.

»Denk nach, Frau!« Er trocknet seine Wangen ab, reibt sie ein mit etwas Scharfem – sind sie gutgestellte Leute oder nicht? – und zieht den Riemen fest. Dann sagt er umständlich und setzt sich an den Frühstückstisch. »Hat früher einer sitzen müssen, hatte er den Knacks fürs Leben, kam er nicht mehr hoch. Egons Lebensweg geht grade weiter, und das Mädchen paßt zu ihm, frisch und rege, keene linken Hände hat sie, sauber und adrett, ein patentes Menschenkind. Eine beßre kriegt er nicht. Gibst du mir da recht?«

Sie denkt nicht dran, was zuzugeben. Eine Hochzeit will sie haben, eine echte Bauernhochzeit mit allem Drum und Dran.

Er blickt sie an und weiß, was sie erwartet. Ihm würde eine Bauernhochzeit auch gefallen. Es fehlt an nichts. Sie könnten Kutschen mieten, Musiker holen aus der Stadt. Die ›Freien Spitzen‹ flutschen. Aber darf man junge Menschen zwingen?

»Meinen Segen haben sie«, sagt er und leckt das Messer ab. Den hat sie sich nun angelacht vor fünfundzwanzig Jahren. Wo hat sie ihren Kopf gehabt. Der blamiert sich vor der Schwiegertochter bis aufs Hemd …

Es gibt ein anderes Problem für Karl-Heinz Schuster, den wirtschaftsstarken Mittelbauern von Güterlohe. Wenn die jungen Leute keine Hochzeitsfete mögen, wenn sie's partout verpönen, hat es einen tiefen Sinn, den Lieschen nicht begreift. Es ist die alte Schuld, die seinen Jungen drückt, und hat politisches Format.

Jeder weiß in Güterlohe, wann die Minen hochgegangen sind. Als die Doppelhochzeit war bei Wilm und Alma, dem Hannes Trostheim und der Olga Unterberg. Alma hat den Putenbraten weggeschenkt, den Kuchen, das Flaschenbier und allen Schnaps. Es war zum Hochzeitmachen keine Stimmung mehr.

Kann ein Junge, wenn er ehrlich ist und offen, wenn er mehr begriffen hat als seine Mutter, ein ganzes Dorf brüskieren? Darf er nicht! Das ginge wohl zu weit!

Uschi bläst natürlich in sein Horn. Erstens hat sie Trauer wegen Dreibrot, zweitens schätzt sie Trostheims sehr, drittens ist sie in der FDJ, viertens aus der Kirche raus, fünftens weiß er nicht mal — ob sie nicht Genossin wird, vielleicht schon ist ... Es wäre eine ganze Latte aufzuzählen, viel Unwägbares spielt hinein. Das meiste mag er Lieschen gar nicht sagen; denn die dreht schnell mal durch ...

Für ihn, den Karl-Heinz Schuster, gilt der Grundsatz: Den Schwachen kann ich treten, den Starken meide ich ...

Er ist der wirtschaftsstarke Mittelbauer! Kommt die Schwiegertochter auf den Hof, hat er gute Aussicht, daß er's bleibt. Er will sein eignes Weib nicht unterschätzen, doch Weitsicht ist des Hausherrn Amt und Pflicht.

Er geht mit seinem Weibe viele Wege, doch über alle Brükken geht er nicht ...

Das ist das Ergebnis langen Nachdenkens, ist die Bilanz, die er gezogen hat. Unterm Strich sieht's nicht nur rosig aus, aber schwarz, verheerend keinesfalls. Auf Rosen wird der Mensch im Tod gebettet.

Das hat ihm schlicht das Leben beigebracht!

Seine Frau wird manches anders sehn, dafür ist sie eine Frau, ein schwaches Geschöpf — und eine olle Meckerziege dazu ... Es macht ihm nicht das Geringste aus, die Schwiegertochter, die flotte Kino-Dame, gebührend zu begrüßen. »Habt ihr gut geschlafen, meine Liebsten, habt ihr einen schönen Traum gehabt?«

Lieschen geht mit strengem Gesicht umher. Sie kann sich nicht erinnern, daß er sich bei ihr mal so aufgeführt hat: Hast du gut geschlafen, hast du einen schönen Traum gehabt ... Ihr hat er ... wenn's hoch kam – das Bettdeck weggezerrt – und ihr einen sonstwohin geklatscht. Und selbst das hat er sich abgewöhnt seit Jahren.

Schusters Schritt ist fest und selbstsicher, führt die Schwiegertochter auf ihren Platz und sagt: »Da wirste immer sitzen!«

»Morgen decke ich den Tisch«, sagt Uschi und bildet sich wohl ein, der Schwiegermutter damit zu gefallen. »So lange schlafen wir sonst nicht!«

Für Lieschen Schuster können sie sich so lange im Bett suhlen, bis sie riechen! Sie wird die beiden nicht aus ihren Liebesträumen wecken. Sie hat ihren Frauenstolz; daß sie eifersüchtig ist auf ihren Sohn, verschweigt sie wohlweislich.

»Grollst wie eine ferne Brandung«, knurrt Egon, der Sohn. »Sag, was dir nicht paßt!«

Alles paßt mir nicht, denkt Lieschen, gießt aber Kaffee ein und fragt Uschi, ohne einen Blick auf sie zu werfen: »Mag das Fräulein Eier?«

»Wie sind sie denn?«

»Weich!«

»Dann sind sie grade richtig, Muttchen!«

Lieschen Schuster hört nicht schwer. Muttchen! Will mich gleich zur ollen Schachtel stempeln. Muttchen! Die Zunge kann sie sich lahmreden. Von meiner Seite kommt kein gutes Wort.

Sie setzt sich an den Tisch.

Bauer Schuster hat ein klares Ziel vor Augen, als er nun erklärt: »Bei Bauersleuten, kommt die Schwiegertochter in die Küche, das erste Mal, muß sie gleich das große Messer schärfen, das zum Brotanschneiden. Nur sanfte Frauen können das Geräusch ertragen. Frauen voller Niedertracht lassen bald das Messer fallen. Wolln wir sehn, wie's dir gelingt!«

Prüfungen sind dazu da, daß sie bestanden werden!

Uschi springt sofort auf. Sie schleift das Messer auf dem Steintopfrand. Wohl zucken ihre langen Wimpern. Doch das Messer hält sie fest. Sie reicht es schnell der Schwiegermutter hin. »Ist es scharf genug?«

»Es geht!« Mehr Anerkennung kann man nicht verlangen von einer Mutter, die den Sohn verliert. »Grade so!«

»Ich danke!« Sie strahlt die Schwiegermutter an und setzt sich wieder hin.

Noch einmal wirft Karl-Heinz Schuster seiner Frau einen mißbilligenden Blick zu. Kannst du wirklich keinen Frieden schließen? Mußt du unsre frohe Stimmung trüben? Willst du unbedingt mit dem Kopf durch die Wand? Die Schwiegertochter ist wie ein Geschenk! Mehr war – weiß Gott – nicht zu erwarten. Bringt frische Luft ins Haus! ...

Er klatscht mit der flachen Hand auf die Tischplatte und ruft unwiderruflich: »Einen durch und durch verdorbenen Charakter hat diese Schwiegertochter nicht! Das bleibt mein letztes Wort in dieser Sache. Ich hoffe, daß das reicht!«

Jetzt hat er auf den Tisch gedonnert, denkt Lieschen, aber an der falschen Stelle hat er Krach gemacht. Doch sie wagt nicht, dem Mann zu widersprechen. Es entsteht eine seltene Stille in der Küche. Nur das Wasser singt im Kessel, und träge, schwarze Fliegen spazieren übers angeschnittne Brot.

4.

Zum vierten Gründungstag der Republik wird in Berlin eine Amnestie erlassen. Als Hannes Trostheim darüber informiert wird, erfährt er über die Bezirksleitung, daß auch Sieglinde Zahn begnadigt wird. Als er sich ein wenig beruhigt hat, denkt er sachlicher darüber nach, bleibt aber den ganzen Tag in gereizter Stimmung ...

Warum, verdammt, haben sich je unsre Wege gekreuzt, warum! ...

Am Abend spricht er sich mit Olga aus, hofft, daß sie ihn überraschen könnte mit neuen Einsichten, die ihm möglicherweise versperrt werden, weil er nach wie vor befangen ist.

Doch Olga vermag nur das eine zu sagen: »Es ist Gras darüber gewachsen, Hannes. Nimm's hin, wie es ist!«

Sein Einwand, daß Menschen glauben könnten, er hätte eine begünstigt, die indirekt schuld ist am Tod seiner ersten Frau, weist sie spontan zurück. »Erstens würde es dir keiner unterstellen, zweitens«, sagt sie überzeugt, »haben die Verantwortlichen sicher das Für und Wider sorgsam abgewogen. Ich denke: die Entscheidung ist gerechtfertigt – nach allem, was war. Und wie sich Sieglinde Zahn im Juni entschied, das zählt auch. Das darfst du nicht vergessen!«

Später überrascht er Olga mit einer Überlegung, die sie auch nachdenklich stimmt. Sie kann sie nicht von der Hand weisen. »Wenn es mir gelänge«, sagt er, »sie dahin zu bringen, wo sie eigentlich hingehört, zu ihrem Sohn Siegfried, dem alten Fliegerhelden, mir wäre leichter ums Herz, Olga. An dem hing sie besonders, war ihr Lieblingssohn und wird es bleiben. Was soll sie hier – ich bitte dich! Wo soll sie einen Platz finden bei uns ... Und immer wieder liefe sie mir übern Weg, nicht auszudenken. Würde mich anstarren – wie damals, ihre Blicke würden sagen: Aber deinen Sohn Jannek haben wir behütet, der ist nicht zu Schaden gekommen. Dafür haben wir gesorgt, daß dem Sohn kein Leid geschah ... Das haben ihre Blicke gesagt, als wir kamen mit dem Panzer, Edwin und ich! ... Ich würde, sag ich dir ehrlich, Edwin meiden müssen. Ich kenne mich, Olga. Die Freundschaft ginge kaputt, eine Freundschaft, die soviel gekostet hat!«

Hannes wurde dann immer erregter, und Olga wagte nicht, ihn zu unterbrechen.

»Sie soll in drei Teufels Namen begnadigt werden, soll ihren Lebensweg zu Ende gehn, aber nicht bei uns!« Er braust plötzlich auf und schreit fast: »Über diesen Schatten komm ich nie!« Ganz hilflos, ganz ungewöhnlich für diesen beherrschten Mann, preßt er seinen Kopf in Olgas Schoß und seufzt bitter auf.

Er ist verzweifelt!

5.

Was mache ich, denkt Olga, wie kann ich ihm helfen? Sie entschließt sich, kurzerhand zu Ulrike zu fahren. Sie kann Ulrike natürlich nicht sagen: Paß auf, deine Schwiegermutter kommt bald frei. Seid ihr bereit, sie aufzunehmen? Oder meint ihr auch, daß es günstiger wäre, sie ginge zu Siegfried nach Westberlin oder wo er sich aufhält ...

So darf sie nicht reden vor Rike; denn sie weiß etwas, was noch geheim ist, was sie eigentlich nicht wissen darf ... Sie hatte vor Wochen ein Gespräch mit Ulrike gehabt. Es war ein Sonntag gewesen. Die Männer waren zum Angeln auf den See hinausgerudert. Der Aal lief gut. Es war schwüles Wetter, da läuft er immer nicht schlecht.

Die Männer hatten noch am gleichen Tag geräuchert, es wurde ein wahrer Festschmaus. Aber Olga hatte das erste Mal gespürt, daß sie eine Galle besitzt, und war seitdem vorsichtig mit geräuchertem Aal.

Während die Männer unter sich blieben, hin und wieder einen Schluck nahmen, lenkte Ulrike das Gespräch geschickt auf Sieglinde Zahn und ließ durchblicken, daß sie Edwin gebeten hatte, mit Hannes noch einmal über Sieglinde zu sprechen; aber wie sie Edwin kenne, hat er gewiß keine Anstalten gemacht, das Gespräch mit Hannes zu suchen.

Daran knüpft Olga an bei ihrem Besuch in Rehfeld. Sie sitzen auf der Terrasse und trinken Kaffee.

Die Buchenblätter bluten schon, die ersten Keile wilder Gänse sind heimgekehrt, die Kraniche rüsten sich zu weiter Reise, die Schwalben sind längst weg. Warmer Wind atmet den Frauen ins Gesicht.

»Gesetzt den Fall«, sagt Olga, »deine Schwiegermutter kommt mal frei ...«

»Hat Edwin doch mit deinem Mann gesprochen?« Rike kann das fast nicht glauben und ist sonderbar erregt. »Ich dachte immer, lieber beißt er sich die Zunge ab!«

»Er hat nicht mit Hannes gesprochen, Ulrike. Ich wüßte es bestimmt ... Für mich steht die Frage: Wo würde sie hingehen – zu euch, zu Siegfried?«

Ulrike denkt lange nach, dann meint sie: »Ihre Bindungen zu Siegfried waren immer fester. Aber wie sie heut entscheiden würde – weiß ich nicht. Und es steht nicht zur Debatte, Olga – warum sich seinen Kopf zermartern über Dinge, die nicht zu entscheiden sind. Noch hat sie sieben Jahre abzusitzen ...«

Sie sprechen dann über Belangloses. Obwohl Olga Rike mag, mit ihr gern zusammensitzt, fühlt sie heute, daß sie sich ungeschickt verhalten hat, daß es überhaupt sinnlos ist, etwas so Vages zu erörtern!

Das menschliche Herz trifft seine Entscheidungen, im voraus ist Genaues nicht zu sagen ...

Bei Hannes bemerkt Olga über Tage hinweg eine Gereiztheit, die ihn befällt, wenn er uneins ist mit sich. Er hat, was er Olga verschwieg, dem Gericht empfohlen, daß Siegfried die Mutter abholen und über die Grenze bringen solle. Das Gericht hatte nach eingehender Beratung seinem Vorschlag zugestimmt. Es schien für alle Beteiligten eine annehmbare Lösung zu sein.

6.

Sieglinde Zahn trägt den leichten Staubmantel. Sie hat ihn offengelassen, trägt das verschnürte Bündel fest in der rechten Hand und fühlt sich geblendet von dem grellen Herbstlicht.

Es ist Altweibersommerwetter. Graue Fäden schweben durch die Luft. Eine Jahreszeit, die sie beschwingt gemacht hat früher.

Sie ritt aus. Das Heidekraut blühte. Das Rotwild war rege. Die jungen Hirsche schrien rund um die Uhr. Die alten meldeten selten, doch mit zornigem Ruf, als wollten sie die jungen Heißsporne ermahnen, im Walde manierlich zu sein. Zuweilen krachten schwere Geweihe aufeinander. Es hörte sich an, als würde Langholz verladen.

Sie saß dann reglos im Sattel. Der Araberhengst spielte mit den Lauschern. Und Sieglinde dachte erregt: Warum kommt Siegfried nicht und erlegt den reifen Hirsch? Nächstes Jahr hat er zurückgesetzt, der Kapitale!

Einmal sah sie einen durch die Buchen ziehn, der trug Kronen zwischen seinen Stangen – wie Kartoffelkörbe groß. Ein Erntehirsch für Siegfried Zahn. Doch der Jäger war im Krieg, in den Wolken jagte er dahin …

Sie biegt um die Ecke, und da wartet er, ist nicht gealtert, ist semmelblond wie immer, ziemlich klein von Wuchs, mehr der Schlag des Vaters, trägt einen gelblichen Kordanzug, ein dunkelbraunes Hemd dazu. Knickerbockerhosen, natürlich die passenden Sportstrümpfe und Schuhe mit schweren Kreppsohlen. Als würde sie Siegfried nicht kennen – bei ihm paßt alles zusammen. Der kleidet sich flott. Ein stattlicher Mann, ihr ältester Sohn …

Sie taumelt leicht. Es ist das grelle Licht, die jähe Freude, es ist das unbeschreibliche Gefühl, hingehen zu können, wo sie will, machen zu dürfen, was ihr beliebt, frei zu sein …

Er hat auch für die Rosen die richtige Farbe gewählt, nie würde er mit gelben Rosen kommen, nicht mit dunkelroten, er kommt mit rosafarbnen. Für Edwin wäre das egal, Rosen sind Rosen – würde er sagen. Siegfried sucht so lange, bis der Farbton stimmt.

»Um die Ecke steht mein Wagen«, sagt er. Er hat ihr die Rosen überreicht, das armselige Bündel abgenommen, sie auf die Stirn geküßt, flüchtig, in Eile. »Wenn du willst, wir können gleich!«

Es ist schön, daß mich einer abholt, denkt sie. Daß es Siegfried ist, gefällt mir auch. Und danke für die Rosen, mein Junge, herzlichen Dank!

Sie stehen schon vor dem Wagen. Sieglinde kennt sich bei Autos nicht aus. Bei Pferden wäre es leichter. Sicher ist es ein teures Auto, es blitzt, viel Chrom. Siegfried hatte immer das Beste vom Besten.

Er öffnet die Tür.

Sie muß ihn nun aufhalten; denn es wäre zu sagen, daß sie seit langem einen Entschluß gefaßt hat, seit Jahren eigentlich schon. »Es ist so, Siegfried, ich kann nicht mit dir fahren. Das geht nicht!«

Trotzdem wirft er das armselige Bündel auf den Hintersitz, will ihr die Rosen abnehmen, aber die läßt sie nicht los.

Sie hatte sich sorgsam gekämmt, den Scheitel grade gezogen. Der sachte Wind hat ein wenig Unordnung geschafft in ihrem weißen, noch vollen Haar. »Also, das geht nicht«, sagt sie.

»Wieso? Alles ist so abgesprochen!«

»Mit mir nicht, Siegfried, mit mir wurde nichts abgesprochen … Später vielleicht. Ich komme dich besuchen, sooft es geht. Aber erstmal muß ich zu Edwin. Rikchen wartet sicher auch – und Lutz!« Sie lächelt ihn versonnen an, eine müdgewordne, ältere Frau. »Der muß doch endlich seine Oma kennenlernen!«

Er möchte, daß sie sich erstmal in den Wagen setzt. Sie will das nicht. Sie muß nach Rehfeld, und es wäre nett, wenn er sie hinfahren würde, wenigstens bis zum Dorfeingang, es könnte nämlich sein: Er fürchte sich vor Edwin, glaubt wohl, der Bruder würde beißen. Doch beißen würde Edwin nicht, zum Beißen hat ein anderer geneigt – Siegfried, der hat die Zähne gefletscht, wenn er zornig war, als Junge schon …

Wie bringt er es fertig, die starrköpfige alte Dame ins Auto zu schaffen? Dann könnte er die Türen verriegeln und Gas geben und alles ginge wie geölt.

Es wird nicht lange dauern und Zaungäste stellen sich ein, Leute, die Maulaffen feilbieten, aufdringliches Gesindel, das einen Skandal wittert.

»Sieh mal, Mutter, eigentlich bist du nur freigekommen, weil … weil du mit mir fahren darfst. Sie schieben dich ab – als unerwünschte Person. Begreifst du das?«

»Wieso? Das begreife ich nicht! Ich bin ein freier Mensch. Das wurde mir gesagt. Die letzten Jahre hat man mir erlassen. Ich kann hier bleiben, ich kann mit dir gehen. Das ist mir alles freigestellt!«

Sie sieht, daß er aufgeregt auf der Unterlippe nagt. Sie will ihn beschwichtigen und sagt sanft: »Hör mir doch bitte zu. Ich gehöre jetzt zu Edwin, den ich mal verraten habe. Ich will gutmachen, was sicher niemals gutzumachen ist. Aber versuchen will ich's jedenfalls!«

Er könnte aufjaulen wie ein geprügelter Hund, einer, der

ganz zu Unrecht den Knüppel aufs Fell gebrannt kriegt. Sie leidet gewiß an einem Zellenkoller, ihre Sinne sind verwirrt!

»Mutter«, sagt er inständig, »bring mich nicht zur Weißglut. Wir müssen hier weg, und zwar gleich!«

»Du kannst doch fahren, Siegfried. Ich halte dich nicht auf. Gib mir das Bündel zurück. Ich laufe langsam los. Du brauchst mich nicht! Du hast dein Leben, deine Pläne. Du bist überall zu Haus, da muß ich mich nicht sorgen ... Um Edwin aber sehr!«

Er täuscht sich nicht. Die Frau, die seine Mutter ist, träumt den irren Traum von Schuld und Sühne!

Er muß sie wachrütteln. Er packt sie am Arm, er tut ihr sogar weh, fletscht die Zähne und knurrt: »Du träumst. Du hast dir in den Jahren allerhand zusammengereimt. Ich kann's beinah begreifen. Ist wie ein Alpdruck.«

»Bitte, laß meinen Arm los, Siegfried. Meine Haut ist empfindlich. Ich bekomme blaue Flecke ... Grauling hat mich oft gekniffen, und ich sah schlimm aus. Ich schämte mich vor Alma und trug nur noch Blusen mit langem Arm!«

Sie blickt ihn ernst, auch streng an, und er läßt ihren Arm los.

Er wiederholt noch einmal. »Du bist und bleibst Sieglinde Zahn. Nur bei uns hast du die Chance, zu leben, wie's Sieglinde Zahn gebührt. Alle Wege stehn dir offen!«

Unwillkürlich muß sie über seinen Eifer lächeln. Weil sich ihre Blicke festsaugen an seinen strammen Beinen mit den flotten Sportstrümpfen, die ein dickes Zopfmuster haben und ins Grünliche schimmern, muß sie sich sogar beherrschen, um nicht laut aufzulachen. »Du eiferst wie in jungen Jahren! Was heißt – alle Wege? Ich hab den letzten vor mir, und der muß grade sein, die krummen hab ich hinter mir!«

Also, meschugge ist sie nicht, verwirrt auf keinen Fall. Verbohrt ist sie. Halsstarrig. Rechthaberisch. War sie schon immer ...

Er fährt sie an: »Nun mach mal Schluß mit dem Theater. Bei uns, da kommst du ganz groß raus. Ein Wink – und die Reklamewelle läuft. In allen Blättern bringen sie dein Bild. Sieglinde Zahn ist freigekämpft!«

Als er das ausspricht: In allen Blättern bringen sie dein Bild – muß sie sich abstützen an der Hauswand, zittern die Rosen in ihren Händen, ist sie schon bleich.

Einmal hat sie in der Zeitung gestanden, im Hohenburger Anzeiger. Das hat ihr gereicht. Danach hat Wilm den Vers gemacht: Die Gutsfrau hat Weihmann verraten, dem Jannek die Mutter gestohln ... Das hat wahrhaftig gereicht. Nie wieder in der Zeitung stehn ...

Sie strafft sich, es kommt wieder Blut in ihre Wangen. Sie schlägt Siegfried nicht die Rosen ins Gesicht. Es könnten Dornen sein, die ihn verletzen!

Sie legt sie auf den Autositz und sagt dann: »Das soll deine Mutter noch einmal erleben? Hat sie nicht genug gebüßt nach einer großen Schuld? Soll sie noch mal schuldig werden?«

Sie hat sich von ihm abgewendet. Soll er den Strauß behalten. Sie hat ein gutes Stück zu laufen.

In den Wiesen verzögert sie den Schritt. Es wäre schön, die Kinder kämen: Lutz, Ulrike und ihr Sohn. Aber sie wissen sicher nicht, daß sie unterwegs ist ...

Das fest verschnürte Bündel fällt ihr erst vor Rehfeld ein. Das hat Siegfried mit, liegt im Auto bei den Rosen, auf dem Hintersitz – Kamm, Zahnbürste, bißchen Schreibzeug, paar Fotos.

War noch etwas? Wichtiges auf keinen Fall!

Wichtig ist der Himmel über ihr, und daß sie unterwegs ist, müde zwar, aber wach genug, um heimzufinden.

Ende des zweiten Bandes